澳門大學
UNIVERSIDADE DE MACAU
UNIVERSITY OF MACAU

澳門教育史研究叢書
总主编　郑振伟

Macau Education
in the 1940s

郑振伟　著

1940年代的澳门教育

中国社会科学出版社

图书在版编目（CIP）数据

1940 年代的澳门教育 / 郑振伟著 . —北京：中国社会科学出版社，2016.9

（澳门教育史研究丛书）

ISBN 978 - 7 - 5161 - 8788 - 3

Ⅰ.①1… Ⅱ.①郑… Ⅲ.①教育史—澳门—1940 - 1950 Ⅳ.①G527.659

中国版本图书馆 CIP 数据核字（2016）第 196878 号

出 版 人	赵剑英
责任编辑	史慕鸿
责任校对	韩海超
责任印制	戴　宽

出　　版	中国社会科学出版社
社　　址	北京鼓楼西大街甲 158 号
邮　　编	100720
网　　址	http://www.csspw.cn
发 行 部	010 - 84083685
门 市 部	010 - 84029450
经　　销	新华书店及其他书店

印　　刷	北京君升印刷有限公司
装　　订	廊坊市广阳区广增装订厂
版　　次	2016 年 9 月第 1 版
印　　次	2016 年 9 月第 1 次印刷

开　　本	710 × 1000　1/16
印　　张	24.25
插　　页	2
字　　数	326 千字
定　　价	86.00 元

凡购买中国社会科学出版社图书，如有质量问题请与本社营销中心联系调换
电话：010 - 84083683
版权所有　侵权必究

《澳门教育史研究丛书》学术顾问

丁钢教授（华东师范大学）
王炳照教授（北京师范大学）
田正平教授（浙江大学）
汤开健教授（澳门大学）
刘海峰教授（厦门大学）
刘羡冰副会长（澳门中华教育会）
吴文星教授（台湾师范大学）
陈树荣理事长（澳门历史学会）
张斌贤教授（北京师范大学）
周谷平教授（浙江大学）
周愚文教授（台湾师范大学）

总　序

前言

《澳门教育史研究丛书》是澳门大学重点研究领域（University Key Research Areas）之一的"澳门教育史研究"项下"澳门教育史资料库五年（2008—2012）计划研究课题组"（RG-UL/07-08S/Y1/SWJ/FED）研究成果的发表园地之一。

这套丛书不论以史料选集、论文选集、校史选集、人物专书、研讨实录等形式出版，亦不论以中文、外文等文字呈现，率皆经过认真的撰稿或选稿、公开的发表与研讨、严谨的审查与修改、仔细的编辑与校雠等程序，方才付梓。

作为该课题组的主持者，本人特撰成此一序文，将该课题组自研究重点的确认、论坛平台的建立、课题组的正式成立、研究工作的展开等事项作成简要记载，以为备忘。

一　澳门教育史研究重点的确认

近年来，澳门大学在各位领导及全校师生的共同努力之下，试着将澳门大学办成一所"以高质量研究为基础的教学型大学"。职是之故，在优化教学以及增进教学效果的大前提之下，型塑校园研究文化，进而提升师生研究水平，乃成为澳门大学校务发展的重点之一。

作为五个基本学术单位之一的教育学院，亦充分配合此一重点，采取各种具体的做法，朝着此一方向渐次前进。为此，本院除了抓紧教学与服务的工作之外，还采取了下列三项做法：第一，鼓励师生勤研究、多发表，俾便整体提高研究绩效，累积本院师生的研究实力。第二，扩大办理各项学术活动，以增加本院师生发表研究成果的机会，进而提升研究的整体水平。第三，借着学术交流的强化，组成跨校、跨区的研究团队，以提升师生的整体学术生产力。这三项看似分立的做法，其用意实则仅有一项，就是：创造让师生有较多的研究与发表成果的条件，以便激发更多优秀研究成果的产出。

然而，本院毕竟只是一个成立才 20 个年头，专任教师总数 40 人左右的小型教育学院，平日所担负的职前及在职教师培训的教学与辅导、本澳政府机构委托的专题研究、本澳各级学校委托的各种咨询服务等任务既繁杂又沉重。若欲在如此繁重的工作压力之下，犹能集合有限的人力，以重点突破的方式，整体提升本院在教育学术研究方面的成效，就必须找寻若干能成为本院具有代表性的研究重点。于是，以融合中西文化而独具特色，且内涵丰富的澳门教育为突破"点"，以四五百年的历史为"线"，结合国内外教育史学者的力量，把澳门教育史的研究带向中国教育史的"面"，进而再把它带到整个世界教育史的"体"内，就成了本院近年来的研究重点之一。

二 两岸四地教育史研究论坛的建立

此一以澳门教育史为本院研究重点的构想，是在 2005 年下半年逐步形成的。2006 年年初，在澳门大学研究委员会的经费资助之下，本院的若干同仁组成了研究小组，先尝试以本澳的梁披云、杜岚、邝秉仁三位老教育家为对象，一方面广为搜罗他们的著作及相关的文献或影像资料，一方面则针对其本人或家属亲友进行访谈，希望能为他们保留珍贵的史料，并经整理撰著而成为教育史的专文，流传后世。此一专题研究的部分成果，即构成了于2007年1月在澳门大学国际图书馆展出之"澳门教育史文献暨梁披云、杜岚、邝秉仁资料展"的主要内容。

配合此项展览，本院于2007年1月26日及27日，举办了"首届两岸四地教育史研究论坛"。来自海峡两岸暨港澳地区对教育史的教学与研究有兴趣的50多位学者专家，除了发表论文之外，还签订了一项以"本论坛以一年举办一次为原则"为主旨的备忘录。该备忘录载明了来自华东师范大学（2008年第二届）、北京师范大学（2009年第三届）、台湾师范大学（2010年第四届）、浙江大学（2011年第五届）、厦门大学（2012年第六届）的代表，同意于其后五年依次轮流主办是项论坛。

在此项论坛的基础之上，与会的海峡两岸暨港澳地区的教育史学界友人，咸对澳门教育史研究课题的正式立项，表示乐观其成，并且愿意采取下列两项实际行动，对该项目表示支持。

其一，与会的部分代表同意担任本研究课题立项后的顾问，提供其长期从事教育史研究的经验。这些代表包括了刘羡冰校长（澳门中华教育会副会长，长期以研究澳门教育史著称）、吴文星教授（台湾师范大学文学院历史学系原系主任，原文学院院长）、周愚文教授（台湾师范大学教育学院教育学系原系主任，现为教学发展中心主任）、张斌贤教授（北京师范大学教育学院院长）、丁钢教授（华东师范大学教育科学学院院长）、刘海峰教授（厦门大学教育研究院院长）、周谷平教授（浙江大学教育学院原常务副院长）、田正平教授（浙江大学教育学院原院长）、王炳照教授（北京师范大学教育学院原院长）。

其二，与会代表也同意，在每年举行一次的该项论坛之中，皆专设"澳门教育史研究成果发表"的节目。更有进者，上述诸位顾问皆同意参与该一节目，并且担任研究成果发表的审查工作。这样的安排，将会为本研究课题组的研究人员带来两方面激励的积极作用：一方面，为了参加此一论坛，本研究课题组的研究人员将会抓紧研究进度，并且认真撰写研究论文，因而有可能保障本研究的成果在数量方面的绩效；另一方面，以上诸位顾问皆会针对上述各篇论文，进行审阅并作成修改的建议，因而有可能确保本研究的成果在质量方面的绩效。

三　正式成立澳门教育史研究课题组

澳门大学为了鼓励资深绩优的教授组成团队，从事多年式、整合多方人力资源的研究，特别由大学的研究委员会（University Research Committee）于2008年1月开始设立大学层次的研究课题赞助项目（University Level Research Grant）。该类赞助项目有别于由各学院的研究委员会负责管控一般的课题赞助项目，而着眼于澳门大学的重点研究领域（University Key Research Areas）。这些项目直接由大学的研究委员会负责管控其研究课题的确认、人员的组成、经费的拟定、进度的掌握、成果的审查、成果的发表等环节。特别值得注意的是，该类赞助项目所要求的研究课题，应该是以与澳门大学的发展或是澳门社会的发展有密切关联者为优先考虑；又，在人员的组成方面，除结合各学院的人力之外，还应积极鼓励结合跨院、跨校、跨区域的研究人力，组成较强大的研究团队；而在经费的拟定方面，可以因为研究任务的需求宽予经费的资助，且在经费的支用方面也给予较大的弹性；至于进度的掌握、成果的审查、成果的发表等，亦皆予以较严格的管制。

配合此一新的做法,本院乃于2007年10月正式组成课题组,定名为澳门大学教育学院"澳门教育史资料库五年(2008—2012)计划研究课题组"。目前,该研究课题组的正式成员有:单文经(主持人)、张伟保(统筹主任)、杨秀玲、郑振伟、老志钧、黄素君、郑润培、郑祖基、杨兆贵、谢建成、王志胜、宋明娟、方炳隆13人。同时,并聘有顾问刘羡冰、吴文星、周愚文、张斌贤、丁钢、刘海峰、田正平、王炳照、汤开建9人。另外,亦将依研究进度,逐步自中国澳门、中国内地、中国香港、日本、葡萄牙等地聘请特别顾问,协助与指导本研究课题组的工作。

四 按部就班展开澳门教育史研究

本研究课题组将次第展开下列六项工作:

第一,资料搜集与整理。本研究课题组将在本澳、内地、香港、台湾及海外等地,从官方与民间两方面搜集与本澳教育史有关的资料及文物。除了搜集这些资料之外,还需针对部分档案资料进行必要的缀补,并且全部予以数字化。

第二,外文资料的中译。有待本研究课题组聘请专人翻译的书籍、档案、书信、手稿等资料,以葡萄牙文为最大宗,其次,则有日文、西班牙文、意大利文,至于英文的资料,则可以由本研究课题组的研究人员自行翻译。

第三,教育人物的访谈。本研究课题组将聘请专人针对一些对澳门教育具有影响与贡献,并且经历澳门教育各时期变化的教育工作者进行访谈,俾便补文献资料之不足,并且丰富本澳教育的史料。

第四,史料的编辑与出版。本研究课题组的研究人员将逐步把搜集而得的各项资料、外文资料的翻译,以及教育人物的访谈等史料，经过选择、比较、评析等程序，加以编辑。这些史料可依 16、17、18、19、20 世纪等编年的顺序加以编辑，也可依教育政策、教育理念、教科书、教学资源、学科发展等专题加以编辑。

第五，论文的撰写与发表。本研究课题组的研究人员将根据各项澳门教育的史料，撰写各式论文，并适时加以发表。这些论文的主题，可以是教育的事件，可以是教育的人物，可以是编年史，也可以是专题史；论文可以单篇发表，也可编为文集。

第六，研究成果的英译。本研究课题组的研究人员将拣选重要的研究成果，聘请专业人员翻译为英文，有些全书、全册或全文皆译，有些则以摘译方式处理。此一做法的目的在于将澳门教育史的研究成果传播于全世界，以便让国际学界人士亦能理解具有特色的澳门教育历史。

五　持续的投入与长期的积累——代结语

本研究课题组的研究人员，虽然来自内地、香港、台湾与本澳等不同的地方，但是，皆能秉持着"面向本澳、关心教育、全力投入"之共识，以及"历史研究的工作有待持续的投入与长期的积累"之理念，勤于搜集资料、整理分析、撰著论文，以便完成"澳门教育史资料库五年（2008—2012）计划研究课题组"所预定的各项任务。我们至盼各界人士不吝赐予各项协助、支持与指导，使这项任务的达成能更为顺利。

单文经　谨志
2008 年 12 月

Preface

Introduction

Studies of History of Macao Education Series provides a platform for the publication of research products by the "History of Macao Education Research Group" working on a five-year "History of Macao Education Research Project 2008 – 2012" (RG-UL/07-08S/Y1/SWJ/FED), which is included in the University Key Research Areas.

These research products are published, either in collections of selected papers, critical analysis of historical documents, or school histories, or in the form of profiles of personages or conference proceedings, either in Chinese or other languages, both by way of presentations at symposiums and conferences and through conscientious and meticulous reviewing, editing and revision processes.

As the principal investigator promoting and leading this research project, I write this Preface, briefing readers on how this project was identified as one of the University Key Research areas, how the Forum was established, how the research group was created and how our work has been proceeding.

1. History of Macao Education Identified as a Key Research Area

In recent years, with the concerted efforts of the leadership, staff and students, the University of Macau has been working hard to develop the University into a "teaching university based on quality research". Bearing this goal in mind, I take optimizing teaching and enhancing teaching effectiveness as my major task and at the same time boosting the research ability of teachers and students by nurturing a research culture on campus has become one of the tasks for the development of the University.

The Faculty of Education (FED), being one of the five fundamental academic units of the University, should make every effort and adopt suitable measure to advance in this direction. Specifically, in addition to teaching and community service, FED has adopted three measures: first, encouraging teachers and students to do more research and publish more so as to improve the overall performance and build up research strength; second, organizing more academic activities so as to create more opportunities for staff and students to have their research products published; third, creating inter-university or cross-regional research groups to increase the overall academic productivity. There is only one intention for the three measures, i. e. , creating more opportunities and better conditions for faculty members and students to engage in research and get their works published, thus bringing about more and better research products.

However, FED is still a small faculty, with no more than 50 full-time staff members and a history of only 20 years. In addition to the pre-service and in-service teacher education/teacher training programmes at various levels, we are also entrusted by various government departments to carry out research projects on special topics, to provide consultation to various schools. Burdened by all this complicated and heavy work, we can only hope to make certain breakthroughs by searching for some key areas representative of FED and focusing our limited human resources on them. As a result, we have located the education of Macao as our starting point, traced it to a trajectory of four or five hundred years, incorporated the strengths and products of scholars in the field of history of Chinese education both inside and outside China and then integrate into the system of world education system. And this has become one of the key research areas for our faculty.

2. Liangan Sidi (Mainland-Taiwan-Hong Kong-Macao) Forum Created

In fact the idea that we were to focus our efforts on the history of Macao education was conceived in late 2005. In early 2006, with the financial support of the Research Committee University of Macau, research groups were formed to carry out oral history projects, choosing some renowned figures well in their nineties or even older, such as Mr. Liang Pei-yun, Ms. Tou Nam/Du Lan, and Mr. Kong Peng Ian, as our subjects of research. We set about collecting their works and publications, related documents and visuals while interviewing these veteran educators, their families and relatives. Our purpose was to preserve these precious historical materials and write papers on the history of education and then pass them on to posterity. Some of the products born of these efforts constituted the major content of "Exhibition of Historical Documents of Macao Education: Mr. Liang Pei-yun, Ms. Tou Nam/Du Lan, and Mr. Kong Peng Ian" held at the University of Macau International Library in January 2007.

Coinciding with the exhibition was the 1st Liangan Sidi (Mainland-Taiwan-Hong Kong-Macao) Forum on History of Education, which attracted over fifty scholars interested in the teaching and research of history of education. In addition to paper presentations, a Memorandum was signed, stating that this Forum on History of Education is to be held annually, and hosted in turn by six universities. In accordance with the Memorandum, the 2nd Forum is hosted by East China Normal University in Shanghai in 2008, the 3rd by Beijing Normal University in 2009, the 4th by Taiwan Normal University in 2010, the 5th by Zhejiang University in 2011, and the 6th by Xiamen University in 2012. Then the Forum will come back to Macao again and go on with another cycle in this order.

Participants from both sides of the Strait, as well as from Hong Kong and Macao showed great interest in and expressed willingness to support the study of history of Macao education in two ways:

First, some of the delegates agreed to serve as consultants for our project, assuring quality with their long and rich experience in this field. They include Principal Lao Sin Peng (Vice-President of Macao Chinese Educators' Association, an old-timer in Macao education research), Prof. Wu Wen Shing (former Head of History Dept. and former Dean of Faculty of Arts, Taiwan Normal University), Prof. Chou Yu Wen (former department head, School of Education, and now director of National Taiwan Normal University Center for Professional Development), Prof. Zhang Binxian (Dean of Faculty of Education,

Beijing Normal University), Ding Gang (Dean of Faculty of Science Education, East China Normal University), Prof. Liu Haifeng (Dean of Education Research Institute, Xiamen University), Prof. Zhou Guping (Former Dean of Faculty of Education, Zhejiang University), Prof. Tian Zhengping (former Dean of Faculty of Education, Zhejiang University), and Prof. Wang Bingzhao (former Dean of Faculty of Education, Beijing Normal University).

Second, it is also agreed that a special part of the annual forum is reserved for the presentation of research products themed on "History of Education of Macao". Furthermore, all the consultants listed above have agreed to participate in this project and serve as reviewers of the research papers before they are published. This arrangement is expected to produce two positive effects: first, it will stimulate the project members to speed up their work and write their papers conscientiously, thus increasing the quantity of research papers; second, the above consultants will review these papers and give comments and suggestions for improvement, thus ensuring the quality of research products.

3. History of Macao Education Research Group Officially Established

The University of Macau encourages senior professors with an excellent record of performance to form research groups and engage in perennial (multi-year) research projects incorporating various human resources. In particular, the University Research Committee created the University Level Research Grant in January 2008. The projects financed by this Grant differ from those at the Faculty level in that the

University Level projects focus on University Key Research Areas. They are directly supervised and monitored by the University Research Committee, including the approval of project proposals, composition of the research group, funding, research progress, paper reviewing process, and publication of products. What is specially worth noting is that this Grant gives priority to research projects that help promote the development of the University of Macau and of the Macao society. Furthermore, in the composition of research groups, it encourages projects that integrate faculty members of the University with research members of other faculties, other universities and other regions to build up strong research teams. As far as funding is concerned, these projects are allowed more flexibility and given more generous support according to needs. However there is very strict control on research progress, reviewing of papers and publications.

To support this new policy, the FED officially created this research group, named "History of Macao Education Research Group" working on a five-year "History of Macao Education Research Project 2008 – 2012", in October 2007. There are 13 formal members in this group, including: Shan Wen Jing (Leader/Principal Investigator), Cheung Wai Po (Coordinator), Ieong Sao Leng, Cheng Chun Wai, Lou Chi Kuan, Vong Sou Kuan, Cheang Ian Pui, Cheng Cho Kee, Yeung Siu Kwai, Tse Kin Shing, Wong Chi Shing, Sung Ming Juan, and Fong Peng Long. The consultants are: Lao Sin Peng, Wu Wen Shing, Chou Yu Wen, Zhang Binxian, Ding Gang, Liu Haifeng, Tian Zhengping, Wang Bingzhao and Tang Kaijian. In addition, special advisors will be invited from Macao, Mainland, Hong Kong, Japan, and Portugal to assist and provide guidance to our work when needs arise.

4. **History of Macao Education Research Work Progressing as Planned**

Our work has been progressing as planned in the following six areas:

1. Collecting and sorting out data: Our group has been searching for data and objects/relics relating to the history of Macao education through both official and unofficial channels in the mainland, Hong Kong, Taiwan and overseas, as well as Macao. We also make necessary editing of some of the materials and turn all of them digital.

2. Translation work: We hire specialists to translate some books, archives, letters and manuscripts, most of which are in Portuguese and some in Japanese, Spanish, and Italian. English documents are translated by the group members themselves.

3. Interviewing renowned educators: The group will hire people to assist us visit and interview some selected personages who have exerted great influence and made important contributions to the education of Macao and who have experienced the changes of education in different periods, to complement and enrich the data collected.

4. Editing and getting the historical documents/materials published: The members of the research group will examine, select, compare, analyze and edit the documents/materials collected and their translations, from the 16th century to 20th century in chronological order, under the headings of Educational Policies, Educational Philosophy, Textbooks, Educational Resources, and Curriculum Development.

5. Writing papers and publications: The group members will write papers on a number of topics on the basis of data collected and get them published. The papers may focus on particular incidents of

education, particular figures in education, in the form of annals or history, to be published either as separate papers of in collections.

6. Research products translated into English: The group will invite specialists to translate important products into English, maybe a whole book or whole paper, or just the abstracts, so that the world will know these products and through them become aware of the unique characteristics of the history of Macao education.

5. Concluding Remarks: Continuing Commitment for Long-term Goals

The members of this research group, though they come from different parts of the world such as the Mainland, Hong Kong, Taiwan, as well as Macao, all agree that we should "Serve Macao, Care for and Dedicate Ourselves to Education" and uphold that history research demands continuous commitment and long-term accumulated efforts. We are determined to work hard, collecting data, analyzing data, and writing up papers to complete all the tasks required by the five-year "History of Macao Education Database Research Project 2008 – 2012". We sincerely look forward to the assistance, support and guidance from all walks of life to help us complete the project smoothly.

Shan Wen Jing
Professor and Dean
Faculty of Education
University of Macau
December 2008
(Translated by Prof. Ieong Sao Leng)

目　录

序一 ………………………………………… 刘美冰(1)
序二 ………………………………………… 单文经(1)
绪论 ……………………………………………………(1)
第一章　1940年代中小学校概述 ……………………(11)
　　前言 …………………………………………………(11)
　　一　澳门的私立学校和教会学校 …………………(11)
　　　　（一）孔教学校 …………………………………(12)
　　　　（二）无原罪工艺学校/私立鲍斯高纪念初级
　　　　　　　中学 ………………………………………(15)
　　　　（三）粤华中学 …………………………………(20)
　　　　（四）圣若瑟学校 ………………………………(25)
　　　　（五）望德学校 …………………………………(27)
　　　　（六）圣罗撒女子中学（中文）…………………(29)
　　　　（七）培贞学校和圣心英文女子中学 …………(30)
　　　　（八）蔡高中学 …………………………………(32)
　　　　（九）濠江中学 …………………………………(33)
　　　　（十）致用小学 …………………………………(34)
　　　　（十一）其他学校 ………………………………(37)
　　二　1940年代四所新校 ……………………………(40)

（一）仿林中学 …………………………………………（40）
　　（二）中正中学 …………………………………………（42）
　　（三）何东中葡小学 ……………………………………（45）
　　（四）葡光职业学校 ……………………………………（48）
　小结 …………………………………………………………（51）

第二章　广州沦陷后内地学校的迁澳与发展 ………………（52）
　前言 …………………………………………………………（52）
　一　1940年代澳门学校的数量 ……………………………（55）
　二　广州沦陷前后陆续迁澳的学校 ………………………（61）
　三　1941—1945年澳门的教育境况 ………………………（78）
　四　1946—1949年澳门的教育境况 ………………………（86）
　五　1940年代的大学和学院 ………………………………（90）
　　（一）澳侨联立临时大学 ………………………………（91）
　　（二）岭南大学澳门分教处 ……………………………（94）
　　（三）华南大学 …………………………………………（95）
　　（四）澳门私立越海文商学院 …………………………（97）
　　（五）澳门中山教育学院 ………………………………（99）
　　（六）华侨工商学院 ……………………………………（101）
　小结 …………………………………………………………（102）

第三章　义学与失学儿童的教养 ……………………………（104）
　前言 …………………………………………………………（104）
　一　镜湖义学 ………………………………………………（106）
　二　澳门平民小学 …………………………………………（112）
　三　镜湖小学平民小学合校 ………………………………（118）
　四　东莞同乡会义学 ………………………………………（121）
　五　同善堂义学 ……………………………………………（124）

六　中华义学 ………………………………………… (126)
　　七　培正中学青年会的儿童夜校 ……………………… (129)
　　八　其他义学 ………………………………………… (133)
　　小结 …………………………………………………… (140)

第四章　政府对私立学校的管理 ………………………… (141)
　　前言 …………………………………………………… (141)
　　一　华务局和华务科 ………………………………… (141)
　　二　华视学会对迁校、停校、招生章程的规定 ……… (144)
　　三　呈报资料和视察学校 …………………………… (148)
　　四　教员登记领证 …………………………………… (153)
　　五　办学申请 ………………………………………… (157)
　　六　学校增设葡文科 ………………………………… (160)
　　七　学校立案和注册 ………………………………… (164)
　　　（一）华侨学校立案条例 …………………………… (164)
　　　（二）抗战胜利后推动侨校立案工作 ……………… (169)
　　　（三）澳门侨校立案的情况 ………………………… (172)
　　小结 …………………………………………………… (174)

第五章　抗战时期教师与学生的救济 …………………… (176)
　　前言 …………………………………………………… (176)
　　一　教师的待遇 ……………………………………… (177)
　　二　教育会对教师的救济工作 ……………………… (180)
　　三　侨委会对教师的救济工作 ……………………… (186)
　　四　学救会对学生的救济工作 ……………………… (190)
　　五　澳门学校提供的半费、免费和清贫学额 ………… (196)
　　小结 …………………………………………………… (201)

第六章　中华教育会的文教事业 ………………………（203）
　　前言 ……………………………………………………（203）
　　一　澳门中华教育会的沿革 …………………………（203）
　　二　中华教育会的组织和会址 ………………………（206）
　　三　澳门中华教育会的工作方针 ……………………（217）
　　四　推动华侨教育 ……………………………………（222）
　　　　（一）推行国语运动 ………………………………（223）
　　　　（二）从民众识字班到民众学校 …………………（223）
　　　　（三）筹办侨立图书馆 ……………………………（225）
　　　　（四）各类全澳中小学校比赛 ……………………（229）
　　　　（五）推动澳门的师范教育 ………………………（233）
　　小结 ……………………………………………………（234）

第七章　1940年代国语运动的推展 …………………（236）
　　前言 ……………………………………………………（236）
　　一　澳门学校的"国文"和"国语"科 …………………（237）
　　二　"国语师资讲习班"和"民众国语讲习班" ………（240）
　　三　澳门中华国语运动协进会 ………………………（245）
　　　　（一）国语研究班 …………………………………（247）
　　　　（二）国语演讲比赛 ………………………………（248）
　　　　（三）国语运动周 …………………………………（250）
　　　　（四）国语广播教授 ………………………………（251）
　　四　抗战胜利后数年间澳门的国语教学 ……………（252）
　　　　（一）国语化小学 …………………………………（253）
　　　　（二）国语师资班 …………………………………（256）
　　　　（三）商会国语班 …………………………………（256）
　　　　（四）党部国语班 …………………………………（259）
　　小结 ……………………………………………………（260）

结语 ……………………………………………………… （262）

附录 ……………………………………………………… （267）
    1. 1939年澳门公私立学校 ……………………………… （267）
    2. 1939—1940年度澳门华视学会立案私立中文学校
       及其教员并学生人数 ………………………………… （272）
    3. 1952年《澳门华商年鉴》学校一览 …………………… （276）
    4. 1943年澳门立案学校学生及教职员人数
       统计表 ………………………………………………… （280）
    5. 中华教育会1943年8月27日会务报告 ……………… （282）
    6. 中华教育会1946年3月理监事第四次常务会议
       纪录 …………………………………………………… （284）
    7. 澳门孔教会重修会所纪德碑 ………………………… （286）
    8. 孔教中学1948年校务报告 …………………………… （287）
    9. 侨民学校教员服务奖励办法 ………………………… （289）
    10. 中正中学1948年9月校董会第二次会议纪录 …… （291）
    11. 中华教育会为庆祝中华人民共和国诞生敬告全澳
        教育工作同人书 …………………………………… （292）
    12. 中华教育会告教育同寅及青年学生书 …………… （294）
    13. 晨访致用小学 ……………………………………… （296）
    14. 培正同学林咏讽呼吁抢救难童希望全澳学生起
        而响应 ……………………………………………… （298）
    15. 1946年8月全澳党务人员座谈会李大超发
        表演词 ……………………………………………… （301）
    16. 鲍斯高教给我们的训育方法 ……………………… （304）
    17. [望德中学附小]校庆当中谈谈我们的教导 ……… （308）
    18. 目前教育遭遇的困难 ……………………………… （309）
    19. 教育上的生长观念 ………………………………… （310）

20. 第947号立法条例 …………………………………（316）
21.《私立学校规程》(1939年9月第9:277号札) …（317）
22. 中葡文名称对照表 …………………………………（344）

文献资料 ……………………………………………………（348）
跋 ………………………………………………………………（358）

表目录

表 1-1　鲍斯高中小学校 1938 年学生统计 …………（16）
表 2-1　澳门华人私立学校学塾统计表（1928 年）………（53）
表 2-2　1933 年澳门华人私立学校总数及学生总数………（54）
表 2-3　1937—1940 年在澳门华视学会立案的学校………（55）
表 2-4　1939—1940 年度澳门外来学校学生数…………（56）
表 2-5　1936—1940 年在澳门华视学会立案学校的
　　　　学生数 ……………………………………（57）
表 2-6　澳门近年侨校及学生数目比较表……………（58）
表 2-7　1946—1951 年澳门各校学生人数……………（59）
表 2-8　华视学会 1941—1945 年澳门学校资料…………（82）
表 2-9　华南大学院系及教授 ………………………（97）
表 2-10　越海文商学院 1949 年 9 月取录人数 ………（98）
表 2-11　越海大学及其附设各项课程人数（1952 年
　　　　4 月）……………………………………（99）
表 3-1　镜湖小学 1946 年学生人数 …………………（110）
表 3-2　平民义学第 19 次校董会议纪录 ………………（115）
表 3-3　中华义学招生简章 ……………………………（127）
表 3-4　培正青年会儿童夜校 1939 年各级考生和取录
　　　　人数 ……………………………………（130）
表 3-5　澳门银业行公会创办会员子弟义学计划 ………（138）

表 4-1	1943—1944 年度澳门中小学校历表	(146)
表 4-2	露天教育学校章程	(159)
表 4-3	1943—1950 年接受开设葡文班资助的澳门学校	(160)
表 4-4	澳门私立濠江小学校 1937 年奉呈侨委会立案表之一	(167)
表 4-5	澳门立案侨校（1956 年）	(173)
表 5-1	全澳中小学校学生书法比赛（1944 年 12 月）参赛学校名单	(189)
表 5-2	1942—1945 年澳门学校为学救会提供的免费学额	(194)
表 5-3	培正和培道二校的清贫学额捐款	(200)
表 6-1	澳门中华教育会第 16 届理监事职员	(206)
表 6-2	澳门中华教育会第 17 届理监事	(207)
表 6-3	澳门中华教育会第 17 届理监事职员	(209)
表 6-4	中华教育会第 18—22 届理监事职员	(210)
表 6-5	侨立图书馆筹建委员会章程草案	(227)
表 6-6	筹建会常务委员及各组委员名单	(228)
表 6-7	书法比赛简章	(230)
表 6-8	论文比赛简章	(231)
表 7-1	澳门中华教育会设立国语讲习班章程	(243)
表 7-2	协进会第 1—3 届理监事名录	(246)
表 7-3	中华国语运动协进会第 1 期国语班简章	(247)
表 7-4	协进会国语比赛结果	(248)
表 7-5	商会国语班章程	(256)
表 7-6	党部国语班章程	(259)

序　一

　　有人说：历史学就是史料学。这话虽有点以偏概全，但也说明史料是历史学的最基本的元素，犹如砖瓦、木材、水泥钢筋之与现代建筑物的关系。没有遗物、遗文、遗址、出土文物等史料来记载和印证过去的人、物、事、工，的确成不了历史。1980年代，李瑞仪校长告诉我，有一位初到澳门的有心人，准备用三个月写一本澳门教育史。不久，他埋怨浪费了时间和脚力！他走遍全澳，认为理所当然的馆存资料，却付之阙如！我想我是体会他的怨言最深刻的一个，因为我是在中文史料无藏无序，十分零散的条件下，为《上海教育大辞典》撰写澳门教育部分的词条，继而写《澳门教育史》的人，穷搜史料的苦与乐，我尝透。这故事说明史料的重要性。

　　过去澳门的华文史料的确十分零散，直到回归航程确定以后，才刺激起各方收集史料的迫切性和主动性，也促成了少量地方史书的出版。在教育史这个小范畴内，还要迟到2005年单文经教授主持澳门大学教育学院期间，学院对教育史的重视，对外加强交流，着意网罗史料，对内组织专访教育界元老，教育史料得以逐步增加，为教育史学科引进源头活水，教育学院也相继出了研究成果。单教授的开山凿渠，功不可没。

　　从单院长离任至今，教育史学科能持续发展，全赖学院郑振伟副院长和对澳门教育史产生了感情的诸位的不懈努力。2015

年中国人民奋起抗战胜利、世界人民反法西斯胜利的七十周年，郑振伟副院长特别选择1940年代这有特别意义的时段，整理教育领域的史料，结集成新著《1940年代的澳门教育》。这正是又一份新的成果。

作为《1940年代的澳门教育》面世前的读者，我翻阅这本新著，欣然发现我熟悉的人物和事件，有新的、细致的描述；对过去稍有听闻的传说，找到真实的佐证。我从书中首先感到作者对澳门教育史的一番诚意。

郑副院长在选题之前搜集和阅读了大量的史料，囊括大学庋藏的当年的《华侨报》、《大众报》、《西南日报》、《市民日报》以及《世界日报》，他按照报章的特点，首先判断资讯来源，属采访报道还是客户的自供稿件；亦在五报之间，作出对照、比较、审核、分析，从而作出选用；作者在思考和写作过程中，亦查阅、校对和补充中外文典籍和各类年鉴、有关的档案汇编、微缩胶卷，以及已译出的史书，如施白蒂（Beatriz Basto do Silva）《澳门编年史：20世纪（1900—1949）》[*Cronologia da História da Macau Século XX（1900 - 1949）*]，金国平译；杰费里·冈恩（Geoffrey Gunn）《澳门史1557—1999》（*Encountering Macau：A Portuguese City-State on the Periphery of China*，1557 - 1999），秦传安译；部分葡文资料译出的：Manuel Teixeira, *A Educação em Macau*, Macau：DSEC, 1982；Albina dos Santos Silva et al. ed., *Documentos para a História da Educação em Macau*；等等。作者在呈现史料方面付出大量精力，读者完全可以体会到，其认真求实的精神也完全可以感受得到。

对于史料叙述含糊之处，例如1942年校长廖奉基把创办了18年的粤华中学转澳门鲍斯高慈幼会接办一事，作者直接向读者交代："内情则不详。"作为历史著作，这正是实事求是的好态度。作者特别重视早期出版的文献和史料，尽可能罗致，以资补充和参校。其中不少资料比学校校史更为详尽，这不单只是对澳门教育史的一种贡献，作为教育工作者还能以身作则为学生作出榜样。

十年于兹，我与振伟兄及其团队一起耕耘澳门教育史这片绿地，常得学问上的切磋和旅途上的关顾，更借序言篇幅，顺表谢意。

刘羡冰

写于 2016 年 3 月 4 日

序 二

一般日常的用语当中，人们把已经过往的活动称为历史；专业的用语则把历史当作书者依据一手或二手的史料，编辑撰写而成的文字。既为书者撰写，则历史书写必有其主观的旨意。惟如许慎《说文解字》所云："史，记事者也；从又持中，中，正也。"古今中外史家记事，凡能中正者，皆秉持《新唐书·魏徵传》所示"以铜为鉴，可正衣冠；以古为鉴，可知兴替；以人为鉴，可明得失"之原则。以朝代更迭、社会递变为范围的政治、社会史如此，以教育活动为范围的教育史，亦复如此。

以澳门地区为对象的教育历史书写，所具有之"鉴往知来"的意义，比起其他地区，更为重大。盖自十四五世纪，葡人入澳之后，为达其传教与商务目的，设立东亚第一所高等教育机构圣保罗大学暨附设公学之后，五六个世纪以来，葡人与华人，或分别，或合作，设立各种学校，演变至今，形成了以"三文四语"（中文、葡文、英文；普通话、广东话、葡语、英语）为教学语言的中葡学校、中文学校、英文学校，乃至以其他语言为媒介的学校等并存，而为举世鲜见的学校制度。

尤具重大意义者，澳门的公私办学团体或个人，不为战事乱局所阻，不为政经压力所迫，百余年来兴学薪传不遗余力，许多可歌可泣之史实、可颂可扬之义行，真乃值得大书特书也。职是之故，本人于 2005 年秋，甫入澳门大学服务，即在澳门教育耆宿刘羡冰校长之指导，与夫澳门大学领导之支持下，与教育学院有志一同的教师们，组成澳门教育史研究团队，分年分项进行史料编译、论文撰写、专书编印、办理展览等研究与推广工作，并于结合两岸四地教育史学界人士办理之年度研究论坛上发表研究成果。此一研究团队不因本人于 2010 年初因故离职而停顿，胥赖郑振伟教授之领导。

郑教授自始至终，悉为该澳门教育史研究团队的核心人物。郑教授积极带领同仁从事研究工作，除亲撰《邝秉仁先生与澳门教育》（2009 年 6 月）一书，并先后参与《澳门教育史论文集》（第一辑）（张伟保主编，2009 年 7 月）、《澳门教育史论文集》（第二辑）（郑振伟主编，2012 年 7 月）及《中国第一所新式学堂——马礼逊学堂》（张伟保撰，2012 年 7 月）等书的编辑工作。郑教授更积极联络与促成蜚声中外的中国社会科学出版社发行此四书，为增进该团队研究成果在华文世界的能见度，尽了甚大的力量。本人作为此一团队的发起人之一，十分乐见此一结果，并为郑教授能接替本人领导此一团队，完成更多研究成果而庆幸。

如今郑教授又将其费时多年、呕心沥血，撰写而成之《1940 年代的澳门教育》书稿，请本人享先睹为快之乐，本人深感钦佩。盖郑教授为撰此书，课余公暇皆与澳门大学图书馆购及澳门历史档案馆典藏之微缩胶卷为伍，就浩瀚如海之中文报章及档案史料，逐一爬梳整理、串联统合，配合中外有关研究文献，完成此一难得的传世之作，为第二次世界大战前后，以私人办学团体为主的个人或机构，为维系澳门地区弦歌于不辍的感人事迹，留下了宝贵的历史书写。

郑教授执着于澳门教育史研究的诚意，借本书之问世表露无遗；郑教授献身澳门教育史书写功力的深厚，因本书之发行而真实展现。本人作为忠实的澳门教育史书写的读者,至感钦佩。至盼郑教授再接再厉,在不久的将来,有更新的研究成果发表。是为之序。

单文经谨识
于台湾阳明山华岗
2015 年 11 月 5 日

绪 论

　　1940—1950 年是一个别具意义的十年。这个时期接续着抗日战争,从抗战到迎来胜利,然后是中华人民共和国的成立,时局动荡,政局变化,澳门教育事业的发展亦经历着起伏。抗日战争期间,在国际法的框架下,澳门作为葡萄牙的殖民地,在葡萄牙和日本双方的默契下,得以中立而免于战火①。职是之故,大量人口涌入澳门。澳门的人口于 1940 年底已超逾 30 万②,截至 1941 年 10 月,澳门人口曾激增至 50 万,但据报道的官方统计,30 万难民中 25 万系赤贫③。这个时期的澳门教育事业,因人口激增,曾有过短暂的蓬勃发展,但太平洋战争爆发以后,教育事业顿时陷入困境。1942 年 5 月《华侨报》上的一篇报道,指某些学校难以维持,将相继结束④。该报另一篇报道,曾将 1941 年和 1944 年的学生、教员和学校等各项数字进行比较,三项数字大约减去半数⑤,当时的严峻情状或可想见,学

---

① 金国平、吴志良:《抗战时期澳门未沦陷之谜》,《澳门公共行政杂志》第 51 期(2001 年 3 月),第 27—58 页。

② 《澳门人口初步总调查总数达三十万强》,《大公报》(香港)1940 年 11 月 24 日。该人口普查日期为 1940 年 8 月 24 日至 9 月 2 日,葡萄牙人、华人及外国人合共 321629 人,资料见"我们有若干人口?"展品,澳门历史档案馆,2011 年 6 月 11 日—8 月 14 日。

③ 《澳门人口激增》,《申报》(上海)1941 年 10 月 28 日。

④ 《学校多难维持》,《华侨报》1942 年 5 月 23 日。

⑤ 《本澳教育事业后退》,《华侨报》1945 年 3 月 3 日。

2　1940年代的澳门教育

校数量要到 1945 年初才逐渐回升。抗战胜利以后，国民政府通过国民党澳门支部，积极参与澳门的文教活动①，这是国民政府在侨务政策方面的具体表现。1949 年国民党当局迁台以后，澳门的教育又是一番景象。欧礼诺曾经将澳门教育史分为七个阶段，而 1940—1950 年这个十年刚好横跨了他所指的第四和第五这两个阶段，据他的说明，第四阶段（1894—1946 年）的主要表现为澳门市政厅掌控澳门的幼儿教育和小学教育，以及中国私立教育大举进入澳门，而第五阶段（1946—1976 年）则为学校教育的本地化，以及华人私立教育系统的逐渐稳定，同时又有天主教教会的重要参与②。澳门教育史各个阶段的划分不是简单的问题，也不是笔者能处理的问题，但十年始终是一个便捷的分期，而这十年又刚好是澳门教育发展的重要转变期，故笔者即从这个转变时期着手，整理相关的教育史料，以利深化和发展后续澳门教育史的研究工作。

本书所用的资料，主要来自澳门 1940 年代的中文报章。澳门大学图书馆庋藏五种澳门报章的微缩胶卷，包括《华侨报》（1938 年 3 月 9 日—1950 年 5 月 31 日）、《大众报》（1941 年 7 月 11 日—1950 年 5 月 31 日）、《西南日报》（1941 年 6 月 28 日—1945 年 8 月 15 日）、《市民日报》（1944 年 8 月 16 日—1950 年 5 月 31 日），以及《世界日报》（1946 年 4 月 23 日—1949 年 12 月 31 日），而这批中文报章应是这个时期仍然能相对完整地

---

①　侨委会侨民教育处处长周尚于 1946 年 2—3 月抵澳，侨团和学校曾奉命于 3 月 1 日在国民党澳门支部开会，商讨侨民教育事宜。见《全澳中小学校今日欢迎周处长》，《市民日报》1946 年 3 月 1 日。会上的其中一项议决，是澳门中华教育会于 1945 年底开始筹备建筑的阖澳华侨图书馆，改由国民党澳门支部召集各侨团共同筹建。见《华侨图书馆扩大组织联合侨团进行筹建》，《市民日报》1946 年 3 月 2 日。

②　Aureliano Barata, *O ensino em Macau, 1572 - 1979：Contributos para a sua História*（《1572—1979 年的澳门教育——贡献自己的历史》），Macau：DSEJ, 1999, p. 49。

保存下来的中文报章①。由于这批报章未有索引，笔者为求大量阅读这个时期的报道和消息，采用剪裁电子图档方式，汇辑这个时期与教育相关的报道，再着手整理。由于不同的报章对同一件事情的报道详略各有不同，加诸现存报刊并非足本，笔者于行文时也就有所限制，撰述时或须整合多篇报道，故文中的注释也就显得细碎，但特点是可以有更多事情的细节。遇有报道相同的资料，笔者于加注时只择取其一。笔者从2007年开始着手整理澳门的教育史料，曾有幸访问澳门培正中学前校长邝秉仁先生②，做过口述史料，只是机遇难逢，故改从报章钩寻整理这个时期的教育史料。就整理所得，这批澳门中文报章保存了不少已被遗忘的教育活动和信息，这些原始资料有助于重构这个时期澳门教育发展的面貌。在整理资料的过程中，凡遇有早期出版的文献和史料，又或零散的报章新闻，尤其是近年由澳门怀旧收藏学会和澳门中华教育会所举办的文献展览中的展品，笔者也尽可能罗致，以资补充和参校。

20世纪之初，清政府废除科举，改良教育，辛亥革命成功后，民国政府的教育部颁布壬子癸丑学制，之后是民国北洋政府于1922年颁布新的壬戌学制，六三三的新学制于此大致确立。在维新和革命的思潮下，中国教育制度经历着自上而下的变革，澳门位处广东的南端，曾经是晚清维新派和革命党人活动的地

---

① 关于抗战时期澳门的报业，对于这个时期中文报章的出版情况，大多语焉不详，倒是恩里克·罗拉·施利华（Henrique Rola da Silva）的《澳门中文报业》（A Imprensa Chinesa de Macau）的第二章有较多的论述，另可参考的论文有：（1）周佳荣《澳门报刊的历史和现状》，《历史教育论坛》（电子版）2008年第13期，第1—5页；（2）查灿长《抗日战争时期的澳门报业》，《贵州社会科学》2003年5月，总第183期，第102—106页。这批胶卷收录只有1941年7月以后的《大众报》，而1938—1941年所存的《华侨报》也不多，由于香港和澳门关系密切，故笔者曾翻检在香港出版的《申报》、《大公报》和《国民日报》，检索1941年以前与澳门教育相关的报道。

② 郑振伟编：《邝秉仁先生与澳门教育》，北京：中国社会科学出版社2009年版。

方，该时期的澳门教育与维新和革命人士不无关系①。在新旧交替时期，澳门有传统的中式教育，也有以天主教教会为主，为宣教和救济而提供的新式教育，而二三十年代正是澳门华人的教育从传统过渡到现代的阶段②。

关于澳门在20世纪30年代的教育情况，笔者所掌握的具体资料仍然有限，且举侨委会委员萧吉珊的一篇报道：

> 澳门……除少数真正葡人及葡华混血儿（俗名土生仔）外，余均为华侨，华侨多系由南洋南美一带返国者，当地之风俗习惯，与香港广州无异，故所有华侨设立之学校（俗名书馆），悉依我教育部定章办理，华侨所设立学校计共二十余所，私塾约有五十余所，规模较大者，有崇实中学、粤华中学、汉文中学、陶英中学、尚志学校、孔教学校，已在粤教厅立案者，惟崇实及粤华两校。各校大都设有小学部，中小学均系男女分校分班，学生年龄，女生多较男生为高，课程各校多有所偏重，如尚志注意英文，粤华注意科学算术，孔教注意经学书法，惟大都注重体育，学生尤喜玩弄乒乓球及排球，如陶英中学之乒乓球队，久已驰名港粤澳，全国运动会曾来沪表演。近年学生能听讲国语者甚多，立案之学校均加授党义，至于葡人所设之学校有四处，入学者全为葡人或混血儿，华侨所设学校，共同组一澳门教育会，加入者全为华侨各校教员。③

---

① 参何伟杰《澳门：赌城以外的文化内涵》第五章"从晚清到现代的澳门教育"，香港：香港城市大学出版社2011年版，第160—179页。
② 郑润培：《澳门中式教育及新式教育的兴起》，载郑振伟主编《澳门教育史论文集》第二辑，北京：中国社会科学出版社2012年版，第15—31页。
③ 萧吉珊：《澳门华侨教育近况与澳门强迫华校增授葡文之经过》，《时事月报》（南京）第14卷第1期（1936年），第14—15页。（按：澳门当时只有陶英小学。）相关内容在《中华教育界》转载时，关键的"悉依我教育部定章办理"一句话却改为"悉依葡教育部定章办理"，见《澳门政府强迫华校增授葡文》，《中华教育界》（上海）第23卷第8期（1936年2月），第96页。

据此，30年代中期有80多所学校，以私塾为主，尽管这个观察不一定很准确（见表2-1），但学校的数量大致符合《1939—1940澳门教育年鉴》所见的侨校名单，该名单中有88所为本地学校。查澳门当时小学教育，某些学校其实只办至四年级，初小毕业后如欲升学，即须转校。平民义学于1942年才增设高小，镜湖义学于1943年增设高小，至于某些条件有限的学校，如东莞同乡会义学，创校时是以两级复式制教授，其安排应是由一位教师在同一个课室给两个级别的学生授课，开设小学一至四年级四班。又某些学校在40年代仍然是春季始业，如望德、镜湖、致用、东莞同乡会义学和莲峰义学等，由于学生升学和立案的缘故，才逐渐统一为秋季始业，以及开设高小五六两级，但同善堂义学截至1948年仍是春季始业，并只开办至小四。

从报章剪辑出来的资料，给笔者一个极强的印象，就是当年的报章是作为发布消息的重要工具，这也不难理解，报章面向大众，是有效传达讯息的工具。报章的立场尽管不同，但许多报道仍然是以事实为基础的。笔者推断，相当多的报道属来稿照登，因为各报的内容只是详略不同，行文大体是一致的，故编辑应只是作适当的剪裁。关于这些具体资料，笔者不拟仔细分类，但举其大要，有招生广告、学校或教育消息、学校特刊、社团活动消息、政府消息和社论等。每年2月和8月前后在报章上的招生广告，直接提供了学校的基本信息，而报章上关于某某校的开学礼、结业礼，又或夏令班等消息，原是借以宣传，但经搜集和整理出来，也就是某些学校发展的具体状况。又如一些社团举办活动的消息，从筹备的过程，到活动的进展，以及结束后的报告等，报章上如有持续的报道，便可看出活动的一些来龙去脉。

社团如召开会议，于会议前一天在报上刊发新闻，这似是当时惯常的做法，但更具价值的，是会议过后的纪录。以澳门中华教育会1949年11月13日第27次会员大会纪录为例,《大众报》和《华侨报》于翌日都刊登该次会议的报告事项、讨论事项和临时动议,当中的内容,与会议纪录原件的存影相当一致①。又如1947年8月该会召开的第9次常务会议纪录,8月12日在《市民日报》和《华侨报》上的报道均有删节,"报告事项"在《华侨报》上是全部略去,《市民日报》则保留了三项,另第八项的"讨论事项"在《市民日报》上也保留了。又以孔教学校的校务报告为例(见附录8),1949年1月10日在《华侨报》、《大众报》、《市民日报》和《世界日报》这四份日报上全文照登,也因为是全文,所以手民之误可借此校正。

另一个有趣的例子,是中正中学校董会于1948年9月下旬的第2次校董会会议(见附录10)。该纪录见于1948年9月23日四份日报,但只有《世界日报》的报道保留了第十项关于原教忠中学校董会要求中正中学校董会补偿葡币1000元。这也许是因为其他三份报章的编辑认为应删除该项与"献校祝寿"活动相悖的纪录。

除了报章上的资料,笔者亦查阅中国第二历史档案馆于2002年制作的《澳门地区档案史料选编》,澳门历史档案馆藏有微缩胶卷。选编的资料中,亦有助整理、校对和补充来自报章上的资料。以抗战时期侨委会对侨校学生的救济为例,档案中收录一份在澳门筹办"联合中学"的建议书,时间为1943年初,时任教育部"驻港澳侨民教育视导专员"②周尚鉴于当时澳门某些学校班级人数过少,认为拨巨款救助不符效益,加上种种原因,诸如某些学校办理不善、学生程度不佳、师资缺乏、学校设高中

---

① 会议纪录部分原件存影见刘羡冰《世纪留痕——二十世纪澳门教育大事志》,澳门:澳门出版协会,2010年版,第6页。
② "驻港澳侨民教育专员"一职于1941年初设置,见《侨务委员会致教育部公函》(1941年3月11日),见蒋梅选辑《国民政府教育部等办理战时港澳地区侨民教育相关史料》,《民国档案》2008年第3期,第16—18页;全文,第10—21页。

构成负担等，故建议将学校整合，集中人力和财力办理联合中学。该函件并附有"澳门中小学校一览表"、"澳门各立案学校学生人数一览表"和"澳门各立案中小学教职员及其家属人数统计表"①。"澳门中小学校一览表"列出114所校名，当中有37校注上"×"号，表示于该学期已停办。这些都是相当重要的参校资料（见附录4）。

查上述"联合中学"的建议，早见于1942年8月20日《华侨报》上的社论。该篇社论提出设立联校的设想，点出当时澳门教育的问题，如学校多、学生少、各自为政，故无论在经济上还是教学上都不划算。该社论的作者建议，可依学校的性质分作几个联合的单位，例如以宗教性质，又或以学校系统，又或以男校女校作为区分单位，每个联校组织一联校委员会，由各校校长充任委员，统筹行政计划，管理学务和教务，如此则图书仪器校舍合并，教员和职员可以合理分配，学校减少，教员薪金可以增加，学校支出可以减低，至于部分教职员或因而失业，可尽量资助其回国服务，文中并举东南、西南、西北联合大学等作例子②。时过境迁，也足以反映当年有识之士重视澳门教育的改进。

近年与澳门教育史相关的中文资料或中译本，有不少成果可供参考，如：

1. 刘羡冰：《世纪留痕——二十世纪澳门教育大事志》，澳门：澳门出版协会，2010年8月，增订版。

2. 刘羡冰：《澳门教育史》，北京：人民教育出版社1999年版；澳门：澳门出版协会，2007年。

3. 刘羡冰：《澳门教育的发展、变化与现代化》，吴志良、

---

① 《教育部关于核发澳门地区中小学校补助经费的函电》，见澳门历史档案馆藏《第二历史档案馆澳门地区档案史料选编》（2002年摄制），序号：281/时间：1940—1943/全宗号：五/案卷号：13345/盘号：35J-182/影像号：304。
② 《本澳教育之危机》，《华侨报》1942年8月22日。

金国平、汤开建编：《澳门史新编》第3册，澳门：澳门基金会，2008年，第909—929页。

4. 吴志良、汤开建、金国平主编：《澳门编年史》，广州：广东人民出版社2009年版。

5. 施白蒂（Beatriz Basto do Silva）：《澳门编年史：20世纪（1900—1949）》［*Cronologia da História da Macau Século XX (1900 - 1949)*］，金国平译，澳门：澳门基金会，1999年。

6. 杰费里·冈恩（Geoffrey Gunn）：《澳门史1557—1999》（*Encountering Macau: A Portuguese City-State on the Periphery of China, 1557 - 1999*），秦传安译，北京：中央编译出版社2009年版。

又澳门大学教育学院的教育史研究小组，在大学经费的支持下，曾将部分葡文资料译出，其中包括：

1. Aureliano Barata, *O Ensino em Macau: 1572 - 1979/Contributos para a sua História*, Macau: DSEJ, 1999.

2. Albina dos Santos Silva, *Documentos para a História de Educação em Macau*, Macau: DSEJ, 1996 - 1998, vols. 1 - 3.

3. Manuel Teixeira, *A Educação em Macau*, Macau: DSEC, 1982.

上述译文的初稿虽有待润饰，但笔者按图索骥，借助译文检读某些葡文资料，帮助极大。

粤澳两地学校的迁移是这个时期的一个明显现象，相关的论述已见于刘羡冰的专著。关于澳门这十年的教育发展，从学校数量来看，官立学校的变化不大，但私立学校数量整体呈下降的趋势，前期更是急降，至中段才逐渐回升；有汰弱留强，也有前仆后继。1939年5月出版的《澳门游览指南》①，澳门有公私立学

---

① 何翼云、黎子云编：《澳门游览指南》，1939年5月，第62—66页。

校112所（见附录1）；同年8月出版的《港澳学校概览》，澳门有107所学校，义学17所①；《1939—1940澳门教育年鉴》，澳门已登记的私立中文学校有106所②；《1951—1952澳门年鉴》，澳门有公私立学校98所（含15所分校）③，另有5所学校位于路环或氹仔；1952年出版的《澳门华商年鉴》④，澳门当时有大学4所，中小学校69所（未计入9所分校），专科学校15所，共88所（见附录3）。

抗战期间迁到澳门的学校，不大可能有十分完善的校舍，某些学校只能设于民居，又或以租借的方式，暂寄于别的学校校舍，而当时的政府亦予以宽限⑤。胜利以后，某些外来的在澳门扎根的学校有开始筹建校舍，一些私立学校也有极大的转变和发展。这个十年更曾出现发展本地大学的苗头，培正中学在抗战胜利前曾开设大学课程，岭南大学也曾计划在澳门设立分教处，1949年的时候更有内地大学迁澳，详情容后文再述。

本书以1940—1950年的澳门教育为题，重点在于整理报章上的原始资料，除了就所搜集的资料撰文外，也附录一些原始资料，供读者参考。除本章绪论外，第一章是1940年代澳门中小学校的概论，综述某些私立学校的发展以及这个时期出现的新校；第二章是广州沦陷后内地学校的迁澳与发展，以学校为主

---

① 吕家伟、赵世铭编：《港澳学校概览》，香港：中华时报，1939年8月，己篇，第29—32页。

② Abílio Maria da Silva Basto, "Inspecção das Escolas Chinesas"（《中文学校视察》），in *Documentos para a História da Educação em Macau*（《澳门教育历史文献》），Macau: DSEJ, 1996-1998, vol. 1, pp. 451-454。该文来自《1939—1940 澳门教育年鉴》（*Anuário do Ensino de Macau Ano 1939-1940*, Macau: Imprensa Nacional, 1941），第147—150页。

③ 《1951—1952年澳门年鉴》，第306—308页。

④ 黄浩然编：《澳门华商年鉴》第一回，中卷，澳门：精华报，1952年4月，第105—108页。

⑤ Abílio Maria da Silva Basto, "Inspecção das Escolas Chinesas", *Documentos para a História da Educação em Macau*, vol. 1, pp. 450-451.

线，综述其间澳门教育发展的一些状况；第三章是义学与失学儿童的教养，缕述前贤对难童和失学儿童的救助；第四章是政府对私立学校管理的情况；第五章是关于教师和学生的救济工作，以澳门中华教育会和澳门学生救济委员会的工作为重点；第六章旨在整理澳门中华教育会这个重要教育团体在这个时期的一些文教活动；第七章是澳门国语运动的推展；最后就是结论。

第一章　1940年代中小学校概述

前言

　　1940年代的澳门，华人教育的责任主要由私人和教会团体承担，由政府办理或政府给予津贴的学校占极少数，而私立学校数量的比例相当高，这显示的是民众对于教育的需求和重视。1939年出版的《澳门游览指南》列出112所公私立学校，当中就只有葡国立殷皇子中学（利霄中学校）、民主学校、议事公局男校和议事公局女校属于公立学校的系统。据《1951—1952澳门年鉴》的资料，澳门当时有公私立学校98所（含15所分校），另有5所学校位于路环或氹仔，非中文的私立学校有7所，公立学校有6所。1952年出版的《澳门华商年鉴》显示，只有殷皇子中学、官立初级学校（男校及女校）、官立中葡小学（男校及女校）和官立幼稚园共6所公立学校，而公立以外的学校有六大类，分别为私立大学、私立中学、私立小学、教会学校、免费学校和专科学校，当时有大学4所，中小学69所，专科学校15所，共88所。

一　澳门的私立学校和教会学校

　　澳门在1940年代的私立学校，一般称作侨校，粤语是这些侨校的主要授课语言，也是澳门教育系统中的主体，属中文学校；但私立学校当中，有以葡文、英文或中文授课的课程，属非中文学校。《1939年澳门年鉴》将私立中文学校与官立学校、市立学校、补助学校和无补助的教会学校并列，所体现的是当时的归类方式。本节将简述某些私立的中文学校和非中文学校①。

（一）孔教学校

在澳门创立的孔教学校，在1940年代曾有过一段颇为崎岖的发展，在澳督和一群殷商的支持下，始重新发展起来。孔教学校创办于1914年7月9日，当时为陈纯甫、李朝宗、鲍少芹和杨勤圃等发起，初办义学，后改小学，但仍附设义学于夜间②。该校首任校长为郑莘农。根据《孔教学校招生简章》，孔教学校创立时租炉石塘街46号2楼为校址，定名"孔教学校"，宗旨为"昌明孔教，启迪儿童，培养国民道德之基础，并授以普通知识技能为宗旨"。翌年学童逾百，改迁白马行街柯宅，1917年向华侨募捐，购得柿山大炮台街4号，奠立校基。1921年又因经费支绌，曾用校契向瑞德银号质款，后经校董卢廉若和蔡文轩等商请名优演剧筹款，才将校产赎回③。

1941年初，孔教学校校长徐伟卿离职，校政无人主持，当日由澳督作出批示，邀请商会正副主席，协同镜湖医院及同善堂正副主席组织管理孔教学校委员会，接管校务，会长由商会主席担任，财政则由商会的财政员担任，直至孔教会依律例立案完妥为止④。高可宁和蔡文轩等九人视察学校后，恐该校有坍塌之虞，

---

① 澳门档案馆的资料另见有 Escola Particular Idália da Luz, Escola Maria de Lourdes Carmen 和 Escola O Acadêmico 等学校的名字，但不在侨校之列。
② 《孔教中学校庆纪念》，《华侨报》1947年7月9日。
③ 《澳门孔教学校之成立》，《孔教会杂志》（上海）第1卷第8号（1913年），第10—12页；《孔教中学沿革史略》，《大众报》1948年1月2日。
④ 《管理孔教学校问题》，《大众报》1941年7月11日。

决定重新修葺，购置校具、图书、仪器等，并改办中学及附设小学。蔡文轩、高可宁和黄豫樵等于7月呈准侨委会，增设中学，9月"阖澳华侨公立孔教中学暨附小"招初中一年级和小学各年级学生，广告中并附有"澳门孔教学校委员会委员"的名单，包括黄豫樵、蔡文轩、高可宁、梁后源、沈香林、梁鸿勋、黄叔平、崔六、黄家驹等，校长为郑谷诒①。1942年10月，该校奉澳督批准立案，又奉侨委会及教育部准予立案②。澳督戴思乐其后承担修葺学校的全部支出，捐助8000元，故孔教会曾泐碑纪德（见附录7），揭幕礼于1942年10月6日（农历八月二十七日）孔诞举行③，翌年5月1日并为澳督及全体委员在校内敬立玉照④。

1942年2月，该校取录中小学新生82名⑤。1943年2月，两次招考中小学各级学生，先后取录107名和140多名⑥。该校1941年上下学期学生人数分别为439名和371名，1942年分别为356名和326名，1943年分别为490名和673名⑦。1944年10月13日（农历八月二十七日）孔圣先师诞辰日，该校举行立案后初中第1届和小学第3届毕业礼⑧。1946年1月30日，该校学生约800名⑨，这个数字应计入义学学生。

孔教中学大约于1947年初移交孔教会⑩。1946年11月24

---

① 招生广告，《华侨报》1941年9月3日。
② 《孔教学校奉准立案》，《华侨报》1942年10月25日。
③ 《孔教会昨庆祝圣诞》，《大众报》1942年10月7日。
④ 《孔教学校敬立澳督玉照昨日揭幕志盛同时并为各校董立照》，《大众报》1943年5月2日。
⑤ 《教育消息》，《华侨报》1942年2月6日。
⑥ 《孔教学校新生放榜》，《华侨报》1943年2月10日；《教育消息》，《华侨报》1943年2月15日。
⑦ 《本校中小学历年人数比较表》，《澳门侨立孔教中学三周年事略》（澳门侨立孔教中学出版股编，1944年9月），第10页。
⑧ 《昨日圣诞祝孔热闹》，《市民日报》1944年10月14日。
⑨ 《教育消息》，《华侨报》1946年1月31日。
⑩ 《孔教会征求会员共同鼓吹孔教真理扩充义学普遍教育》，《世界日报》1946年12月29日。

日，孔教会召开会员大会改选董事，李仲明、冼碧珊、梁松、区宾雁、崔养、陈国铭、叶子如、蔡德诚、黄渭霖九人得票最多，当选董事，余达洪为候补董事①。郑谷诒于1946年冬以年老辞任，学校改聘邓又同为校长②，桂南屏为名誉校长。该校锐意革新，为学校添置图书、标本和仪器，加聘经验丰富的教员，且学费以廉宜为宗旨③。在招生广告上，该校注明学费包括杂费，中学40元，高小25元，初小23元④。又侨团工友子弟，如因经济困难无法升读中学，该会董事亦答允尽力资助，送入孔教中学肄业⑤。1947年2月26日，李仲明代校长在常会上报告校务，日校学生546名（中学生4名半费，10名全免；小学生11名半费，3名全免），义校学生527名；教导主任黎潮舒亦致函报告各级学生余额有66名⑥。邓又同校长亦致函报告，函聘张天爵（侨务处长）、刘叙堂、刘柏盈、何贤、高剑父、钱二南、邓晴隆、陶剑秋等社会贤达为名誉校董。同年9月，校董会又议决，凡属义学高小毕业而无力升中学者，经该校考试，成绩优良而操行佳好者，可减收学费⑦。

1947年底孔教会遵照会章，召开会员大会改选职员，冼碧珊、叶子如、崔养、刘柏盈、何贤、黄渭霖、区宾雁、余达洪等九人为董事，黎卓彬、陈钟琳为候补。1948年初，孔教学校有初中级学生3班，小学级11班，共540多名，附设义学夜班约600名⑧，

---

① 《孔教会昨开会员大会选出新任董事》，《大众报》1946年11月25日。
② 《孔教中学校庆纪念》，《华侨报》1947年7月9日。
③ 《教育消息》，《市民日报》1947年1月9日。
④ 招生广告，《华侨报》1947年1月12日。
⑤ 《孔教会议决津贴工友子弟送入孔教中学肄业》，《华侨报》1947年2月4日。
⑥ 《孔教会会议》，《华侨报》1947年2月27日。
⑦ 《学校消息》，《华侨报》1947年9月7日。
⑧ 《孔教中学沿革史略》，《大众报》1948年1月2日。

1948年3月，义校学生500多名①。1948—1949年度上学期，学生共386名②。1948年暑假期间，该校更新不少新的设施，包括装置电力水泵，修理厨厕，添置清洁器具，又体育场所改铺三合土，增设体育用具，另增辟种植花木的小校园、学生阅书报室、音乐室、劳作室、理化实验室等③，1949年的暑假期间，课室又改装电光管④。

（二）无原罪工艺学校/私立鲍斯高纪念初级中学

无原罪工艺学校前身为慈幼孤儿院，成立于1906年⑤。无原罪学校内有小学部和工艺部，1936年分设小学监学和工艺监学各一人，由余佩麒和柯理华两位神父分任，而小学部前曾因六年级人数太少而停办，是年暑期后再增设六年级，成为一完全小学⑥。1938年初，该校小学部易名为鲍斯高中小学校⑦。无原罪工艺学校（又名"十六柱"）位于风顺堂街的校舍于1935年拆卸重建，10月12日举行奠基典礼，新校舍于1936年7月16日正式启用，另高楼街的新工场则是1935年所落成的⑧。据无原罪工艺学校1938年的招生简章所见，该校在高楼上巷3号，编制

---

① 《教育消息》，《华侨报》1948年3月3日。
② 《孔教会昨日大会选举下届会董》，《市民日报》1949年1月10日。
③ 《学校消息》，《世界日报》1948年8月22日。
④ 《孔教义学续招新生》，《华侨报》1950年3月11日。
⑤ 无原罪工艺学校于1907年由鲍若望主教设立，托管于慈幼会士，宗旨为收养贫童，教他们认识天主，并授以各种谋生手艺。开始的时候，生徒不超过40名，1924年有230多名学生。见西满《澳门无原罪工艺学校史略》，《主心月刊》第1卷第11期（1937年），第8页。
⑥ 《澳门无原罪学校增设监学一员》，《母校铎声》（鲍斯高旧学员会中华总支会印）第5卷第3/4期（1936年）合刊，第16页；《小学部增设一班》，同前。
⑦ 《明我》（澳门无原罪学校明我社编）第6卷第7期（1938年），封底照片说明。
⑧ 庸甫：《澳门无原罪学校重建劝捐小启》，《明我》第3卷第2期（1935年），第11页；温普仁：《新建设》，《母校铎声》第4卷第4期（1935年）；李华秋：《新校舍开幕忆志》，《明我》第4卷第5期（1936年），第74—75页。

分初等及高等二级；**修业两年，试验及格，授以初等证书，五年授以毕业证书**，科目主要为谋生的工艺科目，包括西式裁缝、革履、排字、印刷、钉书等，并授以高级小学及初级中学的课程。至于鲍斯高纪念中学，1940 年初的校长为余锡垣①。据 1938 年招生简章所见，该校在风顺堂街 16 号，其学制完全遵照中华民国学制，初级中学分三年，并有完全小学，课程亦以中华民国颁布的中小学课程标准办理，但该校中小学只招男生②。表 1-1 是澳门鲍斯高中小学校于 1938 年开学后的学生统计。

表 1-1　　　　鲍斯高中小学校 1938 年学生统计

初一	小六	小五	小四	小三	小二	小一	寄宿	通读	总数
8	15	20	35	39	42	20	105	74	179

该校于当时刚办理初级中学，并向广州教育厅立案，主任教员共 8 位，从初中一到小一依次为谭泽钦、陈秉节、盛光运、冯志生、盛熊运、陈剑云和刘忠荣，另有一位葡文教员谭少澄。至于无原罪工艺学校则有 60 名学生③。

据该校金以义神父在"中华鲍斯高旧学员会澳门支会"的年会上所述，截至 1942 年初，无原罪学校成立 30 多年，历届毕业学生共千人以上④；另据一篇参观后的报道，该校设有洋服、

---

① 这位校长的名字见于培正中学五十周年校庆的祝词，见《培正校刊》第 11 卷第 5 期（1940 年 1 月 15 日），第 6 页。
② 《圣母无原罪工艺学校招生简章》及《私立鲍斯高纪念初级中学暨附属小学招生简章》，见《港澳学校概览》戊篇，第 23—26 页。
③ 《学校小统计》，《明我》第 6 卷第 8 期（1938 年），封底内页。
④ 《无原罪鲍斯高旧学员年会督宪拨冗参加》，《华侨报》1942 年 4 月 6 日。"中华鲍斯高旧学员会"于 1931 年 11 月成立，"鲍斯高旧学员会中华总支会"翌年成立，其辖下的澳门支会则于 1935 年成立，见若望《检讨过去和希望将来》，《母校铎声》第 4 卷第 4 期（1935 年），第 74—78 页；临时记者《澳门支会成立大会志盛》，《母校铎声》第 5 卷第 2 期（1936 年），第 7—9 页。

造木、革履、印刷、书籍钉装等科，主要为华籍的贫苦学童提供谋生的技能①。无原罪工艺学校和鲍斯高纪念中学于1943年9月合并，并易名为"鲍斯高纪念职业学校"，同年11月，学校曾举行一小规模展览会，展示学生的制作成品，翌年7月1日，又再举行大规模的展览，让社会人士了解学校的设施及学生的成绩②。

无原罪工艺学校，主要收容贫童，故大部分学童须依靠校方提供食宿。1943年中，因战事影响，百物腾贵，该校经费严重支绌。按当时的计算，学生400余人，每月经费约需葡币12000元，而学费收入只有千多元。一年经费除津贴外，约需12万元，其中半数由澳门政府供给，不足之数约6万元③。1942—1943年度该校支超8万余元，主要由西洋银行借支，400多名贫民子弟，几陷于失学边缘，故校长陈基慈神父曾在6月12日的毕业礼上向来宾呼吁捐助。9月，该校筹得大洋约15万元，另葡币约15000元，谷米100多包，总数约得葡币30000元，得以继续维持，但仍须继续筹措下半年的经费④。当年，陈基慈让无原罪鲍斯高的学生于暑假期间自力更生，为工务局在望厦的工程中负责挑泥，但暑假结束后，相关的工作便交全澳

---

① 桃溪渔隐：《托儿所—育婴堂—残废院—花地麻姑娘堂—鲍斯高和无原罪学校》，《华侨报》1942年9月21日。

② 《鲍斯高职业学校创办两月成绩斐然》，《华侨报》1943年11月25日；《鲍斯高学校举行展览会》，《华侨报》1944年7月1日。

③ 《无原罪学校希望募足一年经费请社会人士热心捐助》，《华侨报》1943年9月27日。

④ 《鲍斯高纪念中学无原罪工艺学校毕业典礼》，《华侨报》1943年6月13日；《无原罪学校经费不敷，热心人士慨加捐款》，《华侨报》1943年9月26日；《无原罪学校筹募经费各界热心捐助》，《华侨报》1943年9月28日。

的难童，以工代赈①。

无原罪工艺学校的经济危机，国民党的中央执行委员会调查统计局，曾呈报教育部请求拨款救济，大概因该校设有鲍斯高中学收容侨生，且经侨委会立案，故曾获拨大洋20000元作维持经费②。据陈基慈于1944年7月所述，学校当时的经费主要依靠澳门政府每年津贴6000元和热心人士的捐助③。该校属慈善性质，故不乏热心捐助的人士，高可宁历年对该校便有不少的捐助④；又1945年12月该校有启事鸣谢"德荫善人"代偿还葡币5953.5元的米数⑤。澳门政府对该校也是设法支持的，从1945年1月开始，政府物品输进统制委员会主席高士德，便将每月所得的额外手续费全数拨给鲍斯高学校，1945年1月和2月均为5000元⑥；澳门的盐商和出入口商在澳督示意下，也曾为鲍斯高学校暨育婴堂筹募经费，活动并由澳督戴思乐任名誉主席，两机

---

① 《鲍斯高慈幼会救济留澳难童给以挑泥工作供给食宿》，《华侨报》1943年9月19日。在《教育部关于核发澳门地区中小学校补助经费的函电》中一份"澳门工艺学校请求救济"信函中亦提及难童为政府担泥辟路换食以维生计的事情，见《第二历史档案馆澳门地区档案史料选编》，281/1940-1943/五/13345/35J-182/304。

② 《教育部关于核发澳门地区中小学校补助经费的函电》，见《第二历史档案馆澳门地区档案史料选编》，281/1940-1943/五/13345/35J-182/304；《我国教育部拨款救济失业教员，另捐助无原罪学校经费》，《华侨报》1943年12月14日。

③ 《鲍斯高工业学校归来》，《华侨报》1944年7月3日。

④ 1942年5月，高可宁捐助无原罪工艺学校1500元，见《高可宁捐助无原罪》，《华侨报》1942年5月17日；1943年5月，高氏参观该校捐港币5000元，见《无原罪工艺学校经费不敷》，《华侨报》1943年5月6日；同年6月12日的毕业礼上，又捐港币10000元，其夫人及幼子亦合捐港币1500元，见《学校消息》，《大众报》1943年6月16日；9月，该校报道捐款芳名，又见高可宁捐葡币2000元，其夫人也捐葡币250元，见《无原罪学校筹募经费各界热心捐助》，《华侨报》1943年9月28日。

⑤ 《无原罪学校敬谢"德荫善人"启事及其他》，《华侨报》1945年12月21日。

⑥ 《统制委会将额外手续费拨送鲍斯高学校》，《大众报》1945年1月27日；《物品统制委会拨手续费助鲍斯高学校》，《华侨报》1945年3月1日。

构均分37816元的善款①，这事件更被定性为中葡感情融洽的示范，也是华务局长白达利上任后一项重要政绩②。

陈基慈神父于1946年8月调往北平后，由温普仁神父接任③。自从两校改组后，报章似仍沿用"无原罪工艺学校"的名称，又温普仁曾向澳门绅商为学童募捐寒衣，下款署"圣母无原罪儿童工艺院院长"④。1949年3月，该校收到澳督夫人喜莲娜女士主办足球比赛善款2000元，当时全校学生，计入附设的葡籍孤儿，共300多名⑤。

1946年，职业学校的学费，高级小学30元，初级小学20元，另堂费5元⑥。

---

① 《鲍斯高职业学校与育婴堂鸣谢启事（1945年9月18日）》，《华侨报》1945年9月20日。盐商为同善堂难童餐筹募经费成绩理想，澳督戴思乐于是面谕华务局长白达利转达，请该行为鲍斯高和育婴堂筹款，刘衡仲、刘伯盈、何德、蔡文轩等于7月30日谒见华务局长，并请准与"九八行"（出入口商）合作，两行于8月5日在濠江仙舫召开联席会议，并成立"澳门盐商出入口商为鲍斯高暨育婴堂筹募经费委员会"。刘衡仲等于8月9日上午谒见澳督汇报进展及请示，当日下午假商会召开会议，10日及13日假同善堂再召开会议；义演定8月17日举行，各盐商自行认捐，每家600元，出入口商行自行认捐10000元，另米机行及什货行永义堂担任劝销工作。以上资料来自四则报道：《盐商代表今日谒华务局长商讨筹募善款事宜》，《大众报》1945年7月30日；《为鲍斯高及婴堂筹款会》，《西南日报》1945年8月10日；《两大行商筹募善款自动认购戏票》，《市民日报》1945年8月11日；《为鲍斯高筹款会第四次会议》，《西南日报》1945年8月14日。由于抗战刚结束，澳门于8月15日实施紧急戒严令，两行于19日召开第5次会议，筹款演剧延至23日举行，参《演剧筹款大会定期廿三举行》，《华侨报》1945年8月20日。

② 《华务局长白达利谈沟通中葡感情》，《大众报》1945年8月25日。

③ 《慈幼会学校联会昨欢送陈基慈》，《华侨报》1946年8月17日。温普仁神父于1913年在意大利晋升司铎后来华传教。1930年韶关主教吕神父被贼掳去，遭杀害，温普仁神父被任为代理主教，后返澳，鲍斯高学校图型为其设计。1936年回港任圣类斯工艺学校校长。《温甫［普］仁神父六十岁诞辰》，《华侨报》1947年3月13日。

④ 《无原罪儿童工艺院为学童募寒衣》，《世界日报》1948年12月21日。

⑤ 《无原罪学校收二千善款》，《大众报》1949年3月28日。

⑥ 《教育消息》，《市民日报》1946年8月27日。

(三) 粤华中学

粤华中学于1925年由廖奉基和谭绮文在广州创立，1928年迁澳。该校原租用得胜马路16号为校址，其后扩充校舍，一连六所。1932年经校董会议决，易名为"私立岭南大学澳门分校粤华中学"，时亘三年①。其后，该校获澳门政府拨地3800多平方公尺，随即发动建校捐款，新校舍于1933年11月5日奠基，翌年3月25日落成②。据曾任校长的廖荣福所述，校名"粤华"取意是"广东之花"，也就是"木棉花"或"英雄之花"③。

1942年1月，刚发生太平洋战争，为非常困难的时期，粤华为减轻学生家长负担，于新学期减收学费，各级学费改以港币为本位，可以分五期缴交，高中13元，初中11元，小学五六年级8元，小学一至四年级6元，报道指上学期未能完成学业者，亦可于新学期按级插班或借读，但必须经考试及格，而学籍问题则由校方设法解决④。但同年4月，廖奉基决定将创办18年的粤华中学交由鲍斯高慈幼会接办，报道指当中关涉"理智"、"感情"和"物质"三大条件⑤，但内情则不详。从1942年8月期间该学校的广告所见，粤华当时已在侨委会立案。

慈幼会接办粤华以后，即派苏冠明神父管理该校，而廖荣福可能于同年七八月间接任为校长。据报道，学校添置了不少图书

---

① 钟荣光：《呈教育厅呈报接收粤华中学改办澳门分校请备案文》（1932年5月31日），《岭南大学校报》第5卷第2期，第23—24页。该备案文指粤华于1929年迁澳门（或误），学校依照六三三学制，1932年初中共有两级三班，附属小学共有五级八班，男女学生340名。
② 《粤华六十年》，《粤华中学建校六十周年纪念特刊》（1985年），第13—14页；全文，第13—26页。
③ 廖荣福：《再见吧！我可爱的毕业同学们》，见《粤华中学三十六年度毕业典礼特刊》，《大众报》1948年7月7日。
④ 《粤华中学减收学费》，《华侨报》1942年1月21日；《教育消息》，《华侨报》1942年1月30日。
⑤ 《粤华中学昨举行毕业典礼》，《华侨报》1942年6月17日。

和家俬杂物，学校墙壁也重新粉刷，而澳督曾拨出西洋纸（葡币）15000元，用作该校的修理和装置费。报道指由于将鲍斯高的高中部迁入粤华，原鲍斯高的高中部也就停办了①。上述的报道，是时任训导主任苏冠明神父主动邀约记者前往参观报道，动机明显是让公众知悉粤华并非停办，而是刷新整顿。翌年的毕业礼，是该校另一次宣传的机会。1943年7月4日毕业礼（高中第3届，初中第13届，小学第16届），加设学生日常习作的展览会，但展览率先招待澳门各报记者参观②。澳督戴思乐出席毕业礼时，曾在嘉宾题词册上题词，意谓想不到该校"由前校长廖奉基手接办，不到一年，竟有此卓越之绩，盖当时尚以测验心情，试探接办者之能力，今果然不负所期，成绩如此，以后必践前言，尽力帮助"③。

从两份报道的资料综合所得，该校曾为1943年度第一学期定出具体的校务计划，包括：（1）延聘学识渊博的教师（如何宗颐任教高中数学，韩一英任教史地，沈□年任教公民，胡芝新任教中国文）。（2）添置实验理化仪器、图书，以及体育用具。（3）增加学生管理员，分高初中小学，每部设一员，课余游戏，管理员亦须从旁指导，告假须有充分理由，并须出示家长签名盖章函件为凭。（4）注重平时功课，月终由教导主任考核，又一切课本课程，每学期规定全部授完，又加设其他特殊科目，增进学生知识。（5）一方面与国内著名大学联系，另一方面尽力解决高中毕业生前往内地升学时遇上的交通、手续及生活等困难④。

---

① 民：《粤华校参观记》，《华侨报》1942年7月28日。
② 《粤华中学将行毕业礼》，《大众报》1943年7月2日；《粤华中学今日行毕业礼并开学生成绩品展览》，《大众报》1943年7月4日。
③ 《戴督盛赞粤华学校》，《大众报》1943年7月6日。
④ 《教育消息》，《华侨报》1943年8月5日；《鲍斯高慈幼会接办后新生之粤华中学》，《大众报》1943年8月22日。

1944年初，该校学生人数增加，在连胜马路消防斜巷（原青云小学旧址）增设小学分校暨幼稚园，1944年秋，雅廉访马路培贞女子中学易名"粤华中学女子部"，并增办高中①，8月20日第一次入学试即取录300多人②。抗战胜利后，于战时迁澳的一些学校，如培英、岭南、广中、民大、真光等，陆续回到广州复课，粤华则旗帜鲜明，表示永久留澳，并吸纳不随校迁返广州的留澳学生，只要有原校转学证件，学行成绩优良者，均可转入粤华继续初高中的学业③。1946年2月，该校因部分教员复员离校而增聘教师④。就报道所见，该校学生的家长大都在澳门经商。慈幼会接办粤华，亦明确表示"该会在澳创办无原罪工艺学校，目的注重作育一般贫而无告之儿童。至兴办粤华，则旨趣全在培育本澳绅商巨子之子弟，工艺学校不无含有慈善性质，而粤华中学，则有近乎为辅助高贵家庭而设……务其成为一最理想，最健全，最现代文化之校，将更由中学扩展华南最崇高之学府"⑤。

1945年8月13日该年度第一次招生，高初中小学幼稚生等共取录287名，人数较往年激增，第二次招生则定9月5日举行⑥。1947年第一学期招生，报考280多名，取录250多名⑦。1948年7月，该校举行1947年度毕业典礼，高中为第8届毕业生15名，初中第18届毕业生68名，小学第21届毕业生43名，幼稚园第6届毕业生24名⑧。1949年7月3日为1948年度毕业

---

① 《校闻一束》，《大众报》1944年6月29日；《粤华六十年》，《粤华中学建校六十周年纪念特刊》，第17页。

② 《教育消息》，《华侨报》1944年8月23日。

③ 《学校消息》，《大众报》1945年9月7日。

④ 《教育消息》，《华侨报》1946年2月1日。

⑤ 《鲍斯高慈幼会接办后新生之粤华中学》，《大众报》1943年8月22日。

⑥ 《学校消息》，《大众报》1945年8月19日。

⑦ 《粤华暑期班昨行结业礼》，《市民日报》1947年8月15日。

⑧ 《本届毕业生》，见《粤华中学三十六年度毕业典礼特刊》，《大众报》1948年7月7日。

礼，学校全体学生有900多名，高中毕业生25名，初中毕业生62名，小学毕业生65名，幼稚园毕业生42名①。

1947年7月，从粤华学校的广告，标示新学年女子部将增设高中，也许未有成事。翌年初，该校斥资购入俾利喇街唐家花园全部，扩充为女子部，并于2月开课前迁入，同年7月又见报道该校将于新学期加设女子高中部，并已增聘在国内大学任职的教师和大学毕业生任教席②。另1947年7月和1948年2月粤华的招生广告，都出现"北平私立辅仁大学附属"字样③。

1947年底，粤华中学曾增设商业专科，教授商业专门学科，定期为一年毕业。内分四期，第一期为会计学及经济学，第二期包括银行会计和货币银行学，第三期为统计学与国贸易原理，第四期为工商业管理学和商业文件等，由陈玉棠主管办理④。

粤华中学于1948年秋新学期增设英文部，课程标准与香港英文书院相同，并与香港某英文书院联系，英文部毕业学生可以在该院继续升学，当时并增聘多位英籍神父任教席⑤。报道指曾任香港圣若瑟、圣类斯及华人英文书院英文教席的英籍神父立鞭氏应聘到粤华，设立英文专科部。英文部于9月15日举行开学礼，16日正式上课⑥。粤华增设英文部，是因为澳门缺乏英文专

---

① 《粤华中学举行毕业典礼由澳督主持颁奖》，《市民日报》1949年7月3日。
② 招生广告，《华侨报》1947年7月3日；《粤华女子部迁校》，《华侨报》1947年2月17日；《粤华中学增办女子高中》，《大众报》1948年7月16日。广东省立文理学院讲师沈瑞裕（高中部英文科主任），国立桂林师范大学数学系主任讲师伍朝业（高中部数学主任），国立中山大学讲师黄孟驹（高中部国文主任），广东省立文理学院生物讲师梁盛森（高中生物科主任），广西大学电机学士陈文尉（数理教师）。
③ 招生广告，《华侨报》1947年7月3日；招生广告，《市民日报》1948年2月7日。
④ 《粤华中学增设商业专科》，《华侨报》1947年11月25日；招生广告，《市民日报》1948年2月13日。
⑤ 《粤华中学增设英文部》，《大众报》1948年8月28日。
⑥ 《教育消息》，《世界日报》1948年9月16日。

科学校,该校得督学处批准,并在当时香港的教育司注册,1948年9月设第八班、第七班和第六班共三班,课程完全遵照香港教育司所规定的英文课标准办理。凡入学升至第二班,经考试及格者,可得英国剑桥中学的证书,而第一班考试及格者,可参加伦敦的会考。英文部的教务,由英籍神父黎秉铎神父主持,其后可能加设第五班,并于翌年增加至第四班①。该校是当时澳门唯一的英文男校。

1946年底,该校为高中毕业生升学及就业作准备,特安排教育考察旅行团,高中毕业班一行20多人,由校长廖荣福领导,前往香港和广州考察②。在香港时,考察团曾参观香港大学、华仁英文中学、罗富国师资学院、岭英中学、扫杆埔英文中学、香港仔工艺学院、圣类斯中学印刷部、商务印书馆、香港电力公司、煤气制造厂、冯强胶鞋制造厂、电报局、坚道天主堂之管风琴、娱乐戏院之电影机,在广州时则参观岭南中学、国立中山大学、国民大学、警官训练学校、电灯公司、自来水公司、士敏土厂,等等。该校是次考察,从11月28日赴港至12月9日早上返澳,应颇受关注,而该校高初中高小学生及铜乐队特前往码头迎接,团员亦为同学报告考察经过,以及港穗两地的教育状况,为他们的升学及就业作准备③。

粤华中学的课外活动,除体育运动外,另有歌剧班、音乐班、国语班、演讲班、数理化研究等组织,由专科教师担任指导④。

---

① 《本澳粤华中学英文部之介绍》,《世界日报》1948年8月31日;《粤华英文部增设第四班》,《大众报》1949年8月16日。当时香港的英文中学采用八年制,最低第八班,最高为第一班。
② 《粤华中学组考察团旅省港》,《世界日报》1946年11月28日。
③ 《教育消息》,《市民日报》1946年11月28日;《粤华毕业旅行团考察省港教育》,《大众报》1946年12月7日;《粤华省港教育考察团今晨由穗返澳》,《市民日报》1946年12月9日。
④ 《教育消息》,《市民日报》1947年3月21日。

粤华中学童军团曾经由黎潮舒训练，并组织干部训练班。该校童军于1946年的暑假赴港，与香港童军第十六旅共同举行大露营，而之前曾由教导主任邬德厚神父、黎潮舒和一小队童军赴港准备①。

（四）圣若瑟学校

本节关于圣若瑟学校的发展，主要脉络的资料来自该校何志仁在18周年校庆纪念特刊上的一篇文章②，再补充以从报章辑录的资料。据汤开建的考订，圣若瑟修院于1728年在澳门正式成立③，在澳门已有280多年的历史，创立时原为培训神职人员。1931年，该院马安瑟神父建议拨出校舍创办中学，以培养文理法工等科的人才，并将风顺堂街1—3号的院产拨作校舍，由颜俨若神父任校长，同年9月9日举行开学礼，开始时只设初中一、二年级，兼附设小学。根据《六十年校事摘记》，该校创立时名"圣若瑟中葡学校"，由修院院长白安民神父兼任校长，马安瑟和颜俨若两神父任监学，学生有百多名；1932年12月颜俨若神父始任校长，学校更名"圣若瑟中学"，另第一年所设之英文专修科亦停办④。从1937年的一则招生广告所见，该校设有初级中学，小学则分为四至六年级和一至三年级⑤。

为便于初中毕业学生升学，圣若瑟中学于1939年呈请立案，9月即奉广东省教育厅中学第727号指令核准立案；该校于1940年继办高中，议定后即呈请立案，同年7月即奉广东省教育厅中

---

① 《教育消息》，《华侨报》1946年7月16日。
② 何志仁：《十八年来经过概述》，《大众报》1949年3月19日，该版为"澳门私立圣若瑟中学十八周年校庆纪念特刊"。
③ 汤开建：《明清之际澳门与中国内地天主教传播之关系》，《汉学研究》第20卷第2期（2002年12月），第43页。
④ 《都哉圣若瑟：澳门圣若瑟教区中学六十周年纪念刊1931—1991》，1991年3月，第35页。
⑤ 《圣若瑟中小学招各级新生》，《主心月刊》1937年8月，第42页。

学第 223 号指令核准，成为一所完全中学。1941 年春，又奉令改隶侨委会。

1941 年冬，吕子庄神父继任校长，太平洋战争爆发后，学生人数锐减，但仍努力维持。1942 年秋，改革校政，于新学期聘请陈道根（教务主任）、刘芙初（数学教师）、严仙根等充任教席，而附设的小学于 1941 年度下学期开始兼收女生。由于求学者众，课室不敷应用，新学期在三巴仔街增设分校，并续招女生①。学杂费方面，就 1942 年初的广告所见，初中秋季班 16.5 元，春季班 11.5 元，高小 11 元，初小 18 元②。

吕神父调任石歧后，李仲渔神父于 1943 年 8 月继任校长③，分校因经费支绌而暂停，高中部亦停止招生，至 1944 年度才恢复高中。1945 年秋，刘一心神父继任校长（前曾任教务主任三年）后，曾计划将小学校舍独立，并扩充中学。刘神父于上任一年后调职，何心源神父于 1946 年 8 月继任。何神父于圣若瑟学校创办初期，已在该校任教，其间凡 16 年，或担任正课，或负责课外指导，并出任校董之职。又圣若瑟中学可能设有氹仔分校，1946 年 3 月校庆中其中一位与会者即该校校长谢鹤恩④。

1946 年 7 月，该校计划新学年将小学全部迁往三巴仔横街 14 号，仍兼收女生⑤，就 1947 年 1 月的招生广告所见，中学设于风顺堂上街，小学则设于三巴仔横街。1946 年 9 月，该校增加初中一年级一班，专收女生，并加聘教师。何心源接任校长以后，除扩充学额外，另亦整理童军团部，开辟体育场所，充实学生自治生活，改善教师待遇等。1947 年 6 月，又奉侨委会核准

---

① 《圣中附小增收女生》，《华侨报》1942 年 1 月 23 日；《学校消息》，《华侨报》1942 年 7 月 6 日；《圣若瑟中学校长易人》，《大众报》1943 年 8 月 6 日。
② 招生广告，《华侨报》1942 年 2 月 4 日。
③ 《教育消息》，《华侨报》1943 年 8 月 26 日。
④ 《学校消息》，《华侨报》1946 年 3 月 21 日。
⑤ 《学校消息》，《华侨报》1946 年 7 月 4 日。

新立案，获发中学第119号证明书。1947年初，全校高初中暨小学学生有400多名①。8月初，报名投考的新生逾百名，8月30日新生入学试，取录中小学新生245名，学校并须增班应对②。该校于龙嵩街79—81号增设第二校舍，校内设有体育场，除小学男女兼收外，新学年并招初中一年级女生一班③。

1947年7月，该校举行高中第1届，初中第15届，小学第16届毕业礼④。1948年7月，高中毕业生18名，初中17名，小学40名，共75名⑤；1949年7月，高中毕业生21名，初中18名，小学55名，共94名⑥。1949年初，教师有八成属专任。1948年度，初中一年级增至3班，小学五六年级亦各有两班，同时购置南湾新校舍，有估计当时的新校址需费葡币25万元⑦。

（五）望德学校

望德学校于1933年冬落成，1934年春开学。冯祝万向望德堂捐了一笔巨款，交由当时的严绍渔神父建校办学，严绍渔神父于是以年租葡币55.71元的代价向仁慈堂租用一块面积约1875公尺的荒地，兴建校舍。校舍占地440多公尺，余下的为校园和操场。该校原拟命名"祝万学校"，但冯祝万推辞。由于校址靠近望德圣堂，故改名"望德"，并以望德堂圣母庆典日作为校庆日。严绍渔神父历任该校董事，最后自兼校长。除了冯祝万以外，当时的经济局长罗保亦曾给予相当的资助。

---

① 《圣若瑟校庆纪盛》，《市民日报》1947年3月20日。
② 《教育消息》，《市民日报》1947年8月2日；《圣若瑟中学新生入学试》，《华侨报》1947年8月31日。
③ 《教育消息》，《市民日报》1947年7月4日；《圣若瑟增设女中部》，《华侨报》1947年7月7日。
④ 《教育消息》，《市民日报》1947年7月12日。
⑤ 《圣若瑟中学毕业礼志盛》，《华侨报》1948年7月8日。
⑥ 《学校消息》，《市民日报》1949年7月8日。
⑦ 《圣若瑟中学筹建新校舍》，《大众报》1948年4月2日。

1934年，望德学校经教育厅批准立案，该校原为初级女子中学，另附设小学和幼稚园（附小其后才向侨委会立案），第一任校长是林耀坤。1936年冬第1届小学毕业，1938年冬，初中第1届毕业，之后初中暂停招生。1939年由冯祝万夫人陈秉卿继任校长，恢复中学，继由陈励贞代任校长，中学部又再停办。1942年严绍渔神父兼任校长，吕子修神父任董事长，1944年秋复招初中生，1945年3月12日严神父逝世，由安普灵神父代理校长[①]。1945年5月，校董会改组，董事名单：冯祝万（董事长）、罗保、徐佩之、刘雅觉、吕子修、陈秉卿、安普灵、严仕廉、崔瑞琛、余纪裳、程惠经、廖荣福、盛熊运[②]。会上并议决以校董会名义，呈请澳门主教指派校长，当时适逢李仲渔神父向主教请辞圣若瑟校长之职，李神父乃于1945年8月12日出掌望德校长[③]。

关于该校的学生人数，1942年7月幼稚班毕业典礼暨学期休业礼，400多人参加[④]。1942年9月，望德学校将当年春季各级学生分别升降，然后改为秋季始业，1942年9月1日开学时，新旧学生数百人[⑤]。1943年8月，望德中学附小招考新生，取录幼稚园至高小二年级共60多名新生，1944年2月新学期，各级所取录的新生为95名[⑥]。1946年5月，全校中小学生约200名[⑦]。1947年7月，望德女中举行结业礼，附小为第13届，幼

---

① 胡佩芳：《望德学校的略史》，《大众报》1949年5月29日，"澳门私立望德中学附小十六周年校庆纪念特刊"。
② 《望德校董会改组冯祝万任董事长》，《市民日报》1945年6月5日。
③ 胡佩芳：《望德学校的略史》，《大众报》1949年5月29日，"澳门私立望德中学附小十六周年校庆纪念特刊"；胡季芬：《本校史略》，《澳门望德学校新校舍落成纪念刊》（1950），第7页。
④ 《学校消息》，《华侨报》1942年7月16日。
⑤ 《学校消息》，《华侨报》1942年9月2日。
⑥ 《望德学校九一上课》，《大众报》1943年8月27日；《学校消息》，《华侨报》1944年2月3日。
⑦ 《望德纪念学生节》，《华侨报》1946年5月5日。

稚园为 12 届①。1948 年 2 月学期结束，学生 200 多名②。

（六）圣罗撒女子中学（中文）

圣罗撒小学于 1933 年 9 月创立，当时由"芳济各后学圣母传教会"委派雷淑英姑娘（修女）创办，校址在加辣堂街 2 号，为一所六年制完全小学。该校于 1934 年 1 月获捐赠 15000 元扩充经费，又获建赠校舍一座，并现金 30000 元作为学校基金，每年又获捐 10000 元作为学校的经常费。1934 年 7 月新校舍落成，9 月上课。1935 年 1 月，该校组织校董会，4 月 29 日奉准广东省教育厅立案，8 月增办初级中学，仍附设小学，1936 年 4 月 29 日初级中学奉省教育厅中字第 1706 号指令准予立案，1939 年夏筹备增办高中，8 月 28 日奉省教育厅中字号第 640 号指令高中部准予立案。1940 年 2 月 28 日奉教育部普字第 5863 号指令准予备案，是年 8 月开办高中。1940 年秋，港澳学校奉令改隶侨委会，该校又遵令呈请侨委会立案。1947 年 6 月 28 日奉侨委会侨教导字第 33048 号快邮代电准予立案，并获颁中学中字第 118 号立案证明书暨附属小学初字第 571 号立案证明书③。

圣罗撒女子中学是澳门首家纯粹女子中学④，另该校于 1939 年底曾获确认为"公益团体"⑤。1942 年 2 月，有 60 多人参加入学试，但多为转校学生及香港来澳的学生，为提高程度，入学试特严，当年只取录 40 多名，但仍可随到随考；1942 年 9 月，该

---

① 《教育消息》，《华侨报》1947 年 7 月 7 日。
② 《望德学校昨休业礼》，《市民日报》1948 年 2 月 2 日。
③ 编者：《本校简史》，《华侨报》1947 年 7 月 1 日，该版为"澳门圣罗撒女子中学校卅五年度毕业典礼暨学生叙别会特刊"。《本校简史》，《圣罗撒学生》（澳门：澳门圣罗撒女子中学学生自治会编印，1948 年），第 9—10 页。
④ 《教育消息》，《华侨报》1943 年 2 月 12 日。
⑤ 第 2:730 号札，《澳门宪报》1939 年第 49 期（1939 年 12 月 9 日），第 728 页。

校中学部第一次取录新生 80 多名，小学部取录新生 120 多名，之后仍继续招新生①。该校当时每月收费为西洋纸 30 元（含学费）②。1943 年 9 月，该校取录各级新生 40 多名，而当时仍有余额③。

缪朗山于 1935 年秋出长该校，但翌年 11 月 6 日即向校董会请辞。之后由吴灼光继任，至 1942 年 10 月吴氏因病请辞，由该校教导主任苏无逸接任；1944 年 7 月，校长苏无逸以健康理由辞任，该校教导主任朱伯英获委任为校长④。

1948 年 7 月毕业礼，该校高中第 6 届毕业生 28 名，初中第 13 届毕业生 30 名，小学第 15 届毕业生 9 名⑤。

（七）培贞学校和圣心英文女子中学

培贞学校和圣心英文女子中学都是天主教嘉诺撒仁爱会创办的。关于嘉诺撒仁爱会的资料，据该会院长郭宗谦修女（意大利籍）于 1942 年 3 月 8 日招待澳门报界记者时的报道，隶属于该会的慈善机构包括白鸽巢前地之育婴堂、孤儿院，望厦之残废老人收容院等。该会三善院在 1879 年开始办理，后院内并附设培贞学校，除教育所收容之孤儿外，并以廉费招生。育婴堂及孤儿院所办理者，主要为收容和救济婴儿工作，另育婴堂内又设赠诊部，年中救活不少婴孩。该院收容的婴孩成年后，男童则送交政府工艺院，女童则留院保养⑥。1942 年 9 月，孤儿院有 250 多名

---

① 《教育消息》，《华侨报》1942 年 2 月 19 日；《圣罗撒女中补助贫童继续办理》，《华侨报》1942 年 9 月 2 日。
② 《圣罗撒女中资助贫苦生》，《华侨报》1942 年 8 月 23 日。
③ 《教育消息》，《华侨报》1943 年 9 月 1 日。
④ 《缪朗山启事》，《新声报》1936 年 11 月 17 日；《圣罗撒改聘校长》，《大众报》1942 年 11 月 2 日；《教育消息》，《华侨报》1944 年 7 月 14 日。
⑤ 《圣罗撒女中昨举行毕业礼》，《大众报》1948 年 7 月 12 日。
⑥ 《嘉诺撒爱会属下各慈善机构收容数额激增》，《华侨报》1942 年 3 月 8 日；《嘉诺撒爱会招待记者参观属下之三善院》，《华侨报》1942 年 3 月 9 日。

难童，育婴堂有 200 多名女婴①。

培贞学校于 1935 年创立，校址设在白鸽巢前地 17 号，1938 年发展为一所完全的小学。就 1942 年 2 月和 8 月的广告所见，"圣心英文女子中学"和"培贞女子中小学暨幼稚园招男女生"，应共用柯高马路尾（雅廉访）的校舍，而圣心更标明"纯粹英文中学"，办理中学和幼稚园，培贞则办理幼稚园至初中各级②。1942 年 7 月培贞女校（小学及幼稚园）毕业礼，共有 13 名毕业生，报道显示该校有小学一至六年级，幼稚园分甲乙丙三班③。校长依连娜姑娘（修女）于 1944 年 7 月 6 日因心脏病逝世④。1944 年 9 月，培贞女校中学部与粤华中学合并，行政统一，但财政独立，雅廉访培贞女校正式易名为"粤华中学女子部"⑤。培贞分校设于望厦，原与该会办理的圣心女子英文中学同校，粤华和培贞合并后，培贞分校于 1944 年 9 月新学期迁回白鸽巢与母校合并办理⑥。

嘉诺撒圣心英文女子中学位于雅廉访的校舍于 1939 年落成，属自置产业，而原属培贞学校初中部的女生亦迁往新校舍就读。培贞女学校曾有一则告白，显示要成立一"英文女校"，其组织规模与香港嘉诺撒学校相同，毕业女生的水平要能达到考入香港

---

① 桃溪渔隐：《托儿所—育婴堂—残废院—花地麻姑娘堂—鲍斯高和无原罪学校》，《华侨报》1942 年 9 月 21 日。另一报道指育婴堂于 1876 年由嘉诺会女修道士创办，截至 1943 年的 67 年中，收容婴儿达 55262 名，当时前数年每年增加千名左右，1942 年曾收容 2709 名婴儿。见《慈善音乐演奏大会明晚举行》，《华侨报》1943 年 3 月 6 日。
② 招生广告，《华侨报》1942 年 2 月 3 日，1942 年 8 月 10 日，1943 年 1 月 31 日；《教育消息》，《华侨报》1942 年 2 月 1 日。
③ 《培贞女校毕业题名》，《华侨报》1942 年 7 月 4 日。
④ 《培贞女［校］长昨晨逝世》，《大众报》1944 年 7 月 7 日。
⑤ 《嘉诺撒圣心女子中学简史》，《嘉诺撒圣心女子中学纪念特刊》（1994 年），第 16 页。
⑥ 《培贞女校启事》，《华侨报》1944 年 7 月 4 日。

大学程度①，而澳门圣心英文女子中学的招生广告，亦同样注明该校各级课程悉依照香港教育部规定，学生毕业后即可投考香港大学入学试。广告所列学费，高初中每季西洋纸15元，小学幼稚园每季西洋纸10元②。1948年12月，圣心有九名女生赴英投考剑桥大学，其中六人获取录③；另报道指该校于当时已有20年的历史。

（八）蔡高中学

蔡高中学由中华基督教志道堂创立，该校源于1918年开设的幼稚园④，原名"志道学校"。1932年8月，会友与浸信教友联合用澳门基督徒名义筹建"蔡高纪念学校"，计划将志道堂改建，增建四楼半座，三楼辟阔前座，二楼全座为教室、校务室及图书馆，地下为幼稚园，工程于1934年完成，并由筹建委员会选出余美德、陈伯仲（副主席）、谢永生（司库）、尹梓琴（主席）、黄涤寰、廖华熙、马祖金夫人、蔡仲满和吴桂华（书记）九人为第1届校董，并由卢遂光出任校长⑤。志道堂最早于1921年已办理初级国民学校，翌年停办，1926年复办，1930年又再次停办⑥。1933年间增设小学部。1944年5月27日为蔡高幼稚园25周年纪念⑦。1945年6月26日该校举行小学第8届幼稚园

---

① 《澳门培贞女学校告白》，《主心月刊》第2卷第1期（1938年2月），第7页。
② 《澳门圣心英文女子中学招收各级新生广告》，《华侨报》1938年7月20日。校址在白鸽巢前地1号。见"百年树人——澳门百年教育文物史料展"展品，澳门怀旧收藏学会主办，2007年12月5—10日。
③ 《圣心九名女生考剑桥大学》，《大众报》1949年4月28日。
④ 《学校消息》，《市民日报》1947年8月29日。
⑤ 《筹办澳门蔡高纪念学校》，《合一周刊》第395期（1932年），第4页；《澳门蔡高纪念学校筹建近讯》，《兴华》第31卷第32期（1934年），第27页。
⑥ 《教会大事（1921年至1956年）》，《中华基督教会澳门志道堂金禧特刊》（彭少豪、伍明乐编，1956年8月20日），第20—22页。
⑦ 《蔡高幼稚园25周年纪念》，《大众报》1944年5月29日。

第25届毕业礼①。1946年6月，全校学生约三四百名②。1946年秋，该校增办初级中学，先招收一年级学生，并呈侨委会立案，奉教育部侨委会侨教导字第2279号指令准予立案。由于学生人数增加，原校舍（即"志道堂"）不敷应用，遂租用左邻洋楼全座（即马大臣街1号），扩充为第二校舍，增聘李惠廉为教导主任，并任教数理化等科，麦格斯、刘玉□任教国文、史地，郑宇生任教童军、公民、美术等科③。该校初中部设于第一校舍，小学和幼稚园则设于第二校舍，时任校长为余艳梅。1948年，有教职员约20名，该校与广州的真光女中、培英女中和协和女中等三校联为特约学校，初中升学可获优先取录④。

（九）濠江中学

濠江中学于创校时只设初级小学⑤，校址原在见眼围15号，后迁天神巷16号。1937年开办初中，翌年中学部迁近西街（今美丽街）11号。又该校于新桥惠爱街32号曾设有小学分校，1941年7月小学及小学分校一并迁往镜湖马路73—75号⑥。1941—1942年度上学期，全校学生500多名。1942年2月，该

---

① 《蔡高小学行毕业礼》，《大众报》1945年6月26日。
② 《教育消息》，《华侨报》1946年6月26日。
③ 《教育消息》，《华侨报》1946年8月23日。
④ 小记者：《看蔡高展览》，《大众报》1948年7月6日；《教育消息》，《华侨报》1946年6月26日；《学校消息》，《市民日报》1947年8月29日。
⑤ 根据"私立濠江小学校"于1937年呈交侨委会立案的资料所示，该校于1933年创办，立案时仍为春季始业。立案资料表之七为1936年的预算，故估计表之五所列的学生应为1936年的学生，当时共14名初小四年级学生，其中13人的入学日期为1933年1月，1人为1934年1月，或为插班生。见《侨务委员会转报澳门濠江中学附属小学立案表册及教育部的复函》，《第二历史档案馆澳门地区档案史料选编》，254/1937.6－7/五/13310/35J－180/478。
⑥ 《濠江中学附小分校迁址宣言》，见"双源惠泽，香远益清——澳门教育史料展"展品，澳门中华教育会主办，2010年9月10—30日。然而，从1942年2月6日该校在《华侨报》的大幅招生广告所见，中学在近西街，附小在天神巷，分校在镜湖马路。

校开始豁免杂费,并减收学费,初中全期只收银毫17元,高小11元,初小9元,幼稚园8元①。同年8月,初中改为免费,第1次入学试,取录中一级学生39名,中二级插班生12名,中三级插班生3名,小学各级取录82名;第二次入学试定于8月29日举行,计划续招初中免费生30名,小学免费生20名,半费生40名②。两次招生,中一级学生48名,中二级插班生22名,中三级插班生12名③。1943年8月,初中第一次入学试取录62名,并定于28日举行第2次入学试④。1945年7月,该校举行免费第1届（即初中第6届）暨小学第12届毕业典礼⑤。1945年8月第1次招考新生,除该校附小毕业免试直升的学生以外,共录取新生13名⑥。1946年7月,该校于镜湖马路举行初中第7届暨附小第13届毕业典礼游艺会⑦。

（十）致用小学

叶向荣于1935年春创办该校⑧,开始时租用大三巴右街全座为校舍,1936年10月迁往柯利维喇街49号。其后学生人数增

---

① 《教育消息》,《华侨报》1942年2月6日。
② 《学校消息》,《华侨报》1942年8月22日。
③ 《新日月星剧团为濠江中学筹款以救济失学儿童》,《西南日报》1942年9月5日。
④ 《校讯：濠江中学》,《大众报》1943年8月17日。
⑤ 《濠江中学举行游艺》,《大众报》1945年7月20日。
⑥ 《学校消息》,《大众报》1945年8月26日。
⑦ 《教育消息》,《华侨报》1946年7月3日。
⑧ 叶向荣亦筹办东莞同乡会义学。叶向荣曾于1947年参加澳门国大代表竞选,有如下的介绍:"东莞人,曾肄业于广州法政学校,后毕业于侨民教育学校,中国童子军总会检定服务员……早岁参加国民党……广州沦陷,难童纷逃来澳……举办难童义学,救济失学难童逾千,教育部特予褒奖。并任澳门各界救济会执行委员,四界救灾会监事,劝募救国公债委员会澳门分会劝募队长……侨民教育总会澳门分会筹备委员,澳门文化协进会东莞同乡会理事,中国童子军三九一九团团长兼团务委员会主席,三民主义青年团澳门分团社会区队第一分队长,中国国民党澳门支部第八分部委员,第九分部常务委员,港澳支部代表大会代表,澳门支部监察委员……"《澳国大代表候选人叶向荣先生略历》,《市民日报》1947年11月3日。

加,曾分别在渡船街 14 号及 16 号,镜湖马路莲溪庙侧增设分校。1940 年 9 月,该校呈广东侨务处、侨委会转咨教育部立案,并将春季始业改为秋季始业,衔接国内学制。同年秋开办幼稚班,陆续增置校具、图书、仪器等,充实设备①。然而,根据澳门民政厅于 1935 年 1 月 17 日发给"求知学校"的设校准证以及"求知学校"1938 年招生简章上的校址资料,该校成立时的名称或为"求知学校",校长名叶伯元②。抗战期间,校长叶向荣商请冯养举办难童义学,收容失学难童逾千,曾获教育部褒奖,并拨款补助,以示奖勉③。自 1944 年度开始,获国内教育当局核准按年补助,1945 年 2 月收到国币 1161.2 元,11 月奉侨委会侨秘字 1693 号批示核给补助费 2000 元,12 月奉侨委会侨教字第 14221 号指令知照 1945 年度获发补助费国币 6000 元以资奖勉④。该校于 1945 年 7 月 9 日在莲溪庙分校礼堂举行第 9 届毕业典礼⑤。1946 年 6 月 16 日,致用小学创校十周年,而当时校舍刚迁往柯高马路 94 号⑥。

致用小学曾被誉为"党化教育标准学校"⑦。1945 年,该校广聘社会名流为校董,其中包括诗人李沧萍、画家郑耿裳和杨善深、金石家冯康侯,另侨务委员郭铎,又聘商界巨子陈茂枝、文

---

① 《致用小学简史》,《澳门华侨学校联合会成立纪念特刊》(澳门华侨学校联合会编印,1962 年 1 月),第 14—15 页。莲溪庙侧的分校可容纳三百多名学生,见《教育消息》,《大众报》1945 年 7 月 29 日。1945 年 2 月新学期,增设幼稚班,便利春季入学幼稚生,修满一学期功课,成绩及格即可于秋季升读一年级。见《教育消息》,《华侨报》1945 年 1 月 23 日。
② 澳门历史档案馆,档号:MO/AH/EDU/CP/06/0142,第 11 页。
③ 《教部褒奖冯养梁洪》,《大众报》1944 年 7 月 30 日。
④ 《致用小学续招新生》,《大众报》1945 年 2 月 10 日;《侨委会补助致用小学》,《大众报》1945 年 11 月 18 日;《侨委会补助致用小学》,《大众报》1945 年 12 月 6 日。
⑤ 《学校消息》,《大众报》1945 年 7 月 8 日。
⑥ 《教育消息》,《华侨报》1946 年 6 月 11 日。
⑦ 《余刘两委员视察致用小学》,《华侨报》1946 年 12 月 1 日。

坚信、陈日初、梁卓梧、叶子如、戴文渭、陈兰芳等任名誉校董，以资借重，发展校务①。1947年叶向荣再函请国民党支部常委李秉硕和广东侨务处长张天爵为名誉校董，亦获应允就任②。1948年1月，该校获侨委会快邮代电37001号，以该校办理认真，为澳门一所健全小学，故承诺待该年度侨校补助费拨到后，将优予补助③。大概是这个缘故，2月即看到《大众报》一篇关于该校教导概况的报道（见附录13）。

1940年2月15日，该校开学，全校学生200多名④。1945—1950年，该校学生人数维持在约300人，以下是关于该校学生的一些资料。1946年8月，第1次新生入学试，幼稚班至小六各级，取录新生68名；8月23日举行开学礼，学生到校者200多名⑤。1947年1月底，第1次招考新生，取录90多名；8月第一次入学试，取录新生100多名，9月4日开学礼，到校学生300多名⑥。1948年2月举行各级插班生试，取录70多名；8月第一次入学试，取录60多名，8月17日第二次新生入学试⑦。1949年2月5日，该校举行新生入学试，取录93名⑧；8月22日第一次新生入学试，取录100名⑨；1950年2月，取录插班生80多名⑩。

---

① 《教育消息》，《华侨报》1945年8月14日。
② 《教育消息》，《市民日报》1947年9月18日。
③ 《侨委会优助致用》，《华侨报》1948年1月13日。
④ 《致用学校开学盛况》，《华侨报》1940年2月16日。
⑤ 《教育消息》，《世界日报》1946年8月20日；《教育消息》，《华侨报》1946年8月26日。
⑥ 《教育消息》，《华侨报》1947年1月30日；《教育消息》，《市民日报》1947年8月26日；《教育消息》，《市民日报》1947年9月5日。
⑦ 《致用小学》，《华侨报》1948年2月17日；《学校消息》，《大众报》1948年8月13日。
⑧ 《教育消息》，《市民日报》1949年2月8日。
⑨ 《教育消息》，《大众报》1949年8月24日。
⑩ 《致用新校舍短期可落成》，《大众报》1950年2月4日。

该校原租赁校舍，冯养其后向澳督请求拨地建校，澳督特准拨雅廉访路公地一段，面积 99750 平方公尺，予该校兴建新校舍。据该校于 1949 年的图则规划，准备建课室 13 间，内有礼堂、宿舍、操场等，并得公务局长毕士达，商会理事长刘柏盈，大律师顾达和赞助。全部建筑费需 50000 余元，由大成建筑公司承建①。这幢新校舍于 1950 年春落成，并于同年 6 月 16 日校庆日举行落成典礼②。

（十一）其他学校

培智学校：私立培智幼稚园初设于贾伯乐提督街，校长杨心慈。1941 年初因学校人数过多，曾开设分校。该校因业主迫迁，小学迁俾利喇街 101 号二楼，幼稚班则迁塔石街 61 号楼下。1942 年的时候，该校已有 70 多年的历史，1934—1935 年加设小学一二年级，其后发展至再完全小学，1942 年迁至连胜马路 28 号 A③。

佩文学校：1919 年创办，曾办中学多届，抗战时改办小学，1947 年初奉侨委会 27127 号指令，核准立案④。

尚志学校：1920 年冬创办，原名尚志汉英文学校，初租用南湾 73 号作校址，首任校长为郭礿。1931 年 8 月迁至南湾 55 号，1935 年 2 月改名澳门私立尚志小学校，另设英文中级专修科，1936 年 2 月增设初级中学，1939 年 2 月增设幼稚园，该校始定名澳门私立尚志初级中学，附设小学和幼稚园。该校于 1930 年冬呈澳门华视学会转呈澳督批准给照设校，小学和中学先后于 1935 年 7 月和 1938 年 6 月侨委会奉准立案。该校曾奉侨

---

① 《学校消息》，《华侨报》1949 年 10 月 8 日。
② 《致用小学简史》，《澳门华侨学校联合会成立纪念特刊》，第 14—16 页。
③ 澳门历史档案馆，档号：MO/AH/EDU/CP/06/0095；《教育消息》，《华侨报》1942 年 1 月 30 日。
④ 《教育消息》，《华侨报》1947 年 1 月 30 日。

委会 1937 年 11 月 15 日训令，设置免费生学额和减费生学额。1938 年度，全校男生 166 名，女生 106 名。该校创办时为春季始业，1938 年度开始将初中一、二年级和附小一至四年级重新编级，改为秋季始业，有欠一学期功课者，于寒暑假将功课补足①。1942 年 1 月底，该校迁往近西街 19 号，并减收学费②。

陶英小学：1923 年由陈公善创办，原校址在下环海傍陈乐里，1944 年 9 月 29 日为该校创校 22 周年纪念日③，1936 年立案④。1937 年以前，该校多渔民子弟⑤。据该校 1940 年招生章程，男校已设于司打口 17 号，女校于麻雀仔五号，有纪录学生超过 500 人，故决定扩充校舍，增加班额⑥。该校于 1946 年迁风顺堂街 1—3 号（协和小学旧址），并增设幼稚园，新旧学生 200 多名⑦。1947 年 8 月，该校招收的幼稚园学生较前期的多出一倍⑧。1948 年 7 月 24 日举行小学第 20 届暨幼稚园第 1 届毕业礼，是届小学毕业生 21 名，幼稚园毕业生 12 名⑨。有报道指该校曾计划于 1948 年暑假后改办中学，由屈仁则出任校董会董事长⑩，但新学期的时候，只为无力升读中学的学生增办中英算专修班⑪。

智朴小学：1930 年由校长鲍慧修创办⑫，校址在新埗头街 14

---

① 本节资料摘写自《澳门私立尚志初级中学概况》，《港澳学校概览》戊篇，第 15—16 页。

② 《教育消息》，《华侨报》1942 年 1 月 28 日；招生广告，《华侨报》1942 年 2 月 6 日。

③ 《陶英小学创校纪念》，《大众报》1944 年 10 月 1 日。

④ 《陶英清贫学额一切费用全免》，《大众报》1944 年 8 月 8 日。

⑤ 雷学钦：《由渔人生活到疍民教育》，《大众报》1944 年 10 月 5 日。

⑥ 《港澳学校概览》戊篇，第 31 页。

⑦ 《教育消息》，《华侨报》1946 年 8 月 23 日；《学校消息》，《华侨报》1946 年 9 月 3 日。

⑧ 《教育消息》，《市民日报》1947 年 8 月 26 日。

⑨ 《学校消息》，《世界日报》1948 年 7 月 22 日；1948 年 7 月 26 日。

⑩ 《学校消息》，《世界日报》1948 年 7 月 18 日。

⑪ 《陶英小学行始业礼》，《大众报》1948 年 9 月 7 日。

⑫ 《智朴学校增设专修科班》，《华侨报》1941 年 9 月 3 日。

号。1947年中，该校曾扩建校舍，将两个空置房间拆掉，辟作一年级课室，增加十多个座位，并计划增办夜学两班，豁免学费，并派送书籍，当时的校主任为谭永良。但其后改为日间上课，每日上午11时10分至下午1时10分，设甲乙两班，每班学额22名。学费豁免，书籍由学校派单，学生自购。办理期为三月，每月收堂费五毫，一次缴足，上课日期为5月16日①。1947年11月23日，该校为筹集经费和增办免费夜校，曾假清平戏院演剧筹款②。

崇新小学：1931年2月创立，校长张惠泉，该校历任教员多为国民党党员，且多属澳门支党部委员，校址更曾借作区党部会址③。据该校校史，学校前身为"驰南经史国文专修学校"，1922年创立。崇新开办之初只有26名学生，租新桥石街18号工羡行会馆作校址。1937年秋，因战事而学生人数急增，将原校舍加建一层，并在校旁空地加建课室一座。1941年在近西街增设分校，由张志城主持，正分两校学生共632名，同年12月推举何仲恭为校董会主席，向侨委会立案，获发给初字第494号立案证明书。近西街分校因太平洋战事而结束④。1948年6月20日为该校26周年纪念暨大兴街分教处开幕典礼，全体学生有270多名⑤。1948年8月22日举行该学期始业礼，全校学生300多

---

① 《教育消息》，《华侨报》1947年4月19日；《教育消息》，《华侨报》1947年4月30日。
② 《教育消息：智朴》，《市民日报》1947年11月1日。
③ 《教育部关于核发澳门地区中小学校补助经费的函电》，见《第二历史档案馆澳门地区档案史料选编》，281/1940－1943/五/13345/35J－182/304。
④ 《崇新中学校史》，《澳门华侨学校联合会成立纪念特刊》（澳门华侨学校联合会编印，1962年1月），第16页。据驰南学校1928年呈华视学会的报告，张驰南为前清增生，时年62岁，曾游学英美。表格记"历年澳红窗门自办经史专学十有五年，后在新桥街办高小国民学校，丙寅[1926]广州崇德初中高小主任，丁卯[1927]为中山县第五区第三校聘任高级教员。本年复自开办，前后二十五年"。澳门历史档案馆，档号：MO/AH/EDU/CP/06/0084。
⑤ 《崇新小学庆祝校庆》，《世界日报》1948年6月22日。

名。又张校长为西樵同乡会会员，曾优待同乡会员子弟半费入学，以20名为限，先到先得①。

知行学校：1933年由校长罗致知创办，校址在下环大街，初只设高级小学，五年后附设幼稚园。抗战期间曾办难童义学，并于1939年分设第二校舍②。抗战胜利后，续办初级中学，曾聘殷商冯蔚丛为董事长③。刘崇龄于1947年任该校校董会主席，该校并在河边新街马博士巷增设校舍，当时全校学生约300人④。1948年1月新学期为该校创校15周年⑤。1948年7月27日举行第13届毕业典礼⑥。1949年，该校学生曾组织自治会，采用地方自治乡保甲制度，定名为知行学校学生自治乡，设正副乡长及各股主任，并于5月16日举行就职典礼⑦。就招生广告所见，该校曾设"平民夜校"⑧。

二 1940年代四所新校

（一）仿林中学

1947年，香港仿林中学在澳门设立分校，校长陈仿林，校址在天神巷24号（何氏大厦），招收中小学生。在呈请立案的函件中列有四名教员，分别为郭辉堂、何仲恭、邓景范和郭惠珍⑨。仿林中学战前在香港设立，有20多年历史，香港沦陷后，

---

① 《学校消息》，《世界日报》1948年8月24日。
② 《知行学校新生试验》，《华侨报》1940年2月16日。
③ 《澳门华侨学校联合会》（澳门华侨学校联合会编印，1962年1月），第13页。
④ 《知行小学扩充分校》，《市民日报》1947年8月10日。
⑤ 《知行学校举行学术比赛》，《市民日报》1948年1月12日。
⑥ 《知行学校今午行毕业礼》，《市民日报》1948年7月27日。
⑦ 《知行学校组自治会》，《大众报》1949年5月17日。
⑧ 招生广告，《世界日报》1949年2月6日。
⑨ 《陈仿林致澳门教育督导处长函（1947年7月26日）》，澳门历史档案馆，档号：MO/AH/EDU/CP/06/0195。

曾迁内地信宜办理，1946年2月在港复校，校址设在香港的西摩道、罗便臣道，以及九龙的何文田①。开办之初，该校提供免费和半费学额，招生广告标明"铁城免费学额（初中一年级新生）"5名，"秉常免费学额（初中一年级新生）"5名，"本校校董会半费学额（小学各级生）"18名，每级3名②。其后再增加铁城、秉常二氏免费小学各级免费学额30名（每级5名），校董会半费小学名额亦增加30名（即合共每级10名）。免费学额和半费学额以入学考试成绩等第挨次取录③。从这些学额的命名（吴铁城和傅秉常），即可知该校的背景。仿林在澳门设分校，迅即筹组仿林中学澳门校友分会，办理校友登记，由何冷泉、黄寿山、何得云三人为筹委员，并计划于1947年9月中旬成立典礼，待校友会成立后即举办平民夜校④。同年12月该校常务会议，议决加聘李大超、李秉硕、刘柏盈等为董事⑤。然而，侨委会曾严令改校改善，因该校招收小学一年级至高中二年级共十一级的学生，且随到随考，有滥招之嫌。侨委会特商承中华教育会组织甄审委员会，以资甄别该校学生成绩，重行编级，并要求该校停办初中二年级以上班级，另亦要求该校设置专任校长驻校⑥。该校初期，校长似接续更换，1948年2月，招生广告见该校董事长为傅秉常，校长改为陈荣燊，同年7月份夏令班及新学期的广告，校长又改为陈泽棠，陈泽棠奉调台

---

① 《港仿林中学在澳设分校》，《华侨报》1947年7月31日。
② 招生广告，《华侨报》1947年8月4日。
③ 《学校消息》，《华侨报》1947年8月14日；招生广告，《市民日报》1947年8月14日。
④ 《教育消息》，《市民日报》1947年8月8日；《教育消息》，《华侨报》1947年8月21日。
⑤ 《仿林欢迎新校董》，《大众报》1948年1月13日。
⑥ 《侨委会严令澳门仿中改善》，《华侨通讯》第8期（1947年12月），第6页。

湾工作后，再由周炎荔接任校长①。自周炎荔接任后，报道指该校锐意革新，并为增强化学实验起见，特派专员前往广州采购化学仪器药物及标本显微镜等，以备学生实习深造之用②。1949年10月，该校停办高中二班，但学生因保证金及各项费用未获发还而与校方发生纷争③。

（二）中正中学

1948年9月，澳门出现了一所中正中学，但这所学校转瞬即逝。1946年10月31日为蒋介石六秩华诞，当时有献校祝寿的举措，而澳门率先响应的，应是吴灵芝小学。该校呈请侨委会设立中正民众学校一所，名"中正民众识字学校"，校址设于该校校内，上课时间则在晚上④。又献校祝寿一事，当日曾举行中正学校卖花筹款，共筹得葡币2000多元。国民政府施行宪政后，首届正副总统于1948年5月20日举行就职典礼，澳门曾举行庆祝大会。热心人士捐助经费19000多元，余下葡币7600.45元，全数移交阖澳同胞献校祝寿筹委会，以为筹办中正学校⑤。1948年9月2日，国民党澳门支部召集各团体学校，举行中正中学筹备会议，即席推定李秉硕（董事长）、何贤（副董事长）、陈律平（常务）、刘柏盈、黄渭霖（常务）、马君豪（常务）、姚伯

---

① 招生广告，《华侨报》1948年2月1日；招生广告，《华侨报》1948年7月14日。关于周炎荔的履历，报道如下："广东国民大学法学士，第四战区党政军训练团毕业，曾任国立中山大学讲师，中华文法学院、连胜学院、中国社教学院等校教授，中央训练团广东分班教官，陵水县教育局长，广州开明中学校长，名渊中学代理校长，广州教忠中学教务主任，香港仿林中学训育主任，中山县立女师事务主任，中山县立中学简师主任兼附小主任，广东省立广雅女师暨广州市立一职二中主任教员，广州《前锋日报》、《中山日报》，香港《国民日报》主笔，广东侨务处咨议"。见《仿林中学校长易人》，《华侨报》1948年11月10日。
② 《仿林中学积极改进》，《大众报》1948年12月18日。
③ 《仿中高二班停办退学生发生纠纷》，《市民日报》1949年10月25日。
④ 《献校祝寿俟奉命即行办理》，《华侨报》1946年10月18日。
⑤ 《庆祝总统就职余款办中正学校》，《华侨报》1948年6月9日。

泉、伍宜孙（常务兼稽核）、郭则范、金曾澄、何善衡、林炳炎、屈仁则、区家英（常务）、冯祝万十五人为校董，由陈律平、李秉硕、马君豪负责起草校董会章程，校董会于9月3日召开第1次会议，并接纳教忠中学校长所拟，将教忠校舍让与为办理中正中学之用，聘请原校长朱葆勤（朱子勉）为中正中学校长，教忠的学生，全部转该校上课①。中正中学于9月10日具呈向侨委会立案，很快便获回复，该通函件如下②：

> 澳门中正中学校董事会览：九月十日澳中校字第一号呈悉。查该区侨胞发动捐资献校，崇敬元首，热心侨教，殊堪嘉慰。所请接收教忠中学改办中正中学一节，应准照办。仍仰填明立案表，连同接收教忠中学各级学生名册，会衔报会，再凭核办，特复知照。侨务委员会。中华民国三十七年十月二日。

校董伍宜孙其后以事务繁忙请辞，除推举蒋衍基充任该职外，并以永隆银号名义捐出港币1000元，作为该校的建设费③。

中正中学于1948年9月15日上午10时举行开学典礼④。9月21日下午召开第2次会议，除聘定一大批校董外，另讨论应否设立民众免费夜校收容贫苦学生，决议设立一至四年级各一班，其中一班为成年补班，侧重珠算信札，以及普通常识的教授，经费由朱葆勤校长拟定，提交下次会议讨论。至于夜校经费

---

① 《为祝蒋总统寿辰而设》，《市民日报》1948年9月6日；《中正学校校董会议聘请朱葆勤任校长》，《华侨报》1948年9月6日。
② 《侨委会覆函中正中学》，《市民日报》1948年10月12日。
③ 《永隆银号伍宜孙捐助中正中学建设费》，《世界日报》1948年10月8日。
④ 《献校见诸事实中正中学开课今日举行开学礼》，《华侨报》1948年9月15日。

则全部由某善长报效①（见附录10）。

1948年10月10日国庆，该校举行售旗筹款。培正和广大等校派出学生参加沿途劝销，五六人一队，全澳各校共合72队。菊庵学校未有派队，但将旗由学生认购，岭南中学由大会将旗寄与该校学生认购②。售旗所筹募的基金，合共葡币1959.45元，港币101.85元，金圆券23.7元，大洋7400100元，铜仙672枚③。从一份各校筹款数额的资料，可以得知当时参与的学校共26所：中正中学、镜湖小学、广大中学、培道中学、中德中学、崇新小学、妇女会识字班、平民小学、颍川小学、培正中学、佩文小学、兴华学校、启智小学、致用小学、励群小学、东莞小学、孔教中学、纪中附小、陶英小学、岭南中学、吴灵芝小学、粤华中学、圣罗撒中学、蔡高中学、协和小学、菊庵小学④。

1949年7月6日，该校举行初中、小学，以及夜校小学毕业礼，全校教职员及中小学生约300人⑤。然而，1949年9月9日开学礼当日，中正中学校长突然宣布学校停办，而停办的原因是业主收回校址⑥。查《大众报》于1949年2月，的确有一则关于南湾103号的租务诉讼案件⑦。朱葆勤其后发出公开函件，指出事件起因，查该校经费由董事会保管，按月发给该校，朱葆勤要求一

---

① 《中正中学校董二次会议聘定名誉校董多人》，《华侨报》1948年9月23日。
② 《中正中学售旗筹款二千余元成绩良好》，《华侨报》1948年10月13日。
③ 《筹募中正中学基金各校售旗得款数目》，《市民日报》1948年10月14日；《献旗筹募中正学校经费得款确数》，《市民日报》1948年10月13日。
④ 《筹募中正中学基金各校售旗得款数目中正中学成绩最佳》，《市民日报》1948年10月14日。
⑤ 《学校消息》，《市民日报》1949年7月7日。
⑥ 《中正中学停办原因校董会亦未有所闻，闻业主方面拟进行收回业权》，《市民日报》1949年9月13日。
⑦ 新业主控告承租人，在未经业主同意下擅将该屋分租予人，以及拖欠租项。查该校址原为李文嫦产业，教忠停办后即改为中正中学，仍由朱葆勤出任校长，而原业主刚好于当时将物业售与保血会。由于朱葆勤未见新旧业主前往收租，故曾禀呈法院，将租金用旧业主李文嫦名义代开户册，存于西洋银行，以保障住居权益。《中正中学校长禀呈法院存租，法院票传各关系人申辩》，《大众报》1949年2月13日。

次拨交该校,由该校组织经费委员会保管,但此事于开学前未获校董会片字回复,致不得不宣布暂缓开课。当日附小学生移送中德附小上课,中学生则相继转校,而校董会于13日召开紧急会议后,决定恢复小学,并定于19日上课①。小学各班仍继续办理,并聘请谭毓麟为附小主任,该校夜班学生200多名,于9月9日开课,日班最终于9月30日开课②。至于校址则未能确定,原因是妈阁街5号的校址为保血会物业,中正停办,该会依例收回,不能转租,原址由新成立之华南文商学院用作第一校舍③。

(三) 何东中葡小学

何东于香港沦陷时期曾经蛰居澳门,大概有感于澳门的恩惠,曾于1948年底向澳门捐赠葡币25万元,赞助澳门的教育经费,澳督柯维纳当时提出两个发展澳门教育文化的计划——建设学校和图书馆④。1949年1月,捐款汇到澳门以后,澳督柯维纳即计划拨款兴建一所中葡学校,收容适龄入学的中国籍学童,并打算在即将建筑的澳门公共图书馆,辟专室增设华文部分,而何东的部分捐款即用作购置中文图书的基金⑤。1949年11月,澳门政府拨出100万元建筑屋宇,其中20万元即用作兴建中葡学校⑥,同

---

① 《朱葆勤之公开信解释中正停课里因》,《大众报》1949年9月18日。
② 《中正中学附小今日正式上课》,《世界日报》1949年9月30日。
③ 《中正停办后业主拟收回业权》,《大众报》1949年9月13日。华南大学的"澳门文商学院"和"香港理工学院"同时招生的招生广告,"澳门文商学院"校址为妈阁街5号。招生广告,《市民日报》1949年10月2日。
④ 《何东爵绅捐送廿五万元发展澳门教育文化》,《世界日报》1949年1月22日。何东于1941年12月初也曾捐助澳门的慈善机构,该款项到位后,由澳督分配,镜湖医院、同善堂、贫民屋、无原罪工艺院和仁慈堂等各得港币2000元,《港富商何东氏捐助本澳慈善费万元》,《华侨报》1942年8月18日。
⑤ 《何东爵绅的义举》,《华侨报》1949年2月3日。
⑥ 《政府拨百万元修葺楼宇兴建学校》,《华侨报》1949年11月20日。第4:681号训令,见《澳门政府公报》(*Boletim Oficial da Colónia de Macau*) 1949年第47期 (1949年11月19日),第789页。

月并通过中葡学校的建筑图则和工程预算,其中规定47%经费由工务局预算项下支付,53%由何东捐款项下支付①。新校选址在新花园官立初级小学隔邻②。1951年1月,澳门中葡男子小学校改名"何东爵士男小学校",女子小学则改名"何东爵士女小学校"③,同年2月3日何东中葡小学举行开幕典礼,并由时任澳督柯维纳致辞。

1949年初,澳门共有四所官立学校,跟当时的侨校同归民政局教育督导处负责督导。该四校分别为殷皇子中学(前称利宵中学)、伯多禄小学、中葡学校和高若瑟幼稚园;当时另有一"葡青年团"亦隶属于督导处,由处长兼任团长。

1. 殷皇子中学,位于肥利喇亚美打大马路,时任校长为施利华博士,有主任教授10名,助理教授7名,庶务员5名,有学生100多名。

2. 伯多禄学校,澳门的官立小学,有教师16名,助理教师7名,庶务员4名;男校长为江世生,有学生180多名,女校长沙华度,有学生150多名。

3. 中葡学校,位于岗顶,分校设在加露米耶圆形地(即三盏灯),有葡人和华人教师各6名,助理教师3名,庶务员3名;男校长为文雅利士,有学生约100名,女校长为嘉曼,有学生约70名。

4. 高若瑟幼稚园位于二龙喉花园,有教师3名,助理教师2名,庶务员3名,主任基蒂斯,有学生80多名④。

---

① 《澳府批准预算建中葡学校》,《大众报》1949年11月27日;第4:685号训令,《澳门政府公报》1949年第48期(1949年11月26日),第801页。
② 《中葡学校新址本年六月落成》,《大众报》1950年2月5日。
③ 第4:911号训令,《澳门政府公报》1951年第3期(1951年1月20日),第55页。
④ 本报记者朗臣:《行政机关概况:教育督导处》,《大众报》1949年4月8日。这篇报道另见《澳门法例》(澳门:澳门大众报,1949年),第22页。

由于伯多禄学校和中葡学校分设男女校，故合共 6 校。

由于何东捐巨资在澳门兴办文教，政府亦计划建设一所完善的"中葡学校"，1949 年 1 月 26 日在《世界日报》、《市民日报》、《大众报》和《华侨报》四份日报上都刊出"澳门国立中葡小学简史"的资料。该报道称"中葡学校"始于 1920 年（该校应成立于 1919 年①），由澳门政府拨款设立，原名"澳门议事公局华童学校"，最初租用大庙顶某宅作校址，聘华人何宝岩为校长，其后由罗沙神父及罗秘士先后出任校长，1945 年委任"文理明"为校长②。该校曾先后迁往南湾叶宅，及利宵球场之健身室、新花园葡童小学等处，和平后迁回岗顶。1927 年的《澳门年鉴》中有两张照片，可以清楚看到"澳门议事公局学校"和"澳门议事公局女学校"两座校舍和校名。

"澳门议事公局学校"校长罗秘士曾报告该校于 1939—1940 年度的一些情况。报告中提及学校首次自设校舍，但未有提及校址。学校当日有两名葡文教师，分别是文雅利士和校长罗秘士本人，另有四名中国教师，分别是 Ch'ân Iêk Tông、Lam Fu Man（林虎文）、Ung Kün（吴权）和 Li Ion Ch'eong（李润昌），另有一名视察员和一名办事员。该年度的葡文课程有 116 名学生，中文课程有 114 名学生，由于教师人数少，各个年级不分班教学，8 时至 12 时上葡文课，12 时 30 分至 16 时 30 分上中文课③。这所学校在 1945 年初的状况仍大致如是，六名教员，两名葡籍，

---

① 《澳门行政当局 1927 年年鉴》，第 113—114 页。另《大众报》（1943 年 8 月 27 日）、《华侨报》（1944 年 9 月 1 日）和《大众报》（1945 年 8 月 30 日）的教育消息，也分别提及"议事公局小学"已开办 24 年、25 年和 26 年。

② 报章见"文理明"亦作"万理明"，见《中葡小学预祝春节颁学生恩物》，《大众报》1950 年 2 月 15 日。

③ Joas J. Lopes, "Escola Primária Municipal Luso-Chinesa do Sexo Masculino"（中葡市政男子小学）, in *Documentos para a História da Educação em Macau*（Macau: DSEJ, 1996 - 1998）, vol. 1, pp. 431 - 438. 该文来自《1939—1940 澳门教育年鉴》，第 123—128 页。

四名华籍，学级分四班；当日为吸引学生，凡最用功的男女生各十名，每日获供膳一餐①。

1947年8月，澳门民政局教育科即曾公布，新设在夜姆斜巷（岗顶）的公立中葡小学校招生②。该校每天上下午分授葡文和中文，除遵照教育部定章标准课程外，高级者加授古文、唐诗、珠算、应用文等。全校分设三处，正校在岗顶，女校在正校的楼上，分校在三盏灯（旧民主学校地址）。据报道，1949年的时候，葡文教员有陆那乌、罗沙廖、鲍拉、玛利嘉铭，中文教员有吴桂华（Ung Kuai Vá）、林虎文、李润昌、钟福佑（Chông Fôc Iaoo）、崔瑞琛、官惠清（Kun Vai Cheng），管理员则有吴权、苏沙、潘亚纳（P'un A Nap）等③。

（四）葡光职业学校

澳门鲍斯高慈幼会设有无原罪工艺学校（圣母无原罪儿童工艺院）及鲍斯高纪念中学④。工艺院收容华籍贫苦儿童，让他们接受教育，至于葡裔贫童，院内曾附设孤儿院，后因人数日众，政府于是决定兴建院舍收容，并选定螺丝山对开的菜地，定名为"葡光职业学校"。该校由澳督柯维纳夫人喜莲娜召集澳门中葡妇女界组织筹募委员会⑤。

---

① 《议事公局设立义学招收女学生》，《市民日报》1945年3月11日。
② 《学校消息》，《华侨报》1947年8月31日。
③ 《官立中葡小学简史》，《世界日报》1949年1月26日；《中葡小学简史》，《市民日报》1949年1月26日；《澳门国立中葡小学简史》，《大众报》1949年1月26日。就《1951—1952年澳门年鉴》所见，"何东爵士男小学校"的职员名单中，除校长外，有7名男教员，1名临时女教员，1名署理女教员，1名体育教员，2名庶务员；"何东爵士女小学校"的职员名单中，除校长外，有5名女教员，1名庶务员（第312页）。
④ 《鲍斯高圣人昨诞辰纪念》，《大众报》1949年8月17日。
⑤ 《葡光学校筹募会昨日欢迎何东志盛》，《大众报》1949年3月11日。当时受影响的八家农户共五十多口，曾具呈向中华总商会陈情，其后校董罗保曾给予当地八家农户每户各赔偿300元搬迁费，让农民迁出，当时并立字为据，见《鲍斯高工艺院兴建该地耕农骤感仿徨》，《华侨报》1949年2月10日；《葡光校址农民迁移获致圆满解决》，《市民日报》1949年3月10日。

"葡光职业学校"首任校长为曾多明神父，曾多明神父原为孤儿院主任，奠基礼于1949年2月6日举行，该会驻远东中国慈幼会会长毕少怀神父由上海南下主持，新校舍占地面积为3800平方尺，全座建成差级构图，正座楼高四层，附建分三层两层，预计可收容葡籍贫童三百名①。该校的校政和财务，与当时同属慈幼会的"私立鲍斯高纪念职业学校"完全独立，而学校的经费部分来自葡国的捐助，其他则由政府津贴以及澳门的善长捐助②。报载该校建筑费及开办费共计需200万元，将由政府补助60万元，逐年拨支10万元，6年拨清。在未拨支该60万元以前，款项由天主教会垫借，不足之数则设法筹募。

筹募委员会的委员包括法院长麦甸士夫人、佐次治律师夫人、暹罗领事亚啤夫人、港务局长罗理基夫人、市政厅长李达夫人、陆军参谋长施若翰夫人、水警督察马葵士夫人、警察局长鲍立德夫人、市行政局长施洛德夫人、卫生局长李必禄夫人、工务局长毕士达夫人、海军船坞主任亚丰素夫人、殷皇子中学校长施利华夫人，华侨妇女界的委员则包括崔瑞琛、高可宁夫人杨咏生、钟子光夫人、何贤夫人、傅德荫夫人、刘柏盈夫人等③。第一笔善款也许是从汉城足球队在莅澳义赛所得而拨出的5000元，以资助该校奠基工程④。

---

① 《鲍斯高工艺院昨晨奠基盛况》，《华侨报》1949年2月7日；《葡青年职业学校昨举行奠基礼》，《大众报》1949年2月7日。
② 《鲍斯高职校来函解释旺厦农民与新校纠纷》，《世界日报》1949年2月13日。
③ 这份名单根据两份报道整理：（1）《葡光学校筹募会昨日欢迎何东志盛》，《大众报》1949年3月11日；（2）《葡光职业学校筹募会成立》，《大众报》1949年2月26日。
④ 《葡光职业学校筹募会成立》，《大众报》1949年2月26日。卫生局长李必禄夫人于1949年5月15日在岗顶戏院举行音乐会筹款，收入拨作葡光学校基金，参《李必禄夫人主持音乐会定期演出筹款》，《世界日报》1949年4月8日。

1949年3月27—30日域多利戏院放映《鲍斯高传》①，共筹得2250.7元②。4月12日，青年国术社假清平戏院表演国技筹款，该社由前公共救护队队长马沙领导，共筹得692.5元，当中扣除院租200元后，由该社补足500元之数捐葡光职业学校，至于义演的杂项支出146.35元，全数由社员负担③。5月30日又在平安戏院放映三场粤语片《长使娥眉泪满襟》，影片由大观影片公司借出，院租由平安戏院何永堂报效④。计第一期筹款结束，筹募委员会共筹得葡币20122.55元，港币692.2元，而支出为葡币10580.36元⑤。

属地财政司第37489号国令（1949年7月21日）批准澳门政府的建议，拨款10万元作为慈幼会在澳门兴建葡光学校的建筑费⑥，据此，澳门政府第1096号立法条例（1949年8月20日）"特开款项一宗共计壹拾万元以为协助澳门慈幼会建葡籍儿童教养院之用"，又公共救济会亦拨出款项7000元，用作救济澳门土生人士之教育费⑦。

1950年3月，葡光学校委员会召开会议，由澳督夫人喜莲娜任主席，决增聘校长一名，并报告第一期收支状况。该校的收支大致平衡，收入为港币9652.7元，葡币129906.25元，支出为港币5000元，葡币126033.68元，其中最大宗的支出是建费115453.32元。另该校有350名基本会员，每月负担捐输兴学，

---

① 《葡光学校筹款义映成绩美满》，《大众报》1949年3月28日；《葡光建校筹款再接再厉》，《华侨报》1949年4月2日。
② 《平安戏院义映〈长使娥眉泪满襟〉》，《世界日报》1949年5月22日。
③ 《青年国术社为葡光建校筹款》，《市民日报》1949年4月25日。
④ 《平安戏院义映〈长使娥眉泪满襟〉》，《世界日报》1949年5月22日。
⑤ 《葡光学校委会第一期筹款已作小结束，筹得葡币共二万余元》，《大众报》1949年5月14日。
⑥ 《十万元助葡光学校》，《大众报》1949年10月2日；《澳门政府公报》1949年第40期（1949年10月1日），第694页。
⑦ 《澳门政府公报》1949年第34期（1949年8月20日），第558页；《政府拨款葡光建校》，《华侨报》1949年8月21日。

报告所列出的收入，其中一项便是"月捐收入港币447元，葡币4890元"①。

小结

本章分别介绍澳门1940年代的一些官立和私立学校的情况，某些义学将在第三章以专题介绍，本章也就从略。孔教学校为孔教会创办的学校，澳葡政府曾命商会、镜湖医院和同善堂共同接管以支援该校继续办理，直至校务重上轨道才交回孔教会办理。圣母无原罪工艺学校和私立鲍斯高纪念初级中学属慈幼会办理的学校，该会其后并接办粤华中学。圣若瑟学校、圣罗撒中学、望德学校和圣心英文女子中学，同属天主教团体办理的学校。蔡高中学则属基督教团体办理的学校。至于被誉为"党化教育标准学校"的致用小学、由教忠中学改办的中正中学、香港的仿林中学在澳门设立的分校，这些都是跟国民党关系密切的学校。以华籍学童为对象的何东中葡小学，虽有何东捐资，但展示的是澳葡政府战后对于澳门教育的投入，而另一所以葡籍的贫童为对象的葡光职业学校，亦属慈幼会办理，其与众不同处在于它是由当时澳门中葡妇女界组织和筹募经费办理的学校。

---

① 《葡光学校委会会议澳督夫人报告第一期收支状况》，《华侨报》1950年3月11日。

第二章　广州沦陷后内地学校的迁澳与发展

前言

19世纪末，澳门的人口不到80000人，当中华籍74568人，葡籍3898人，其他国籍161人①，葡人的数量不到总人口的5%。据官方的纪录，1927年澳门人口为157175人，当中华籍和葡籍分别为152738人和3846人；1939年，人口为245194人，当中华籍和葡籍分别为239803人和4624人②。1927年的《澳门年鉴》记载当时的中文学校有94所，总学生人数5682人，也就是说在学人数不到人口的4%。这些学校大多是小规模的，少于十人的学校就有四家，由于原件中的校名都是葡文译音，部分难以辨别，但约二十家学校的名字就是教师的名字，当中部分在校名后加一"馆"（cun）字，明显就是一些书馆或私塾类型的学校，另外就是某几所学校占了大多数的学生，两所公教学校共510人，崇实355人，汉文300人，镜湖小学300人，六所华侨公立学校共298人，佩文170人，觉觉140人，Hou-mun 215人，合共2288人。该年鉴中另有"1910—1925年间的澳门教育资

---

① 《东方商埠述要》，《知新报》光绪二十三年（1897）七月十一日，第27册，第18页。

② 《1950年澳门年鉴》，第134页。

料",其中提及澳门有 107 所中文学校,部分由政府资助,学生 5987 名①。又据华视学会向民政厅提供的一页资料,1927 年有学校和私塾共 108 间,有 10 家不获发照,故实有 98 间。1928 年新报 36 间,停办 33 间,故实有 101 间。资料见表 2-1:

表 2-1　　澳门华人私立学校学塾统计表(1928 年)②

类别	数目	男生	女生	学生人数
学校	66	4164	1588	5752
私塾	22	667	145	812
夜学学校	11	140	202	342
夜学私塾	2	8	14	22
合计	101	4979	1949	6928

从资料所见,虽然当时仍然有相当数量的私塾,但日夜校的学生已占几近九成,只有少数学生仍在私塾就学。

1929 年 1 月《女中周报》的一篇文章谈及作者从广州往澳门的一些见闻:

> 至于澳门教育呢,说起更好笑!香港虽然糊涂,他还有英国式的几间大学,书院……还有埋杀人思想的什么孔圣会,孔教社……澳门呢,可看的学校,已经凤毛麟角了,实在办得好一点的,严厉说一句,一间都没有。不但华侨的教育如此,葡人自己的学校,也不多见。③

---

① 《澳门行政当局 1927 年年鉴》,第 122 页。
② 见澳门历史档案馆,档号:MO/AH/EDU/JIECM/04/0001(1915 年 8 月 2 日—1935 年 12 月 28 日),第 380 页。
③ 刘万章:《澳门考略:附旅澳日记》(广州:广州省私立女子中学图书馆,1929 年),第 16 页。

文章的作者没有具体谈及那些学校的规模和设备，也没有从全国或以广州的教育情况作比较①，故难作论断，但也许他所看到的学校也是有限的。据潘日明所述，1929年的时候，澳门本地有124所学校，1所由政府办理，6所由政府给予津贴，12所由市政厅办理，4所由传教士办理，另有101所私立学校，学生总数达9147名②。另据澳门档案馆的资料，澳门于1933年已注册的华人私立学校共113所，当中14所停办，1所解散，实存98所，男女生合共7662名③。资料见表2-2：

表2-2　　1933年澳门华人私立学校总数及学生总数

	学校总数	师范④	中学附小	小学	艺术职业	幼稚园	义学	艺术专科	夜学	学生总数	男生	女生
男校	77	/	5	48	/	2	14	5	3	6038	4881	1157
女校	21	1	/	14	2	/	2	/	/	1624	602	1022

抗战初期，澳门人口急增，儿童就学的需求也急增，一些较具规模的学校也迁到澳门。1941年香港沦陷以后，澳门的环境

---

① 据《广州市市政府统计年鉴（第一回）》（1929年）的资料，1928年广州市的教育状况，中学和小学分市辖和非市辖两类，小学生人数为34388名，中学生人数为11778名，当时广州市人口约80万名。另据1932年广州市的一份人口调查报告，当时广州市区在学儿童50629名，仅占市区6—12岁学龄儿童总数的42.2%。《广州市（民国廿一年）人口调查报告》，转引自巫澄志《解放前的广州人口——1932年广州人口调查评介》，《广州研究》1984年第6期，第37—40页。又据官方统计，1936年中国全国6岁以上入学人数为23.2%，13岁以上为21.7%，见《第二次中国教育年鉴》（中华民国教育部编，上海：商务印书馆1948年版）第14编，第1483页。

② 潘日明：《殊途同归——澳门的文化交融》，第185页。

③ 澳门历史档案馆，档号：MO/AH/EDU/JIECM/03/0001（1926年2月3日—1934年12月14日），第259页。

④ 校名可能为"澳门师范学校"。又据1929年中文师范学校呈华视学会的报告，该校办有"初级师范预科"一班，"将中文学校汉文专科学生尽行编入师范预科，暂设一班，一年毕业，升入师范正科，三年毕业"。澳门历史档案馆，档号：MO/AH/EDU/CP/06/0094。

变得严峻，一篇刊登在学生刊物上的文章，便曾列举当时的一些状况，诸如：(1) 学生为谋生而辍学；(2) 教员薪俸微薄，工作量大，却无法养活家庭；(3) 学生人数锐减，学校为竞争学生，采以"营业方式"办学，忽略教师素质和学校设备；等等①。1949年以后，澳门学童失学、学校设备及质素、课程与课本、师资等，也有评论指仍是有待解决的问题②。

一 1940年代澳门学校的数量

根据《港澳学校概览》所见的资料，澳门于1939年8月有107所学校，义学17所③。1939年5月出版的《澳门游览指南》，共有112所学校，包括15所中级学校，47所初级中学，15所女子中学，18所义学，由内地迁澳的中学有14所，迁澳的小学3所④。笔者从澳门年鉴整理所得，1937—1940年澳门学校的数目见表2-3：

表2-3 1937—1940年在澳门华视学会立案的学校⑤

年度	中学（并设附属小学）		小学		幼稚园		专科学校		义学		本地学校		外来学校	停办学校		学校总数
	男	女	男	女	男	女	男	女	男	女	男	女	中	中	小	
1937	7	3	48	14	2	/	2	1	15	3	74	21	/		3	98
1938	8	3	46	14	2	/	3	1	17	3	76	21	15	3	/	115

---

① 关秉纶：《当前中等学校教育的危机》，《培英青年自治会纪念特刊》（庆祝纪念筹委会出版部编，澳门：广州培英中学校，1943年5月29日），第18—20页。全文，第18—22页。
② 《澳门实况教育》，见黄浩然编《澳门华商年鉴》第一回上卷，第20—21页。
③ 吕家伟、赵世铭编：《港澳学校概览》己篇，第29—32页。
④ 何翼云、黎子云编：《澳门游览指南》，第62—66页。
⑤ 《1938年澳门年鉴》，第382—386页；《1939年澳门年鉴》，第346—351页；《1940—1941年澳门年鉴》，第380—384页。"专科学校"是笔者拟定的，该类别中有英文或算术学校，又或缝纫和工艺学校，又或职业学校等，原来各年的用词不统一。

续表

年度	中学（并设附属小学）		小学		幼稚园		专科学校		义学		本地学校		外来学校		停办学校		学校总数
	男	女	男	女	男	女	男	女	男	女	男	女	中	小			
1939—1940	10		53				5		14		82		14	1	/		97

又《1939—1940澳门教育年鉴》所见的侨校名单，1939—1940年度澳门有106所学校，其中因战事而迁澳的学校占18所，本地学校占88所。本地学校有9所中学，74所小学（其中有平民小学和平民夜学各有6所），5所专科学校；迁澳的学校计14所中学，4所小学，分别为岭南中学、故乡中学、故乡小学、广中中学、协和中学、执信中学、培正中学、培正小学、中德中学、培英中学、德基小学、越山中学、洁芳中学、知用中学、教忠中学、思思中学、思思小学、广大中学。这18所学校的学生数据见表2-4：

表2-4　　　1939—1940年度澳门外来学校学生数

学校	男生	女生	学校	男生	女生
岭南-中学	206	34	培英-中学	558	175
故乡-中学	258	47	德基-小学	25	56
故乡-小学	267	73	越山-中学	364	138
广中-中学	323	116	洁芳-中学	54	236
协和-中学	131	640	知用-中学	409	73
执信-中学	235	816	教忠-中学	457	184
培正-中学	798	72	思思-中学	212	198
培正-小学	653	163	思思-小学	200	100
中德-中学	38	/	广大-中学	287	124

18所外来学校，男生4330名，女生2853名；至于本地学校，

中学男生 1978 名，女生 735 名，小学男生 7111 名，女生 3568 名；职业学校，男生 364 名，女生 293 名；该年度澳门侨校男生总数为 14564 名，女生 7548 名，共计 22112 名①。又如表 2-4 所见 1939—1940 年度外来学校的数字，该 14 所中学其中 3 所设有小学，故上述原始资料所记的学校数量大抵一致，只是归类方式不同。又澳门年鉴记载 1936—1940 年各学年学生数字见表 2-5：

表 2-5　1936—1940 年在澳门华视学会立案学校的学生数②

年度	男生	外来男生	女生	外来女生	学生数
1936—1937	5618	/	2402	/	8020
1937—1938	5998	/	2563	/	8561
1938—1939	7572	2449	3291	1528	14840
1939—1940	14309	/	7319	/	21628
1939—1940	9747	5294	4646	3158	22845

就表 2-5 数据所见，虽然 1938—1939 年度来自广东及其他地区的学生只是 3977 名，但相对前一年度的数字实际增加了 6000 多名，也许有些属于返澳的本地学生；而 1936—1940 年这四个年度，学生总数增加几近三倍。又根据 1952 年 4 月出版的《澳门华商年鉴》，澳门于 1937—1952 年侨校数量和学生之数字见表 2-6：

---

①　Abílio Maria da Silva Basto, "Inspecção das Escolas Chinesas", *Documentos para a História da Educação em Macau*, vol. 1, pp. 451-454. 该年度的学生数据与表 2-5 的数据略有出入。

②　《1938 年澳门年鉴》，第 382—386 页；《1939 年澳门年鉴》，第 346—351 页；《1940—1941 年澳门年鉴》，第 380—384 页。表 2-5 两列 1939—1940 年度的统计数字，均来自《1940—1941 年澳门年鉴》，一并录入。又 1939—1940 年度各所学校学生数据详见附录 2。

表2-6　　　　　　澳门近年侨校及学生数目比较表①

类别 年度	大学		中学		专科及补习		小学及幼稚园		合计	
	学校	学生	学校	学生	学校	学生	学校	学生	学校	学生
1937（抗战前）	/	/	5	977	7	216	21	3648	33	4841
1942（香港沦陷后）	/	/	26	5716	22	2142	54	26715	102	34573
1949/9—1950/7	5	185	18	3470	11	890	53	13060	87	17605
1950/9—1951/7	4	188	17	3564	12	882	53	14577	88	19211
1951/9—1952/2	4	124	17	3061	12	776	53	12866	86	16827

学校一览②

	私立大学	私立中学	私立小学	公立学校	教会学校	免费学校	专科学校	小计
1952	4	17	24	6	8	14	15	88

香港沦陷以后，澳门学生的数量仍持续增加。

又根据《1951—1952年澳门年鉴》所录的官方资料，当时有公立学校6所，私立学校7所，私立中文学校85所（另加15所分校），另5所小学校分设于氹仔或路环，共计103所学校。这85所私立中文学校，其中有4所大学（其中1所设有中学和小学的课程，1所设有中小幼及专科课程），余下的学校，1所设中小幼专科课程，6所设中小幼课程，9所设中小课程，8所设小幼课程，32所只设小学课程，10所只设专科课程③。1946—1951年共五个年度的学校和学生数见表2-7：

澳门年鉴中的资料将私立中文学校作为一个整体，与其他类别学校并列，而相关的数据与《澳门华商年鉴》所载亦略有出入。

---

① 黄浩然编：《澳门华商年鉴》第一回上卷，第21页；中卷，第105—108页。
② 数据按《学校一览》之资料整理，分校不重复计算。黄浩然编：《澳门华商年鉴》第一回中卷，第105—108页。
③ 《1951—1952年澳门年鉴》，第306—309页。

第二章　广州沦陷后内地学校的迁澳与发展　59

表2-7　1946—1951年澳门各校学生人数①

时间	1946—1947			1947—1948			1948—1949			1949—1950			1950—1951		
	男	女	总	男	女	总	男	女	总	男	女	总	男	女	总
国立伯多禄小学校	224	/	224	203	/	203	203	/	203	171	/	171	141	/	141
国立小学女校	/	126	126	/	117	117	/	103	103	/	90	90	/	97	97
鲁主教幼稚园	42	28	70	46	23	69	37	20	57	45	22	67	46	35	81
国立葡华男子小学校	170	/	170	162	/	162	/	/	/	/	/	/	/	/	/
何东爵士男小学校	/	/	/	/	/	/	126	/	126	154	/	154	176	/	176
国立葡华女子小学校	/	93	93	/	110	110	/	/	/	/	/	/	/	/	/
何东爵士女小学校	/	/	/	/	/	/	/	100	100	/	120	120	/	88	88
伯多禄商业学校	51	45	96	54	41	95	62	44	106	60	49	109	50	48	98
殷皇子中学	68	29	97	59	41	100	57	37	94	59	43	102	53	65	118
圣罗撒女学校（葡文）	/	114	114	/	147	147	52	261	313	63	308	371	58	341	399

① 《1950年澳门年鉴》，第137页；《1951—1952年澳门年鉴》，第309页。

续表

时间	1946—1947 男	1946—1947 女	1946—1947 总	1947—1948 男	1947—1948 女	1947—1948 总	1948—1949 男	1948—1949 女	1948—1949 总	1949—1950 男	1949—1950 女	1949—1950 总	1950—1951 男	1950—1951 女	1950—1951 总
圣罗撒女学校（中文）	/	290	290	/	280	280	/	280	280	/	279	279	/	345	345
圣心女子英文书院	/	185	185	/	287	287	/	290	290	/	369	369	16	345	361
圣若瑟书院	50	/	50	44	/	44	/	/	/	50	/	50	88	/	88
鲍斯高学校（孤儿院）	52	/	52	37	/	37	118	/	118	132	/	132	96	/	96
公教学校（氹仔）	73	35	108	82	22	104	63	23	86	65	22	87	58	14	72
鲍公学校	65	17	82	82	15	97	113	27	140	135	40	175	137	41	178
私立中文学校	8054	4388	12442	8399	4444	12843	8399	4444	12843	9238	4928	14166	11375	6221	17596
慈幼会工艺学校	61	/	61	102	/	102	353	/	353	362	/	362	388	/	388
嘉诺撒仁爱会	/	/	/	/	/	/	/	91	91	19	99	118	51	101	152
	8910	5350	14260	9270	5527	14794	9583	5720	15303	10553	6369	16922	12733	7741	20474

抗日战争引发大量人口迁澳，是澳门人口急增的主因，1936年为120000人，1937年为164528人，1938年降至141945人，1939年再激增至231953人（另凼仔岛有7887人，路环岛有5354人）①。如果单看1940—1941年和1950—1951年期间首尾私立学校学生人数的变化，数量是减少了，但如果用1936—1937年度和1950—1951年度来比较，就学的人数增加两倍多。

二 广州沦陷前后陆续迁澳的学校

根据澳门官方的纪录，1939—1940年度在澳门的学校，当中18所是外来的，但广州沦陷前后陆续迁澳的学校实不止此数。澳门华务专理局曾于1939年1月公告，兹因全澳华人私立学校有120所，小学占90所，中学以及由内地迁澳的学校约30所，故通告嗣后不准在澳再设新校，但原有学校因校舍挤迫而需设分校者，得特别考虑②。本节主要从报章、校刊，以及一些早期的原始资料，综述某些迁澳学校的情况，因资料所限，故详略不同，而部分未有资料，只能阙如。

1. 培正中学　原为培正书院，1890年春创办于广州。改称"私立广州培正中学校"后，于1928年11月获广州教育厅准予立案③。1937—1938年度第一学期开始不久，广州屡受日军轰炸，培正于是将学校迁往鹤山城，历时一年。1938年6月6日，培正位于东山之校园，部分遭日机炸毁④。迁鹤时期，由于当时

---

① 何大章、缪鸿基：《澳门地理》（广州：广东省文理学院，1946年），第56页。《澳门人口增加》，《大公报》（香港）1939年4月27日。
② 《澳门华务专理局华视学会布告》，《澳门时报》1939年1月21日。
③ 曾郁根：《培正学校四十周年之回顾》，《培正学校四十周纪念特刊》（广州东山私立培正学校四十周年纪念筹备会编，1929年），第31页。
④ 《东山校舍被毁》，《培正校刊》（迁澳第一号）第10卷第1期（1938年10月5日），第3页。

部分学生寓居澳门，经黄启明等人到澳门视察后，租得卢氏娱园为校址，原初预计招收学生约250名，后增至450名。澳门培正分校于1938年2月9日开课，设小学各级及初中一年级，小学一至二年级各一班，三至六年级各二班，中一级一班，教员大部分由鹤城中小学借调①，教职员21名②。1938年6月初，培正将全校中小学各部迁往澳门，同年9月5日按照校历上课。当时培正的中学设于娱园，小学则设于南湾。娱园有临时课室18间，膳堂葵棚1座，特别室2间，实验室3间，原有的一座大楼用作学生宿舍，又于邻近租得四个地方作为宿舍③。培正于1938年迁往澳门之后，寄宿学生，高中各班及初三以卢家花园的大楼为宿舍，初二及初一级学生的宿舍，分设于镜湖路、俾利剌街、连胜路，以及罗利老路。宿舍设舍监二人，由教职员兼任，学生日常起居（如上课、兴寝、运动、用膳等）都有规定时间，并限定每月之第三个星期日为例假，平日则不许进出校舍④。1939年初培正开办小学分校，设一至四年级各一班，校址即俾利剌街和柯高马路交界之三层洋房，原校址为初中学生宿舍，故学生全部迁回卢家花园中学部寄宿⑤。1942年9月，该校增设高级幼稚园两所，分设塔石卢家花园和南湾73号小学部内⑥。1945年6月，该校毕业生高中45名，初中56名，小学127名，幼稚园

---

① 《本校扩展各部救济青年失学》，见《培正校刊》（迁鹤第二号）第9卷第2期（1938年6月12日），第4页。
② 《二十六年度第二学期澳门分校职教员一览表》，《培正校刊》（迁鹤第二号）第9卷第2期（1938年6月12日），第9页。
③ 《中小学全部迁设澳门》，《培正校刊》（迁澳第一号）第10卷第1期（1938年10月5日），第1页。
④ 《训育部之新政》，《培正校刊》（迁澳第一号）第10卷第1期（1938年10月5日），第2页。
⑤ 《小学部增设分校》，《培正校刊》（迁澳第四号）第10卷第4期（1939年3月1日），第1页。
⑥ 《培正中学增设高级幼稚园》，《华侨报》1942年9月4日。

92名①。

2. 越山中学校　该校于1932年9月创办，原校址在广州市德宣路，首任校长为司徒优②。1937年因战火迁台山赤海东河，再迁恩平赤坎东埠，收容从广州疏散的学生，当时全校有高初中学生600多名。1938年秋，赤坎受日机轰炸，遂于11月初迁校澳门，租白鸽巢公园前地1号，1号之1、3号，以及消防斜巷9号等洋楼为校舍③。该校于1938年12月19日（星期一）在澳门复课，学费和杂费方面，战区学生初中共收毫银9元，高中共收毫银11元④。至于本地学生，似乎有另外的收费标准⑤。1939年2月设附小，在留澳期间，全校学生约七八百名。1942年2月下旬，正校迁赤坎，澳门仍设分校，保留初中及附小，由谭广德任澳校主任，陈雪聪任附小主任。赤坎正校于3月初开课，增设初中春季班，收容内迁学生200多名⑥。但越山中学附小第三分校暨幼稚园，于1942年曾改名"青云小学校暨幼稚园"，呈报华视学会经澳政府准予立案获发给新照⑦。

3. 思思中学澳校　1938年春在澳门设立分校⑧。私立思思初级中学校设立于1930年，原在广州河南福安街，翌年迁河北万

---

① 《学校消息》，《大众报》1945年6月26日。
② 《广州年鉴》1935年，第12卷，第238页。
③ 司徒优：《迁校与复员》，《越山学生》（复刊）（越山中学学治会主编）第一期（1946年），第3页。该期为广州越山中学十四周年纪念特刊。
④ 招生广告，《华侨报》1938年12月11日。
⑤ 除基本的学费外，另外有堂费、体育费、图书费、医药费等，高中45元，初中36元，小学16元，幼稚园14元，全以毫银计算。《港澳学校概览》戊篇，第8页。1941年上学期的招生简章，费用略有调整，但附注中另有相当多的费用，包括：高初中新生保证金5元，学生自治会费1元，实验费（初二、初三2元，高中3元），寄宿费25元，膳费60元（每月12元）。见《越山中学校送毕业同学特刊》（澳门：越山中学学生自治会学术股编印，1941年6月20日），第33页。
⑥ 司徒优：《迁校与复员》，《越山学生》（复刊）第1期（1946年），第3页。
⑦ 《学校消息》，《华侨报》1942年8月21日。具呈人为陆青云，日期为1942年7月25日，见澳门历史档案馆，档号：MO/AH/EDU/CP/06/0180。
⑧ 《学校消息——思思中学》，《申报》（香港）1939年7月5日。

福路，1932年再迁正南锦荣街，同年10月立案，时任校长黄锐钟①。澳门分校主任为李震和郑雨芬，校址位于南湾63号（利为旅酒店右侧）。该校分男生部及女生部，招收高初中暨"师范科"及"简师班"学生，另招小学各年级转学及借读生，1938年12月12日开学②。

4. 岭南大学附设第二中学暨小学部　岭南大学附中初高中部于1937年9月迁往九龙青山道梁园，西关荔湾的附中分校则于12月21日迁澳③，定名"岭分中学"，又名岭南大学附设第二中学。该校于1928年秋办理立案，1933年5月呈奉广东省政府教育厅立案。澳门岭分的校址位于东望洋白头马路山顶，该校开设初级中学和小学，何鸿平、杨重光和罗作祥先后出任校长④。1946年2月，该校初中部新旧学生148名，小学部34名⑤。1946年度，上学期教员21名（其中17人为专任），下学期19名（16人为专任）；学生人数方面，上学期初中七班共273名，下学期243名，上学期小学三班共63名，下学期71名；又该年度第18届初中毕业生44名，小学30名。1947年度，该校

---

①　《广州年鉴》1935年，第12卷，第221页。
②　招生广告，《华侨报》1938年12月11日。澳门思思中学斌社于1940年初曾办理"民众学校"，分高中低三级，各级分甲乙两班。该校于2月15日召开校务会议，选举各班主任。见《民众学校选出班主任》，《华侨报》1940年2月16日。
③　庄泽宣：《抗战期间岭南大学大事记》，《抗战期间的岭南》（广州：岭南大学，约1946年出版），第1页。
④　《岭南附设第二中学暨小学部招生简章》，《港澳学校概览》戊篇，第30页。有报道指何鸿平曾于1944年7月被调回岭南大学部任图书主任，校长一职由附中澳校主任杨重光兼任，当中应涉及人事纠纷，有三分之二的学生仍然支持何鸿平当校长，见雷学钦《一件学校易长事》，《大众报》1944年6月27日。1946年2月13日校董会议决因杨重光调任岭南大学附属中学校主任，不暇兼顾岭分的工作，故改派教导主任罗作祥接任岭分代校长，见《澳门岭分中学近况》，《岭南大学校报》（康乐再版号）1946年第12期（2—3月间），第3页。
⑤　《澳门岭分中学近况》，《岭南大学校报》1946年第12期（2—3月间），第3页。

增设高中①。1949年9月，该校招收高初中及插班生共304名，新旧学生合计，高中生261名，初中生281名，小学生122名②。该校校址原向澳门邮政局租用，新一届校董于1948年获澳督同意，以葡币80000元购入全部房产作为永久校舍③。当时的中学部仍设于东望洋白头马路，小学部则于1947年8月前后迁得胜马路8号（新花园附近）④。1945年6月岭分举行第16届初中暨附小毕业典礼⑤，但1946年6月却有两则第17届学生毕业礼的消息：一是岭南大学附设第二中学于白鸽巢公园举行第17届学生毕业礼，初中毕业生50人，校长为罗作祥⑥；二是岭南中学于东望洋该校礼堂举行初中暨附小第17届毕业典礼，也是由校长罗作祥主持，是届并有50多名学生获岭南大学附设中学高中部免费学额奖⑦。之后的第18届（1947年6月28日）和第19届（1948年7月3日）初中暨附小的毕业礼也就如常⑧。抗战时迁往香港的岭南大学附中，因太平洋战争再迁澳，租高楼街28号作为高中校舍⑨。1942年初，聘用岭南大学教授吴重翰、朱志涤、伍锐麟，以及附中教员韩美英、戴南冠、林藻勇等任各科教

---

① 《岭南分校增设高中》，《华侨报》1947年6月8日；《澳门岭分中学校董会议录择录》，《岭南大学校报》（康乐再版号）第49期（1947年4月14日），第3页；《澳门分校现况》，《岭南大学校报》（康乐再版号）第62期（1947年10月10日），第2页。

② 《澳门岭南中学近况》，《岭南大学校报》第104期（1949年11月1日），第3页。

③ 《澳门分校筹购校舍》，《岭南大学校报》（康乐再版号）第74期（1948年3月20日），第3页。报道指该校得各方赞助，共得葡币4万余元，澳门殷商傅先生慨捐21000元，不敷之数计划经由银行透支。

④ 招生广告，《市民日报》1947年8月1日。

⑤ 《学校消息》，《华侨报》1945年6月27日。

⑥ 《教育消息》，《华侨报》1946年6月24日。

⑦ 《教育消息》，《华侨报》1946年6月29日。

⑧ 《岭南中学毕业志盛》，《华侨报》1947年6月30日；《学校消息》，《世界日报》1948年6月29日。

⑨ 《教育消息》，《华侨报》1942年2月14日。

授，2月12日上课①。1941年度高中第15届毕业生共36名②，1942年度仍设高中各一班，学生共74名，报道指当年8月因港币贬值，学生人数减少十分之二三③。1945年6月岭南大学附设中学高中第18届毕业典礼，时任校主任为杨重光④，高中部校址则设于龙嵩正街34号⑤。

5. 广州大学附属中学暨计政训练班　广州大学于1927年3月3日正式成立，1928年秋接收广州女子中学，易名广州大学附属中学校。1937年2月，广州大学奉教育部令饬推行职业补习教育，即筹设计政训练班，同年8月招生，共取录800多名，内分会计组六班，统计组一班。1937年秋天，广大附中先于九龙粉岭安乐村设分校，计政班其后于九龙上海街设立分校。1938年11月，广大附中迁至开平县沙塱乡复课，其后四邑告急。由于逃难至澳门的学生也多，校长陈炳权遂派教务长陈梦周及校主任谭维汉在澳门筹建分校，租赁白马行三号为校舍，办理计政班及中学，于同年12月16日复课，谭维汉任中学部主任，黄文衮任计政班主任。当时高初中一、二、三年级六个班学生共150名，计政班在澳除第14班外，另招第16班新生一班，合共70多名学生，由关其昌代分校班主任职务。1939年1月聘陈律平负责附中澳校部主任职务。该校其后租用二龙喉陈园作教职员宿舍，并于3月加租白马行街7号一部分为第二校舍，加招高初中春季一年级新生各一班。4月12日该校再迁白马巷5号，将两校迁入，当时高初中生有150多人，分六班教授。1939年夏，该校高初中毕业各一班，共78人。1939年秋，该校高初中各四班，共280多人；又于1939年2月初设英文专修班，分高中初三级，

---

① 《教育消息》，《华侨报》1942年2月8日，1942年2月14日。
② 《澳校生毕业典礼纪盛》，《岭南大学校报》（曲江版）第2期（1942年11月1日），第8页。
③ 《澳分校举行开学礼》，《岭南大学校报》（曲江版）第2期，第9页。
④ 《学校消息》，《华侨报》1945年6月28日。
⑤ 招生广告，《大众报》1945年6月29日。

共 60 多人①。1941 年度上学期，广大附中增设附属小学两班，又租用板樟堂街 31—33 号为第二校舍，中学部九班合 367 人，小学两班合 51 人。至下学期，因太平洋战争爆发，学生人数由 580 人减至 348 人，只好并班裁员，撤去第二校舍，但仍续办小学，并扩充为一完全小学。当时的师资主要是该校的计政班和曾在师范科毕业的同学。1942 年 2 月，该校遵照广州大学议决将中学部易名为"私立广州大学附属第二中学"，并向侨委会立案。1941—1942 年度高中毕业同学中，共有 12 人回内地升学，仅 1 人落选。1942 年秋，学生人数再减至 220 多人。1943 年第 1 学期，学生人数才续有增加。1945 年度下学期，该校确立专任教员制度，并于 1946 年 9 月 9 日易名为"澳门私立广大中学"。澳门的计政班于 1946 年 2 月停办。1946 年 8 月 9 日，该校获侨委会核准，并增赁水坑尾 9 号为第二校舍，将小学全部迁入。1947 年 5 月，奉侨委会颁发立案证书编列中字第 98 号。1948 年 3 月附属小学核准立案。1948 年，该校高中三班，初中五班，小学六班，学生凡 522 人。至于该校童子军团，则沿用广州大学附属中学第 3738 团团次，奉准中国童子军总会核定编列为中国童子军第 6295 团②。

6. 广中中学　该校于 1930 年创立，1938 年初迁澳，凡七年

---

① 《广州大学附属中学概况》，《港澳学校概览》丁篇，第 57—59 页；《本校之回顾与前瞻》，《华侨报》1939 年 12 月 16 日，"广州大学（附属中学/附设计政班）澳校成立周年纪念特刊"；陈律平：《澳校七年来之回顾》，《广州大学校刊》（十九周年纪念特刊）1946 年第 4 期，第 9 页及第 11 页；招生广告，《华侨报》1938 年 12 月 11 日；《广州大学通告》，《华侨报》1938 年 12 月 11 日。

② 《澳门私立广州大学附属第二中学呈请补助的文书》，见《第二历史档案馆澳门地区档案史料选编》，275/1942.12/五/13343/35J－181/614－622；陈律平：《澳校七年来之回顾》，《广州大学校刊》1946 年第 4 期，第 9、11 页；《澳校概况》，《广州大学校刊》1948 年第 5 期，第 11 页；《校史纪略》，《广大十年》（澳门广大中学建校十周年纪念刊）（澳门广大中学，1948 年 12 月 16 日），第 1—2 页；《校事摘记》，《广大十年》，第 21—26 页。

半。澳门原校址在凤顺上街 2 号①。就广告所见，该校于 1939 年度扩充校舍，租赁四层大厦一间，面临南湾，增中学课室、宿舍、理化生物实验室、工艺音乐特别室等，当时招收高初中小学和幼稚园各级学生，中学设在凤顺上街，小学和幼稚园在南湾②。抗战胜利后，该校迁返广州越秀山南越大道原址③。1943 年 6 月 28 日，该校举行高中第 8 届，初小第 11 届，以及幼稚园毕业典礼④。1943 年 8 月第 1 次招生，取录高初中小学幼稚园生共 57 人，第 2 次入学试于 8 月 25 日举行⑤。该校教职员子弟向来是免费入学。1943 年 9 月新学期曾设工读免费学额，而教育界子弟入读亦可半费⑥。就广告所见，1943 年高初中学杂费为 30 元⑦；1944 年，幼稚园 15 元，小学 1—2 年级 17 元，3—4 年级 20 元，5—6 年级 23 元，高初中各级 38 元⑧。校长刘年佑岭南大学商科毕业，曾任职岭南大学商学院及商科职业学校，专研会计统计。1944 年 9 月新学期，该校增设会计班，并由校长亲自教授会计学和统计学⑨。

7. 私立广州知用中学　该校于 1924 年 9 月开办，校址在广州市纸行街，由知用学社设立，1931 年迁入海珠北路仓前街的自建校舍。该校于 1939 年 2 月迁澳，校址位于青洲大马路，学生约 500 名⑩。报道指原校长张瑞权于 1942 年离开澳门北上，校政由知用学社和校务委员负责，而该校约于 1942 年 6 月租用水

---

① 澳门历史档案馆，档号：MO/AH/EDU/CP/06/0205。
② 招生广告，《国民日报》（香港）1939 年 8 月 26 日。
③ 《广中中学迁校回广州启事》，《华侨报》1945 年 9 月 14 日。
④ 《校讯：广中中学》，《大众报》1943 年 6 月 23 日。
⑤ 《教育消息》，《华侨报》1943 年 8 月 1 日。
⑥ 《广中校讯》，《大众报》1943 年 6 月 22 日。
⑦ 招生广告，《华侨报》1943 年 8 月 25 日。
⑧ 雷学钦：《从培正清贫免费学额说起为穷学生向教育界呼吁》，《大众报》1944 年 7 月 30 日。
⑨ 《广中中学增设会计班》，《大众报》1944 年 9 月 26 日。
⑩ 《私立广州知用中学正校概况》，《港澳学校概览》戊篇，第 13 页。

坑尾 15 号广州会计职业学校旧址作校舍①。1942 年 9 月前后，该校至少举办三次招生，第 1 次取录 60 多名，第 2 次取录 74 名（初一 23 名，初二插班生 11 名，初三插班生 10 名，高一新生 24 名，高二插班生 3 名，高三插班生 3 名），第 3 次取录高中生 17 名，初中生 20 名，并于 9 月 4 日举行开学礼，7 日正式上课②。1943 年初，该校曾增设升高中班和升初中班，修读期为半年，当时的代校长为潘学增、教务主任为张兆驷③、训导主任为沈鹗年、事务主任为林庆培④。1944 年 11 月 4 日为该校 22 周年纪念日⑤。

8. 私立广州培英中学校西关分校　该校原为花地培英中学所分设，1928 年 9 月开校，原校址设于兴贤坊，后迁多宝路尾多宝大横街⑥。该校于 1926 年及 1930 年先后呈奉广东省教育厅及广州市社会局核准立案⑦。培英中学于 1938 年迁往香港，西关分校则迁往澳门，校址为望厦唐家花园（观音堂对面），设初中及小学部，分校主任区茂泮。港校归并后，该校于 1942 年 2 月增设高中部，并招收各级男女转学生⑧。1943 年初，该校学生有

---

① 《学校消息》，《华侨报》1942 年 6 月 26 日。
② 《知用中学考取新生》，《大众报》1942 年 8 月 18 日；《校讯》，《大众报》1942 年 9 月 3 日。
③ 曾任广东教育厅会考数学考试员，广州数学四大天王之一，见《英数专修班续招新生》，《大众报》1945 年 7 月 9 日。
④ 《学校消息》，《大众报》1943 年 2 月 11 日；《知用增设升高初中班》，《大众报》1943 年 1 月 21 日。
⑤ 《知用创校纪念昨举行庆祝》，《大众报》1944 年 11 月 6 日。
⑥ 《广州年鉴》1935 年，第 12 卷，第 210—211 页。
⑦ 《私立广州培英中学西关分校招生简章》，《港澳学校概览》戊篇，第 4 页。
⑧ 招生广告，《华侨报》1938 年 7 月 20 日，见"百年树人——澳门百年教育文物史料展"展品；招生广告，《华侨报》1942 年 2 月 3 日。《教育消息》，《华侨报》1943 年 8 月 1 日。《培英中学西关分校筹祝创校纪念》，《华侨报》1943 年 12 月 7 日。

600 多名①，12 月为该校 16 周年纪念②。

9. 私立协和女子中学　该校于 1911 年冬创立于广州西关，原名为"慈爱幼稚师范学校"③，其后加设小学师范科，并设附小，易名"私立协和女子师范学校"；1928 年该校加设初级中学，1933 年 11 月教厅核准立案，1935 年曾奉教育部令改办中学，易名为"私立协和女子中学校"。该校于 1937 年暑假从广州迁至台山，1938 年寒假再迁至澳门，2 月 5 日在澳门复课。1938 年 7 月 20 日，《华侨报》上有该校幼稚师范、高初中、附小及幼稚园招生广告。1939 年 9 月 6 日该校上学期开学，设有高级及初级中学、三年制初级师范科、附属小学，以及幼稚园④。1942 年，该校中学部设于高楼下巷，小学于风顺堂街。1942 年 6 月 21 日，该校假志道堂举行高初中师范暨小学幼稚园毕业典礼，高中毕业生 40 名，幼稚师范生 9 名，初级中学生 57 名⑤。1942 年，教育部曾特令，澳门协和中学幼稚师范科改为普通师范科，以资造就师资，其他澳门各校所开设的师范科一律停办，师范生可转学协和，并照原校收费⑥。1943 年 6 月 26 日，该校假志道堂举行高中师范第 29 届、高中普通科第 6 届、初中第 14 届、小学第 18 届毕业典礼。毕业生合计 182 名，计高中师范 13 名，高

---

① 《教育消息》，《华侨报》1943 年 8 月 1 日。
② 《培英中学西关分校筹祝创校纪念》，《华侨报》1943 年 12 月 7 日。
③ 廖奉灵：《广州协和女校的回忆》，林亚杰主编：《广东文史资料存稿选编》第 4 卷，广州：广东人民出版社 2005 年版，第 845—854 页。
④ 《私立协和女子中学概况》，《港澳学校概览》戊篇，第 17 页。
⑤ 招生广告，《华侨报》1942 年 6 月 15 日；《学校消息》，《华侨报》1942 年 6 月 21 日。
⑥ 《协和中学师范科邀准办理》，《华侨报》1942 年 8 月 26 日。据档案显示，缘于唐彬向陈立夫提交的一份报告（1942 年 7 月 23 日），电文："执信南海两校腐败，师范科停办，拟并入协和，乞准协和幼师改普通师范科，在此造就师资"。《教育部关于澳门学生回内地投考事宜的文书》，见《第二历史档案馆澳门地区档案史料选编》，271/1942.7/五/13342/35J-181/523。

中普通科37名，初中47名，小学36名，幼稚园49名①。1945年6月23日，该校举行幼稚园第33届毕业典礼暨小学休业礼②。该校中学及师范原只招收女生，附小及幼稚园则男女兼收，从1943年秋季开始，初中一年级开始招收男生③。该校于1944年增设"高级特别师范科"④。1944年12月，该校庆祝33周年纪念⑤。

10. 中德中学分校　中德中学原设于西关多宝路，1914年2月立案⑥。1938年4月，周雍能、梁寒操、吴铁城、俞鸿钧等人发起，经校董会批准，于澳门设立分校，并同时创立小学，由该校教务长郭秉琦主理。1938年7月20日，《华侨报》上有该招生广告，招收高初中一年级新生，初中二、三年级转学生及借读生暨小学各级新生及转学生。该校高初中及高小设于妈阁街15号，初小设于荷兰园得胜马路6号。1939年1月，该校呈澳督批准设校后，更名"澳门私立中德中学"，同年8月呈奉侨委会转教育部核准立案⑦。1947年4月，该校亦曾获侨委会发给中字63

---

① 《教育消息》，《华侨报》1943年6月27日。
② 《协和中学恳亲会盛会》，《大众报》1945年6月24日。
③ 《协和初中一兼收男生》，《大众报》1943年7月1日。
④ "高级特别师范科"于当时候曾引起讨论，论点是高中毕业生，一年所学是否能够胜任初中教员。当时教育部法令的规定，师范学生及特别师范科毕业生只能充任小学教员，幼稚师范科毕业生只能充任幼稚园及小学教员。雷学钦引述该特别师范科的报道："招收高中毕业或具有同等学力之女生入学，修业期限为一年，期满由学校发给证书，俾使担任高初级小学教师及行政人员，并择其对文理科或专科具有特长者，施以特殊之训练，使担任初中教员。"见雷学钦《研究高级特别师范科》，《大众报》1944年7月19日。
⑤ 《协和纪念昨举行庆祝》，《市民日报》1944年12月3日。
⑥ 《广州年鉴》1935年，第12卷，154页。
⑦ 《澳门私立中德中学概略及请予经费补助的文书》，见《第二历史档案馆澳门地区档案史料选编》，1939－1944／五／13343／35J－182／277。档案中有周雍能于1939年11月19日致立公先生（陈立夫）请求补助函，其中所附《澳门私立中德中学概略》记该校于1939年8月立案，故以此说为准。

号证书①。1945年度于小学内加设幼稚班。1946年8月，该校新学期第一次招各年级新生，共取录83名②。该校原初只设初中一、二年级和高中一年级各一班，小学则全部各班，1939年增加初中三和高中二各一级，1940年以后，初高中共有六班。中德开办初期，历年学生的总额有80多名，但1943年9月新学期人数激增，新旧学生有400多人③。8月17日第1次招考新生，取录高中学生18名，初中52名，小学50名；9月1日第2次招考，取录中学生32名，小学23名，试读生5名④，也许是该校广设免费和半费学额之故。1948年，初中三级共三班，高中一年级一班。此外，该校于1939年度曾设工程班，一年毕业。崔元举曾记述中德于1943年秋曾设"难童公学"六班，另侨委会下令办理的民众学校一班⑤。后难童公学拨入小学部，民众学校不再续设⑥。查难童公学早于1942年已开办，费用全免，课本笔墨纸张则由学生自备⑦。7月1日为该校建校纪念日。

11. 教忠中学　该校始于清光绪二十八年（1901），原办初级师范，1923年8月起陆续改办初中，1928年8月增设高中师范科，并分设女子中学部，是年10月奉准立案，校址设在文德

---

① 《侨务委员会侨民学校立案证明》，见《澳门中德中学建校十周年校庆特刊》（1948年7月1日）图录。另郭秉琦于该刊《校史》一文中记该校的立案日期为1940年。

② 《教育消息》，《华侨报》1946年8月16日。

③ 《中德学生人数激增》，《大众报》1943年9月8日；《中德教员加薪学生数额突增》，《大众报》1943年9月11日。

④ 《中德入学试昨日已放榜》，《大众报》1943年8月20日；《教育消息》，《华侨报》1943年9月3日。

⑤ 侨委会曾计划于1941年秋天在海外办理民众学校一千间，并制定"怎样办理华侨民众学校"方案小册，见《侨务委会在海外筹办民众学校》，《国民日报》（香港）1941年5月9日。

⑥ 崔元举：《教务概况》，《澳门中德中学建校十周年校庆特刊》（1948年7月1日），第1页。

⑦ 《中德举办难童公学》，《大众报》1942年8月29日；《校讯》，《大众报》1942年9月3日。

路广府学宫内①。该校于 1938 年间迁澳②。从华视学会发给该校的准证所见，朱葆勤约于 1942 年接任校长。1942 年 8 月 15 日第 1 次新生入学试，除转学及借读生外，取录高中一年级新生 65 名，初中一年级新生 54 名，小学新生 30 名；9 月 1 日第 2 次入学试，初中一年级新生 14 名，小学 30 名③。该校设于妈阁街 4 号陈园，全期学习费，高中 30 元，初中 24 元，小学 10 元④。1944 年 9 月，该校迁进三巴仔横街 14 号，新生人数激增⑤。该校高初中及附小合计，学生最多时达千人以上，抗战胜利时该校有 600 多名。1946 年春，中学全数迁回广州文德路原校，初中停办半年后，校董会又议决复办，该校并奉侨委会第 27138 号指令，准予立案⑥。1946 年 8 月，教忠中学暨附属小学入学试，首两次入学试取录中一、中二、小一新生，以及各年级插班合计共 150 多名⑦。1948 年 1 月 31 日举行结业礼，全校教职员学生 300 名，2 月 23 日开学时增加新生约 80 名⑧。该校设有清贫学生免费学额，1946—1947 年度下学期，免全部学费者 5 名，免半费者 16 名；另有因成绩优良，免全部学费者有 5 名，免半费者 8 名⑨。校长朱葆勤于 1948 年新任中国国民党澳门支部监察委员，曾有计划优待国民党同志子弟，凡新入该校者，除发给教科书外，并酌予奖学金，但须经各分部介绍，程度相当及品性善良者，中学生每人 12 元，以 20 名为限，小学生每人 6 元，以 40

---

① 《广州年鉴》1935 年，第 12 卷，第 190 页。
② 《昨教忠中学举行结业礼》，《华侨报》1948 年 2 月 1 日。
③ 《学校消息》，《华侨报》1942 年 8 月 22 日，1942 年 9 月 4 日。
④ 招生广告，《华侨报》1942 年 2 月 3 日。
⑤ 《教育消息》，《大众报》1944 年 9 月 12 日。
⑥ 《教育消息》，《华侨报》1947 年 1 月 28 日；《教育消息》，《市民日报》1947 年 1 月 21 日。
⑦ 《教育消息》，《华侨报》1946 年 8 月 30 日。
⑧ 《昨教忠中学举行结业礼》，《华侨报》1948 年 2 月 1 日；《教忠学校昨行开学礼定明日开课》，《市民日报》1948 年 2 月 22 日。
⑨ 《教育消息》，《华侨报》1947 年 4 月 30 日。

名为限①。

12. 总理纪念中小学校　原校址在南湾花园角113号，按当时课室和设备的规模大约可以容纳500名学生。1943年初，该校扩充招生，租赁近西街26号，用作初中课室及图书室②。1944年9月新学期，该校将高中全部和初中一部分迁往望厦唐家花园内③。1945年2月，该校附小南湾校舍改建完毕，小学部暨幼稚园从天神巷临时校舍迁返。该学期因内地投考的插班生极多，故将小学二、三、五年级分为甲乙两班④。按1945年8月招生广告所见，南湾的校舍设高中一年级、初中一至三年级，以及小学和幼稚园各年级，唐家花园设高初中各年级及小学三至六年级⑤。该校于1944年的学费大致如下：小学一、二年级15元，三、四年级17元，五、六年级19元，初中各级29元，高中39元⑥。1941—1942年度该校曾作改革，分两期完成。校长戴恩赛将学校事务交由主任赵伯驭负责⑦，曾聘请中英算教员担任主要科目，如连声海为中文专任教员，戴恩荣为英文专任教员。梁松、邓肇元、余达生等20多位教员于下学期续任，另再增聘名师，如张兆驷和符俊为数理教员，陈道根为历史教员，刘振鹏为地理教员，张铁军为童军主任，又聘培英代分校校主任区茂泮为训育主任，岭南校董黎藻鉴为教务主任⑧。1942年2月第一次招考插班生，中小学分别取录学生13名和32名，第二次分别取录11

---

① 《教忠优待国民党同志子弟》，《世界日报》1948年8月7日。
② 招生广告，《大众报》1943年2月13日。
③ 《纪中迁高中部启事》，《华侨报》1944年8月22日。
④ 《教育消息》，《大众报》1945年2月26日。
⑤ 招生广告，《大众报》1945年8月20日。
⑥ 雷学钦：《从培正清贫免费学额说起为穷学生向教育界呼吁》，《大众报》1944年7月30日。
⑦ 《纪中教师加薪》，《大众报》1943年9月4日。
⑧ 《纪念中学大革新》，《大众报》1943年1月26日；《纪念中学增聘教员》，《华侨报》1943年1月26日。

名和 15 名，该学期新旧生合共有 370 多名①。1942 年 8 月第一次入学试取录新生 134 名（高中 19 名，初中 49 名，小学 66 名），第二次取录 121 名（高中 9 名，初中 47 名，小学 65 名），凡成绩在 80 分以上获免全费者共 5 名，75 分以上免半费者共 4 名②。1943 年 2 月，第一次招考插班生，取录 103 名（中学部 28 名，小学部 75 名）③。1943 年 8 月，第一次入学试取录新生 82 名（中学部 35 名，小学部 47 名），第 2 次取录 107 名（中学 44 名，小学 63 名），是年凡成绩在 84 分以上者可获免全费，77 分以上而未满 84 分者免半费④。1944 年 8 月第一次入学试取录新生 160 名（中学部正取 67 名，备取 4 名；小学部正取 82 名，备取 7 名），第 2 次 81 名（中学 29 名，小学 52 名），有全免学费和减半费⑤。1945 年 8 月 10 日，第 1 次入学试取录新生 130 名（高初中 53 名，小学 73 名），8 月 28 日第 2 次入学试取录新生 131 名（高中 13 名，初中 60 名，小学 58 名），同样有多人考获免全费和免半费学额，另有考获减一半学费中小学生多名⑥。1944 年 6 月，纪中附小毕业生共 64 名⑦。1945 年 11 月 12 日庆祝总理诞辰，该校参加巡行，当时全校中小学生约 800 名⑧。

---

① 《教育消息》，《华侨报》1942 年 2 月 5 日；《教育消息》，《华侨报》1942 年 2 月 11 日。
② 《总理纪念中学本学期第一次取录新生放榜》，《华侨报》1942 年 8 月 15 日；《教育消息》，《华侨报》1942 年 9 月 1 日。《大众报》报道的数字略有不同，第 1 次取录 160 多名，第 2 次 119 名。见《纪中》，《大众报》1942 年 9 月 1 日。
③ 《教育消息》，《华侨报》1943 年 2 月 8 日。
④ 《教育消息》，《华侨报》1943 年 8 月 6 日；《教育消息》，《华侨报》1943 年 9 月 3 日。《大众报》翌日报道，经取录并缴费入学人数有 240 多名，见《纪中教师加薪》，《大众报》1943 年 9 月 4 日。
⑤ 《纪念中学招考新生开榜》，《大众报》1944 年 8 月 13 日；《教育消息》，《华侨报》1944 年 9 月 1 日。
⑥ 《教育消息》，《华侨报》1945 年 8 月 18 日；《教育消息》，《华侨报》1945 年 9 月 8 日。
⑦ 《教育消息》，《大众报》1944 年 6 月 26 日。
⑧ 《纪中庆祝总理诞辰》，《华侨报》1945 年 11 月 15 日。

1947年2月新学期，该校中学部迁返翠亨原址复课，澳门只设附小，并聘陈德和为校主任，罗季昭调长翠亨村附小主任①。1943年4月，该校在新填海傍举行童军2774团暨小狼团成立典礼②。

13. 洁芳女子中学　该校创办于1907年，校址在广州河南龙溪首约内，有师范本科和高初中小学及幼稚园各级。校长姚学修，1938年12月26日在澳复课，校址设在龙头左巷10号。1939年2月间，学生200多名，因附属小学人数较多，曾商借望厦普济禅院作第二校舍③。1942年初，该校全期学杂费，高中师范25元，初中20元，小学一、二年级9元，三至六年级10元④。1942年9月，该校承租崇新小学近西街校址作第一分校，并于该学期兼收12岁以下男生⑤，又该学期曾加设30个免费学额，救济失学儿童⑥。

14. 执信女子中学　执信于1938年1月在澳门复课，当时初高中女生有200多人，曾租用罗地利忌博士路之洋楼（俗名黎登别墅）全座作学生宿舍，学校和办事处则设在天神巷24号屋，其后再租南湾街33号作中学部之用，小学则设于天神巷校舍。1939年初又再租三巴仔横街3号屋作分校。校长杨道义于1940年7月离澳后，由金曾澄接任校长职务，同年12月金曾澄委任教务主任陈道根作代表，负责在澳门接洽一切公务。1942年7月31日该校即停办⑦。

---

① 《纪念中学迁翠亨村复课》，《华侨报》1947年1月31日。
② 《总理纪念中学举行童军二七七四团成立典礼》，《华侨报》1943年4月20日。
③ 澳门历史档案馆，档号：MO/AH/EDU/CP/06/0161。
④ 招生广告，《华侨报》1942年2月3日。
⑤ 《学校消息》，《华侨报》1942年9月8日。《华侨报》1943年2月20日曾有一则"校址校具出让"，学校的地点接近南湾，接洽处是石街崇新学校。
⑥ 《校讯》，《大众报》1942年9月4日。
⑦ 澳门历史档案馆，档号：MO/AH/EDU/CP/06/0157。

15. 南海县立联合中学 该校由广州市南海中学、佛山南海师范,以及南海一中三校联合组成。校长李兆福,校址曾设在雅廉访路①。该校设有高初中、小学、高中师范、简易师范,以及一年制简师科等级,高中全期学费8元,初中4元,师范免费②。1942年7月曾办夏令补习班,9月招考新生,高中部8名,高中师范部6名,简易师范10名,初中部12名,小学部15名③。该校曾派师范生到镜湖义学教导难童④,又该校曾被勒令停办高中及师范科,因抗命不从,终被取消立案⑤。

16. 中山联合中学 校长林伟廷,该校由中山县立中学、县立女中和乡村师范学校组成,1939年3月15日在澳门开课⑥。初期借用协和培英等校上课,学生约300人。1940年9月,在台山菜园涌北街2号和4号设校⑦。1942年初,该校有11班,高中(普通科及师范科)学费国币85元,初中75元⑧。1943年8月后该校即迁往恩平⑨。另有报道中山县立女子中学(中山县立石岐女子中学)因300多名留澳学生希望继续就学,故联函向校方请求继续就学。该校其后征得越山中学同意,由女中教员率领全体同学借读于越山中学女生部,各科仍由女中的教员担任⑩。

---

① 招生广告,《国民日报》(香港)1941年2月22日。
② 《教育消息》,《华侨报》1942年2月6日;招生广告,《华侨报》1942年8月24日。
③ 《学校消息》,《华侨报》1942年6月30日,1942年9月7日。
④ 《南海联中学生教育难童》,《华侨报》1942年5月11日。
⑤ 《教育部关于南海联中案的文电》,见《第二历史档案馆澳门地区档案史料选编》,1942.9/五/13342/35J-181/537。
⑥ 《中山三校合组联合学校》,《大公报》(香港)1939年3月4日;《中山县立女中/中学/简师学生注意》,《大公报》(香港)1939年3月6日。
⑦ 澳门历史档案馆,档号:MO/AH/EDU/CP/06/0168。
⑧ 《教育消息》,《华侨报》1942年1月24日;《学校消息》,《华侨报》1942年8月23日。
⑨ 《中联中学迁校恩平》,《华侨报》1943年8月16日。
⑩ 《石岐女中学生家长公鉴(启事)》,《华侨报》1938年12月11日。

三 1941—1945年澳门的教育境况

抗战之初，报道指涌入澳门的各地难民已超过四万人①，广东和中山等地的中小学校也因战事而陆续迁往澳门。由于人口激增，适龄就学的学生人数相应增加，1941年5月25日《华侨报》上更曾见一则"征让学校"的广告。及至1941年12月太平洋战争爆发后，粮食价格暴涨，港币贬值，航运中断，某些学校即因收生不足而无法维持。澳门学生和教师的经济和生活都受到影响，报道指入学人数锐降，只及至平常的百分之二三十，学校经费支绌，即使是义学亦异常冷淡，免费亦无学生问津②。以木桥横街康公庙义学校为例，该校为澳门殷商姚满等人创办，据《华侨报》上一则招生报道，指该校过去投考人数众多，故"历年以来，未尝布告招生，预料本期学生或会减少，故该校本学期招一年级新生及各级插班生"③，该报道颇能说明当时的境况。1942年11月，中华教育会理事会议，报告当时有34所中小学校停办，失业教员200多名，其中有沦为小贩或车夫者④。1943年初，澳门就有48所学校倒闭⑤。1943年2月新学期招生时，除培正、培英、广大、中德、知用、广中、协和、教忠、纪中、雨芬、濠江、联中等中学，以及陶英、崇德、兰室、知行、汉文、行易、致用等小学外，其他的学校或因经济困难，或因学生人数

---

① 《华侨报》（1938年6月16日），见《广东澳门档案史料选编》（广东省档案馆编，北京：中国档案出版社1999年版），第380页。
② 《华侨教育一个严重问题，本澳学生人数锐减》，《华侨报》1942年9月1日。
③ 《学校消息》，《华侨报》1942年7月25日，1942年8月18日。
④ 《不景气下影响教育，学校停办卅余间，失业教职员沦为小贩车夫》，《大众报》1942年11月15日；菱风：《小学教员与手车夫》，《华侨报》1942年11月7日。
⑤ 《不景气笼罩下教育事业颓危》，《大众报》1943年1月11日。

不足而未能开课①。中华教育会1943年8月的会务报告，便指出1943年有25间学校停办（见附录5）②。据中华教育会调查所得，1942年底的调查，澳门学校有107所，但截至1943年7月，除了葡人学校外，华人学校中有52所停办，继续招生开课的只有55所③。1943年8月27日，中华教育会庆祝孔圣诞暨教师节，并举行会员大会，报告记录当时澳门环境困难，仅余的华文学校只有教会学校6所，义学9所，私立学校35所，合共50所学校④。上述来自报章的数字虽然不甚一致，也许是某些学校因收生不足停办而最终倒闭，在计算上不一，但学校的景况惨淡，殆无异议。根据档案的资料，1943年初停办或倒闭的学校共37所，大都是澳门本地的学校，该名单如下：周樵小学、执信女中、执信附小、尚志中学、华侨中学、广大会计、洁芳女中、越山中学、始基小学、正明学校、子裳学校、达人学校、培智学校、中德学校、公教学校、大同学校、翰华学校、实用学校、新民学校、德基小学、华英小学、建国小学、李德英文学校、培德学校、永存义学、育德学校、乙奎学校、尚贤学校、青华学校、培育小学、尊德学校、进育学校、和平学校、啸毅英文学校、达用国语学校、新亚英文夜学、冯华英文学校等⑤。

学生因经济困难而不能在澳门继续就学，部分即返回内地。

---

① 雷学钦：《教育界一问题，学校在惨淡挣扎中》，《大众报》1943年1月31日。

② 《澳门中华教育会本年度会务报告停办学校共有二十五间》，《华侨报》1943年9月1日。

③ 《生活高涨影响下华人学校多停办》，《西南日报》1943年7月25日。

④ 钦：《仅存之学校》，《大众报》1943年8月28日。

⑤ 《教育部关于核发澳门地区中小学校补助经费的函电》，见澳门历史档案馆藏《第二历史档案馆澳门地区档案史料选编》，281/1940－1943/五/13345/35J－182/304。上列"中德学校"位于果栏街42号2楼，校长苏宋文。又"成裕小学"校长缪雨生也于1943年3月11日向华视学会缴回设校准证。见《缪雨生致华视学会会长施多尼函（1943年3月11日）》，澳门历史档案馆，档号：MO/AH/EDU/CP/06/0128，第7页。

1942年中，某些学校即提前考试以迁就，其中包括培正中学斌社的学生①。又雨芬中学也因学生人数减少，将中学部迁返罗定，留澳的雨芬中学则易名雨芬分校②。又迁往香港的广州培英中学，于香港沦陷后迁澳，故该校在澳门的学生人数没大改变，其后部分学生亦回内地就读，校长刘继祖亦将该校迁往乐昌，而澳门的培英分校则继续办理高初中小学③。

1944年8月27日，中华教育会纪念教师节和庆祝孔圣诞，并举行第22次会员大会。当日讨论的事项，包括筹设华侨图书馆、会址，以及会立学校等事项④。会立学校一事，中华教育会（理事会）主席朱伯英其后电呈侨委会，报道中指澳门学校的数量由10多所增至50余所，学生人数由二三百增至2000余人，故该会在全体会员征求意见，希望能够在澳门建上一所设备健全之中小学校，并请求侨委会拨款资助⑤。该报道中未提及学校和学生的基数始于何时，但当时只有50余所学校应是实情，但2000余学生也许是与官方有不同的计算方式。另报道也提及拟建设的学校，将非常重视"师资、管理、设备、课程、程度"，反过来看，这也许反映当时办学必须针对的一些问题。至于建校一事结果如何则不详。

1945年初的情况稍转，2月初开学，澳门学校的数量连正分校共70所，同样报道学生约2000名，培正和协和等校的学生较

---

① 《各校学生多转内地升学》，《华侨报》1942年6月11日。
② 《教育消息》，《华侨报》1943年2月1日。
③ 《培英中学将迁乐昌》，《华侨报》1943年2月4日；《培英分校继续办理》，《华侨报》1943年2月5日；《培英迁校不确》，《大众报》1943年2月5日。
④ 《教育会庆祝教师节，同时举行会员大会》，《大众报》1944年8月29日；《中华教育会积极筹设华侨图书馆，并拟设立学校救济失学儿童》，《西南日报》1944年8月29日；《教育会会员大会议决要案多项》，《华侨报》1944年8月29日。
⑤ 《澳门中华教育会主席朱伯英电侨委会核准办理设备健全中小学校》，《市民日报》1944年9月25日。

多，报道指各校学生于寒假结束后缴交学费亦较往昔为快①。《华侨报》曾报道华视学会于1945年3月进行调查的一些结果，报告共有三项。第一项为学校的课程、设备、卫生，以及管理。报告指出，中学方面，以培正中学最佳，其次为协和、鲍斯高、中德、纪中、教忠、粤华、圣罗撒、孔教、望德、广中等，共11校；小学方面，则为汉文、蔡高、雨芬、励群、培英、知用、平民义学、同善堂义学、镜湖义学、青年会平民义学等，共10校；全澳中小学校计有70所（55所，再加中学之分校10余所；中学连分校共计25所，小学校共45所），前一年为68所。第二项为该年度华侨学校教员和学生人数，教员共913名（男523名，女390名），较前一年度增加119名，至于学生人数方面，中学生计3394名，小学生计12409名，另加515名专修科学生，全澳学生总计16318名，较前一度增加4221名。第三项为学校数目，全澳中小学计70所，较前一年度增加2所，补习班或专修学校17所，较前一年度增加5所。在该次调查中，莲溪庙附近之尚实小学，因未符华视学会的规定，学校执照被撤，另有两所小学的卫生管理仍未合水准，被着令改善②。此外，华务局长施多尼于1945年1月22日向公共教育视察员呈交的一份报告③，汇报了从1942年至1944年澳门中文学校、教员和学生人数的统计资料，其中1944年的各项数据，与1945年3月28日《华侨报》和1945年3月29日《西南日报》上所报道的数字完全一致。现依据三份报道和档案资料整理如下（见表2-8）：

---

① 《今年教育事业展望》，《西南日报》1945年2月17日。
② 《本澳教育事业后退》，《华侨报》1945年3月3日；《本澳华视学会调查华侨学校》，《华侨报》1945年3月28日；《华视学会教育调查结果》，《西南日报》1945年3月29日。据《本澳教育事业后退》所报道的数字，1944年的专科补习学校只有10所。
③ 《学校报告（1940/10/06—1954/08/13）》，见澳门历史档案馆，档号：MO/AH/EDU/CP/08/0008，第75—79页。

表2-8　　　华视学会1941—1945年澳门学校资料

时间	学生				教员		学校			学生	
	小学		中学		男	女	补习/专修	中	小	中小学	专修科
	男	女	男	女							
1941	/	/	/	/	1509			140		23617	/
1942	/	/	/	/	1275			31	69	15089	/
1943	/	/	/	/	823			25	43	12443	/
1944	1621	985	5775	3716	794	12		25	43	12097	/
1945	3394		12409		523	390	17	25	45	15805	515

就1941年和1944年这两年的数据来看，各方面的情况相去几近一半。1945年8月，华视学会饬令侨校呈报教员资料，以便签发教员证，当时澳门学校有80多所①，从7月开始至9月1日截止登记的教员人数为822名②。

上文提及的尚实小学，校址原属镜湖医院管理之物业。该院管理之莲溪庙地方，曾交由源昌泰开设尚实小学，校长为翁绍祺。尚实办学招收平民学生，属公益事业，故获该院免租，而每年只酌收24元作为莲溪庙的香油银。陈逸余于翁绍祺身故后接办，其后停办，并欠下两年多的香油银，后更将该校址转租图利，镜湖医院在磋商不果的情况下，依法取回物业③。该址于1945年4月交回镜湖医院，由致用学校董事长冯养承租作为分校④，并获华视学会批准。华视学会致该校原函："奉督宪四月五日批准该校在莲溪庙内设立致用小学分校一所，此证。1945年4月5日。会长施多尼。"⑤

---

① 《下学期开课时各校须将教员列表呈报华视学会核对》，《华侨报》1945年8月9日。
② 《教员登记八百余人》，《大众报》1945年9月16日。
③ 《尚实小学校长欠镜湖善产租值》，《华侨报》1945年3月27日；《镜湖医院取回尚实校址》，《市民日报》1945年3月3日。
④ 《教育消息》，《市民日报》1945年5月26日。
⑤ 《教育消息》，《市民日报》1945年4月15日。

抗战胜利后，国民政府教育部曾经通电各地学校留在目前所在地继续上课，听候部令复员，但各校情况不一。如原在广州市海珠北路仓前街的知用中学，便是先派员到广州视察，9月仍继续在澳门开课①。20年代已迁澳门的粤华中学，在这个时候呈奉广东省教育厅正式立案，让所有高中毕业生可以直接投考升读内地大学，为吸纳学生，凡留澳转读该校的高初中学生，有原校转学证件，学行成绩优良者，可免试入学②。从一些学校的招生广告，可以看到这个时期某些学校的情况。如1946年1月28日《华侨报》上的招生广告所见，粤华中学高中、初中、小学、幼稚园全线招生，正校在新花园得胜马路，分校在连胜马路消防斜巷，女子部在雅廉访马路，有趣的是，该校强调"永久在本澳设立，决不他迁，希各侨胞注意"；培正中学在校名的上端则加上"广州"二字，不但在澳门招生，也为广州东山原校在澳招考高初中各年级插班生，而在澳门只保留初中一年级及小学；迁往风顺堂街的陶英小学则增设幼稚班③；教忠中学迁回广州文德路原校，澳校只招小学各年级插班生及幼稚园新生；协英中学似是旧校新名，广告显示该校继续培英中学办理初中小学及幼稚园，地点在澳门原址望厦唐家花园，重新向华视学会和侨委会立案，而校长仍是原培英中学的校长刘继祖④。

又如私立广州培道女子中学，该校于抗战时迁肇庆，后再迁香港，留港四年。香港沦陷后，1942年初迁澳复校。该校经华视学会注册，获发129号执照，于2月20日复课，6月22日，该校于庐家花园举行高中第14届初中第17届毕业典礼⑤。该校

---

① 《学校消息》，《大众报》1945年8月20日。
② 《学校消息》，《大众报》1945年9月7日。
③ 《学校消息》，《华侨报》1946年9月3日。
④ 《学校消息》，《华侨报》1946年1月12日。
⑤ 《教育消息》，《华侨报》1942年2月19日；《学校消息》，《华侨报》1942年6月20日。

先是借用培正中学校舍上课,并租连胜马路 18E 两层洋楼为宿舍,8 月间租得罗利老马路 23—25 号一连两座洋楼共四层,作为校舍,9 月 4 日开课,学生增至 230 多名,职教员 30 多名,其后再得 21 号,共两层,以楼下作为礼堂。1943 年第二学期,学生增至 280 多名,小学部迁往连胜马路 18E,9 月再租亚利鸦架街 16 号三层洋楼辟作小学部课室。截至 1946 年 1 月,在澳门办学四年,全校有学生 450 多名,中小学大约各占半数①。该校奉教育部令迁返广州后,校董会决定在澳设分校,任李瑞仪为校主任;新校借用白马行 9 号浸信会副堂,1946 年 2 月 10 日开学。该校原定只设初一年级及小学各年级,或曾应家长要求增设初中二年级②。初时只有数名教员和 80 名学生,1946—1947 年度下学期,该校增至 17 名职教员和 229 名学生③;1947 年 8 月 25 日呈澳门督学处于白马巷街 7 号增辟新校舍;9 月 18 日奉准侨委会立案;11 月 25 日澳门教育督导处核准立案④。

又培正中学亦于 1946 年 2 月迁返广州东山复课,中学部之图书、仪器、校具等全数运返广州,教职员亦随校复员,但卢家花园仍设小学部⑤,1947 年 9 月始在澳门增设初中部⑥。培英中学高中一至三年级新旧各生,全体返回广州西关多宝路尾,或花地、白鹤洞原校,并会合曲江南下的学生,于 1945 年 9 月中旬复课,而初中小学及幼稚园,则继续在澳门望厦唐家花园办理,

---

① 《培道女中迁入新址》,《华侨报》1942 年 8 月 16 日;禤伟灵:《培道六十年》,《我们的园地》(培道中学六十周年),1948 年,第 1—5 页;李瑞仪:《澳门分校设校经过》,《我们的园地》,第 9—10 页。
② 《教育消息》,《华侨报》1946 年 1 月 8 日,1946 年 1 月 24 日。
③ 《澳门分校的简讯》,《培道校刊》(复员后创刊号)1947 年 6 月 25 日,第 9—10 页。
④ 《澳门分校通讯》(二),《培道校刊》(复员后第二期)1948 年 1 月 15 日,第 15 页;李瑞仪:《澳门分校设校经过》,《培道中学六十周年纪念特刊》,第 9—10 页。
⑤ 《培正中学校复员广州》,《华侨报》1946 年 1 月 6 日。
⑥ 《培正学校开办初中》,《华侨报》1947 年 6 月 28 日。

由刘继祖校长驻校主持①。

在这个过渡期间,有学校未及返回原址复课,又为便利部分学生家长离澳而子女仍可在澳求学,只能折中处理。以协和中学为例,该校一方面派员到广州西山原校址筹备,另一方面则增设宿舍供学生寄宿②。该校因广州校舍须修复,决定在丰宁路女青年会内先复办初中,澳门中学各部在澳续办一学期后再迁返广州③。该校其后改名协和学校,设小学和幼稚园,1946年中租用南湾73号(培正小学旧址)作校舍,夏令班即于7月4日在新址上课④;1949年7月30日,协和学校假志道堂举行小学第24届、幼稚园第36届毕业典礼⑤。又如雨芬中学附小,该校迁返罗定县与中学部合并办理,原该校学生则转读培正、中德、协和等校,并获减费及免试直升,留澳教员则由各校聘用,如余倩娴在镜湖义学任代校长兼教导主任,萧蕙芳任该校班主任,张铁军在中德中学兼圣若瑟中学任童军主任,黎剑心和黄成芬在望德学校任级主任,唐贞贞在广大任级主任,幼稚园主任秦君惠,以及音乐教师杨淑雅则任职中山县立中学附小⑥。

又香港沦陷两年后,驻澳门英国领事馆曾在崇实中学内设有义学,以便留澳之香港政府公务员家属子女供读。两年内先后有学生600多名,抗战胜利后,公务员多回港复职,而该校

---

① 《学校消息》,《大众报》1945年8月19日。
② 同上。
③ 《协和中学启事》,《大众报》1945年9月26日;《学校消息》,《大众报》1945年9月26日。
④ 《教育消息》,《华侨报》1946年7月2日。
⑤ 《学校消息》,《华侨报》1949年7月1日。
⑥ 《教育消息》,《华侨报》1946年2月12日。1945—1946年度上学期,余倩娴为雨芬附小主任兼教导主任及六年级任,张铁军为训育主任兼童军主任,黎剑心为小五级任兼文牍,麦惠斯为小四级任,唐贞贞为事务主任兼小三级任,缪玉□为小二级任,苏□怡小一级任,李平为体育科教员,杨淑雅为音乐科教员,秦君惠为幼稚园主任,孔洁英为幼稚园教员,萧蕙芳为教务员,唐□卿为会计员。《学校消息》,《大众报》1945年8月2日。

之教员共 21 名，多为前任英皇书院教师，亦于该年学期结束后解散返港①。这所义学，大概就是 1944 年 6 月开设的"留澳难童免费学校"，报道指校址为巴掌围 6 号 3 楼，也就是崇实中学的校址，课程以中英算为主要科目，开校时学生有 100 多名②。

四 1946—1949 年澳门的教育境况

1946—1949 年澳门学校的发展相对平稳。1946 年底，100 名学生以上的学校有 20 多所，包括粤华中学（得胜路，280 名）、粤华中学（消防队巷，140 名）、粤华中学（雅廉坊马路女子部，150 名）、岭分中学（300 名）、吴灵芝小学（112 名）、总理故乡纪念中学（440 名）、汉文学校（630 名）、蔡高中学（300 名）、励群学校（400 名）、中德中学（300 名）、广大中学（650 名）、圣若瑟（294 名）、培道中学（200 名）、康公庙义学（200 名）、平民义学（315 名）、中华英文书院（100 名）、望德中学（160 名）、崇实中学（245 名）、同善堂义学（180 名）、教忠中学（200 名）、协和（360 名）、濠江（150 名）等，这份名单是整理自卫生局编定的种牛痘日期，凡有学生 100 名以上之学校，可由卫生局编定时间，派医生到学校接种牛痘③。从澳门档案馆所得的资料，11 月 16 日致卫生局公函的名单上还有圣母无原罪工艺学校（300 名）、圣罗撒（400 名）、圣心（300 名）和培正（470 名），合共 26 所。12 月 6 日公函的名单再加上启智（110 名）、致用（150 名）和孔

---

① 《英侨义学行将解散教职员筹备返港》，《华侨报》1945 年 12 月 17 日。
② 《难童学校今日上课》，《大众报》1944 年 6 月 15 日。
③ 《卫生局已编妥各校种痘日期》，《华侨报》1946 年 11 月 27 日。

教（500名）①。括号内的数字为各校学生约数，均来自华士贡些路致卫生局的信件。

1948年双十国庆，当时澳门有近半数的学生超过6000名参加巡行，根据中华教育会所编定的各校巡行次序，全澳私立的中小学校数为68所②，下列的名单是预计参与巡行的部分学校的名称：鲍斯高乐队及学生（300名）、培正中学（220名）、粤华中学（含童军及乐队）（500名）、培道中学（120名）、仿林中学（100名）、岭南中学（380名）、蔡高中学（175名）、圣若瑟中学（560名）、中正中学（220名）、中德中学（145名）、濠江中学（170名）、孔教中学（310名）、圣罗撒女中、广大中学广大附小（450名）、淑贤小学、致用小学（75名）、崇德小学、汉文小学（300名）、宏汉小学（75名）、纪中附小（90名）、镜湖小学（250名）、望德小学（200名）、达明小学③、励群小学（386名）、启智小学（52名）、协和小学（150名）、瑞云小学（90名）、粤华小学、行易小学（120名）、东莞小学（70名）、崇新小学（80名）、陶英小学（180名）、知行小学（120名）、佩文小学（40名）、康公庙义学、同善堂义学、寄萍小学、中华书院、颍川小学（80名）、公进义学、吴灵芝小学、菊庵学校④、平民小学（120名）、望厦小学、莲峰义学、培贞小学、沙梨头小学、漳泉义学、崇实小学（260名）等，合计共68所。

---

① 华士贡些路致卫生局信件（1946年11月16日，1946年12月5日），见澳门历史档案馆，档号：MO/AH/EDU/CP/08/0015，第54、61页。同批信件中另有三所学校在覆信注明学生人数，即漳泉义学校（48名）、望厦义学（42名）和莲峰义学校（120名），分见第62、63、73页。

② 《中华教育会召集全澳中小学编定巡行时次序》，《市民日报》1948年10月9日；《国庆巡行路行径》，《市民日报》1948年10月10日。下列名单中凡括有数目字者，乃根据《六千余学生参加国庆大巡行》补，见《大众报》1948年10月12日。

③ 达明小学约1934年创建，见《教育消息》，《华侨报》1946年8月23日。

④ 菊庵国文专科学校于1945年由苏菊庵设立，为中学生或毕业生提供中英数补习，也为商人提供尺牍珠算书法补习。见《教育消息》，《华侨报》1947年6月7日。

最终参与巡行的可能只有34校（部分含小学），而上述校名后凡括有数字的，为该校参加巡行的人数，其中有八所学校能派出300人以上队伍，亦可概见其规模。

1949年，广州形势紧张，有战火之虞，某些学校计划迁往澳门，尤其重要的是要将教材和仪器等迁离。然而，澳门地小，合适的校址难觅，某些学校要求顶让费用又高昂，有索价20000至60000元不等。报道指有广州教育界名人，有意在澳门开设一所高中及大学程度的学校，以收容从广州市疏散来澳的学生，但因租金昂贵，对于生源，以至收支能否达至平衡，不无顾虑①。1949年5月，中华教育会理事长何心源接受《市民日报》记者访问，认为最大的困难在于学生人数，当时全澳中小学校有50余所，学生总数不超过10000人，平均每校只200余人，从广州迁澳的学校，它们的学生不可能全都迁到澳门②。1949年7月，报道指澳门当时有中学13所，小学30多所③。当时侨委会副委员长章渊若，以及教育科郑秉炎曾到澳门视察，认为依澳门侨胞人口的密度以及学校的数目，已无须再增加。如有新设学校而向侨委会立案者，或不予批准，故广州教育界拟将学校迁往澳门一事生变④。

由于承顶费用以及校名定名等问题，有意在澳门复课的某些学校只好改变策略，在澳门原有的小学增加初高中，或于中学增辟大学先修班。当时澳门设有高中的学校，仅广大、粤华、圣若瑟、圣罗撒、岭南、仿林、中德等数所⑤。抗战时期，广州某些学校已经在澳门开设分校，如协和等，在澳门分校增辟高初中学

---

① 《市学校纷谋迁澳》，《华侨报》1949年6月22日；《学校顶手讨价还价未有成交》，《华侨报》1949年6月25日。
② 《外地教育界来澳办学问题》，《市民日报》1949年5月21日。
③ 《国代王冠英拟在澳倡办大学》，《市民日报》1949年7月5日。
④ 《穗校多拟迁澳或将现有小学增辟高班》，《华侨报》1949年7月5日。
⑤ 《本澳高中毕业生回国升学情形》，《华侨报》1948年4月24日。

或大学预备班，再将广州的学生迁往就读，经侨委会转饬澳门中华教育会调查实情后，有多校获侨委会体察批准①。7月底，报章上有广州协和女子中学和真光中学在澳门招生的广告，协和的校址是南环73号协和学校，真光则未见校址，但报名地点是蔡高中学②。

1949年秋，私立总理故乡纪念中学附属小学易名为"中山中学"，招收小学各级暨初中一、二年级新生，校址是南湾花园角113号③。该中学于1947年2月新学期迁返翠亨村原址，澳门只保留附属小学④。中华教育会1949年7月24日理事会第5次常务会议，其中一项讨论，就是侨委会电令查核陈泽霖呈请在澳创设中山中学⑤。中山中学校董会成员包括孙满、孙乾、杨华昌、林溢文、陈伯强、梁定慧、陈泽林［霖］、何贤、刘柏盈、刘叙堂、高可宁等⑥。该校于7月底前仍隶属纪中，8月1日起正式名"中山中学"，由原校主任陈德和出任校长，校内一切行政与财政完全独立，全部脱离纪中⑦。

又广州兴华中学亦在澳门设校⑧。广州德明中学在香港和茂名均设有分校，1949年夏在澳门设校，校址是贾伯乐提督街2号，经两月筹备，9月21日正式上课⑨，时任校长为李雪英。李

---

① 《穗校多拟迁澳或将现有小学增辟高班》，《华侨报》1949年7月5日。
② 招生广告，《华侨报》1949年7月25日。
③ 招生广告，《华侨报》1949年8月13日。
④ 《纪念中学迁翠亨村复课》，《华侨报》1947年1月31日。
⑤ 《中华教育会筹祝教师节教部次长有来澳视察意陈泽霖呈请设中山中学》，《华侨报》1949年7月27日。
⑥ 《港华南大学筹建澳校舍各中学准备秋季开课》，《大众报》1949年8月1日。
⑦ 《纪中附小决定易名中山中学》，《市民日报》1949年7月4日。
⑧ 《港华南大学筹建澳校舍各中学准备秋季开课》，《大众报》1949年8月1日。1949年夏天，下环街西就旧址对开一处空地正在施工兴建房屋，报道指兴华中学租得其中一新屋为校舍。《广州兴华中学将迁澳续上课》，《华侨报》1949年7月22日。
⑨ 《澳门德明中学昨经开课》，《华侨报》1949年9月25日。

氏从事教育20多年，曾任省立学校校长①。德明女中校董会董事长为陈济棠②。

1949年9月广中中学在澳门开办分校，校址设于连胜马路消防斜巷2号③。广中中学的招生广告，显示广州和澳门两地相联，一处缴费，可任择一地就读，俱设膳宿。正校校址位于广州中华北路尾④。该校于1949—1950年度下学期，扩充校舍，设于三盏灯光复街1号至亚利鸦架街16号，招高初中小学幼稚园各班学生，并设男女宿舍⑤。就1950年初的广告所见，该校有三处校址：（1）柯高马路亚利鸦架街；（2）光复街；（3）连胜马路消防局斜巷⑥。2月3日新生入学试，取录高中生34名，初中生14名，小学生62名，幼稚园生20多名⑦。

五　1940年代的大学和学院

抗战时期，上海南方大学前校长江亢虎曾有意于澳门复办南方大学，并拟具呈文，以筹备委员会临时主席名义致函华视学会⑧，但事未竟。1939年，戴恩赛亦曾拟定大学组织章程，向华视学会呈请开办"望厦大学"，计划设置文理商三学院，并附设

---

① 《学校消息》，《华侨报》1949年8月8日；招生广告，《华侨报》1950年2月2日。
② 《港华南大学筹建澳校舍各中学准备秋季开课》，《大众报》1949年8月1日。
③ 《广中中学正式上课》，《华侨报》1949年9月27日；《教育消息》，《市民日报》1950年1月22日。
④ 招生广告，《华侨报》1949年10月1日。中华北路即现今解放北路。
⑤ 《教育消息》，《市民日报》1950年1月22日。
⑥ 招生广告，《华侨报》1950年2月1日。
⑦ 《广中中学续招新生》，《华侨报》1950年2月5日。
⑧ 《江亢虎、郭尚贤、缪朗山致华视学会会长施多尼函（1938年12月20日）》，见澳门历史档案馆，档号：MO/AH/EDU/CP/06/0124，第22—24页。

高中部，借用纪中作校址，并拟于1939年9月开课①，但结果如何则未详。1944年澳门的教育界再有设立大学的建议，岭南大学也计划在澳设立分校，亦未有成事，直至1949年前后，澳门才出现多所大学和学院，如华南大学、华侨大学、越海文商学院、中山教育学院等。当年在上海的震旦大学，以及广州天主教会震华大学，也见报道有意迁澳办学②。侨委会科长张天炎曾于1949年7月访澳，向教育会总务何心源表示，澳门无须增设中学，但大学方面，则未有禁止③。

（一）澳侨联立临时大学

1944年的时候，澳门的教育界曾有建议在澳门设立临时大学。报章上关于此事的消息不大一致，有说该大学将设工科、商科、文科、医科及理科五个学院④，有说是三个学院⑤。至于大学的名字，一说是"华侨大学"⑥，一说是"澳侨联立临时大学"⑦。雷学钦曾有一篇专论，从设备、师资、经费、学生来源等角度考量，以及教育政策是否允许国家的一所大学设立在别国的领土等问题，认为在澳门设立大学一事将不获中央批准⑧。

澳门学生救济委员会于1944年9月曾召开一次会议，讨论在澳门筹办大学一事，当中透露出一点详情。当日出席会议的除主席郭秉琦外，其他委员包括廖荣福、杨重光（岭南中学校

---

① 澳门历史档案馆，档号：MO/AH/EDU/CP/06/0162。
② 《震旦大学拟迁澳门》，《华侨报》1949年7月14日；《沪震旦大学拟迁澳设办》，《市民日报》1949年7月14日；《华南震华两大学日间在澳创立》，《大众报》1949年8月5日。
③ 《震旦大学拟迁澳门》，《华侨报》1949年7月14日。
④ 《旅澳华侨教育界多人拟在澳筹办大学》，《华侨报》1944年6月17日。
⑤ 《澳侨联立大学设立仰候查明核示》，《大众报》1944年9月8日。
⑥ 《本澳教育界筹设华侨大学》，《西南日报》1944年6月2日。
⑦ 雷学钦：《设立大学的我见》，《大众报》1944年7月5日。
⑧ 同上。

长)、张兆驷、朱葆勤、廖奉灵(协和校长)、陈道根、陈律平(广大附中校长)、刘年佑(广中中学校长)、余日森(培英中学澳校主任)、盛光运、陈雪冬、麦季良代表(唐月明)等,杨国荃缺席。筹办大学的建议或来自培正中学校长林子丰,以及该校的杨国荃,据称当年迁澳各校的高中毕业生每年有二三百名,而培正似是代表岭南、中德、培英、培道和协和等校向侨委会呈请,但各校似乎并不知情。在学救会委员未知悉的情况下,该会主席郭秉琦以为事属救济学生,故在培正呈送侨委会的函件上盖章。最后,该会议决是由郭秉琦去函培正澄清,如设立大学一事由培正负责,该会便毋庸过问①。

1944年9月,培正中学率先办理高中学生毕业专修班,编定的课程有国文科(分中国文学史和文选)和英文科,两科每周各占六小时,数学有微积分,每周四小时,此外还有物理、生物和化学,商业经济概论等,教师有李沧萍、李宝荣、何宗颐、李文江、莫昌叠、郑文豪、麦健增等②。报道指课程与当时国内公私立大学一年级相同,配合文理工农医等学院课程,聘用大学的教授,采用导师制,打算待教育部批准设立大学后,学生便可全数转入大学一年级。报道指该班学生所修读的学分,已获教育部正式承认③。这批学生有80多名④,其后陆续增至100多人⑤。然而,教育部其后回复"暂缓开办"。侨委会的覆电如下:

---

① 《学救会讨论设大学问题》,《大众报》1944年9月25日。
② 《教育消息》,《华侨报》1944年8月30日。
③ 《建立临时大学于澳门之前奏培正高中专修班与大学课程吻合》,《市民日报》1944年9月23日。
④ 《临时大学昨已启课》,《西南日报》1944年9月23日;《临时大学继续上课》,《西南日报》1945年2月22日。
⑤ 《教育消息》,《华侨报》1944年10月13日。

第二章　广州沦陷后内地学校的迁澳与发展

　　　　学生救济会暨岭南、中德、培英、培正、培道、协和等校鉴：前据该会等校请准在澳设临时学院一案，兹准教部函复，略以澳门与内地交通梗塞，不独师资设备均有困难，管理颇感不便，应暂缓议等由，该案应照教部意见暂从缓议。侨务委员会亥支。①

　　侨委会的覆电已是12月4日（亥支），而培正于9月18日已开课，故未有裁撤该专修班②。

　　查临时大学的建议，据冯祝万所述，是他本人于1944年夏倡议。冯氏当时曾向中央请示办法，但因暑期将结束，通讯又因战事梗塞，故与培正代理校长林子丰商议利用该校设备先行设立"私立培正临时文理学院"，以便学生继续升学；1945年4月10日，冯祝万致函侨委会，提出不同的处理方案，大意是即使不宜办理临时大学，也应让培正临时文理学院立案，继续办理③。从该学院呈请立案的各种数据表册所见，校董会共15人，包括冯祝万（主席）、林子丰（副主席）、梁寒操、叶培初、程育圃、谭希天、周镇伦、许涏阳、李锦纶、金曾澄、朱葆勤、马衍椒、曾恩涛、李济良和周伯琴。该学院院长为赵恩赐，下设中国文学系、外国语言文学系、商学系和理化学系，系主任分别为李沧萍、李宝荣、麦健增和赵恩赐，专任和兼任教职员合共16名。第一年共79名学生，主要是培正（53名）、协和（6名）、岭南附中（5名）、培道（4名）等校的高中毕业生。据称该院课程参照大学一年级功课办理，而资料中有"大学一年级课程表"，

---

　　①《中国教育部之意见认为澳门临时大学不便办理》，《市民日报》1945年1月24日；《澳立临时学院未开设学救会函各院知照》，《大众报》1945年1月24日。

　　②《教育消息》，《大众报》1944年9月12日。

　　③冯祝万的函件，见中国第二历史档案馆档案《私立中外通译专科学校培正临时文理学院等各专科以上学校呈请筹设改组的文书》，全宗号五/案卷号2371（1）/1944.8—1945.2/，第51—54页。

科目包括必修和选修，前者包括党义、国文（文学概论）、英文和体育，后者包括普通物理学、普通化学、普通生物学、微积分、中国通史、经济原理、营业管理学、社会学概论。除了党义和体育每周上课1小时，国文和语文每周各有5小时外，其他科目每周上课时间为3或4小时，生、化、物等科每周各另有3小时实验①。

（二）岭南大学澳门分教处

岭南大学校长李应林计划在澳门设立分教处，校董会主席刘叙堂和蔡克庭、杨重光于1945年7月往谒澳督，并获澳督首肯，认为有助高中毕业生继续深造②。该校原商借在南环的总理纪念中学作校舍，纪中校长戴恩赛亦答允借出全部教学物品，学费和杂费200—250元，学校计划于夜间授课③，但可能因为南环纪中的校舍为附小的课室，不合用作大学课室④，最后定案是借用协和中学（高楼上巷5号）作临时校舍，并送呈华视学会登记⑤。分教处由郭荫棠（该校商科学院院长）负责筹备，定8月15—20日，以及9月1—4日报名，第1次入学试日期为8月24—25日，第2次为9月7—8日。招考院系，计有文学院的中国文学系、外国文学系（英文组）、历史政治学系（历史组及政治组）、社会学系、商学经济学系（商学组及经济学组），理工学院的物理学系、化学系、生物学系、土木工程学系，农学院的农艺学系、园艺学系、畜牧兽医学系，以及医学

---

① 《私立培正临时文理学院开办立案章则及校董会呈请立案章则表册》，中国第二历史档案馆档案，全宗号五/案卷号2371（2）/1945.4/177。
② 《岭南中学积极筹备开大学》，《华侨报》1945年8月1日。
③ 《督宪批准岭南大学在澳设立分教处》，《大众报》1945年8月1日。
④ 《岭大分教处定期招生》，《大众报》1945年8月10日。
⑤ 《教育消息》，《市民日报》1945年8月15日。

院（不分系），只招一年级学生①。因抗战胜利，岭南大学迁返广州开学，故考取的新生一律送返广州岭南大学上课，原定两次招考合并办理，报名日期延至 8 月 26 日，入学试改于 8 月 29—30 日举行②。

值得一提的是，1948 年 9 月澳门政务会议通过 1949 年的预算费，其中一项为"扶助教育"，是应广州岭南大学的函请补助重建和维持该校，葡国属务部于 1948 年 4 月 24 日回复，同意每年发给该校补助费 12000 元，故该项费用入 1949 年之预算册内③，相关的专款于广州政权更易后，于 1950 年拨助的 12000 元补助经费，报上所见是仍然继续支付④。

（三）华南大学

曾任国大代表的王冠英于 1949 年 7 月前后到访澳门，并调查澳门的教育状况，有意择地兴建大学（30 多所单砖瓦屋，作为课室和实验室；定每所建筑费 500 元），并请当时的澳门华人代表卢荣锡代向澳督柯维纳请示⑤。原计划在黑沙环附近觅地建校，如地段不合，则改在海岛市或路环⑥。8 月初，卢荣锡陪同王冠英谒见澳督，报告办学事宜。王冠英拟开办文理工商法等学

---

① 《岭南大学分教处日间将开始招生》，《市民日报》1945 年 8 月 11 日。
② 《岭南大学澳门分教处启事》，《华侨报》1945 年 8 月 22 日。
③ 《澳门政务会议通过明年预算费每年拨款一万二千元补助岭大》，《华侨报》1948 年 9 月 28 日。
④ 《澳门政府津贴岭大款项今年继续支付》，《华侨报》1950 年 1 月 18 日。
⑤ 《国代王冠英拟在澳倡办大学》，《市民日报》1949 年 7 月 5 日；《徐傅霖王冠英两人拟来澳门兴办大学》，《世界日报》1949 年 7 月 5 日。"华人代表"为澳门本地华人与政府沟通的代表，由政府委任，任期三年，出席政务会议。崔诺枝、李际唐、许祥、卢焯孙、刘玉麟、卢煊仲、梁后源等曾先后出任该职。参何翼云、黎子云编《澳门游览指南》，第 53 页。梁后源至少连任四届超逾十年，因同德银号倒闭事受牵连，1945 年 6 月 21 日向澳督请辞，获政府挽留，但最终获准，见《政府当局慰留梁后源》，《大众报》1945 年 6 月 30 日；《四侨团函华务局商选华人代表问题》，《大众报》1945 年 9 月 28 日。
⑥ 《港华南学筹建澳校舍各中学准备秋季开课》，《大众报》1949 年 8 月 1 日。

院共16学系，并已向教育部侨委会备案，招考新生500名。倡议创办华南大学的人，还包括周启刚、王晓籁、何贤、钟子光、刘柏盈、李秉硕、蔡文轩、叶子如等数十人，当时澳督柯维纳以澳门400年来，尚无大学，允全力支持，并出任该校名誉董事长①。查澳督于1948年12月27日出席粤华中学校庆，参观艺术展览时，已表示澳门的环境和生活，宜于求学，而每年有12000多名学生，有设立大学的需要②。

1949年9月11日，该校假座澳门利为旅酒店招待全澳新闻界，报告筹办经过③。该校于10月10日开课，并于10月5日假利为旅酒店召开第1次全体董事会议，通过该校的组织章程以及一切重要人选的任命，全校教职员共45名④。从1949年9月的广告所见，该校"澳门文商学院"和"香港理工学院"同时招生，"澳门文商学院"校址为妈阁街5号，另文学院社会教育系增设夜班，并招考小学教师⑤。查该校尚未开学，便应瑞云、淑贤⑥、仿林等多所私立小学10余名教员的请求，于文学院所属的社会教育系增设夜班，方便小学教师进修。该大学为日间上课，故于文学院所属社会教育系增设夜班，凡澳门小学教师，经审查合格，可免入学试，并减收半费。夜班学额为100名。报名地点

---

① 《澳督赞助创办华南大学并允任该校名誉董事长》，《市民日报》1949年8月5日。
② 《澳督昨日参观粤华艺展》，《华侨报》1948年12月28日。
③ 《华南大学招待记者》，《市民日报》1949年9月11日。
④ 《华南大学双十开课》，《华侨报》1949年10月4日；《教育消息》，《市民日报》1949年10月12日。
⑤ 《华南大学增辟教育系夜班》，《市民日报》1949年10月2日。
⑥ 1947年1月18日，瑞云小学接奉侨务委员会指令第27139号，批准立案。该校即于下学期增聘教师及添置图书体育等器具，董事会并捐助免费及半费学额20名。《教育消息：瑞云获准立案》，《华侨报》1947年1月19日。淑贤小学约于1917年创校。1947年，该校增设童军团，并呈侨委会教育部立案，同年6月接奉侨委会初字第560号立案证明书。见《教育消息》，《市民日报》1947年6月2日。

该校设于白马行仿林中学的第二校舍①。

1950年1月的广告所见,华南大学设有四院十三系②,见表2-9:

表2-9　　　　　　　　华南大学院系及教授

文学院（童冠贤）	中国文学系（谢扶雅）,外国语文系（高勉道）,社会教育系（胡家健）,新闻系（毛健吾）
商学院（朱惠清）	会计银行系（王心康）,工商管理系（伍汉扬）,商业经济系（萧伟信）
理（陈宗南）工（冼荣熙）学院	土木建筑工程系（周滋凡）,机械电机工程系（张铣生）,纺织工程系（雷泽榴）,化学工程系（吴承洛）
艺术学院	国画系,西洋画系

教务长为余剑秋,总务长为陈时昌,数学系主任为何衍璇,体育主任为李惠堂。据1951年11月9日该校向澳门教育督导处提交呈报的资料显示,当时有14名教员,男生49名,女生21名③。这所华南大学大概于1954年以后迁往台湾的花莲④。

（四）澳门私立越海文商学院

澳门私立越海文商学院属专门学校,院长为谢文龙,副院长为司徒优,校董包括李应林、金曾澄、吴鼎新、刘鸿生、何墨

---

① 《小学教师多人,求学问深造,联函华南大学开夜班》,《大众报》1949年9月30日;《华南大学增辟教育系夜班》,《市民日报》1949年10月2日;《华南大学增社教系设夜班优待小学教师》,《华侨报》1949年10月2日。

② 招生广告,《市民日报》1950年1月26日。院长及系主任名字,参《教育消息》,《市民日报》1949年10月12日;《华南大学发表教职员》,《世界日报》1949年10月12日。

③ 《私立学校督导表（1950年11月13日—1952年5月7日）》,见澳门历史档案馆,档号：MO/AH/EDU/CP/08/0019,第276页。

④ 《澳门华南大学迁花莲》,《商工日报》（台湾）1954年11月14日。

林、唐应华、阮康成、许尔功、司徒森、关铎、刘叙堂、刘柏盈、卢荣锡、司徒优、司徒新、朱伯英等。谢文龙曾任广东省建设厅长。该校租用司打口1、3、5号，夜姆前巷16、18号，以及红窗门5号公栈（《报侨报》右邻①）约六千平方公尺面积，可容纳学生1000人，学校附设男女生宿舍，有六个学系，并附设高初中小学及幼稚园②。

入学试分别于9月25日及10月9日举行，先后取录学生81名，有只取录1年级学生，也有取录1至4年级学生③，见表2-10：

表2-10　　越海文商学院1949年9月取录人数

学系	中国语言文学	英国语言文学	教育学	会计银行学	经济学	工商管理学	小计
第1次	2	7	10	5	6	7	37
第2次	2	15	4	6	7	6	40

该校于10月17日开课。其后再陆续增设数学、物理、化学、机械、土木等学系，并开办外国语专修科夜校（先设葡语及英语等班），并计划更名"越海大学"④。从该校于1950年1月的招生广告所见，该校的大学部除上述六个学系外，另增加土木工程和建筑工程两系，又该校还招收高中、初中、小学和幼稚园各级学生，并设有会计商业专修和英语专修科夜校⑤。该校于1952年4

---

① 前门，海傍第十号码头对面司打口；后门，红窗门五号公栈。招生广告，《华侨报》1949年10月1日。

② 《本澳教育事业日趋蓬勃，外校纷纷迁澳开办》，《市民日报》1949年8月8日；《本澳专门学校第一间，越海文商学院不日开始招生》，《华侨报》1949年8月8日。

③ 《越海学院新生放榜》，《华侨报》1949年9月27日；《越海学院二次放榜》，《华侨报》1949年10月12日。

④ 《学校消息》，《华侨报》1949年10月21日。

⑤ 招生广告，《华侨报》1950年1月22日。

月30日向澳门教育督导处提交的教员学生统计表资料见表2-11①：

表2-11 越海大学及其附设各项课程人数（1952年4月）

		大学	中学		小学		幼稚园	专修科	合计
			高级	初级	高级	初级			
教员	男	12	5	6	1	2	/	6	32
	女	/	1	/	2	6	1	/	10
男学生	合格	18	17	49	22	70	18	95	289
	不合格	/	/	3	2	1	/	/	6
	退学	/	/	/	/	2	/	/	2
女学生	合格	3	13	22	18	35	13	62	166
	不合格	/	/	/	1	2	/	/	3
	退学	/	/	1	/	/	1	/	2

（五）澳门中山教育学院

1949年，教育部曾资助设立中山教育学院一所，附设高中师范科，以培养中小学师资（后改名"私立中山书院"）②。从"澳门中山教育学院暨附属中小学"1950年2月的招生广告所见，该校有两处校址，一为妈阁街26号，另一为下环街99号。该校文史及数理专修科及特别师范科各招学生20名，并招高中一二年级、初中一二年级下学期插班生；小学一上新生，一下、二下、三下、四下、五下各级插班生，而各级均设奖学金名额及免费生名额各3名，半费生各10名③。据1951年7月

---

① 《私立学校督导表（1950年11月13日—1952年5月7日）》，见澳门历史档案馆，档号：MO/AH/EDU/CP/08/0019，第14页。
② 教育部教育年鉴编纂委员会：《第三次中国教育年鉴》（台北：正中书局1957年版），第974页。
③ 招生广告，《华侨报》1950年2月4日。

该校向澳门教育督导处呈报的资料显示，当时有 21 名教员，全高级中学师范男生 1 名，女生 15 名；剔除退学者，高初级小学男生 99 名，女生 53 名，高初级中学男生 31 名，女生 12 名①。

私立中山教育学院，报道指自成立后便积极添置各种仪器设备，如购买银乐器及有声电影机，并教育电影片及幻灯片等百余套，报道指该校计划逢周六放映，为学生提供娱乐，并增进其科学知识②。该校亦欢迎澳门其他学校借用，如 4 月 22 日即曾为荷兰园的中美无线电讲习所约 40 名学员，放映无线电收音机制造过程之影片数套③。

下环街 99 号用作中山教育学院的校舍以前，曾用作"临时中学"的校舍。1949 年 4 月间，澳门对海沙尾南屏乡，曾设立一所临时中学，收容数百名流亡学生。该批学生大都因为徐州战事而流亡到粤的，由广东省政府派员到沙尾南屏乡设校，报章的副题是从《徐州到广州，广州到中山，中山到南屏，南屏到澳门》④。侨委会曾派员到澳门视察。行政院教育部次长翟桓，督学兼侨民教育委员会秘书陈雯登，中等教育司司长胡宗等三人，曾于 7 月 31 日抵澳，他们下榻国际酒店后，便随即赴对海视察该临时中学。8 月 1 日，教育会总务何心源、理事陈玉棠曾亲自

---

① 《私立学校督导表（1950 年 11 月 13 日—1952 年 5 月 7 日）》，见澳门历史档案馆，档号：MO/AH/EDU/CP/08/0019，第 284 页。

② 《中山教育学院昨日放映教育电影招待华南大学员生》，《华侨报》1950 年 3 月 31 日。

③ 《中美无线电讲习所员生参观科学影片商请中山教育学院放映》，《华侨报》1950 年 4 月 23 日。

④ 《一批流亡学生》，《华侨报》1949 年 10 月 17 日。国立中山临时中学，1949 年 6 月 1 日正式上课。澳门孔教中学的 20 名毕业班学生，曾于 7 月 3 日（星期日）由训导主任刘国贤和导师吴经民等数人带领，前往该校参观，并由校长苏卓明亲自接待。参观教室、职员宿舍、学生宿舍、垦殖场等，两校学生并于下午举行足球排球友谊比赛。《五区南屏国立中山临中演讲比赛结果，孔教毕业班曾往参观》，《华侨报》1949 年 7 月 6 日。

拜访，讨论澳门侨教及学校办理等情况，以及穗校迁澳讯息等。之后二人前往民政厅拜访厅长萨家度，而临时中学校长苏卓明亦偕行①。该校其后租用下环正街99号朱昌记烟庄旧址，将全体学生迁至澳门②。其后，该批流亡学生转赴海口，该货仓再辟作中山教育学院的校舍③。

（六）华侨工商学院

华侨工商学院于1938年春由校董陈树人、朱家骅、王淑陶等人创办，原名"华侨学院"，后改名"华侨工商学院"。太平洋战争爆发，该校曾迁往广州湾、柳州及重庆等地，1947年在香港复校。该校原分工商两院，设土木工程、电机工程、会计、银行、商学、工商管理、国际贸易七系，1948年增设文学院，加入中国文学、社会、教育、经济四系④。1949年广州华侨大学迁港，二校合并办理，其后该校位于沙田白田的校舍被英军强行征用，故该校一方面迁往澳门，另一方面于香港市区的华侨中学校继续上课⑤。

1950年2月，香港华侨工商学院（澳门区）招生，院长为王淑陶。就广告所见，各系招一年级新生各50名，一至三年级插班生各十名，报名日期为2月12日起至2月18日，试期为2月19日，报名和考试地点皆为风顺堂街陶英小学⑥。据1951年

---

① 《我三名教育部委员昨来澳访民政局长并晤教育会长何心源》，《华侨报》1949年8月2日。
② 《一批流亡学生》，《华侨报》1949年10月17日。
③ 《流亡学生居停改作师范校舍》，《华侨报》1949年12月3日。
④ 何少洛：《香港华侨工商学院访问记》，《世界华侨月刊》（南京）创刊号（1948年7月7日），第33—35页。报道指"华侨工商学院"由曾养甫创办，临时校舍设于九龙西洋菜街306号，1939年12月2日开学，见《华侨工商学院》，《国民日报》（香港）1939年9月28日。
⑤ 吴伦霓霞主编：《联合书院四十年》，香港：香港中文大学联合书院，1996年版，第4页。
⑥ 招生广告，《华侨报》1950年2月11日。

7月23日该校向澳门教育督导处呈报的资料显示,当时有24名教员;大学部男生62名,女生12名;高初级中学男生29名,女生3名①。

小结

综观澳门在1940年代的时局,从抗战到复员到新中国成立,这个时期的抗日战争和政权嬗递,牵动着澳门私立学校教育的发展,本章的重点在于澳门私立学校在这个时期的一些变化。抗日战争爆发,澳门因中立而成为广州和邻近地区人民疏散的避难地,有不少学校疏散到澳门,这一次学校迁移,对于澳门教育质量的提升亦不容忽视,当年的有识之士已指出"这个时期,不但空前,简直是绝后了。由于内地学校之外移,与教育专才之易地努力,侨教之向上,在教育史上可说开一新纪元"②。赵世铭说的是港澳两地的情况,而刘羡冰也曾喻之为对澳门教育的"一次输血活动"③。澳门人口急剧增加,带动着对学校教育的需求,逃避战火的人们,赤贫者虽然不在少数,但当中仍有较为富裕的人,可供子女在私立学校接受教育,至于部分贫困家庭的子女也有机会在义学就读。到太平洋战争爆发,教育界情况变得极为严峻,在至为惨淡的时期,澳门有半数以上的私立学校倒闭或停办,而这批学校大部分属于澳门本地的一些学校,这个景况到1945年初才稍为缓和。抗战胜利后,迁澳的学校陆续复员,这是战事结束促成的第二次学校迁移,但有部分学校仍留在澳门继续办学,又或在澳门设立分校,尤其是一些办理完善的学校开始

---

① 《私立学校督导表(1950年11月13日—1952年5月7日)》,见澳门历史档案馆,档号:MO/AH/EDU/CP/08/0019,第286页。
② 赵世铭:《编校之后》,《港澳学校概览》辛篇,第23页。
③ 刘羡冰:《澳门教育史》,北京:人民教育出版社1999年版,第16页。

在这时期扎根澳门。1949年国共政权交替前后，某些学校又再迁至澳门，当中还包括内地的一些大学，可惜这些大学最终只成为澳门的过客。

第三章 义学与失学儿童的教养

前言

义学原是一种地方的基本教育，由乡绅或民众捐资兴办，延聘塾师教导邻里或族中的子弟，本身就有公益的性质，其后再逐渐发展成为平民教育的一种公益事业，因而是学校教育的重要部分。19世纪末，澳门的人口不到80000人，当中华人74568名，葡人有3898名，别国人有161名，当时澳门的"义事"，包括有"初学义塾"四所，"澳门通商义学馆"一所，"华童习葡文义学馆"一所，"书院"二所，另外还一个"义学公会"①。又据1927年《澳门年鉴》的记载，澳门当时有94所私立中文学校，但以"义学"或"义塾"冠名的，只有同善堂义学、妈阁庙义学、镜湖医院义学、□□义塾（Chan-on-i-só）和莲峰义学②。1933年有14所男子义学，2所女子义学（见表2-2）③。这些都是从资料翻出来的纪录，未有列入纪录又或已消失的义学，就

---

① 《东方商埠述要》，《知新报》光绪二十三年（1897）七月十一日，第27册，第18页。

② 《澳门行政当局1927年年鉴》，第258页。学生人数5682名；人数在60名以下的占65校，60—90名的占21校，110—400名的占8校。Chan-on-i-só 为葡文音译，原中文名称待考。

③ 其中一所女义学名"利群女义学"，校长梁玉清，1929年的校址在柯高大马路6号，1933年10月迁往连胜马路71号上。《澳门民政厅设校准证第二号》，见澳门历史档案馆，档号：MO/AH/EDU/CP/06/0096，第14页。

不得而知。

《港澳学校概览》于1939年8月出版，澳门当时的义学有17所，包括平民第一至第七义学（只有6所，因没有第四）、同善堂义学、李际唐义学、沙梨头义学、莲峰庙义学、漳泉义学、镜湖义学（连胜街及下环街各有一所）、孔教义学、包公庙义学、康公庙义学和永存义学。义学数量的增加，跟难民涌入澳门不无关系，当时的中华教育会曾主办6所难童义学，分别设于崇实中学、陶英小学、越山中学、知用中学、孔教学校和知行小学校内[①]，中德中学也曾举办难童公学，救济失学儿童[②]。此外，还有宝觉女子义学[③]和保血义学[④]。又1941年5月，港澳振济会曾为救济失学难童，曾在港九澳三地举办义校22间，澳门设第一至第五校，五校依次为广大附中分校、崇实中学、中山联合中学、越山中学和中德中学，每校设三班，每班30人至45人，校长由借出校舍的校长担任[⑤]。以在广大附中所设的义学为例，义

---

① 吕家伟、赵世铭编：《港澳学校概览》已篇，第5页。又《华侨报》（1939年3月5日）曾报道中华教育会决定开办难童夜校20所，附设于各会员校内，豁免费用，并由该会筹备书籍、笔墨、纸张等分赠难童，并推定梁彦明为起草委员。见《广东澳门档案史料选编》，第382页。

② 《中德举办难童公学》，《大众报》1942年8月29日。

③ 校址位于龙嵩正街32号，校长何张莲觉，见何翼云、黎子云编《澳门游览指南》，第66页。何张莲觉即何东夫人张静蓉，先后于1930年在香港和澳门设立宝觉义校，见《何张莲觉居士西归征文小启》，《佛学半月刊》（佛学半月刊社）第8卷第9号（1939年5月1日），第10—11页。《人海灯》（岭东佛学院）第3卷第4期（1936年4月）于第129—130页间插有两帧照片，一为"宝觉女义学澳门分校春季开学摄影"（1936年2月），照片中师生共142名，一为"东莲觉苑宝觉女义学六年级毕业给证书全体员生合照"，照片中师生共147名。张静蓉于1938年1月离世后，潘慧文接任校长，之后于1943年3月停办。见《潘慧文致华视学会会长函（1943年3月5日）》，澳门历史档案馆，档号：MO/AH/EDU/CP/06/0158，第4—5页。

④ 校名见于《澳门妇女会卖花筹款捐助镜湖院征信录》（1941年9月30日），叶8下。见《澳门镜湖医院慈善会会史》（吴润生主编，澳门：澳门镜湖医院慈善会，2001年10月），第103页，图录。

⑤ 《港澳振济会设义校廿二间》，《国民日报》（香港）1941年4月28日。

学于6月9日开学①，三名教员由振济会聘任，每班每月津贴学校办公费国币25元，以四个月为一期，上课时间为每天下午6时至9时；当时有学生90多名，分设前期小学四级三班（三、四年级复式）。第二期因香港沦陷，由该校继续办理，该校并再独力办理一期，至1942年6月才停办②。查广大附属中学于1939年10月曾亦设有夜间义学，上课时间为下午5时30分至晚上9时③。

1940年代末，在澳门较具规模的义学，大概就是镜湖、同善堂、平民等数家，其他如漳泉④、颍川、东莞等义学，亦收容不少贫困学童，但当时儿童失学的问题相当严峻⑤。

一　镜湖义学

镜湖义学校于1905年筹备，至1906年开幕（光绪三十二年正月二十日⑥）。据镜湖医院1898年10月14日堂期集议的纪录，原有五所义塾，分别设于望厦、新埗头、新桥、卖草地和三巴门⑦。又黄蕴玉曾忆述，镜湖医院附设的义塾，始于1892年，当时分五区设立义塾，到1905年只保留连胜街一所，当时曾重新

---

① 《广大澳校附设免费平民义学开课》，《大众报》1941年6月10日。
② 《校务概况》，《广大十年》（澳门广大中学建校十周年纪念刊）（澳门：澳门广大中学，1948年12月16日），第20页。
③ 见澳门华务专理局签发与该校的"设校准证"附记的资料，原件藏广大中学。
④ 漳泉义学在妈阁左"正觉禅院"堂内，见何翼云、黎子云编《澳门游览指南》，第39页。
⑤ 《挽救文盲救济失学儿童热心人士应加注意》，《市民日报》1948年9月8日。
⑥ 这个日期见于《澳门镜湖医院慈善会会史》（第208页），但1944年1月20日为该校成立39周年纪念日（《镜湖学校今日校庆纪念》，《大众报》1944年1月20日），1947年1月20日为42周年纪念日（《镜湖义学今日校庆》，《华侨报》1947年1月20日）。
⑦ 吴润生主编：《澳门镜湖医院慈善会会史》，第207页。

订定课程，不再使用《四书》和《三字经》等课本，主其事者包括曹子基、周端甫、张仲球、何宝岩、郑莘农、卢廉若等十人。曹子基为首任校长，学校原分甲乙丙三班，名额150人，另加一"半日班"，名额80人；后因半日班成绩不彰，遂改为"蒙学班"，名额减至40人。民初改制，初小一至四年级，高小一至三年级。1915年，该校学生人数为350多名。1928年独立校舍落成，教室不再散布于医院内各处。何宝岩、范洁朋和徐伟卿曾先后出任校长，但该校于30年代只开设初小（一至四年级）各级。

梁彦明于1941年3月接替徐伟卿出任校长一职，对校务加以改革，拟定各项训育规程，实行周会朝会，组织学生自治会、巡察团、小足球队和乒乓球队等，且举办各级壁报各项学科比赛。又于是年冬组织校董会，进行立案手续，又为便学生升学，将春季班改为秋季始业，正式改名镜湖小学，1942年8月奉侨委会侨三一教字第4009号指令，准予立案①。该校于1941年度学生人数442名，9名教员，经费为双毫4465.7元及西洋纸627.53元。1942年度学生人数333名，分校70名，教员9名，分校教员2名，经费为双毫4634.07元及西洋纸674.3元。1943年2月上学期有333名，45人中途退学，到暑期大考时仍有246人，9月下学期，正校新旧学生300多名，分校新旧生有80名②。自梁彦明逝世后，镜湖医院于1943年1月8日举行值理堂期会议，决定由郭秉琦值理出任校长③，而该校收容的学生不断

---

① 黄蕴玉：《镜湖义学之沿革及其迈进》，《镜湖医药》（镜湖医药社编）1948年第1期，第36—37页。又镜湖义学和平民小学早期的资料，另可参见《澳门镜湖医院慈善会会史》，第207—212页。

② 《镜湖义学三年来办理经过》，《西南日报》1943年9月9日。1942年8月下旬，镜湖正分两校招收免费生，取录60多名，连同原有学生300名，人数已众，但仍增加免费生名额数十，见《学校消息》，《华侨报》1942年8月26日。

③ 《镜湖医院新值理下月一日就职，郭秉琦任义学校长》，《大众报》1943年1月9日。

增加，由300多名增至1000多名。1943年7月8日为该校第34届毕业典礼，毕业照中共有27名学生①。

郭秉琦出任校长后，曾组织校务委员会，每月定期会议，同时实行段考制度，举办修业旅行和学业比赛，增设图书馆、成绩室、篮球场，共添置各种运动器具②。镜湖义学原只办初级小学，不收女生，从1943年9月开始，各级并招女生，并增设高级小学③。1944年春增加200多名插班生，当时投考人数有600多名，为求收容，故每班人数增加至70名④。3月初，郭秉琦于镜湖医院常务会议中提出增设夜班计划，经全体值理通过，每月经费五六十元，列入该院预算，于正校上课，设小学一年级至四年级。设立夜校的原意是抢救文盲，故夜校只设国文、算学、常识等主科，不设体育、音乐、劳作等科。夜校于1944年3月15日下午7时正式上课，并采取一、二、三、四年级复合教授⑤，其后续办下学期，招生后于9月12日上课⑥。

1944年8月15日镜湖招考秋季新生，该期增设六年级及三年级各一班，全校共九班，除去旧生，新生学额只200余名，但报考人数有700多，该期取录288名，计六年级3名，五年级27名，四年级23名，三年级40名，二年级69名，一

---

① 毕业照见"百年树人——澳门百年教育文物史料展"展品；《镜湖学校昨行毕业礼》，《大众报》1943年7月9日。
② 黄蕴玉：《镜湖义学之沿革及其迈进》，《镜湖医药》1948年第1期，第36—37页。
③ 《镜湖义学校招男女新生》，《大众报》1943年7月27日。
④ 《教育消息》，《大众报》1944年2月6日。
⑤ 《培植向学青年镜湖义学增设夜班》，《华侨报》1944年3月4日；《镜湖义学夜班开始招生》，《华侨报》1944年3月9日；《镜湖义学夜班今晚开课》，《华侨报》1944年3月15日。
⑥ 《教育消息》，《华侨报》1944年8月23日。

年级 140 名①。1945 年 2 月新学期，该校开设日夜校，学生人数较上学期增加 100 多名，共计学生 1200 多名，但仍计划扩充②。1945 年 7 月 10 日，镜湖学校建校 40 周年纪念，并举行立案后高小第 1 届毕业典礼③。1946 年 7 月，举行结业暨高小第 2 届毕业典礼，正、分、夜学共 1200 多人参加，是届毕业生 50 多名④。

1946 年初，郭秉琦以私务返粤经营建筑，校务主任黄景韶亦辞任，聘余倩娴为代校长⑤。该校校长原是镜湖慈善会值理义务兼任，不直接负责管教的工作，下设有校务委员五名，处理行政和执行议决。自余倩娴接任后，改为受薪制，校务会议由全体职教员组成⑥。1946 年 8 月 18 日新生入学试，报考一年级新生便有 400 多名，但学额只得 50 余名⑦。就资料所见，1946 年上学期，投考一年级的人数，正校为 314 名，取录 51 名，投考分校共 73 名，取录 56 名，投考夜校的共 168 名，取录 72 名⑧。1946 年 9 月 5 日举行开学礼，新旧学生共 1000 多名，每班人数逾 80 名⑨。

---

① 《镜湖学校九一开课》，《西南日报》1944 年 8 月 19 日。镜湖义学于 1944 年度上学期（9 月）开始，正分两校增设六年级班，成为一完全小学。《镜湖义学扩充校舍，收容清贫学子》，《华侨报》1944 年 2 月 12 日。
② 《学校消息》，《华侨报》1945 年 3 月 1 日。
③ 《教育消息》，《大众报》1945 年 7 月 10 日。
④ 《教育消息》，《华侨报》1946 年 7 月 16 日。
⑤ 《镜湖义学迎送校长》，《华侨报》1946 年 1 月 31 日。余倩娴，毕业于勤勤大学，战前原任雨芬中学教务主任，雨芬结束后始转任镜湖校长。1948 年 1 月与刘国贤结婚，由何贤证婚。《镜湖校长余倩娴，今日举行婚礼》，《市民日报》1948 年 1 月 21 日。
⑥ 澳门镜湖医院慈善会：《民国卅年至卅五年镜湖医院概况》，澳门：澳门镜湖医院慈善会编印，1947 年版，第 32 页。
⑦ 《教育消息》，《市民日报》1946 年 8 月 21 日。
⑧ 澳门镜湖医院慈善会：《民国卅年至卅五年镜湖医院概况》，第 35 页。
⑨ 《镜湖学校行开学礼》，《华侨报》1946 年 9 月 6 日；《镜湖学校昨行开学礼》，《大众报》1946 年 9 月 6 日。

表 3 – 1　　　　　　　镜湖小学 1946 年学生人数①

年度	校别	一年级	二年级 甲	二年级 乙	三年级 甲	三年级 乙	四年级 甲	四年级 乙	五年级 甲	五年级 乙	六年级 甲	六年级 乙	总计
1945 年度下学期	正校	85	81	81	71	73	64	68	69		53		645
	分校	67	51		24		17		/		/		159
	夜校	85	64		65		45		15		/		274
1946 年度上学期	正校	83	75	80	80	68	67	63	71		58		645
	分校	61	46		34		19		/		/		160
	夜校	74	66		65		42		29		7		283

1947 年 1 月 20 日，1946—1947 年度上学期结业典礼暨 42 周年校庆，正校、夜校、分校有 1300 多名②，初小至高小合共九班，其中三至五年级都分甲乙两班，而每班收学生都在 75 人以上③。1947 年 8 月下旬招考新生，除一年级外，亦招考插班生，但三年级因额满不招新生。该校学额只有 100 余名，但报名投考者有 700 多名。尤其是一年级之学额，仅得 50 多个，报名者有 400 多人，但至多也只能收至 60 人。一年级只有一班，合留级生学位计，其实该班已超逾 80 人④。9 月 5 日开学礼，新旧学生凡 800 多名，合计下环街分校，学生人数超过 1000 名⑤。

余倩娴于 1948 年 1 月 4 日在镜湖医院召开之代表会席上报告工作。在行政组织方面，余倩娴指前三个学期只是局部的校务分掌，最近一期才实行全部校务分掌。校长不兼教导主任职，由张衍日担任，黄伟侠（黄璞，字蕴玉，号伟侠）兼训导主任，

---

① 澳门镜湖医院慈善会：《民国卅年至卅五年镜湖医院概况》，第 34 页。
② 《教育消息》，《市民日报》1947 年 1 月 21 日。
③ 《镜湖义学校，昨班社成立》，《华侨报》1947 年 3 月 2 日。
④ 《镜湖学校新生放榜》，《华侨报》1947 年 8 月 22 日。
⑤ 《教育消息》，《华侨报》1947 年 9 月 6 日。

另外设书记、校务员、文牍、图书馆主任等职,由谢子□、李庆刚、缪雨生、梁惠霖等兼任。夜校方面,亦有同样的改变,除张衍日兼夜校主任外,李庆刚、缪雨生、谢子□等分任教导、训导、事务之职。关于该校的教学问题,由三年级起便有珠算教授,国文科高年级每周要写周记,注重教授尺牍,原因是毕业生升学机会只十有二三,故必须教授较为应用的技能。该校属"镜湖医院慈善会附设",正校、夜校及下环分校处共收容学生1100多名,1948年1月毕业的学生共56名①。

1948年1月,该校43周年校庆,学生合夜校及分校计共1300多名②。镜湖义学校于农历年底招考四至六年级插班生,2月17日举行学期开学礼,每班人数平均七八十名③,7月12日高小第4届毕业典礼,日夜校计100多人毕业④。1948年9月5日开课,由于该校二至六年级每班人数已达80名,故8月招生时只招一年级新生,学额约100名,但报考人数超过500人⑤。据其他报道称,镜湖义学班额为九班,每班人数平均皆逾80名,总数在700人以上,夜班每班亦超逾70名,下环分教处学生有200多名,总其数凡千人以上⑥。1949年1月,该校44周年校庆纪念,正校、分校、夜校共1200多名⑦。7月5日举行高小第5届毕业典礼,毕业生共94名,日校、夜校、分校共1200多名⑧。7月7日迁出,新校舍位于望厦美副将大马

---

① 《镜湖小学校长报告去年度校务》,《大众报》1948年1月6、8—10日连载。
② 《镜湖学校昨行结业礼》,《华侨报》1948年1月25日。
③ 《镜湖义学昨举行开学礼》,《华侨报》1948年2月20日。
④ 《镜湖小学昨举行毕业礼》,《大众报》1948年7月13日。
⑤ 《镜湖小学招考新生》,《大众报》1948年8月13日。
⑥ 《挽救文盲,救济失学儿童,热心人士应加注意》,《市民日报》1948年9月8日。
⑦ 《本澳镜湖学校昨日举行结业礼》,《大众报》1949年1月25日;《镜湖学校昨举行结业礼》,《华侨报》1949年1月26日。
⑧ 《镜湖小学校昨行结业礼》,《华侨报》1949年7月6日。

路与俾利喇街转角处①，至于原址则改建为"林炳炎纪念堂产科院"②。

二　澳门平民小学

"华侨公立平民免费义学"于1924年9月21日成立，当时由澳门护理督宪山度士亲临主礼。该校由殷商许祥（曾任"华人代表"）倡办，并邀得陆翼南、陆醒伯、徐佩之等人参加，其后再邀请萧瀛洲和冯作霖协助，又李海昭、崔诺枝、黄叔平、程湛如、叶伯衡、蔡文轩、李松江、周介眉、戴显荣、谭植、蔡克庭等数十人参加。在筹备会议上，萧瀛洲获选为名誉总理，冯作霖为总理，许祥为协理。许祥垫支2000多元作为开办费用，并租连胜马路83号全座办公，于楼下设平民第一校，二楼则作为平民第二校。许祥或商借庙宇公地，或租赁民房，作为校址，在不到一年的时间共设立七所义校。义校分区设立，方便贫民就学，每年收容失学儿童400多名，所有书费、学费和堂费等，一概豁免。

该校的经费主要来自每年的演剧筹款。1928年，崔诺枝获选为总理，各部职员如邓祥、陆翼南、黄苏、周森等发起演剧筹款，澳督巴波沙亦有出席，是次共筹得毫银7220多元，复向各界捐得毫银4000多元，后再筹得毫银2000元为学生缝制校服。1929—1930年，许祥获选为总理，因经费不敷，祥发山票公司允将山票增收的部分利润拨充该校经费，得毫银2000多元，校务得以勉强维持。翌年各部职员改选，职员多因事辞不就职，在

---

① 《镜湖小学七七迁址》，《市民日报》1949年7月3日；《镜湖义校本月七日迁出改辟为留产室》，《华侨报》1949年7月5日；《镜湖小学昨已迁竣》，《市民日报》1949年7月8日。

② 《林炳炎纪念堂产科院落成》，《华侨报》1950年5月4日。

同仁大会上，议决将总理制改为校董事制，每年由阖澳华侨及该校全体同人投票选举董事，名额定15人，其正副主席及各部职员，由校董互选兼任，是年范洁朋获选为校董会主席，阮誉华为副主席兼理财。

1932—1933年，全体校董连任。1934—1935年，卢煊仲获选为校董会主席，校董包括邓祥、李海昭、许祥、黄苏、谭植、朱给等，是年聘请太平剧团访澳，于清平戏院演剧筹款，除开支外，筹得毫银8400多元。又邓祥认为贫民女子失学者，为数不少，认为女性应有接受教育的机会，于是增设两所女子夜学。

1936年，梁后源出任校董会主席，全体教职员因该校经费支绌而自动减薪，是年亦循旧例举行演剧筹款。翌年，梁后源连任主席。1940年，该校经费宽裕，便着手筹建校舍及募集基金，且计划增设高小，是年由副主席邓祥暨各同人等组织筹建校舍基金委员会，高可宁和傅德荫率先各认捐10000元[①]。由于未有合适校址，加上时局关系，筹建校舍一事搁置，但校务仍继续拓展，校董等议决在建设新校舍之前，权宜租赁屋宇以充校舍，同时增设高小。

1943年4月6日，该校20周年纪念，全体学生于连胜马路新校舍庆祝，校董会主席梁后源报告校况，并由澳督戴思乐致训词。当时连胜马路校舍学生的资料如下：一年级45名，二年级44名，三年级37名，四年级23名，五年级18名，至其他各校仍旧分区设立三所，共有学生107名，总共计学生人数为274名。由于班数增加，1943年的预算经费约为双毫16000元，较从

---

① 关于平民义学为筹建校舍及设立基金一事的报道，另参见《澳门义学筹建校舍昨捐得数万元》，《大公报》（香港）1940年8月6日。报道指选出30人为筹备委员会，当中再选12人为常务委员，傅德荫捐西洋纸（葡币）10000元，高可宁捐双毫10000元，另代募5000元。

前增加几近一倍①。连胜马路的正校位于竹林寺对面，分校则在雀仔园街市、下环街和莲溪庙②。关于连胜马路的校址，一连共三间屋（87号、89号和91号），原为梁后源之物业，梁后源并将租值按月120元之半数捐作该校之经常费用③。自新校舍建成后，义学在校务方面亦大加革新，包括聘用新的教务主任，在校务会议上，更议决组织学生家庭访问团，使家庭教育和学生教育得以切实联系，组织学生自治会以养成学生自治精神，另亦计划增设园艺科④。

"平民义学"举办义演筹款，定1943年4月10日于平安戏院义演。3月22日假华商总会举行第1次筹备会议，设总务（黄苏、陈灿骧）、财政（朱给）、交际（谭植、徐伟卿、伍禹拜）、文书（区国梁、龙颂樾、吕庭广）、票务（周森、蔡世曦、钟锡、甄根、麦祖德）、布置（李松江、敖基、韦地）、干事（韦若虚、刘天禄、邓如文、陈启鸿、蒙筱鹃、陆醒伯、何郁卿、欧阳雄、吴乃瑜、黄仲平、任侃儒、何清）等⑤。票价定双毫30元、20元、10元、5元、2元五种⑥。陈灿骧为平安戏院东主⑦。平民义学演剧筹款会于4月25日假华商总会举行末次结束大会，随后召开校董会，讨论校务的发展，因未及法定人数，改作临时谈话会⑧。该年的义演筹款，共得善款合值双毫16000多

---

① 上述校史整理自报上的报道，见《平民义学廿周年纪念席上，澳督希望破除自私，多数儿童之失学纯系自私造成，对创校者之苦心毅力表示敬佩》，《华侨报》1943年4月7日。
② 《平民义学续招新生》，《华侨报》1943年3月11日。
③ 《平民学校筹款会昨举行结束会，推定委员多人核理善款》，《大众报》1943年4月26日。
④ 《平民义学大加兴革》，《华侨报》1943年2月21日。
⑤ 《平民义学演剧筹款》，《大众报》1943年3月24日。
⑥ 《平民义学定期义演，昨召开筹备会议》，《华侨报》1943年3月24日。
⑦ 《平民义学将举行筹款》，《大众报》1943年3月21日。
⑧ 《平民学校筹款会昨举行结束会，推定委员多人核理善款》，《大众报》1943年4月26日。

元，主席梁后源并去函向各界致谢①。

1943年8月6日，该校举行第19次校董会议，出席者有梁后源（主席）、高可宁、梁鸿勋、李宽、朱给、李海昭（梁后源代）、黄苏（高可宁代）、谭植（李宽代），列席者有区国梁（校务处名誉主任）、龙颂樾等。会议的纪录（见表3-2）见于三份报章，内容大体一致，故应是来稿照登的。

表3-2　　　　　　平民义学第19次校董会议纪录②

	甲　报告事项
（一）	宣读前期议案。
（二）	本校校务处送来各项章则呈请备案由。
（三）	澳门银业行来函一件，并捐助本校经费国币五千元，祈即具备收据往收。经已由本校财政朱给先生如数妥收，特此报告由。
（四）	澳门教育会来函一件，关于各校如添聘教师，该会可代为介绍由。
（五）	本校卅一年度第二学期各生学业成绩表，业于七月廿八日汇呈华视学会备案由。
（六）	澳门教育会来函一件，附本年度校历表一张由。
（七）	教务主任龙颂樾报告，卅一年度第二学期校务状况由。
	乙　讨论事项
（一）	关于校务处送来各项章则呈请备案应如何办理案。决议准予备案并转呈各校董审阅。
（二）	关于校董会各项章程向未完备，现拟请区国梁先生代为起章是否可行请公决案。决议请区先生起草，并传送各校董核阅后施行。

---

① 《平民义学函谢各界》，《大众报》1943年5月4日；《平民学校义善款推举记者核数，共筹得善款余元》，《大众报》1943年4月30日。全场名誉券及门券数达双毫8686元，当场买物买花捐助善款国币13余万元（国币64110元，港币6313元，葡币1116.3元，毫银159.15元，军票1.1元），当时泰兴公司的交际钟子光捐国币5000元。《钟子光补助平民义学》，《大众报》1943年4月14日；《平民学校义款公布》，《大众报》1943年4月17日。

② 《侨立平民义学推进校务，增设小学六年级，起草校董会章程》，《华侨报》1943年8月9日。《平民义学校董会议纪》，《大众报》1943年8月9日。《平民学校续招各班生》，《西南日报》1943年8月9日。

续表

	乙　讨论事项
（三）	关于卅二年度第一学期招生应如何办法请公决案。决议招收初小第一年级一班四十名，第二、三、四年级及高小第五、六年级插班生多名。凡本澳华侨子弟均得免费入校肄业，男女生兼收。报名由本月即日起至廿六日止，九月一日开课。
（四）	关于本学期各教职员应如何聘任请公决案。决议除第四年级主任陈启鸿先生因事繁忙，未暇兼顾外，各教职员仍照旧续聘，另添聘教员二位补充，交由正主席会同校务处名誉主任区国梁酌量聘请。
（五）	关于卅一年度第二学期学生成绩优异者应如何奖励请公决案。即席由各校董乐捐奖款，交由教务主任龙颂樾先生购办奖品，分别照章奖赏之云。

从这一份会议纪录除了可以得知中华教育会的一些事务外，还可以看到学生的毕业成绩须于学期结束后汇呈华视学会，校董会章程拟定的经过，另教员续聘、招生、奖励等事项，都经由校董会议决等。

华侨公立平民免费学校校董会，有说为"任期三年，期满三年改选"，未详。然而，抗战时期，澳门当局札谕立案团体现任职员，应继续负责办理，暂缓改选。故 1940—1945 年，该校续由梁后源任校董会主席兼校长，梁鸿勋、黄苏同任副主席，李宽、朱给、毕侣俭、徐伟卿、陈伯祥、徐佩之、高可宁、谭植、崔六、黄福龙等任校董[1]。

梁流所经营的同德源记银号（同德银庄）于 1945 年 6 月 22 日倒闭，曾欠下该校 18000 多元存款[2]，校董会曾于 7 月 30 日商议办法。梁后源和梁流为昆仲，梁后源因而辞去校董一职，债务人变物业后只能摊还四成债务，故梁氏承诺偿还余下的六成欠

---

[1] 《公立平民义学教师欠薪未发，希望校董开会解决》，《华侨报》1945 年 7 月 24 日。

[2] 同德银庄的债务高达 40 万元，在债权人同意下将所有产业共 19 间屋宇交梁后源办理，于 60 天内以四成摊还债权人。见《同德银庄债务两月内四成摊还》，《大众报》1945 年 7 月 18 日。

款,其职务则由梁鸿勋、黄苏二人暂代。时该校校址一连四间,市值约为葡币24000元,85号、87号和89号为梁流物业,91号为梁后源物业,校董会应有意购买,故商讨筹款办法①。

平民学校校长一职其后由黄苏继任②。1945年11月5日该校召开校董会议,讨论筹募经费问题,黄苏建议演剧筹款,即席通过,并定于平安戏院举行义演,由新声剧团各演员义务担任,组织平民义演筹款会,并定于11月29日于平安戏院举行③。是次筹款,门券收入得5851元,各界人士捐助1640元,合共7491元,但相距16000多元之经费仍甚巨④。1946年7月2日,该校因经费支绌,由正副主席暨各校董亲自踵门向各界殷商及热心人士广为劝募⑤。

平民义学校董会依章于1946年5月5日改选第22届新校董15名,名单如下:何贤、李宽、高可宁、李海昭、刘柏盈、陈又廉、梁松、孔宗周、崔六、朱给、程湛如、谭植、林泽衡、邓晴隆、黄钻兆⑥。5月21日召开新旧任校董联席会议,邓晴隆及梁松请辞,由周光汉和黄福龙补任。当日出席的十位新校董即席投票互选正副主席,何贤当选正主席,刘柏盈和朱给当选副主席⑦。何贤接任校长后,即聘中华教育会主席陈道根主理校务,陈道根建议改善校务如下:(1)从人事调整着手,全校教员皆须

---

① 《平民义学昨开校务会议》,《大众报》1945年7月31日;《平民义学举行校董会议,梁后源负责十足归还欠款》,《华侨报》1945年7月31日。
② 《平民学校校长黄苏继任》,《西南日报》1945年8月14日。
③ 《华侨平民学校筹备义演经费》,《华侨报》1945年11月7日;《华侨平民义学定期义演筹款》,《华侨报》1945年11月18日;《平民义学筹款,义演会职员推定》,《华侨报》1945年11月19日。
④ 《平民学校义演筹得七千余元下年经费不敷仍巨》,《华侨报》1945年12月1日。
⑤ 《平民义学明日沿门劝捐》,《华侨报》1946年7月1日;《平民义学拟劝募经费》,《世界日报》1946年7月1日。
⑥ 《平民义学选出校董》,《华侨报》1946年5月7日。
⑦ 《平民义学校董会选出正副主席》,《华侨报》1946年5月23日。

聘请经验深湛者充任，并划一待遇；（2）增加设备，改善教授方法①。陈道根的聘任属义务，并于其后之校董会上追认。又会上议决，取消以津贴弥补教职员薪金的方法，但碍于经费，薪金只能略加。又因经费支绌，决定停办第三校。然而，8月23日的报道，该校决定小学一、二年级各增加两班，合共提供新生名额300个②。半年以后，具体的改革，包括依据所制定的教学大纲施教，在教务方面，五年级着重应用文及珠算，六年级则着重于就业指导及课外知识。训育方面，除训导以外，更举办各项比赛，包括演讲、美术、书法、音乐、算术、作文，以及各项球类等，又设立学生消费合作社，供学生实习③。

1947年2月，该校有学生400多名，由于学校环境所限，插班生极少，新学期只从100多名报考学生中取录20多名④。该校呈请中央侨委会立案，1947年春奉准，获发私字第559号证明书，并改定名称为"澳门平民小学"⑤。该校冠以地名，不称私立，以显示其为地方公众所设置的学校⑥。是年该校又因经费支绌，校董会于8月4日再度以演剧方式筹款，由前锋剧社义演，地点为清平戏院，共筹得葡币7109.9元，另港币20元⑦。

三 镜湖小学平民小学合校

1948年，何善衡就任镜湖医院慈善会第2届董事，捐出望

---

① 《教育消息》，《华侨报》1946年7月23日；《教育消息》，《世界日报》1946年7月23日。
② 《教育消息》，《华侨报》1946年7月28日；《教育消息》，《华侨报》1946年8月23日。
③ 《平民义学经费支绌，亟盼热心人士襄助》，《大众报》1946年12月8日。
④ 《平民学校检验体格》，《华侨报》1947年2月24日。
⑤ 《平民小学奉准立案》，《华侨报》1947年6月7日。
⑥ 《澳门平民小学演剧筹款启事》，《市民日报》1947年8月2日。
⑦ 《澳门平民小学演剧筹款鸣谢启事（1947年8月8日）》，《市民日报》1947年8月8日。

厦觉园，该地段面积约六亩，估计市值约为葡币70000元。副主席何贤以镜湖小学与平民小学两校，均为贫苦儿童而设，建议两校合并。两校董事视察该地段后，计划兴建22—24座课室①。又该地段除规划兴建课室、礼堂、图书馆外，因尚有空地，故计划在空地增辟工艺学院，为学生提供造鞋、缝衣、制造出品物等科目②，但结果如何，未详。

镜湖医院慈善会董事会设有财政、管莹、审计、工程、教育、租务、购置、宣传、膳食等委员会及院长秘书等职，各委员会设召集人，召集人亦即会中委员长，其余则为委员。慈善会教育委员会包括崔瑞琛（召集人）、韦颂、伍宜孙、何善衡等③。

校舍图则由镜湖医院慈善会工程部戴文渭和梁洪二人负责绘制，3月20日送交董事会审阅。图则定课室19间，每间建筑经费约3500元，整项工程需款70000多元。该院的殡仪馆图则亦绘就，需款60000多元，故组织筹建殡仪馆及镜湖小学平民学校合并校址筹募经费委员会，由该院慈善会正副主席、院长，以及全体董事为当然委员，并敦聘高可宁、傅德荫、刘柏盈、黄渭霖、黄豫樵、钟子光、姚伯泉、冼碧珊、沈香林、蔡文轩等为筹募委员，于4月3日举行首次筹募会议④。

1948年12月11日，镜湖医院慈善会第24次常会报告镜湖小学平民小学合校校舍工程，建校工作由时代建筑公司以至低价54700元投得⑤。新校舍于1949年夏天落成，有课室16间、厕

---

① 《兴办义学镜湖董事视察计划建校图则》，《华侨报》1948年1月25日；《镜湖平民两义学，请各界捐助建校》，《华侨报》1948年1月27日。
② 《何善衡捐出空地增建工艺学院》，《华侨报》1948年2月2日。
③ 《镜湖医院慈善会第二届董事各组委员产生》，《华侨报》1948年1月25日。第1届曾设有"难童管理委会员"。
④ 《镜湖与平民义学校舍图则绘就》，《华侨报》1948年3月21日。
⑤ 《镜湖常会议案录》，《华侨报》1948年12月12日。

所 1 座、操场等，7 月 15 日即开始上夏令班①，其后再扩建之教务室、厨房、厕所、会客室、传达处、门楼等工程，以及修葺四所旧房舍供学生课余活动等工程，则由合兴公司以 23000 元投得②。计合校全部工程合共建筑费用 97554.66 元③。

镜湖平民联合小学校的夜班新生，共 380 多名，于 9 月 10 日开学④。

1950 年 1 月 21 日，镜湖医院慈善会共有三项庆典同时举行，一为第 18 届护校新生戴帽礼，二为新型厨房落成礼，三为镜湖平民联合小学新校舍揭幕礼⑤。澳督夫人喜莲娜应邀主持开幕礼，但澳督伉俪因事未有出席，改由任镜湖慈善会主席刘叙堂主持⑥。新校舍共有课室 16 间，另校务室、宿舍、图书室等。校务室、宿舍、图书室共 3 座，分别为何善衡、傅德荫、林炳炎三位纪念室，其他 16 间课室，则分别纪念大丰银号、何母邓太夫人、钟子光、何母梁太夫人、香港恒生银号同寅、李伯俊、庄士洋行、李海昭、沈香林、鸣谦堂、黄有堂、高可宁、澳门银业公会、永亨银号、永隆银号等⑦。1950 年 1 月 28 日，该校举行上学期结业礼，正校及第一、二两分教处全体学生共 1500 多名⑧。

---

① 《镜湖小学新校址耗资六万余元，门楼办事处尚未完成今日起该校全部迁往》，《市民日报》1949 年 7 月 7 日。
② 《合兴公司陈强投得义学工程底价二万三千元正》，《市民日报》1949 年 8 月 8 日。
③ 《镜湖医院慈善会两年来工作报告》，《华侨报》1950 年 2 月 16 日。
④ 《镜湖夜学行开学礼》，《市民日报》1949 年 9 月 11 日。
⑤ 《镜湖今日三项盛典澳督夫人亲临剪彩》，《市民日报》1950 年 1 月 21 日。
⑥ 《昨镜湖新厨落成高可宁主持剪彩礼》，《市民日报》1950 年 1 月 22 日。
⑦ 《镜湖今日三项盛典澳督夫人亲临剪彩》，《市民日报》1950 年 1 月 21 日。凡捐助建课堂一座者，则于课室书捐助建者姓名以为留念，见《镜湖平民两义学请各界捐助建校》，《华侨报》1948 年 1 月 27 日。
⑧ 《镜湖平民学校昨举行结业礼》，《大众报》1950 年 1 月 29 日。

四 东莞同乡会义学

澳门当局规定侨团必须立案，否则每次集会讨论，必须呈请警察厅核办，由该厅派员查视。旅居澳门的东莞同乡，为联络乡谊，办理公益，1945年2月28日假同善堂开筹备会议，推定人选，成立筹备会，向澳督请求批准立案①。1945年4月7日澳门政府发出训令第3767号，澳门东莞同乡会获准立案，立案人叶子如、陈日初、陈茂枝、李根源②。东莞同乡会于4月13日召开筹委会议，讨论工作，决定征求会员，再定期召开全体会员大会，正式选举理监事，负责会务③。5月15日召开会员大会，有300多人参加④，5月28日召开理监事会联席会议，推选正副主席及各部主任⑤，7月1日假华商总会举行成立理监事宣誓就职典礼⑥。同乡会购置水坑尾医院横街4号作为会址，准备开办义学，当时同乡捐助经费，于七月初已筹得葡币三万多元⑦。7月底，东莞同乡会假华商总会二楼召开理监事联席会议，出席者包括黄耀坚、陈茂枝、李树荣、叶子如、戴文渭、姚应江、陈兰芳、郭灼华等。会上议决，所购物业会址三楼用作办事处，地下辟作义学校址。开办义学一事，决议根据教育部规定之秋季始业

---

① 《东莞同乡会加紧进行立案》，《市民日报》1945年3月3日；《东莞同乡会筹备会启事》，《市民日报》1945年3月3日。
② 《三个侨团获准立案东莞同乡会中山同乡会青狮社》，《华侨报》1945年4月10日。
③ 《东莞同乡会购址筹义学》，《大众报》1945年4月17日。
④ 《东莞同乡会召开会员大会选举全体理监事》，《华侨报》1945年5月16日。
⑤ 《东莞同乡会今日开会选正副主席》，《市民日报》1945年5月28日。
⑥ 《东莞同乡会成立典礼》，《市民日报》1945年7月1日；《东莞同乡会七一举行成立》，《华侨报》1945年6月11日。
⑦ 《东莞同乡会会务积极进行》，《华侨报》1945年7月11日；《东莞同乡会已购得会址》，《市民日报》1945年7月11日；《东莞同乡会将举办公益》，《西南日报》1945年7月11日。

办理，决于秋季开办，学额60名，分两班复式制教学，即为小学一至四年级四班，校务管理及开办事宜由该会校务股主任叶子如负责，陈兰芳为校长，另聘叶向荣为该会义学校顾问①。8月，该会假华商总会召开理监事联席会议，副主席叶子如报告晋谒华务局长白达利请示办义学事宜经过，各理监事公推义学顾问叶向荣起草立案章则，并入禀当局立案，9月9日正式上课②。当时义学聘男女教员四名③。

1946年初，理监事任期届满，定2月16日举行会员大会，商讨会务，并改选下届职员④。1946年7月，东莞同乡会义学成立一周年。当时的学额80名，凡同乡子弟，均得免费入学，书籍由学校供应，该届小学四年级学生毕业，校长叶向荣捐助免费学额三名，让成绩优异者可以免费升读致用高小，至于其余成绩优良者则获致用高小以半费取录。叶向荣于1946年10月14日呈请侨委会教育部立案，并于11月27日奉侨教导字第25921号指令，准予立案，该义学并改为"澳门私立东莞小学"⑤，又该校于1947年2月收到侨委会补助购置图书仪器费国币20万元⑥。东莞同乡会免费小学于1947年2月新学期，除原有的80名外，另增加学额40名⑦。

1947年2月5日，东莞同乡会召开会员大会暨改选第3届理监事，国民党支部委派张衍日监选。会员大会的其中一项决议为

---

① 《东莞同乡会议决开办义学》，《大众报》1945年7月30日。
② 《东莞同乡会进行立案手续》，《大众报》1945年8月13日；《东莞义学今日始业》，《大众报》1945年9月9日。
③ 《东莞同乡会加紧工作》，《华侨报》1945年9月3日。
④ 《东莞同乡会定期举行会员大会并改选下届职员》，《华侨报》1946年2月12日。
⑤ 《东莞义学奉准立案》，《市民日报》1946年12月11日。
⑥ 《教育消息》，《市民日报》1947年2月14日。
⑦ 《教育消息》，《华侨报》1947年1月30日；《教育消息》，《市民日报》1947年2月14日。

募捐免费学额，让失学贫童可以就读东莞小学。新理监事于1947年3月1日就职，并由党部刘紫垣监誓①。

自立案后，该校学额按期增加至160名。该校非常关注学生健康问题，征得同乡医生莫培樾、刘茂棠、卢泽民等义务担任校医②，其后更聘有牙科医师，定期赠医③。1947年下学期四年级修业期满的学生共10多名，应全部升读致用小学。1948年初，该校计划增办高小，使之成为健全小学，广收同乡子弟④。1948年2月24日，在该会礼堂召开会员大会，并选举第4届理监事，党部张衍日到会监选⑤。3月初第4届理监事互选，举行宣誓就职，党部派刘紫垣委员到场监誓⑥。

1949年2月，该会改选第5届理监事，经会员大会通过，增加理监事名额（理事15名，监事7名），以便发展会务，另定于20日在该会礼堂宣誓就职⑦。推选陈兰芳为理事长，叶子如和莫培樾为副理事长。该会于3月16日的联谊，倡议在氹仔设分会，并计划于秋季举办东莞小学氹仔分校（连理街19号屋），并由陈

---

① 《东莞同乡会选出新理监事》，《华侨报》1947年2月7日；《东莞同乡会新理监事就职》，《华侨报》1947年2月11日；《侨团动态》，《市民日报》1947年3月2日。同乡会监理事的选举及互选结果：理事：陈茂枝（常务）、叶子如（常务）、莫培樾（常务）、姚应江、周焕南、叶宜男、郭锦桐、吴海豪、叶向荣；候补理事：陈寿彭、陈钟琳、黄耀枢；监事：陈兰芳（常务）、陈瑞槐、戴文渭、王德彰；候补监事：胡林、熊成根。
② 《教育消息》，《华侨报》1947年8月8日；《教育消息》，《市民日报》1947年8月8日。
③ 《学校消息》，《市民日报》1949年6月21日。
④ 《东莞小学增办高小》，《华侨报》1948年1月13日。
⑤ 《侨团消息》，《市民日报》1948年2月25日。
⑥ 《侨团消息》，《华侨报》1948年3月12日；《东莞同乡会理监事就职》，《大众报》1948年3月12日。理事：陈茂枝（常务）、莫培樾（常务）、叶子如（常务）、戴文渭、姚应江、刘茂棠、周焕南、叶宜男、叶向荣；候补理事：吴海豪、陈钟琳、陈寿彭；监事：陈兰芳（常务）、王德彰、陈月波、黄耀枢、罗文辉；候补监事：陈瑞槐、熊成根。
⑦ 《东莞同乡会选出第五届理监事定本月二十日就职》，《市民日报》1949年2月13日。

兰芳即席捐出氹仔分校学额 10 名①。

五　同善堂义学

同善堂始创于光绪十八年（1892），原为商人聚集之处，共设义冢，分送丸药善书等，高可宁、崔诺枝、麦明等人于 1919 年重建炉石塘堂址。同善堂内分八部，包括总务、施济、财务等，该堂赠医施药，施粥施衣，亦施赠棺木、接生手术、姜醋柴米等，又夏天在康公庙、莲峰庙，以及该堂施赠甘露茶，农历七月十四日则举行水陆超幽，另设有义学一所②。现存的《同善堂置业碑记》记"义学会业列：冯家围街门牌一号三号五号七号九号十一号十三号十五号十七号十九号共十间"③。

同善堂的义学跟高可宁关系至大，现存《高可宁先生像赞并序》（1939）碑文曾记述高可宁在救济失学儿童方面的贡献，记"先生又谓：贫儿失学比疲癃残疾尤可悯，爰于堂内设义学，经费与李际唐先生分担，阅四载始交本堂值理肩任，既而募养学基金立捐千元，展筑校舍又捐千元，学校自无而有，此谁之力者？"④关于同善堂义学的学生人数，据 1927 年《澳门年鉴》的记载为 60 名⑤，1938—1939 年，义学有学生 160 多名⑥。1942 年 3 月，同善堂开值理常会，曾列出当年的经费预算，按上年度的开支估算，预计该年的支出总额为双毫 45770 元，港

---

① 《东莞同乡会氹仔设分会》，《市民日报》1949 年 3 月 18 日。
② 何翼云、黎子云编：《澳门游览指南》，第 50—51 页。
③ 萧国健编：《澳门碑刻录初集》，显朝书室，1989 年 3 月，自印本，第 57 页。
④ 同上书，第 52 页。
⑤ 《澳门行政当局 1927 年年鉴》，第 258 页。据年鉴所载，妈阁庙义学 40 名，镜湖医院义学 60 名，莲峰义学 35 名。
⑥ 何翼云、黎子云编：《澳门游览指南》，第 50—51 页。

纸4250元，而其中义学的开支预计为双毫2500元①。同善堂义学除了免费提供书籍和笔墨外，亦为学童提供校服，后因经费支绌而暂停，致学生多衣衫褴褛，崔诺枝曾吁请善长捐资为学生制造校服②。1943年5月，同善堂曾经将40份难童餐用作奖励品学兼优的义校学生，显示该校当日有240多名学生③。也许是为了让家长送子女入学，同善堂曾向义校的学生每人派发美麦四斤④。

1947年初，同善堂义学校男女学生200多名，原有3名教员（钟荣阶、梁宝璇和钟兆贞）不足应付，故增聘一年级女教员1名⑤。同善堂于1947年11月和12月的两次值理常会上，议决义学应向侨委会立案，并公举黄渭霖、叶子如、梁松、蔡文轩、黄仲良、冼碧珊、高可宁7人为义学校董，徐佩之、李世明为后补校董，黄渭霖兼任董事长，蔡文轩兼任校长，具呈侨委会立案⑥。1948年2月14日，同善堂召开第1期值理会议，黄渭霖当选主席，叶子如和黄仲良为副，另分别选出总务、财政、施济、租务、会务、工程、交际、西文、药局等各部主任。会上并报告扩充义学，该堂后座住户答允迁出，襄助教育，教务主任钟荣阶报告学生200多名，地方和台椅均不敷应用，一、二年级尤见挤拥，三、四年级则有18名余额⑦。同善堂原只有课室三间，收一至四年级学生，共四班，这年加建三间课室，并于新学期增

---

① 《同堂善经费不敷》，《华侨报》1942年3月22日。
② 《同善堂义学经费支绌》，《大众报》1943年6月21日。
③ 《同善堂奖励义学生优异者飨以难童餐》，《大众报》1943年5月4日。
④ 《同善堂以美麦救济义学家属》，《华侨报》1942年5月23日。
⑤ 《同善堂值理会纪》，《世界日报》1947年1月17日。
⑥ 《同善堂义学进行向侨委会立案》，《华侨报》1947年11月28日；《同善堂拟在莲花亭建卫生男女公厕，义学进行向侨委会立案》，《华侨报》1947年12月8日。
⑦ 《同善堂嘉惠学子扩充义学，选出正副主席，加赠姜醋改施大棺》，《市民日报》1948年2月15日。

加学额120名。而基于投考者多为一、二年级学生，故一、二年级各增加甲乙两班，并三、四年级共成六班，增聘教席三名，此外，该堂于新学期另增设夜校①。1948年2月，同善堂有14名四年级毕业生（当时的学期为"春季始业"），由于该校未设五年级，崇实学校答允一律给予免费学额②。1948年9月7日值理常会，曾报告义学校四年级尚有学额，议决登报吁请各界侨胞送子弟入学③。

1949年2月2日召开值理会，值理互选该年度正副主席，负责堂务，并选定各部门主任。高可宁当选主席，叶子如和黄仲良为副主席，其中校务的负责人为李际唐、高可宁、叶子如、黄渭霖、黄仲良、冼碧珊、梁松、徐佩之、李世明、校长卢怡若等，会上报告1948年度的财务，义学开支达13270元。会上并提出夜间义学招生事，议决为农历正月初六至十四日报名，名额200人④。夜间义学共201人报名，值理商定于农历正月廿一日（1949年2月18日）开课，夜间义学教员由日校教员兼任，钟荣阶和何桂邦两教员每月津薪各30元，其余五位教员各20元⑤。

六　中华义学

关于抗战期间澳门难童的教育问题，报章有零星的记载，如

---

① 《同善堂义学增设课室三间》，《大众报》1948年7月2日。
② 《崇实学校体恤同善堂苦学生，给予免费学额升学》，《华侨报》1948年2月15日。
③ 《同善堂附设义学续招四年级学生》，《世界日报》1948年9月8日。招生广告见《世界日报》1948年9月11日，广告日期为9月8日。
④ 《同善堂昨开值理大会互选本届主席》，《市民日报》1949年2月3日。
⑤ 《同善堂夜学已定期开课报名者达二百零一名》，《大众报》1949年2月13日。

第三章　义学与失学儿童的教养　127

路环的难民营收容千余难民①，适龄儿童曾于露天上课②，又有报道曾筹建难童学校，因搭棚材料未及运到，临时露天上课，培正中学捐出书籍，协和女子师范学生则义务任教③，报道较周详的，是"广东省赈济会港澳学童救济委员会"的义举。该会曾在香港、九龙和澳门各地开设中华义学，除救济失学难童外，亦可帮助失业教师。该会曾为教师作登记，登记于1939年5月14日结束，三地共得1520名教师，决定正取300名，备取50名。当时澳门教师的登记人数为443名，优先录用21名；但确实参加抽签人数422名，录用人数54名，备取15名。至于未获取录的教师，当时有规划送返内地服务，并有计划于培训后安排工作④。中华义学的招生简章见表3-3。

表3-3　　　　　　　中华义学招生简章⑤

一	宗旨：本义学以救济广东省战区失学儿童为宗旨
二	课程：遵照教育部部颁小学课程及参照当地教育则例办理
三	授课时间：每日下午五时半至九时，星期六下午一时至五时，星期日上午九时至十二时，下午一时半至四时半

---

①　难民营由"澳门救济难民兼管理粮食委员会"设置。该会于1938年成立，主席高固寮，委员包括罗保、孟打宏、毕侣俭、徐伟卿和陆他明，为中葡官民合作的组织。难民营主任陈肇文，副主任邓善溥，书记刘公奇，会计郭□涛，庶务陈秋平。见何翼云、黎子云编《澳门游览指南》，第57页。难民营有八九百人，除成年男人200余外，其他妇孺参半，以南番东顺四邑人士为多。该营由镜湖医院管辖。在营内的生活情况，上午九时早餐，下午四时晚餐，分96组，每组10人，设组长1名。分东西两部，各有领队1名，又分内勤和外勤，内勤负责内部打扫工作，外勤负责挑水挑菜工作。营内为小童设有歌咏队，由澳门协和中学生教授，每星期一次。见黄达才《厂商考察团在澳门昨日视察氹仔与路环难民营中均慨解义囊》，《大公报》（香港）1939年4月15日。

②　《澳门难童上课》，《大公报》（香港）1939年3月5日。

③　《澳门难童上课》，《大公报》（香港）1939年2月28日。

④　《积极推进普及教育，失业教师返内地服务》，《国民日报》（香港）1939年8月21日；《港澳失业教员调入县政人员训练所训练》，《国民日报》（香港）1939年10月3日。

⑤　《港澳学童救委会登记教师昨抽签》，《大公报》（香港）1939年5月20日。

续表

四	授课地点：借用港九澳各校校舍
五	学额：分别在港九澳设立普通小学及短期小学约二百五十班，每班四十名
六	资格：凡属广东省战区失学儿童年在六岁至十二岁者，均可报名投考；惟已在日校或夜校肄业之学生，一律不得报名，倘有瞒考入学，一经查出，立即开除，并追缴学杂费二十元
七	报名时间：由五月廿二日起至三十一日止，每日上午九时至十二时，下午二时半至五时，星期日照常报名
八	报名地点：……澳门：南湾（崇实中学）（执信学校），火船头（陶英小学），连胜街（镜湖义学）
九	考试时间：六月三日上午九时起分区举行
十	费用：报名费学费及一切杂费免收，惟书籍文具由学生自备

《港澳学校概览》亦录入这份三地通用的招生简章，除略去报名时间、报名地点和考试时间外，其他资料完全一致①，编者并将澳门的义学分为"难童义学"和"一般义学"，前者并冠以"澳门教育会主办"。从中华义学在澳门报名的地点推测，笔者于本章前言提及的由澳门中华教育会于1939年主办的六所难童义学，应该就是"广东省振济会港澳学童救济委员会"所筹设的中华义学，原计划于1939年6月19日开始为失学难童登记，7月2日举行编级试，7月5日开课②，但义学没办多久即因经济条件不足而结束③。该会于1941年5月又曾在澳门办理五所义学，已见本章前言。至于该会往后的活动，因未见资料，只能略记如上。

---

① 吕家伟、赵世铭编：《港澳学校概览》己篇，第1页。
② 《中华义学澳门政府准许设立六所》，《大公报》（香港）1939年6月11日。
③ 《中华义学教员生活感受困难》，《国民日报》（香港）1939年8月18日；《救济失学会补发中华义学教师薪金全部发清为期不远》，《国民日报》（香港）1939年8月22日；《港澳中华义学迁回国内复课》，《国民日报》（香港）1939年9月30日。

七　培正中学青年会的儿童夜校

　　国难时期，某些澳门学校的学生也曾经为失学的儿童办理免费的夜校。以广大附属中学为例，该校于1939年10月25日奉准增设夜间义学，其后于1941年5月又用作港澳振济会难童义学的澳门区第一校址。该校于1946年度第二学期在水坑尾第二校舍复办"平民小学"①，并组织校务委员会，由中小学教师及学生自治会代表为委员，负责规划，教师则由高中学生中遴选学行优良者充任，学杂费概免。平民学校按照普通小学课程办理，上课时间除星期六下午外，平日均由下午4时30分至7时10分。平民小学初设小学一至四年级，共133名，1947年度第1学期增至五年级，共169名②。培道中学的青年会于1944年初筹得葡币3000余元，曾商借白马行浸信会礼拜堂副堂为课室，设有初级小学共四班，课程与普通小学相同，聘高中毕业生任教，兼收男女学生，初有120多名，年底增至150名，又再度筹款，但该义学应没维持多久③。雨芬中学的学生亦曾为失学儿童举办民众学校，目的是扫除文盲，而截至1942年5月已举办十期④，其后可能因大量学生回乡，故改由该校学生自治会办理，由自治会举办的第2届民校于同年7月上课⑤，故此

---

①　平民小学原计划先招前期各年级学生，每级30名，学杂各费概免，2月16日举行编级考试，18日上课，见《广大续办平民小学》，《华侨报》1947年2月12日。

②　《校务概况》，《广大十年》（澳门广大中学建校十周年纪念刊），澳门：澳门广大中学，1948年12月16日，第10页；《广大平民小学招生复学》，《市民日报》1947年9月10日。

③　《贫童福音，义学又多一所》，《大众报》1944年1月20日；《培道学生会主办之平民义校筹募经费》，《市民日报》1944年12月10日；禤伟灵：《培道六十年》，《培道中学六十周年纪念特刊》，1948年，第1—5页。

④　《学校消息》，《华侨报》1942年5月10日。

⑤　《学校消息》，《华侨报》1942年7月12日。

类民校应属短期课程。协和、岭南、培英、培正、培道五校青年会也曾于 1944 年 10 月联合举办小童义学,对象为街上的擦鞋小童,每星期上三天课,每天数小时,曾借用志道堂上课,其后借用浸信会为校址①。又培正中学的青年会②,他们为失学儿童办理夜间义学有悠久的历史,迁澳后仍继续办理,且颇具规模。

1939 年 10 月 15 日,培正的儿童夜校经政府立案注册后招生,课室借用该校初中一年级各班课室,因校舍有限,只取录 190 名学生,共分 7 班。第一学期于 10 月 23 日开始上课,课程分圣经、国文、算术,以及公民等科,义务教员 37 名。上课时间除星期六和休假外,每晚自 6 时 30 分至 8 时 40 分止;又上课时间分四小节。该夜校费用全免,书籍文具由青年会供给。当日投考和取录的资料见表 3-4。

表 3-4 培正青年会儿童夜校 1939 年各级考生和取录人数③

	一年级	二年级	三年级	四年级	五年级	六年级	人数
考生	158	88	53	33	17	15	364
收生							
班数	2	1	1	1	1	1	
男	23	16	14	12	9	12	86
女	49	21	17	9	4	4	104
小计	72	37	31	21	13	16	190

---

① 《五校联办小童义学》,《华侨报》1945 年 3 月 8 日。
② 详参拙文《培正青年会的教育活动》,郑振伟主编:《澳门教育史论文集》第二辑,北京:中国社会科学出版社 2012 年版,第 112—140 页。
③ 《儿童夜校已得当局批准》,《青年会月报》第 2 期(1939 年 10 月 15 日),第Ⅳ页;《儿童夜校现况》,同上,第Ⅰ页;《儿童夜校现况:教职员四十人学童共一百九十人》,《青年会月报》第 3 期(1939 年 11 月 15 日),第Ⅰ页。《青年会月报》见附于《培正校刊》。

第二学期于 1940 年 2 月 11 日正式上课，学生共 213 名①，男 87 名，女 126 名，其中 80 多名为插班生。学校聘两名专任教员，其余皆为该校学生，共 38 名。夜校除设有圣经课外，每星期日上午 9 时至 10 时有主日学，学童可自由参加②。1939—1940 年度，儿童夜校共有毕业生 11 名，其中三人投考培正和广大附中，均获取录。青年会办理的儿童夜校，似乎是要汇报的，该校曾按学校当局的命令，将 1939—1940 年度上下学期的工作，包括校务、职员一览表、学生一览表、经费收支，以及毕业生一览表等资料，经校方呈交广东省教育厅③。

1940—1941 年度上学期（1940 年 9 月 22 日至 1941 年 1 月 11 日），学生 190 名；下学期于 2 月 13 日开学，设 6 班，学生共 182 名。从培正青年会于 1942 年刊登的招生报道所见，当年秋季班曾延至 10 月 1 日开课。夜校分六级，课程有识字、算术、珠算、常识、唱游、社会等，凡 16 岁以下儿童，不分男女，均可报名，但须缴交保证金，中途退学者将不获发还④。儿童夜校于 1945—1946 年度下学期停办，大概是广州复员，中学部的学生也就是夜学的教员返回广州。

培正青年会曾为 1945—1946 年度上学期的儿童夜校举行募捐活动，并由小龙剧团义演，共筹得葡币 1789 元，扣除义演支出 561.5 元，实进 1227.5 元⑤。1945—1946 年度上学期儿童夜校学生共 156 名，一、二年级各 30 名，三年级 29 名，四年级 22

---

① 罗秉仁、冼维心：《卅一周年》，《培正青年》第 20 卷第 1 期（1940 年 4 月），第 99 页。全文，第 93—100 页。
② 《儿童夜校》，《青年会月报》第 7 期（1940 年 3 月 15 日），第Ⅲ—Ⅳ页。
③ 《儿校现况——呈报教厅》，《青年会月报》第 9 期（1940 年 5 月 15 日），第Ⅳ页。
④ 《培正青年会举办儿童夜校招生》，《华侨报》1942 年 9 月 24 日；《培正青年会免费夜校招生》，《华侨报》1942 年 9 月 27 日。
⑤ 《儿童夜校卅四年度上学期经费募捐报告》，《培正校刊》（复刊号）第 14 卷第 1 期（1946 年 6 月 1 日），第 21 页。

名，五年级 27 名，六年级 18 名，中途退学 31 名，该学期教员共 30 名，只三名属专任教员，其他均为培正的中学生①。就青年会的财政报表所见，教员薪金以葡币计算，9 月 4 人支 200 元，10 月 5 人支 250 元，11 月 4 人支 200 元，即当时教员的月薪为 50 元②。儿童夜校隶属于青年会，一切经费由青年会供给，校长由会长兼任，一切措施由青年会董事会取决，学校设有校务处、训育处和事务处，后来因人事更动问题而取消，另设教导主任一名总理校务，另专聘一教员负责抄写工作，由一名监学维持学校秩序③。

青年会办理的夜校课程与日间的小学课程相若，但由于上课时间太少，夜校不设体育、劳作、童军和美术科，但设有音乐和低年级的唱游。至于上课安排，原是周一至周四由下午 4 时 15 分至 5 时 30 分，周五为例假，星期六、日则为下午 2 时 30 分至 5 时 30 分，但 1945 年度上学期取消了周五的例假，改为每天上课。每星期 20 堂课，每堂课 30 分钟或 40 分钟，休息 5 分钟或 10 分钟。各科的分配时间是纪念周、音乐、宗教、公民各 1 堂，高小常识 2 堂，国文、算术各 5 堂，高小有英文科 2 堂，初小有习字和唱游各 1 堂。该校并设有图书馆，共有 4688 本图书。至于教学用具和设备相当简陋，只有一幅世界地图，两本辞典，以及各科教科书，童军用具和风琴等则向培正小学借用④。

---

① 容家平：《工作报告》，《培正校刊》第 14 卷第 1 期（1946 年 6 月 1 日），第 23 页。

② 刘国显：《培正中学中学生基督教青年会第三十七届财政报告（其一）》，《培正校刊》第 14 卷第 1 期（1946 年 6 月 1 日），第 22 页。

③ 容家平：《工作报告》，《培正校刊》第 14 卷第 1 期（1946 年 6 月 1 日），第 24 页。

④ 同上书，第 23 页。

八　其他义学

上文所提及的义学，因资料较多，故分节叙述。查澳门于1940—1950年，尚有规模不一的各类义学。除一般的义学外，也有专为难童而设的义学，如本章开端所提及的由中华教育会所主办的六所难童义学，分设于六所学校。附设在学校中的义学，可以公进义学为例。"公教进行会义学"于1941年在荷兰园望德学校内设立义学夜班①，由崔诺枝筹款建筑，并由政府每年资助，每年有120多名学额。该校于1943年曾停办，翌年复办，收容男女难童，并首先选择接受同善堂难童餐的小童入学②。该校属慈善性质，不收任何费用，并提供书籍，1943年8月招收小学一年级新生及高初小各级③。1946年，校长为林耀坤④。1948年，该校有学生100多名，除免收学杂费外，并由学校供给书籍及笔墨等文具。后因原址失修，为顾及学生安全，曾借用隔邻的房屋，继续办学。校董会主席冯华，董事崔洛忌、吕子修神父、黄保禄、李佩霞等，为积极修理校舍，除得董事赵斑斓捐助葡币300元外，并于1月27—28日邀请香港大中华足球队，举行慈善小球赛筹款⑤。

澳门孔教会除办理中学外，亦设男女义学。孔教学校大约于1947年初移交孔教会后⑥，其中一项重要举措即为扩充义学的名额，务使日学有一学生，夜学亦有一学额，各教员得日学薪金权

---

① 《公进义学复课》，《华侨报》1942年1月23日；《公教进行会设立义学夜班》，《华侨报》1942年8月15日。
② 《公教学校复课》，《西南日报》1944年8月8日。
③ 《教育消息》，《华侨报》1943年8月7日。
④ 《教育消息》，《华侨报》1946年7月3日。
⑤ 《公进义学校董会筹款修理校舍》，《华侨报》1948年1月25日。
⑥ 《孔教会征求会员，共同鼓吹孔教真理，扩充义学普遍教育》，《世界日报》1946年12月29日。

利，须担负夜学教授义务①。孔教会于1947年2月3日的常会中议决扩充学额，尽量收容，并推举蔡德诚为义学主任，专责办理②。2月16日，义校开学，报道称有600多名学生，小学一年级分三班，二年级分两班，三、四年级均两班，高级一班；义校的学生人数其后确定为527名③，4月的时候增至540多名④。1940年代初期，孔教义学的规模较小，1942年春该校只招一年级新生20名，二至四年级插班生各10名⑤。义学于每天下午上课3小时，聘主任和佐教各1名，只设初小四级，每期收学生70名⑥。又据蔡德诚所述，从1942年至1946年底，其间只有初小四班，学额100多名，教员2名。1947年9月16日，义学开学，人数有550多名，共分12班⑦。1948年初，孔教学校有初中级学生3班，小学级11班，学生540多名，附设义学夜班约600名⑧，另董事会议决，义学学生免收保证金⑨，1948年3月，义校学生500多名⑩。1949年9月义学开课，为能提供更多学习机会，特增加时数，加入应世常识和谋生技能的内容。该期取录新生100多名，连旧生共有500多名⑪。1950年3月，义校学生有400多名，一至六年级，分10余班教授⑫。

学校固然是开设义学的场所，而澳门的庙宇亦同样担当这个

---

① 《孔教义学今日上课》，《华侨报》1947年2月17日。
② 《孔教会议决津贴工友子弟送入孔教中学肄业》，《华侨报》1947年2月4日。
③ 《孔教会会议》，《华侨报》1947年2月27日。
④ 《孔教义学经费乏，盼热心人士捐助》，《市民日报》1947年4月28日。
⑤ 《教育消息》，《华侨报》1942年2月5日。
⑥ 《三年来之校务概况》，《澳门侨立孔教中学三周年事略》，第19页；全文，第14—20页。
⑦ 《学校消息》，《华侨报》1947年9月17日。
⑧ 《孔教中学沿革史略》，《大众报》1948年1月2日。
⑨ 《孔教义学学生明春免收保证金》，《大众报》1948年1月23日。
⑩ 《教育消息》，《华侨报》1948年3月3日。
⑪ 《孔教附设义学取录新生百余》，《大众报》1949年9月13日。
⑫ 《孔教义学续招新生》，《华侨报》1950年3月11日。

功能，如妈阁庙正觉禅院内的漳泉义学，其他设于庙宇内的义学有：

1. 包公庙义学校：校长刘华，校址在连胜街镜湖医院对面，为包公庙值理同人所设立，义学性质，只设初小各级，不收学杂各费，并供给书本，约于1938年春创立①。该校成立初期在教员任用方面有不少问题，其后经华务学会介绍聘李天赋为教务部和训育部主任，施行改革，并制定一系列的措施，包括学生每日作息时间表、学生请假单、学生训导具体标准等，惜李氏于1939年1月身故，教务主任一职由一、二年级主任教员陈安德接任，三、四年级主任由兼任教员黄耀枢补任②。

2. 康公庙义学校：校址在木桥横街的康公庙义学，为姚满等人创办，该义学或始于1930年代，1942年7月曾举行第5届毕业暨休业礼③。由于该校地点适中，求学者甚多，故甚少招生，但1942年情况特殊，因预计学生减少，该校特刊发消息，招收一年级新生及各级插班生，免费送赠书籍。义学除授教育厅指定各科外，并加授旧文学和珠算等科目④。1946年，该校设小学一至六年级⑤。1948年7月，该校举行第10届毕业典礼，是时全校学生有200多名，时邓祯祥为该校校董，校主任为李汉培，除校长姚满外，教职员共5名⑥。

3. 莲峰义学校：据《莲峰义学记》（在莲峰普济学校内），该校于1920年创立，由值理陈丽甫和何秀峰等人拨庙赏兴办，设于莲峰庙内。戴显荣曾任校长。该校因迁就学校附近贫民的习

---

① 《教育消息：包公庙义学》，《华侨报》1942年2月24日；《包公庙义学招免费生》，《华侨报》1942年7月20日。
② 澳门历史档案馆，档号：MO/AH/EDU/CP/06/0158。
③ 《学校消息》，《华侨报》1942年7月25日。
④ 《学校消息》，《华侨报》1942年8月18日。
⑤ 招生广告，《世界日报》1946年8月5日。
⑥ 《康公庙义学昨行毕业典礼》，《市民日报》1948年7月22日。

惯，于春季始开学，故高小毕业生升学时间，未能与其他学校相互衔接。尚志中学曾致函莲峰义学选送学生免费入学，故该校于1941年7月全体主任教员的校务会议上，议决于1941年增加秋季始业班①。莲峰义学夜学曾加设识字班，原定学额100名，但因报名者众，学位不设限制，当时并且不限学生年龄②。自从该校改为秋季始业后，截至1942年初，免费收容贫苦学童逾700名，并且续招收各级插班生③。1942年7月，莲峰庙董事会召开第5次常务会议，出席者有戴显荣、黄仲良、吴玉泉、冼碧珊、区伯辉、何玉培等，议决继续办理该年秋季学期义学，该学年于8月22日（农历七月十一日）举行新生入学试，26日开始上课④。

上述三家义学直接以庙宇的名称冠名，而望厦乡义学，亦设于望厦的康真君庙内。该义学由澳门殷商沈香林和蔡克庭等十余人设立，约于1945年6月向澳门政府呈请批准成立，同年7月开始招生，并定于9月1日正式上课⑤。

以私人名字冠名的义学，就笔者所见，有际唐义学和吴灵芝女义学。际唐学校在近西街21号，由俞炽南办理，原来只设初级小学，不收学费，1942年初增设高级小学，兼收男女生，聘李秩犹任教务，始酌收学费。吴灵芝女义学为澳门女医师吴灵芝所创办，因为澳门沙岗（现今新桥一带）有数家男子义学，却无女子义学，于是在连胜街65号开办吴灵芝女义学，由丈夫陈德坤任董事长（曾任望德小学校长），该校经澳门政府注册批准，且给予补助费。报道指该校于1942年9月1日开课，课程

---

① 《莲峰义学免费暑期班》，《大众报》1941年7月11日。
② 《莲峰庙义学招收识字班学童续闻》，《西南日报》1941年7月30日。
③ 《教育消息》，《华侨报》1942年2月6日。
④ 《莲峰庙董事会议》，《华侨报》1942年8月1日；《莲峰庙义学广收难童》，《华侨报》1942年8月18日。
⑤ 《望厦乡义学开始招生》，《西南日报》1945年7月21日。

依照国民政府所颁布的规定,并加授葡文一科,学额60名,不收学费①。1945年呈请澳督改为私立小学,1947年向侨委会呈请立案,获发初字第532号立案证书②。该校于1949年曾为葡童办理中文班,并呈请澳门政府补助经费每年葡币1200元,澳门民政厅7月29日第1653号令准,由澳门政府及救济总会各给补助费半数③。就报道所见,该校于1946年曾获国民党总支部主任委员李大超颁发"为国育才"的题词,1947年又获侨委会颁发"乐育英才"的题词④。

澳门另有以职业组织筹办的义学,如澳门渔会,该会会址设于河边新街88号,负责人为黎即起、梁孟和周复⑤。1946年8月,该会向各界发出捐册,为渔民子弟筹办义学,首任校长为卢怡若。该义学向华视学会立案后,约于1946年11月开课⑥。又鱼业联合会亦曾筹办义学,该会由澳门的鲜咸鱼栏、鲜鱼小贩,以及鲜咸鱼经纪三大行联合组成,曾呈请党部备案,会址设于营地大街94号(域多利戏院左邻,银业行旧址),会员约1000名,贫苦会员子弟可免费入学⑦。又酒楼茶室业职业公会为会员子弟开办的夜班义学,该会理事长为梁谦,副理事为陆星华和何选余,1948年9月15日开课,校址设于龙嵩街崇实学校内⑧。又澳门海员区党部亦曾演剧筹款兴办义学,设高级和初级识字班各一班,每班50人,凡属海员及起卸部工友子弟暨贫苦民众,均

---

① 《教育消息》,《华侨报》1942年8月10日。
② 吴粥臣:《吴灵芝学校诞生概述》,《□□报》1954年6月27日。见"百年树人——澳门百年教育文物史料展"展品。原报刊名称未能辨别。
③ 《吴灵芝小学增设葡童中文班》,《世界日报》1949年8月1日。
④ 《教育消息》,《市民日报》1946年10月13日;《教育消息》,《市民日报》1947年8月13日。
⑤ 《本澳合法侨团共有三十单位》,《市民日报》1946年5月20日。
⑥ 《澳门渔会筹办渔民子女义学》,《大众报》1946年8月31日;《教育消息》,《华侨报》1946年11月2日。
⑦ 《鱼业联合会筹办义学教育会员子弟》,《市民日报》1946年5月20日。
⑧ 《酒楼茶室业职业公会设立义校夜班》,《华侨报》1948年8月24日。

得入学，不收学杂各费，并供给书籍。该义学的上课地点为木桥横街4号3楼，即康公庙所在，1947年7月5日开课①。又银业公会亦曾为会员筹办义学，而这家小学于1975年和孔教中学合并为教业中学。

银业公会于1948年12月12日第7次会员大会，共49个单位出席，选举第4届理监事。大会主席何贤致辞，提出推进国民教育乃当务之急，会上的其中一个提案，便是创设会员子弟义学，议决通过，该会并拨出葡币25000元作开办费②。"澳门银业行公会创办会员子弟义学计划"的详情见表3-5。

表3-5　　　澳门银业行公会创办会员子弟义学计划

（1）	缘起：本会为增进会员福利与普及教育起见，拟设办会员子弟义学（完备小学）一所，俾各会员子弟，得有入学机会，既可减轻职员之负担，抑亦为本会聊尽提倡教育之旨也。
（2）	地点：利用本会办事处楼下，闲余地方设办。
（3）	开办费及基金：除由本会拨出盈余一部分充作开办费，余作基金外，并发动向各同业及热心慈善教育者，劝募基金。
（4）	经费预算：（甲）开办费：校舍装修4750元，校具设备2300元，教具设备300元，灯光设备300元，杂用250元，合共7900元。（乙）每月经常费：教职员薪金1130元，杂费70元，学生书籍75元，每月合计1275元，每年合计15300元。教学额：分设六间课室，大约可容学生300人。入学资格：凡会商店号职员子弟，均可报名入学（报名办法另订）。
（5）	待遇：除免收学杂费外，所用书籍，由本会送给。

澳门也有为同乡子弟设立的义学，除前文提及的漳泉义学和东莞同乡会义学外，澳门尚有麦族义学和颍川小学。麦族义学为麦族联谊会筹办，救济族中失学儿童，由麦荆雷、麦振华、麦剑

---

① 《教育消息》，《华侨报》1947年6月23日。
② 《银业公会举行大会决议筹办义学》，《大众报》1948年12月13日。

泉为筹备委员,1947年2月10日开课①;颍川小学主要招收陈氏会员子弟,校址设于白马行街32号,学额约80名,1946年9月5日正式启课②。

此外,国民党澳门支部社会服务处,亦曾举办义学。该会服务处于1946年6月30日成立,设于党部楼下,工作范围包括各类型的咨询,包括职业介绍、婚姻、华侨投资、学生回国升学、华侨回国就业旅行、法律、人事等,内设有图书、报纸、杂志、象棋及乒乓球等娱乐③。为提倡职业教育,该处曾规划借用康公庙义学作为训练班的校址,开设的科目包括打字、机器、车衣等职业专修科,每科招50名,附设高初级国文、英文、数学、国语、珠算等专修班,升初及升高补习班,以及民众识字夜班等,每班学额暂定为50名④,其后则借用国华戏院侧(仁安里9号)的文英学校⑤。1947年初,该处曾办平民义学,学额50名,校址同样设于文英学校内,2月15日开课⑥。又氹仔分处(官也街9号)亦曾经办理平民义学,于1947年12月18—30日招生,招收免费学童40名,定于1948年1月1日开课,上课地点为氹仔孔教学校内,教员有秦次垣、麦振华、秦松、傅大昕、彭舜年、潘华生等⑦。

---

① 《麦族义学卉始报名》,《市民日报》1947年1月17日。澳门"麦始兴堂"由旅澳麦姓兄弟所组织,1946年8月重选值理,1946年时已有十多年历史,会址在雀仔园高冠街24号。见《麦始兴堂筹商改组》,《华侨报》1946年8月25日。

② 《颍川小学定期启课》,《大众报》1946年8月31日;《颍川小学举行开学典礼》,《大众报》1946年9月11日。

③ 《党支部社会服务处服务部成立》,《世界日报》1946年7月1日。

④ 《澳门社会服务处召开职业训练班筹办会议》,《华侨报》1946年8月23日;《澳门社会服务处职业训练班开始招生》,《华侨报》1946年8月30日。

⑤ 招生广告,《世界日报》1948年1月31日。

⑥ 《服务处办平民义学》,《华侨报》1947年1月7日;《免费义学十五开课》,《华侨报》1947年2月12日。

⑦ 《社会服务:义学招生》,《市民日报》1947年12月21日。《社会服务处主办氹仔义学校本月廿五日开课即日开始招生》,《世界日报》1947年12月19日。对照两则资料,报名和开学日期均延后,也许招生情况并不理想。

小结

　　学校、庙宇和教堂、同乡会、慈善组织和社团的会址都是举办义学的重要场所。20世纪初期，当澳门政府为所有适龄儿童提供免费教育仍然是遥不可及的年代，义学为贫困家庭的儿童提供接受教育的机会。义学原属公益事业，由士绅或民众捐资办理，而立案的义学，更会得到侨委会的资助。国难时期，澳门因大量难民涌入，义学益形重要。赈济会与澳门学校合作办理救济难民儿童的义学，收容逃难家庭的儿童，当时主要借用日校课室于夜间授课。澳门原有的日校或义学，为免难民儿童失学，也不断扩大规模，甚至同时在夜间办理义学。在澳门办理的义学，某些是颇为完善的。澳门华视学会于1945年3月调查澳门的中小学校，其中一项是有关学校的课程、设备、卫生和管理等，十所办理得最好的小学就包括平民义学、同善堂义学、镜湖义学和青年会平民义学[1]。抗战胜利以后，同乡会和某些行业社团，甚至国民党澳门支部等，也兴办过义学，为族中子弟、会员子弟又或贫困学童提供免费教育。又以孔教会为例，该会主政者曾发宏愿，日学有一学生，夜学亦有一学额，至于教员则由日校教师义务充任。慈善团体、同乡会、社团所筹办的义学，得到社会贤达的不少资助。澳门某些中学生因学校有办理民众教育的优良传统，也参与办理义学的义务工作，且颇见规模。这种经由民间办学的模式，汇聚社会各方的资源和力量，群策群力，在一般的私立学校以外提供免费教育，大大促进了澳门平民教育的发展，足见前贤的功德。

---

[1]《本澳华视学会调查华侨学校》，《华侨报》1945年3月28日。

第四章　政府对私立学校的管理

前言

1940年代在澳门的私立学校，大致的情况是接受澳葡政府的管理，但同时又根据国民政府的教育条例，在教育部、广东省教育厅，又或侨委会立案。1950年的时候，澳门的民政局是最高的行政机关，教育督导处即属其管辖范围，当时有所谓"公共教育督导委员会"[①]，据《澳门法例》所述，"全澳教育发展事宜，均由该委员会予以督导。当一［项］推展计划付诸实行前，该项计划须交由教育督导委员会通过，交付督导处执行。至于该教育督导委员会之组织，设主席一人，澳督为当然主席，教育督导处处长任副主席，下设委员六人，由殷皇子中学校长、市政厅长、澳教育促进会主席、卫生局长、市立初级学校代表教师一人、教会学校代表一人组成"[②]。

一　华务局和华务科

1945年以前，澳门"华务专理局"的"华视学会"负责监

[①] 澳门政府于1946年7月17日公布第947号立法条例，华视学会正式解散。"公共教育督导委员会"的名称，亦据同年7月27日第946号立法条例简化为"公共教导委员会"，见http://www.archives.gov.mo/WebAS/ArchiveDetail2013.aspx?id=5613。

[②] 澳门大众报编：《澳门法例》，澳门：澳门大众报，1949年，第17页。

督和管理私立学校的工作①。华务局长兼华视学会会长施多尼约于1945年6月退休后,由白达利接任。白达利懂华文,并能操流利华语,接任华务局长一职以后,记者访谈日后之施政方针和计划,白达利表示:"本人就任局长之职,对于局务并无任何新猷计划,亦不需决定新方针,因所有职务,本局章程已有完备之规定,仅依章执行,便可得收效果。且吾人所爱戴与敬仰之总督,其精勤为政,爱民若赤,力谋社会福利,关怀人民疾苦之热诚,常能予吾以正确之指导。"② 其中自有客套的说话,有点萧规曹随的味道,而华务局将要撤销的消息应已公布③。顺笔一提,华务局附设有"中国语言学校",是当时澳门训练中葡翻译人员的唯一机关,1945年8月曾招生并订9月1日上课,白达利即该校校长④。

1946年1月23日,华务专理局撤销,除局长以外,职员归并民政厅⑤,原职能由民政厅的"华务科"(华务专理科)负责。华

---

① 据《澳门华务局章程》第一章第一条,"华务局"设于1885年,见《澳门宪报》(*Govêrno da Província de Macau Boletim Oficial*) 1915年第6号(1915年2月6日),第80页;华视学会于1914年成立,见《澳门宪报》1914年第51号(1914年12月19日),第300号札(1914年12月15日),第694页。

② 《华务专理局新任局长白达利发表谈话》,《华侨报》1945年6月8日;《华务局长白达利发表谈话》,《市民日报》1945年6月8日。白达利能说粤语,因为1944年培正培道的毕业典礼上曾作粤语演讲,见《培正成绩展览会澳督莅临参观》,《大众报》1944年6月21日。

③ 《本澳华务局奉命撤销》,《华侨报》1943年1月21日。第31:714号训令,见《澳门政府公报》1945年12月31日第2期刊,第540—541页。

④ 《华务局附设中国语言学校》,《大众报》1945年8月3日。

⑤ 《华务局事务移民厅》,《华侨报》1946年1月24日。华务局由第31:714大总统令撤销,见《澳门政府公报》于1945年第52期(1945年12月31日)增刊2,第540—541页。据《澳门政府公报》于1946年第3期(1946年1月19日)刊登的民政总局电报(第39页),"华务科"编制设有一等翻译员3名,二等翻译员3名,华籍文字工作员2名,华籍书记员2名,口译员4名,另有多名合约人员,包括翻译学生2名,杂役1名,杂役(低级)1名。1946年第18期(1946年5月14日)刊登第928号立法条例,核准澳门《华务专理科章程》(第328—333页)。民事行政中央厅简称"民政厅",又作"民政局"或"民政总局",引述报章资料按原件译法,不作改动。

视学会随之撤销后，学校行政管理由"教育行政委员会"办理，委员会设督导处，而督导处则附属于民政局①。督导处由署理民政局长华士贡些路兼任处长，并于1946年4月1日开始办公②。

当年的民政局是澳门政府最高行政机关，其所管属的行政机关计有市行政局、海岛市议事公局、治安警察局、官印局、殷皇子中学、官立学校、公共图书馆、博物院、新闻检查处等；设局长、一等行政官（即市行政局局长）、二等行政官（即海岛市议事公局局长）、三等行政官（即华务科长），另有书记1名、行政官员2名、档案员1名；该局设于督辕楼下，分设局长室、总办公厅、华务总科、新闻检查处③。其后接任澳门民政局长兼督导处长的"美的路"，原任地扪岛民政局长，于1946年12月5日履新④，1949年5月任满后，有报道指将调往葡属莫三鼻给（莫桑比克）省任民政局长⑤，而从莫三鼻给省调任澳门民政局长的"萨家道"则于同年5月27日抵澳，5月30日就职⑥。

---

① 《在澳开设学校须向教育行政委会申请》，《市民日报》1947年3月2日。
② 《澳门督学处开始办公》，《华侨报》1946年4月10日。白达利的职衔为一等翻译官。
③ 澳门大众报编：《澳门法例》，第12页。
④ 《美爹路将任澳民政局长》，《华侨报》1946年8月7日。"美的路"名字并不统一，有作美爹路、美地路、麦爹路。美的路到任后，前署理民政局长华士贡些路调任澳督府秘书长，兼澳督私人秘书，以及出版物检查委员会长，见《新任民政局长兼任教育司长》，《大众报》1946年12月19日。新任官员的名字，因由华文报章先译载，故名字不统一，直到警察裁判所长"马甸士"到任后，始定下日后新任官员将由华务科予以译定。见《裁判所长姓氏官译马文飞》，《大众报》1948年8月15日。
⑤ 《九十六人联宴祖饯美的路》，《华侨报》1949年3月30日；《美的路廿一日离澳》，《华侨报》1949年4月2日。美的路原计划于4月21日离澳，但直至萨家度抵澳接任后始离开。
⑥ 《新任民政局长萨嘉度抵澳》，《市民日报》1949年5月28日；《新任民政局长昨抵澳履新》，《大众报》1949年5月28日。《昨回拜各侨团》，《华侨报》1949年6月7日。"萨家道"为官方译名，但报上有作萨嘉度、沙雅度、沙嘉都等。当时的民政局下设民政科、教育科和华务科，各科设科长一名，科员若干名。民政科科长施雅拔因调任海岛市长，由罗德基署任，教育科长前为江德廉，因事请假赴葡，暂由高美士署任，华务科科长为弩尼士（弩弥士）。见《新任民政局长萨家道昨就职》，《大众报》1949年5月31日。

二 华视学会对迁校、停校、招生章程的规定

澳门华视学会对于学校迁址、停办,以及印发招生章程都有严格规定①:

(1)如学校迁址,应于未迁之前将新校址呈报华视学会,以便派员视察是否适宜。俟核准后方始迁移,改照发给收执。倘不先呈准而擅自迁校者,一经察觉,学校执照将被注销。

(2)各校如有停办时,应于停办之先将停办缘由呈报华视学会,将学校执照注销。按规定,学校未有呈报而停办,一经察觉,除学校执照会被注销外,校长的姓名亦会被登录,日后永远不能在澳门充任校长或教职员。澳门学校须向华视学会领取执照,如因事停办,须将执照交回,否则查究。以"阖澳华侨公立孔教学校"为例,该校因校长徐伟卿离职,无人主持校政,华视学会向澳督呈报后,澳督曾批示由商会正副主席协同镜湖医院和同善堂正副主席组织管理孔教学校委员会②。又尚实学校因停办三年,故该会派视学员前往该校收回执照,并通知警察当局,拆除学校招牌③。抗战胜利后,很多从香港或其他省份迁到澳门的学校纷纷离澳,广中中学和岭南大学附中便曾向华视学会缴回执照④。

(3)各校长如欲刊发招生章程,必须先将该章程三份送华视学会检查。俟核准后以一份留存华视学会,一份存印刷店,另

---

① 《华务局规定条例学校遵照办理》,《大众报》1944年6月13日。
② 《管理孔教学校问题》,《大众报》1941年7月11日。高可宁和蔡文轩等九人其后组成孔教学校委员会,将该校重新修葺,并购置校具、图书、仪器等,改办中学及附设小学。澳督戴思乐其后承担全部支出,捐助8000元,故该会曾泐碑纪德,揭幕礼于1942年10月6日(农历八月廿七日)孔诞举行。参《孔教会昨庆祝圣诞》,《大众报》1942年10月7日。
③ 《学校停办须交回执照》,《市民日报》1945年4月11日。
④ 《两中学迁省复课》,《华侨报》1945年11月23日。

一份由该校长收执。倘各校长有擅自发出招生章程，或别项印刷品，未经华视学会核准者或印刷店司事人擅自承印各校招生章程或别项印刷品，一经发觉，均依照违检查印刷品条例之规定，即行处罚。

上述三项要求，早见于华视学会 1940 年 7 月 16 日的布告①。华视学会会长施多尼曾重申该布告，并提及相关的印制章程条例，如有违者，将依照违反检查印刷品条例之规定处罚②。1942 年 7 月，中华英文书院、兰室女子职业学校、敏伯英文学校和树人学校③便因擅自张贴招生"街招"，四校主事人被华视学会传召到署查询，并饬令其严守法纪④。至于学校的刊物，一般而言，只要是在教育范围以内者，澳门教育当局不会阻止。然而，澳门政府曾发现有私校未遵新闻出版条例，故于 1945 年重申，规定刊物未印发之前，必须将稿件送华视学会，依照检查条例转送检查委员会检查，方准出版。倘学校有刊出类似新闻纸或杂志之有定期或无定期刊物所写文字，而与教育无关者，即须遵守澳门 1937 年第 12 号政府公布之 1936 年 1 月 27 日第 27495 号国令核准之新闻出版条例所规定办理⑤。以澳门中小学的校历表为例，中华教育会编印的校历表，须经华视学会审定始能发出。从这份经政府核准编印的校历所见，当时的中小学校除了遵奉葡国的假期以外，也有中华民国政府的假期，但校历似乎特别强调提示立案学校须按时呈交各项表册。1943 年 8 月至 1944 年 7 月的

---

① 《华视学会颁行新法令》，《华侨报》1940 年 7 月 21 日。
② 《学校迁址停办及发招生章程须遵华视学会条例办理》，《市民日报》1945 年 1 月 16 日。
③ "树人小学"校址在水坑尾巷 2 号，于当时属较具规模的学校。1941 年 7 月第 4 届小学暨幼稚生毕业典礼，华视学会会长施多尼也出席，与会家长有千多人。是日除该校学生的游艺活动外，并有三七剧团、蝴蝶音乐社，以及际唐义学军笛队表演助庆。见《树人学校毕业礼志》，《大众报》1941 年 7 月 11 日。
④ 《华视学会重申前令，禁张贴未核准街招》，《西南日报》1942 年 7 月 10 日。
⑤ 《澳门教育当局颁令禁止学校擅出刊物》，《西南日报》1945 年 7 月 15 日。

校历表见表 4-1①：

表 4-1　　　　1943—1944 年度澳门中小学校历表

八月	一日至卅一日	已立案之私立中学校董事会呈报学校校务状况前年度所办重要事项收支金额及项目
	二十七日	先师孔子诞辰纪念日及教师节休假一天悬旗志庆并集会纪念
九月	一日至三十日	已立案之中学呈报第一学期开始应报各项表册
	一日	小学第一学期开始上课
	四日	中学第一学期开始上课
	五日至十九日	课余检验学生体格
	九日	总理第一次起义纪念日悬旗纪念
十月	五日	葡国国历日休假一天
	十日	国庆纪念日休假一天悬旗志庆并集会庆祝
	十一日	总理伦敦蒙难纪念日
十一月	九日	广东光复纪念日悬旗志庆
	二十二日	总理诞辰纪念日休假一天悬旗志庆并集会纪念
十二月	一日	葡国恢复国土纪念休假一日
	二十五日	民族复兴节及云南起义纪念日休假一天悬旗纪念
四十三年一月	一日	中华民国成立纪念日集会庆祝悬旗志庆由是日起放年假三天
	十八日	未规定参加毕业会者之中学开始举行春季毕业考试
	二十日	中等学校开始举行第一学期考试 小学举行春季毕业考试
	二十四日	小学开始举行第一学期考
	二十八日	中小学寒假开始放假十天

---

① 《澳门中小学校历表》，《华侨报》1943 年 8 月 3 日。该校历表由澳门中华教育会编印，并经华视学会审定发出，当中列有澳门纪念日及假期等。原文有讹，惟不碍文意，故照录。就资料所见，1944 年度和 1945 年度的学校校历也是经由中华教育会编印，分见《教育会特别会决议要案》（《大众报》1944 年 8 月 10 日）和《陈道根等就澳门中华教育会改选情况与教育部往来呈令（1945 年 12 月—1946 年 2 月）》[《中华民国史档案资料汇编》（中国第二历史档案馆编，南京：江苏古籍出版社 2000 年版），第 5 辑第 3 编"教育"，第 449 页]。

第四章　政府对私立学校的管理　　147

续表

二月	一日至二十八日	已立案之私立中学及小学呈报第二学期开始应报各项表册
	七日	寒假期满第二学期开始上课
	八日至二十一日	课余检验体格
	二十日	举行植树式
	二十五日	童军节集会纪念
三月	八日	妇女节女学校休假一天举行纪念
	十二日	总理逝世纪念日休假一天下半旗志哀并举行追悼纪念
	十五日	中国童子军划时代改进纪念日集会纪念
	二十九日	纪念命革先烈纪念日休假一天集会纪念
四月	四日	儿童节小学休假一天举行纪念
	五日	春假开始放假两天
五月	三日	葡国发现巴西纪念日放假一天
	四日	学生节集会纪念
	五日	革命政府纪念日悬旗志庆集会纪念
	九日	国耻纪念日集会纪念
	二十八日	葡国革新纪念日放假一天
六月	十日	葡国贾梅士诗人纪念放假一天
	二十一日	未规定参加毕业会考之中学开始举行秋季毕业考试
	二十七日	中等学校开始举行第二学期考试
	二十八日	小学举行秋季毕业考试已立案之私立中学开始呈缴毕业各班最后学期并呈缴毕业证书验印
七月	一日	已立案之私立小学开始举行第二学期考试
	五日	中学开始放暑假
	六日	小学开始放暑假
	七日	抗战建国纪念日集会纪念
	九日	国民革命军誓师纪念日悬旗庆祝并集会纪念
	十日至卅一日	已立案之私立小学呈已立案之私立小学呈毕业班成绩表呈缴毕业证书

三 呈报资料和视察学校

"华务专理局华视学会"规定各校于学期开始结束，均须向该会采购各式表格，填具呈报。1942—1944 年间，该会曾要求私立学校填报四种表格，包括：

（1）第一号各级课程表。须分级填报，于每学期开课前呈缴。

（2）第二号成绩统计表。须于每学期考试结束后一星期内呈报。

（3）第三号教员学历报告表。每位教员限呈报一次（表格背页须贴上相片），无须按期呈报。倘新聘教员未经报会存案者，必须填报。表内登记日期及证书号数二栏毋庸填写。校内之专任教员必须填报，如属兼任，则任其自择在某一校担任钟点多者，代行呈报。

（4）第四号学生成绩表。该表应分级填报，限每学期结束后一星期内呈缴。

华视学会规定，倘有违延，各校应受罚。初犯者例行警告，警告后仍不遵行，按例可将该校立案撤销，并克日付警局执法解散[①]。

报章上所见华视学会调查学校的消息，主要集中于 1944 年以后，从一些学校的会议中，亦见学校向华视学会呈报资料的报道。如"澳门平民免费学校"1943 年 8 月 6 日举行第 19 次校董会议，便曾报告该校 1942—1943 年度第二学期毕业成绩于 7 月 28 日汇呈华视学会[②]。另 1941 年 5 月 25 日见"澳门

[①]《华视学会重申前令禁张贴未核准街招》，《西南日报》1942 年 7 月 10 日；《华务局规定条例学校遵照办理》，《大众报》1944 年 6 月 13 日。

[②]《平民义学校会议纪》，《大众报》1943 年 8 月 9 日。

华务专理局华视学会"布告一则，因 1941 年 5 月 28 日为葡国革新 15 周年纪念日，阖澳学校均应放假一天，并规定当日一律悬旗庆祝，下款署局长兼会长施多尼，日期为 1941 年 5 月 22 日①。又如贾梅士纪念日（6 月 10 日），华视学会通告全澳华人学校，是日放假一天，并要求各校长教员率领学生 20—30 名，于当日下午 6 时齐集白鸽巢公园内贾梅士石洞开会，用志景仰②。

学校呈报资料以后，华视学会于学期开始会派视学员到校视察，而为求了解学校之真确状况，不会提前通知，避免学校先行准备③。华视学会规定，学校于每学期结束后须呈交学生成绩表及学生教员人数表，但截至 1945 年 3 月 7 日，1944 年上学期的成绩表还有三四所学校未有呈报④。经华视学会多次催促，才全部收妥。华视学会于 1945 年 3 月 12 日开始该年的第一次调查工作，计划于一周内完成，而调查的项目包括职员人数，男女学生人数，寄宿生人数，学校设备、教授、管理、课室、宿舍、厕所等⑤。该调查大约于 3 月 26 日完成，莲溪庙附近之尚实小学，因未符华视学会的规定，学校执照被撤，另有两家小学的卫生管理仍未合水准，被着令改善⑥。1945 年 7 月初的时候，该会华务部主事人钟少卿称只有岭南中学呈交资料⑦，而实际上，到新学期

---

① 《澳门华务专理局华视学会布告》，《华侨报》1941 年 5 月 25 日。
② 《华视学会通告开会纪念贾梅士》，《华侨报》1942 年 6 月 4 日。
③ 《华视学会会长施多尼谈视学员随时到校视察实况》，《市民日报》1944 年 11 月 6 日。
④ 《各校注意呈报视学会》，《大众报》1945 年 3 月 7 日。
⑤ 《华视学会不日调查各校》，《大众报》1945 年 3 月 3 日；《华视学会调查各校状况》，《华侨报》1945 年 3 月 11 日；《华视学会调查侨校》，《华侨报》1945 年 3 月 12 日。
⑥ 《学校调查尚未竣事》，《西南日报》1945 年 3 月 17 日；《新建校舍或改迁校舍须征求华学会同意》，《西南日报》1945 年 3 月 27 日。
⑦ 《学期终结学生成绩必须填报华视学会》，《华侨报》1945 年 7 月 3 日。

开始后，仍有学校未有呈交①。

视学员对于学校的卫生情况相当重视，在调查的报道中，经常强调的是某些学校的卫生问题②。查澳门当时有霍乱、疟疾、肺痨、天花等疫症③。1942年3月6日政府布告，华务专理局兼华视学会会长施多尼，通知全澳华人私立学校校长前赴议事公局前卫生局，向医官商定时间，以便为学生注射疫苗。除学生人数较少之学校，必须由教职员带领学生到医局注射外，所有学生人数多之学校，均得向医生局请求派员到校注射④。华视学会每年均要求各校从速安排学生防疫注射⑤，以及接种牛痘⑥，如学生人数超过100名，该卫生局派员到校注射。

1946年，澳门政府接获葡国电谕，着令教育事宜由民政局办理，该局即设立教育处，由江世生博士为教育总监。1946年7月，政务会议通过立法条例第946号，将稽查督导教育事宜改由教育督导处负责⑦。该处附设于民政局，负责督导当时澳门所有官立和私立学校（包括教育机构），并由民政局长兼任教育督导

---

① 《迁离本澳学校须向视学会声明，今日起教师须有证书》，《华侨报》1945年10月1日。

② 《新建校舍或改迁校舍须征求华学会同意》，《西南日报》1945年3月27日。

③ 关于霍乱的报道，见《华侨报》1942年2月11日，1942年2月25日，1942年12月19日。《霍乱症已发生》，《华侨报》1945年6月22日；《本市发疟疾》，《华侨报》1945年7月26日；《澳督与卫生当局会商防范肺病及疟疾与霍乱症等》，《华侨报》1945年8月10日；《卫生当局防范天花》，《华侨报》1942年12月17日。

④ 《华务局通告各校防疫》，《华侨报》1942年3月12日。另有一则关于注射霍乱病疫苗的布告，日期为1944年8月2日，《澳门华务专理局华视学会布告》，《华侨报》1944年8月4日。

⑤ 《华视学会注意学生卫生》，《华侨报》1945年5月4日；《学生注射防疫针，卫生局派员轮序担任注射》，《华侨报》1947年5月24日；《卫生局严防"虎症"防疫注射》，《华侨报》1947年5月22日。

⑥ 《卫生局已编妥各校种痘日期》，《华侨报》1946年11月27日；《卫生局通知各学校，学生从速种痘》，《华侨报》1948年2月17日；《教育督导处训令学生从速种痘》，《华侨报》1949年2月28日。

⑦ 《政务会议通过变更稽查督导教育》，《市民日报》1946年8月4日；《非葡籍人士在澳设校新例》，《华侨报》1946年8月6日。

处长，另设初级学校教育督导员①。另随着立法条例第947号的通过（见附录20），"华视学会"也就正式解散。1946年8月，民政局教育处登记学校教职员及学生的资料，曾饬令各学校于8月底前填报，后延期至9月11日前呈报②。9月中，该处职员钟少卿和巴子度二人，前赴各校调查，当半数学校调查完毕后，报道指初步调查所得，学校就教育措施而言并无违规，但若干学校校内厕所不卫生，触犯学校设校条例，而调查员亦已函知各校修理，否则将勒令停业③。

1947年春，澳门的督导处设有五种登记表格，其中三种于开学后填报。第一类登记表为各校各级课程表，须填报学校学级、学科、用书、书籍出版处等资料。第二类登记表为各校之教员登记总表，须填报校内新旧教职员。第三类登记表为教员登记表，新任教员即须办理，旧任教员无须登记。另有两类登记表格，于暑假后填报呈交，一类为学生成绩表，另一类为教员学生统计表④。

1947年10月7日，督导处通告各校，并附登记表两张，限7天内填妥，不得逾期，但期限届满后仍有学校未有填报。报道所见，通告的措辞颇严厉，学校未能照办以玩忽功令论处罚⑤。督导处大约于10月25日前收妥全澳中小学校呈交的报告表，并核计全澳学生人数⑥。

---

① 《行政机关概况：教育督导处》，《大众报》1949年4月8日。
② 《呈报学生人数展期截止》，《市民日报》1946年9月8日；《学生登记展期截止》，《华侨报》1946年9月8日。
③ 《督学处派员调查注意各校卫生发觉违例必处罚》，《华侨报》1946年9月26日。
④ 《学校开始复课须填报告表》，《华侨报》1947年2月13日；《世界日报》1947年2月13日。
⑤ 《教育督导处促各校从速办理填报否则以玩忽功令处罚》，《华侨报》1947年10月17日。
⑥ 《教育督导处计划积极发展澳教育》，《华侨报》1947年10月26日。

1947年12月初开始，教育督导处处长美的路曾联同卫生局长费育及督导处主任江世生等，多次视察各校之措施及卫生，报道指对于违规学校将予以处罚①。第二次视察日期原定12月9日，后因事改于16日②。第二次巡视仍发现某些学校卫生设施未能完善，故要求学校注意，尤其光线是否充足，厕所是否清洁等，并计划于同一周内作第三次巡视③。1948年1月初的报道，有指该处要求违规学校速为改善，如派员再视察时仍未改善，将予处罚④。其后学校开始放寒假，故决定于复课后再行调查⑤。

1948年6月，教育督导处通告各校，并送出"各校教员及男女生统计表"，限十天内填妥送回教育督导处⑥。由于暑假在即，督导处曾两度催促各校填报⑦。8月下旬，美的路以及教育处主任江世生二人，曾亲赴香港视察当地教育，香港教育司招待及引导参观香港各学校。美的路对于澳门教育问题，似有加强和改善的计划⑧，该处于11月即宣称将派员巡视各校的设备和卫生条件，但报道并无提及支援问题，只表示不符理想者，将着令设法改善⑨。

1949年9月，民政局督导处以该季度学校已陆续开课，为进行调查各校上课情况及教员与学生人数，并教育登记之办理，特发出表格五种，并饬令各校于限期前填报，但当时某些学校希望督导处能简化相关要求，中华教育会曾推派代表晋谒处长萨家

---

① 《教育督导处长视察华侨各校》，《华侨报》1947年12月8日。
② 《澳督导处处长改期视察各校》，《华侨报》1947年12月10日。
③ 《教育督导处长视察华侨着各校改善卫生设备》，《华侨报》1947年12月18日。
④ 《民政总局调查学校卫生》，《华侨报》1948年1月6日。
⑤ 《教育督导处长视察学校设备》，《华侨报》1948年2月5日。
⑥ 《教育督导处通告各校填报统计表》，《华侨报》1948年6月8日。
⑦ 《教育督导处催促各校填报教职员及男女生人数》，《华侨报》1948年6月15日；《教育督导处催促各校填报学生教职人数》，《华侨报》1948年7月8日。
⑧ 《澳政府改善教育》，《华侨报》1948年8月28日。
⑨ 《教育督导处将派员巡视各校》，《华侨报》1948年11月10日。

道提出请求①。

四 教员登记领证

1945年10月1日开始,澳门的教员必须领有华视学会的教员证明书,方可执业,至于新任教员,则可随时向该会申请②。前此,教员只须要将履历书呈报华视学会便可。查该会于1944年已有计划为全澳教职员登记,但未有施行。1945年白达利接任华务局长兼华视学会会长,即着手办理全澳教职员登记工作。计划是分区办理,一方面是防止不法之徒冒充教员,另一方面亦有助于该会对学校的调查工作。教员向该会登记后,由该会鉴别履历,签发执业证照,方准执业。凡一般欲转向别校之教员或已离澳,须若干时间返澳者,可由该学校代为处理,向华视学会登记手续,各校教员须提供照片一幅,不用收费。又凡属以前在教育会领有证件者,只属于该会会员,与登记无关③。然而,登记一事因未印妥"登记折"而两度延期④,1945年7月发函通知各校,分区办理,凡接获该会通知书的教员,限两月内向该会呈报⑤。

该会华务部钟少卿曾于7月16日提出将手续简化,教员无须亲自领证,各学校可将所聘请之教员,列表详细填具姓名、年

---

① 《为求填报手续简化教育界昨举行座谈》,《华侨报》1949年9月27日。
② 《迁离本澳学校须向视学会声明,今日起教师须有证书》,《华侨报》1945年10月1日。
③ 《华视学会会长谈教员登记办法》,《西南日报》1945年6月14日。教育会曾给会员发会员证,澳督于1945年4月24日批准。该证件上中葡文印有性别、年龄、籍贯、住址等资料,由会员自行粘上照片,再呈华视学会加签。见《澳督批准教育会发会员证》,《市民日报》1945年4月26日;《中华教育会签发会证》,《西南日报》1945年4月27日。
④ 《教职员登记再度延期》,《西南日报》1945年6月28日。
⑤ 《教员登记办法,暂行分区办理》,《西南日报》1945年7月19日。

龄、籍贯、已婚或未婚、住址及学历等，呈报该会，另附教员之一寸半身相一张，及毕业证书、履历证件等，呈交该会，以便审查。如无证件，可由该校负责证明，经审核后，准予发给①。教员证登记一事，华视学会共发函通知 42 所学校，截至 8 月初，已有 24 家学校②。8 月中，学校已登记教员 730 名，只有十多人未办手续③，最后登记之教员共 822 名，较前一学期的 700 名要多④。新任的教学人员要向华视学会申请发给证件。

据解释，教员证明书并不限于在职教员，非教员而欲申请教员证，以便日后充当教员者，亦可向华视学会方面提出申请。至于申领手续，须缴交其本人学历证明文件，经该会认为资格符合标准者，即可发给证明书，至于该会辨别资格之标准，则大致与当时中国政府教育部规定教员资格相同⑤，凡欲充当小学教员者，须中学毕业或曾做教员四年以上，充当中学教员须大学毕业，或曾做中学教员四年以上⑥。凡与中国教育部所规定之教员标准不合者，拒发给证明书。该会并定于同年 9 月 1 日派员到各校切实审查教师资格⑦。当日的登记，限两月内完成，最后只有 2 人未符资格。华务局改为华务科以后，又再要求新旧教员，以及从外地来的教员，往该科领取证件⑧。

关于政府要求教员领取"教员证"一事于 1948 年成为议题。中华教育会认为手续烦难，影响学校聘请教员，而理据是中国教

---

① 《教员领证华视学会拟简便法》，《华侨报》1945 年 7 月 17 日。
② 《教员领证工作加紧》，《西南日报》1945 年 8 月 4 日。
③ 《教员证办理将竣》，《华侨报》1945 年 8 月 18 日。
④ 《教员登记八百余人》，《大众报》1945 年 9 月 16 日。
⑤ 《教员领证工作加紧》，《西南日报》1945 年 8 月 4 日；《华视学会九一调查教员证》，《华侨报》1945 年 8 月 11 日。
⑥ 《华视学会规定中小学教员资格》，《市民日报》1945 年 8 月 18 日。
⑦ 《华视学会九一调查教员证》，《华侨报》1945 年 8 月 11 日；《澄清教员资格，南郭先生将走后路》，《大众报》1945 年 8 月 11 日。
⑧ 《各校教员登记仍须向华务科办理》，《华侨报》1946 年 6 月 10 日。

育主管机关向无该例，女性教员更不便领取，故要求政府收回成命①。教育会曾派代表与当局交涉，1948年1月11日，在圣若瑟中学（临时会所）召开第2次理监事常务会议，主席何心源曾作报告，议决召集各校校长商议领证一事②。1948年1月18日于商会召开的全澳校长座谈会，出席的共32所中小学校，会上公推常务理事五名，会同戴恩赛晋谒澳督请示③。然而，教员领证一事似无任何商量的余地。

1949年9月开课后，部分学校仍未呈交各种表格，某些教员亦未领有教员证。民政局教育督导处督学官高美士于1949年9月30日通告各校，对未领有教员证之教员，限期10月7日前办理，否则将受处分。查政府方面，似乎亦曾将手续简化，报载领证的手续如下：

  1. 先往公钞局购备禀纸乙份（银一元，慈善印花二角在内，又另购收银印花一元一角）；
  2. 到新马路弥威士医师处检验体格；附注：弥威士医师便会将禀纸填好；
  3. 携同弥威士医师填好之禀纸连同本人毕业证书，到南环督宪府内，教育督导处领教员证。④

相较而言，从前的领证手续，并无购买禀纸和体检两项；体检一项，女教师难以遵办，应可理解。何心源于9月30日下午应各校

---

① 《校长会议讨论教员证，政府如要执行势无教师就聘，女教师更碍难遵办》，《市民日报》1948年1月20日；《教员领证手续烦难，决请政府收回成命》，《华侨报》1948年1月20日。
② 《教育会昨第二次常会纪录》，《市民日报》1948年1月12日；《校长座谈会决依时召开》，《华侨报》1948年1月15日；《教育会今假商会召开全澳校长座谈会讨论教员证问题》，《华侨报》1948年1月18日。
③ 《侨校教职员领证问题》，《华侨报》1948年1月29日。
④ 《教员领证简化手续》，《世界日报》1949年10月1日。

要求，往谒民政局长兼教育督导处长萨家道，以及督学官高美士，代为请示及陈情。萨家道表示，如因时间问题未及领取教员证，可由校长代表需领证之教员到该局请求或转陈意见，当局将按情形通融。何心源即于晚上在圣若瑟中学二楼举行全澳校长座谈会，有20多人出席①。9月30日晚上的座谈会议，议决拟具呈文，送各校长盖章后，并各校填报之各项表格，由教育会转呈督导处核办。10月7日的呈文，共45所学校校长签署，原文如下：

> 窃为侨校教员例须领证一事，本应遵办，惟查各校教师生活清苦，无力负担，且手续繁难，艰于应付，迫得联呈钧处，免予执行，实为公便，谨呈澳门教育督导处处长萨。②

民政局教育督导处其后覆文，各校请求让教员免予领证一节，未便照准。各校教员仍须领证③。当时督学处统计澳门中小学、义学分校，以及新设学校共计80个单位，只有35人领有教员证④。此事似仍继续，教育会在第27次全体会员大会上，曾就要求取消教员领证事做报告，并提及政府尚未答复⑤。从报道看来，双方似在较劲。1949—1950年上学期行将结束时，有记者专程往民政局督学处调查，称全澳约700名教员，申领教员执照者不足400名，而当局"表示惋惜"，并表示该"功令"志在必行，而同日在《大众报》上也有一则"短评"，准确地报道澳门有711名教员，已办理登记的仅291名，尚有420名教员未有登记，也

---

① 《学校填表及教员领证限本月七日办理完竣》，《华侨报》1949年10月1日；《督学处解释教员领证问题》，《市民日报》1949年10月1日。
② 《四十五间学校校长联呈督导处请免予执行领取教员证》，《华侨报》1949年10月8日。
③ 《各学校教员仍须领证》，《华侨报》1949年10月14日。
④ 《侨校呈缴填报表限期不再展延》，《大众报》1949年10月4日。
⑤ 《教育会年会很热闹政治问题引起剧烈争辩》，《华侨报》1949年11月14日。

劝谕教员从速办理登记，以免督学处下令严厉执法时，丧失教师资格①。

五　办学申请

华视学会撤销以后，在澳门开设学校的申请改由教育行政委员会办理。关于稽查督导和设校的手续和办法，1946年7月27日《澳门政府公报》第30号曾一并公布第946号和第947号立法条例②。第947号立法条例的译文见本书附录20。相关的"非葡籍侨民设校条例"，报载的译文如下：

> 政府现委江世生博士为教育总监，今后本澳教育事业，如非葡籍人在澳门设立学校，均须依照下面之条例，否则恐受取缔。凡外人，如欲在澳门设立学校时，须先由该校创办人具申请书，将在澳设立学校情形，其目的为教授何类文字，开设男校或女校，校内将招收若干学生，教员若干人等，与其他详细章程，送民政总局教育总监，于申请三日后，将由该教育总监、工务局长、政府校医及秘书等多人，联同前赴申请人之校址查阅，查阅所得情形将详细列于调查表上。凡有校舍若对卫生及布置未适合时，则不准许开设，其中有若干点未妥之处，但未见如何重要时，可暂获准许，仍须于该校成立时完成一切，当该调查表缮就后，即交回教育处召开小组委员会商讨，如认为合格时，乃将申请书交澳督批示。如由澳督批准后，乃可在

---

① 《教员向当局领证仅得全数之半，督学处希望从速申请》，《市民日报》1950年1月14日；《教员登记》，《大众报》1950年1月14日。
② 该两条立法条例分别为"将稽查督导教育事宜予以变更"和"规定由外国人在澳设立或为外国人在澳设教之学校取缔章程"，见《澳门政府公报》第30号，1946年7月27日，第607—608页。

澳正式设立学校，但最重要者，属于申请人送申请书时，须另将校长及教员文凭证件等并禀呈交，另外尚须有由警察局领出之证明，证明某人在当地从未犯法者，最后即须有医生证明身体康健等，又查申请手续如下：（1）小学校申请费一十元。（2）中学校申请费十五元。（3）会计班申请费五元。（4）小学教员证明文件手续费十元。（5）中学教员证明文件十五元。（6）证明文件过册费三元（以上俱葡币）。①

该段报道同时指出，当时教育处曾表示葡籍人士设立学校，从前都依照该条例办理，直至当时才向拟在澳设立学校之非葡籍人士颁行。

关于这一项"非葡籍侨民设校条例"，中华教育会常务理事陈道根、罗致知，圣若瑟中学校长刘一心等，曾于1946年8月10日早上往见督导处处长华士贡些路，获复该条例只适用于新设学校，而且葡校设立条例已施行在先。陈道根当时并向华氏提出豁免新校与新教师申请领证费用，以及减少医生证明健康等手续，但所获回复为该等要求，已较葡校为少②。之后，陈道根于同月30日再致函向代督陈情③。

澳门中华妇女会，原计划在南湾广场开设露天教育讲习，开课日期为1946年6月15日。该会于5月27日致函民政局，署理局长华士贡些路于6月4日函复，按规定列出三项条件：教员须领有澳门执业小学教师执照，即已在华视学会登记；课程的大概

---

① 《非葡籍人士在澳设校新例》，《华侨报》1946年8月6日；《澳门教育处颁布学校条例，各华侨学校须注意》，《市民日报》1946年8月6日。
② 《教育会理事谒督学处长请缓执行设校新例》，《市民日报》1946年8月11日。
③ 澳门历史档案馆，档号：MO/AH/EDU/CP/08/0015，第108—109页。

须先呈政府核准；并课程内容不得超过小学课程的程度①。由于有关新闻及政治问题均不能列入课程内，而该会所呈交的教员名单，内有一名教员为澳门新闻记者公会会员，担任"新闻演讲"科目，教育处认为超出小学课程，故未予同意②。另该露天教育学校的章程如下：

表 4-2　　　　　　　　　　露天教育学校章程③

定名	澳门民众露天学校
宗旨	本校以扫除社会文盲及增加民众智识为目的
地点	设在南湾广场
资格	凡中华民国国民不分老幼男女均可听授
课程	公民训练、社会常识、自然科学、每周新闻、国语、算术
时间	六月十日至十月十日每日下午八时至九时，雨天及星期日停课
教员	由中华妇女会、中华教育会、新闻记者公会、三民主义青年团及中国国民党澳门支部派人分担教授
附则	本会所有经费及主持人概由中华妇女会负责

该会其后取消"新闻"部分，华士贡些路亦于 6 月 15 日批复允许举办④。是项活动其后于 1946 年 7 月 8 日举行⑤。就资料所见，即使在校内的教员或学生结社集会，如未有将章程呈准，一律绝对不准举行；除核准的课程以外，校内也不得讨论或宣传课程表范围以外的事项⑥。

---

① 《民政局函复妇女会核准举办露天教育》，《市民日报》1946 年 6 月 7 日。
② 《露天讲习班未开课原因》，《华侨报》1946 年 6 月 23 日。
③ 澳门历史档案馆，档号：MO/AH/EDU/CP/06/0190，第 16 页。
④ 澳门历史档案馆，档号：MO/AH/EDU/CP/08/0015，第 10 页。
⑤ 《讲习班今晚开始》，《世界日报》1946 年 7 月 8 日。
⑥ 《澳门华视学会布告》（1938 年 1 月 12 日），见澳门历史档案馆，档号：MO/AH/EDU/CP/06/0031；《澳门华务专理局华视学会布告》（1939 年 1 月 18 日），《澳门时报》1939 年 1 月 21 日。

六　学校增设葡文科

澳门教育行政会为提倡葡文教育,以及奖励教授葡文的学校,该会会长欧维士于1943年初的会议上提议,增拨经费补助,并获澳督批准。当日华人学校增设葡文班者,计有崇实、望德、雨芬、民主学校,以及海岛市数校,该等学校政府每年均有补助①。表4-3中的资料整理自报章报道和《澳门政府公报》。

表4-3　1943—1950年接受开设葡文班资助的澳门学校②

	1943	1944	1945	1946		1947		1948	1949	1950
	金额(元)	金额(元)	金额(元)	人数	金额(元)	人数	金额(元)	金额(元)	金额(元)	金额(元)
崇实学校	1032	1032	350	20	300	/	/	/	/	/
望德学校	1032	1032	650	20	300	20	300	/	/	/
雨芬学校	1032	1032	300	20	300	/	/	/	/	/
民主学校葡文夜学班	180	/	/	/	/	/	/	/	/	/
中葡学校葡文夜学班	/	180	/	/	/	/	/	/	/	/
吴灵芝学校	840	840	650	100	900	100	800	900	900	1500

---

①　《本澳政府拨巨款补助华人学校》,《大众报》1943年2月23日。
②　《澳门政府公报》1943年第4期(1943年2月13日),第147页;1944年第2期(1944年1月8日),第22页;1945年第1期(1945年1月6日),第5页;1945年第50期(1945年12月15日),第482页;1947年第5期(1947年2月1日),第71页;1948年第3期(1948年1月17日),第37页;1949年第3期(1949年1月15日),第28页;1950年第4期(1950年1月28日),第98页。《本澳政府拨巨款补助华人学校》,《大众报》1943年2月23日;《附设葡文科学校明年补助费规定受津贴学校十余间》,《市民日报》1945年12月19日;《附设葡文科学校明年补助费规定津贴额以鲍斯高为多》,《华侨报》1945年12月19日;《本年度葡文教育补助费当局已在宪报发表》,《华侨报》1948年1月18日;《教授葡语学校本年度补助费》,《大众报》1950年1月29日。

续表

	1943 金额（元）	1944 金额（元）	1945 金额（元）	1946 人数	1946 金额（元）	1947 人数	1947 金额（元）	1948 金额（元）	1949 金额（元）	1950 金额（元）
上海学校	3600	3600	3500	/	2700	/	2700	2700	2700	900
育婴堂	/	/	600	80	600	80	600	600	/	/
圣心	/	1200	1200	66	600	66	600	600	600	600
粤华中学	/	600	1800	149	1800	/	/	/	/	/
同善堂义学①	/	600	300	55	600	55	600	600②	1200	1200
孔教中学	/	/	/	27	300	/	/	/	600	600
鲍斯高学校	/	/	1500	220	1800	/	1800	1800	1800	1800
圣母花地玛学校	/	600	150	33	300	33	300	300	300	300
圣罗撒女中	/	/	/	29	300	29	300	/	/	/
海岛市数校	1260	1260	1000	/	/	/	/	/	/	/
氹仔路环方面	/	/	/	161	1200	/	/	/	/	/
氹仔学校	/	/	/	/	/	/	/	1200	1200	/
氹仔鲍公学校③	/	/	/	/	/	/	/	/	2700	2700
路湾学校	/	/	/	/	/	/	2700	2700	1200	1200
葡驻港总领事	/	/	/	/	/	/	/	9000	/.	
葡驻港总领事分配各校④	/	/	/	/	/	/	/	9000	/	9000
初级学校学生葡语优胜奖金	/	/	/	/	/	/	/	/	/	1200

① 同善堂义学于1944年春开设葡文班，7月3日的葡文考试，民政局长华士贡些路曾亲临监考。见《学校消息》，《华侨报》1944年7月1日；《同善堂义学葡文考试》，《西南日报》1944年7月4日。

② 报道指同善堂义学于1948年9月新学期所获津贴增至100元，政府原定葡文教员贴费为每月50元。《教育消息》，《华侨报》1948年7月11日。

③ 原葡文作"Escola Dom João Paulino"，这家学校即现在的圣善学校（鲍理诺主教纪念学校）。

④ 香港雪厂街16号葡侨俱乐部内设有葡文化协会（曾译作葡语研习所），该所于1947年11月4日成立，见《港葡文化协会开幕志盛》，《市民日报》1947年11月6日。

由于有报章的报道，宪报上所载学校的葡文名称，可以大致确定，但1943—1950年，某些受助学校的葡文名称有点变化，以吴灵芝学校为例，1943年和1944年，宪报上的葡文名是Escola gratuita Ng Leng Chi，1945年开始改为Escola Ng-Leng-Chi，应是该校于1945年由免费的义学改为私立小学。圣心也有不同的名称，1944年是Instituto Canossiano（嘉诺撒仁爱会），1945年初是Escola do Sagrado Coração（圣心学校），1945年底以后是Colégio Sagrado Coração（圣心书院）。至于鲍斯高学校，1945年用的是Escola de Salesianos（慈幼会学校），1946年开始改为Orfanato Salesiano（圣母无原罪工艺学校）。

就资料所见，澳葡政府至迟于1927年已开始要求本地学校增设葡文科，因志道学校校长曾去函华视学会表示无法负担葡文教员的经费[①]。1929年，政府开始拨出经费，用作学校加设葡语科的津贴。华视学会1929年3月18日会议纪录，内记政府核准会长之呈请，即"发给补助费与华人学校二间俾得教习葡文"，华视学会各会员议决将补助费给予粤华和崇实两校[②]。粤华学校曾于1929年向华视学会签发收据，款项为政府补助该校增设葡语班[③]。1931年8月1日第31号澳门《政府公报》刊登第196号立法证书"饬拨银一万二千元为澳门香港九龙各学校教授葡语津贴之用"[④]，1940年3月9日第10号《澳门宪报》亦见澳督1940年3月1日批示专款12000元，用作宣传葡文之用，受惠的学校包括"香港的学校"、崇实、公教、望德、雨

---

① 《尹梓琴致华视学会会长诺拉斯古函（1927年12月6日）》，见澳门历史档案馆，档号：MO/AH/EDU/CP/06/0073，第6—7页。
② 澳门历史档案馆，档号：MO/AH/EDU/JIECM/01/0001（1915年8月6日—1934年9月19日），第20页。
③ 该收据照片见《双源惠泽，香远益清——澳门教育史料展图集》（陈志峰主编，澳门：澳门中华教育会，2010年），第82页。
④ 《澳门宪报》1931年第31号（1931年8月1日），第750页。

芬，以及海岛市数校①。此外，有报道指澳葡政府于1935年颁布澳门华人学校每周须增设葡文四五小时，各校一致反对，当日甘介侯曾到澳门交涉②。

澳门政府民政厅教育科，于1944年要求全澳华侨学校增设葡文，并呈送总督戴思乐批核执行，时任署理民政厅长兼该厅教育司司长为华士贡些路。由于增设葡文班涉及师资和经费问题，尤其教员方面必须在厅注册者方为合格。自消息传出以后，培正和协和两校积极回应，并决定先设初级班，于10月29日开课③。政府于10月上旬正式批准在案，并即日执行，所有葡文班教程，全部经教育司编定，该司并于10月13日召集全澳政府委任之葡文教员训话，并授以全部教程，依照进行④。华士贡些路于1944年10月24日下午时曾假澳门商会二楼召集全澳侨校校长开会，当日华务局局长施多尼亦有参加。侨校校长及代表四五十人出席，华士贡些路表示附设葡文班有助于沟通中葡文化，增进中葡友谊，发展教育事业，已由培正、协和两校率先举办，以期逐步推行，希望各校能协助政府共同办理一切。然而，侨校对此应有保留，朱伯英于会上曾报告纪中校长戴恩赛曾于24日上午晋谒总督戴思乐，商谈旅澳侨校附设葡文班事情，谓旅澳侨校之附设葡文班，抑或暂行缓办等，惟仍希能按各校情形，俾作圆满之解决⑤。

---

① 《澳门宪报》1940年第10号（1940年3月9日），第149页；1940年第16号（1940年4月20日），第229页。
② 《甘介侯抵港转澳》，《申报》（上海）1935年10月28日，第8版。萧吉册：《澳门华侨教育近况与澳门强迫华校增授葡文之经过》，《时事月报》（南京）第14卷第1期（1936年），第14—15页。
③ 《协和培正两校增葡文科》，《大众报》1944年10月12日。
④ 《侨校增设葡文班批准执行》，《大众报》1944年10月14日；《侨校增设葡文班，获当局批准施行》，《西南日报》1944年10月14日。
⑤ 《民政厅长华士贡些路昨召集侨校校长会议商谈各校附设葡文班等事宜》，《西南日报》1944年10月25日。

七 学校立案和注册

民国以前之新式学校制度，始见于光绪二十八年（1902）所颁布之"钦定学堂章程"，即"壬寅学制"，但未及实行，便于次年另颁"奏定学堂章程"，即"癸卯学制"。民国成立后，教育部重订学制，于1912年9月3日公布《学校系统令》，即"壬子学制"。全国教育会联合会于1915年首次召开，会上有改革学制系统案的讨论，1922年11月1日公布《学校系统改革案》，即"壬戌学制"。查1921年第7届全国教育会联合会上所收草案，以广东省教育会所提交的较为完备[①]，故大会以之为据，再审查各省的提案[②]。该草案于1922年10月交由第8届全国教育会议再加讨论，最后由教育部订定公布[③]。"壬戌学制"就是六三三制，确立小学、初级中学和高级中学。1927年7月国民政府公布《中华民国大学院组织法》，并于是年冬成立"大学院"，作为全国最高学术及行政机关，1928年通过"中华民国学校系统案"，但未经公布，是年10月裁撤"大学院"，恢复"教育部"。

（一）华侨学校立案条例

《侨民学校立案规程》于1929年9月由教育部公布，1934

---

① 广东省教育会如何组织学制系统研究会，以及其中的研究和讨论详情，可参金曾澄《广东提出学制系统草案之经过及其成立》，《新教育》（上海）第4卷第2期（1922年1月），总第17期，第175—186页。

② 李石岑：《新学制草案评议》，《新学制的讨论》上卷，上海：商务印书馆1925年版，第17页。全文，第15—29页。

③ 以澳门崇实学校为例，从1923年（癸亥年）的招生简章所见，该校设高等小学和国民学校，高等小学分三级，国民学校分四级，每学年编制一学级。高等小学和国民学校的课程中都包括修身、国文、国语、珠算、笔算、体操、图画、唱歌、手工等科目，高等小学再增加经学、历史、地理、理学、英文等科。该校并附设女学，增授裁缝、刺绣、编织、家政等科。另该校高等小毕业生可以升入广州及各省中学肄业。《澳门崇实学校简章》，见"双源惠泽，香远益清——澳门教育史料展"展品。

年3月修正①。查澳门私立学校的毕业生如回国升学，其所就读的学校必须立案，他们所持的毕业证书也必须验印。《侨务委员会指导侨生回国升学规程》（1933年11月16日公布）第三条第二款规定，须"有当地本国领事馆党部商会教育会或经本会立案学校之一之证明书或介绍书"，另第三款规定，须有"呈验毕业文凭或修业证书转学证书学校成绩单等"。侨民教育原本由教育部主管，1929年12月国民政府公布《华侨教育设计委员会组织条例》，"华侨教育设计委员会"成为该部办理侨民教育的设计咨询机构。《侨务委员会组织法》于1931年12月公布后，"侨务委员会"改隶行政院，并于1932年4月正式成立。侨委会附设有"侨民教育处"，经教育部同意下，侨校之调整、立案、监督等初步工作，改由侨委会办理。至于侨教方针、计划、经费、课程和师资等方面仍由教育部主管。《侨民中小学规程》于1931年1月由教育部公布施行，1934年2月由侨委会教育部会同修正公布。1939年7月，"华侨教育设计委员会"改由教育部和侨委会会同组织，定名为"侨民教育设计委员会"。该会有当然委员八人，由教育部和侨委会各派三人，外交部和中央党部海外部各派一人，并加侨教专家和民教行政人员五至九人为委员②。1941年7月，粤教育厅奉部令，将原日所属香港、澳门和广州湾各侨校，改归教育部和侨务委员会会同管辖，嗣后侨校之分校并须重新立案③。侨民教育于抗战时期是作为国防教育文化建设的重要项目。港澳方面，为改进及督促港澳侨民教育，教育部于1941

---

① 本节提及"立案规程"、"升学规程"、"组织条例"、"组织法"和"中小学规程"等，参见徐百齐编《中华民国法规大全》第1册，上海：商务印书馆1936年版，第1300、1308、1290、314、1301页。

② 《教育部及侨委会组侨教设计委会推进侨民教育》，《国民日报》（香港）1941年6月22日；中华民国教育部编：《第二次中国教育年鉴》，上海：商务印书馆1948年版，第1258页。

③ 《港澳各地侨校改由教部管辖粤省府通令各校遵办》，《国民日报》（香港）1941年7月14日。

年同意设立驻港澳侨民教育专员,其职能包括:(1)管理当地侨民教育行政;(2)推行中央关于侨民教育之政策及法令;(3)督促改进当地侨民教育;(4)指导当地侨民子弟回国升学①。截至1941年6月,据《侨民教育季刊》的统计,澳门立案的侨校,设有高初两级中学的只有两所,一所为澳门中德中学,另一所为澳门雨芬中学;设有初级中学的有四所,分别为复旦初级中学、尚志初级中学、崇实初级中学和濠江初级中学②。只是这份名单并未包括立案小学,如陶英小学等,而上述的数字也应只限于在教育部和侨委会立案的学校,当时的望德女中、鲍斯高中学、圣若瑟中学、崇实中学、西关培英分校、洁芳女中(以上六校初中部)、圣罗撒女中、粤华中学、执信女中及幼稚师范、岭分中学、广中中学、教忠中学、越山中学、广州知用中学、协和女中及幼稚师范和纪念中学(以上十校高初中部)十六校,于1939年已于广东省教育厅立案③。

以濠江中学为例,该校于1939年的招生简章中便列有"中国教育部中央侨务委员会立案",广东省"教育厅立案",以及澳门的"葡政府注册"等资料④。表4-4是澳门私立濠江小学校于1937年呈交侨委会的立案表册其中的部分资料,大致可以了解该小学的具体概况⑤,该份文件另有多种表格,包括职员履历(表之三)、教员履历(表之四)、学生一览(表之五)、民国廿五年度预算(表之七)、课程(表之八)、教科书目录(表

---

① 《教育部侨务委员会设置驻港澳侨民教育专员办法及往来文书》,见《第二历史档案馆澳门地区档案史料选编》,270/1941.4/五/13342/35J-181/509。

② 《二十九年度侨民中等学校一览表》,《侨民教育季刊》第1卷第2期(1941年9月),第87—89页。

③ 《港澳在中国立案之中等学校调查》,《广大知识》第1卷第5期(1939年),第98—100页。

④ 吕家伟、赵世铭编:《港澳学校概览》戊篇,第27页。

⑤ 《侨务委员会转报澳门濠江中学附属小学立案表册及教育部的复函》,见《第二历史档案馆澳门地区档案史料选编》,254/1937.6-7/五/13310/35J-180/478。

第四章　政府对私立学校的管理

表4-4　澳门私立濠江小学校1937年春呈侨委会立案表之一

侨民小学立案报表之一

学校概况

项目	中文		外文	
校名	私立濠江小学校		Escola Secundaria "Hou Kong"	
校址	澳门天神巷十六号		Travessa das Anjas	
组织	校长之下分设教导部总务部，主理各该部事务，各级分设级任，并由全校教职员组织校务会议以处理全校行政事务			
编制	级数 班数	高小 二 一　初小 四 三　幼稚园 三 一　合计	各级学生数	高小 六 4 ... 合计 二年级 一七 三年级 一四 四年级 一四 合计 十一 ; 种类 甲班 乙班 丙班 合计 幼稚园 九 十五
全校学生总数	一百一十六人		历年毕业生数	二百二十四人
经常费临时来源	（一）经常费来源为每学期所收之学费 （二）临时费来源为校长补助及热心赞助本校之华侨捐赠		现任教职员数	九人
学校不动产总价值及基金总额	不动产总价值　一千二百元		基金总额	
办理经过及沿革	本校创办于民国廿二年，去年春前校长因事离职，由现任校长黄晓生接办并加改组，添招新生，办理已略具规模			
曾否在当地政府注册	澳门民政厅设准证第三号，一九三六年三月十一日发给		曾否受当地政府津贴	否
备考	本校因办理基础已固且难得适当人选，故未组织校董会。拟请照修正侨民小学校董会组织规程第十三条准予免设			

之九)、参考书目录(表之十)、全部图书目录(表之十一)、仪器目录(表之十二)、教具校具分类统计(表之十四)、体育卫生等设备目录(表之十五)、校舍平面图说明(表之十六),故立案须准备相当多的文件。又从表八可以知道,该校初小及高小均设公民训练、卫生、体育、国语、自然、算术、劳作、美术、音乐等科,另初小有社会科,高小则有历史和地理两科。

侨委会和教育部于1940年12月曾颁布《港澳侨民学校立案暂行标准》,港澳侨民学校须符合该标准始予立案。立案学校于抗战时期,曾经得到侨委会补助津贴,1944年初澳门共30所立案侨校。

抗战期间,侨委会曾经多次汇款救济澳门的侨校教员,在澳门统筹其事者即私立中德中学校长郭秉琦,报章更不讳言由他"负责秘密主持此间国民党务,努力地下工作"①。广州中德中学1938年在澳门设立分校,据周雍能所述,目的之一,实为在澳门发展国民党的党务②。抗战胜利后,为协助各地学校复员,侨委会曾拨款资助澳门的立案侨校,购置图书和仪器。凡立案侨校,小学给予国币20万元,中等学校给予国币25万元,各校可自审所需,开列清单,由侨委会代购转寄具领或折价汇寄现款均可③。就报道所见,侨委会的补助费经由广东银行汇至,中德和

---

① 《郭秉琦夫人在穗逝世,中德开追悼会》,《市民日报》1947年1月17日。
② 《周雍能致教育部立公先生部长(1939年11月19日)》,见《第二历史档案馆澳门地区档案史料选编》,280/1939-1944/五/13343/35J-182/277。据周雍能口述,澳督巴波沙曾应日军要求,在中德中学内将他逮捕,幸得徐伟卿和崔乐枝营救,终判驱逐出境,及巴波沙病殁,新任澳督德拉赛对日人没有好感,他又得以在澳门活动,当时澳港两地跑,直至太平洋战争爆发,港澳交通断绝而留在澳门,他本人曾在澳门设电台,利用和澳督的关系,搜集日军情报。参见《周雍能先生访问纪录》(沈云龙访问,陈三井、陈存恭记录,台北:"中研院"近代史研究所,1984年6月),第150—155页。
③ 《侨委会加紧推动侨教复员,拨款补助立案侨校购置参考图书实验仪器》,《华侨报》1946年12月9日。

陶英于1947年1月底分别收到国币25万和20万元①,崇新、东莞同乡会小学、致用、知行等小学②,也于2月间先后收到国币20万元。

(二) 抗战胜利后推动侨校立案工作

1946年2月23日,侨委会处长周尚莅澳访问,中国国民党澳门支部执行委员会常务委员屈仁则,发动全澳中小学校,假座平安戏院举行欢迎大会。欢迎会定3月1日上午9时假平安戏院举行。全澳中等学校学生全体出席,小学则每校派高年级学生代表5人出席。全澳学校校长暨教职员全体出席。鲍斯高学校派出洋乐队到场担任奏乐。各校约派童军20名,于上午8时30分到场维持会场秩序。大会经费预算约75元(包括:生花横额约30元,布置费及扩音器约25元,签名白缎约20元),各中等学校每校负担4元,小学每校负担2元③。

国民党澳门支部余和鸿、刘紫垣两委员于1946年11月开始,陆续视察澳门侨校,包括镜湖学校、鲍斯高中学、致用小学等校④。其后,侨委会规定,凡立案侨校,一律由侨委会发给立案证明书,学校自行制框悬挂,并饬令中华教育会将侨校立案年月及字号查明汇报,以凭核办。又立案手续亦相应简化,中学15种立案用表及小学7种立案用表合并为"学校概况表",并免去呈缴校董会章程及学校章程,侨校立案只须填报学校概况表、学生一览表,以及毕业生一览表各三份;一份存校,两份存领使

---

① 《侨委会□到侨校改善教育经费》,《世界日报》1947年1月27日。
② 《教育消息》,《华侨报》1947年2月2日,1947年2月14日,1947年2月27日。
③ 《全澳中小学校员生明日欢迎周处长》,《市民日报》1946年2月28日。
④ 《澳支部余刘两委员视察镜湖学校》,《华侨报》1946年11月19日;《澳支部余刘两委员视察鲍斯高中学》,《华侨报》1946年11月20日;《余刘两委员视察致用小学》,《华侨报》1946年12月1日。

馆（无领使馆之地呈教育会），经领使馆（教育会）加具考核意见后，抽存一份，一份呈送侨委会立案。又凡于1946年以前成立又未经立案的学校，须于1947年度内完成立案手续。1947年2月24日，《世界日报》刊登了相关的三则侨委会训令，其中侨教导字第27694号，更规定"嗣后澳门境内各侨校呈请立案，须由该分会呈转，并先依照港澳侨民学校立案暂行标准，详□内容，加具考语，方得予以呈转，以便审核"①。1947年2月4日以侨教导字第28780号令澳门教育会遵照在案，立案证明书由教育会查明并转发立案侨校，由侨校制备悬挂，如停办或有所变更，由教育会呈报，并缴回原发证明书②。

《侨民学校立案规程》于1929年9月公布，1934年2月经侨委会和教育部会同修订③。按规定，凡中华民国人民在侨居地设立学校，设立者或其代表（校董会）须具立案呈文及表册两份，由当地侨民教育团体转呈或直接呈交侨委会，会同教育部核办④，故教育会于侨校立案过程中相当重要。该会第19届全体理监事于1946年12月1日宣誓就职时，朱葆勤为教育会定下三项方针，第一项即为"加紧与侨委会之联系，并协助未立案之学校与侨委会建立联系"⑤。除立案表册由教育会审查存案外，各校每学期所呈报的表册，其后亦交由教育会审核后汇转⑥。1947年8月教育会第9次常务会议中的报告事项，其中一项即为"行易

---

① 《教部重视侨教，侨校一律须呈请立案》，《世界日报》1947年2月24日。
② 《侨委会电令教育会检发立案侨校证书》，《华侨报》1947年5月23日。
③ 教育部暨侨委会于1941年初曾颁布《修正侨民中小学校董会组织规程》和《修正侨民学校立案规程》，见《教育部暨侨委会颁布侨校两规程》，《国民日报》（香港）1941年2月14日。报载的修正规程，与1934年2月所公布的文本只差呈交立案文书须附表册的数量由两份加至三份。
④ 阮华国编：《教育法规》，上海：大东书局1947年版，第572—574页；《中华教育会请示规程协助侨校立案》，《华侨报》1946年5月12日。
⑤ 《教育会理监事昨行宣誓就职礼，港澳总支部吴公虎委员监督》，《大众报》1946年12月2日。
⑥ 《中华教育会昨举行理监事就职礼》，《华侨报》1947年12月22日。

等校立案表册请予转呈侨委会由"①。1948年1月11日教育会第2次常务会议，曾讨论应否邀请外界参加审核各校立案表册，会议纪录中的议决是"不必邀请"②。

侨校立案后，可享有教育部所订定的各项权利，如办理优良者，可以申请经费补助③。另外，就是施行宪政时期，海外的华侨团体，必须正式获得侨委会批准立案，才有合法地位，享有选举权益④。

由于每届中小学生之毕业证书，除原校戳印及钤记外，须转呈侨委会加验印存案，侨委会为减省邮递不便，曾规定小学毕业证书由海外当地之华人教育会自办验印手续⑤。1948年2月22日，教育会召开第3次常务会议，就澳门侨校高级小学毕业证书由教育会验印一事，议决去函侨委会，请仍照旧案办理⑥。惟至该学期结束仍未获复，该会即函知各校，在未奉侨委会饬令在当地教育会验印时，仍将该项证书照寄侨委会验印⑦。其后经九所侨校联呈，列举不便之点，请求侨委会照常验印，侨委会电复照准，但是否只限于该九间侨校并不清晰，而当时已有11所小学将该学期毕业书数百份交教育会，故该会只好去函向侨委会请示⑧。

---

① 《教育会常会议决筹备庆祝教师节》，《市民日报》1947年8月12日。
② 《教育会昨第二次常会纪录》，《市民日报》1948年1月12日。
③ 《侨委会提高海外文化补助侨校经费》，《华侨报》1948年12月15日。
④ 《侨团立案手续》，《华侨报》1947年5月27日。
⑤ 《减省传递麻烦，小学毕业证书由教育会验印》，《华侨报》1948年2月17日。
⑥ 《教育会进行请求取消领教员证》，《华侨报》1948年2月23日；《本澳华侨小学毕业证书验印，请侨委会照旧办法》，《华侨报》1948年3月3日。
⑦ 《侨校小毕业证仍寄侨委会验印》，《华侨报》1948年7月11日。
⑧ 《高小毕业证书仍由侨委会验印》，《华侨报》1948年9月3日；《侨校证书验印教育会讨论》，《华侨报》1948年9月6日；《小学毕业证书未验印发还，教育会去函请示》，《华侨报》1948年9月25日。

(三) 澳门侨校立案的情况

截至 1946 年底的统计，当时海外各地的侨民学校共 3455 所，已立案的只有 673 所，也就是不足 20%。就所见资料，澳门当时被列作"葡属帝汶及澳门"，共有 45 校，36 所已立案，9 所未立案；而香港有 445 校，86 所立案，359 所未立案①。教育会于 1947 年曾收到侨务委员长刘维炽谕，着该会调查尚未立案的侨校②。当时谓海外侨校有 3400 多所，但立案者不足半数，侨委会为求简化立案手续，将表册简化为"概况"一种，除港澳其他海外各地，小学立案并免报学生毕业生一览表，中学立案免报学生一览表。据报道，1948 年澳门侨校共计 51 所，19 所未有立案③，当中包括达明、启智等小学，以及文英、寄萍等补习学校④。

澳门侨校于每学期须向侨委会呈交表册，中等学校 11 种，小学 5 种，填报职教员、新旧学生、插班生等资料，表册于 1947 年底修正，中等学校减至 4 种，小学则 3 种⑤。侨委会侨教导字第 40138 号代电："查修正侨民中小学期报表式，前经电饬该会转发各侨校，依期造报在案，现查三十六年度第一学期，即将结束，合行电仰该会转各侨校迅即造报为要"，教育会即于 1947 年 12 月 20 日致函转知各侨校办理⑥。按规定，"校务概况表"和"教职员一览表"于每学期开学后一个月内填报，"毕业生成绩

---

① 中华民国教育部编：《第二次中国教育年鉴》，第 1257 页。
② 《本澳侨校须速向侨委会立案》，《华侨报》1947 年 8 月 12 日。
③ 《侨委会加强对侨校联系，简化侨校立案手续，中华教育会遵命通知未立案学校》，《华侨报》1948 年 5 月 29 日。
④ 《侨委会促侨校办理立案手续》，《华侨报》1948 年 4 月 5 日。
⑤ 《侨委会修正侨校报告表式中学四种小学三种》，《华侨报》1948 年 1 月 7 日。
⑥ 《侨澳中小学校学期报告表侨委会函促造报》，《华侨报》1948 年 3 月 7 日。

表"则于学生办理毕业后一个月内，连同毕业证书呈报①。国民党当局迁台以后，曾将《侨民中小学规程》、《侨民学校立案规程》和《侨民学校董事会组织规程》三项法规合并修订为《侨民学校规程》（1954年6月16日公布），立案手续力求简化②。截至1956年底，据侨委会的资料，当时澳门有中学20所，小学43所，其中立案中学11所，立案小学17所③。资料见表4-5。

表4-5　　　　　　　　澳门立案侨校（1956年）

中学	小学
澳门中德中学	澳门中德中学附属小学
澳门圣罗撒女子中学	澳门圣罗撒女子中学附属小学
澳门圣若瑟中学	澳门圣若瑟中学附属小学
澳门私立兴中初级中学	澳门私立兴中初级中学附属小学
澳门望德初级女子中学	澳门望德初级女子中学附属小学
澳门广州德明中学	澳门广州德明中学附属小学
澳门难胞义务初级中学	澳门难胞义务初级中学附属小学
澳门粤华中学	澳门致用小学
澳门越海文商学院附属中学	澳门陶英小学
澳门铁城纪念中学	澳门崇新小学
澳门仿林中学	澳门励群小学
	澳门东莞小学
	澳门吴灵芝小学
	澳门佩文小学
	澳门汉文小学
	澳门崇实小学
	澳门路环九澳学校

---

① 《侨委会提高海外文化补助侨校经费》，《华侨报》1948年12月15日。
② 《第三次中国教育年鉴》，台北：正中书局1957年版，第968页。
③ 同上书，第1040—1041页。

除上述学校以外,大概还有中山书院和知行中学等校未有立案。这些学校大致就是一些天主教学校和亲国民党的学校①。立案的侨校,从1955年1月开始,可按月获得中国大陆灾胞救济总会补助港币3000元,另从1955年9月开始,设有澳门中等侨校清寒学生助学金额200名,按月获得补助,并由侨委会供给教科书。

小结

笔者从澳门报章整理出来的资料,大致可以看到澳葡政府对于私立学校的管理,在行政方面有相当严格的规定,除要求各校填报各式各样的表格外,前期的华视学会和后期的教育督导处,亦定期巡查各校。这些监督和管理都是有法可依的,包括1914年12月15日的第300号札谕中提及的视察私立学校,以及1939年9月第9:277号札对管理私立学校所定下的一些细则②。该法例译文见附录21。澳葡政府对于私立学校不遵札谕中的规定,曾显示过相当强硬的态度。第300号札谕中有关于男女同校的一些规定,私立学校长期忽视,应是华视学会通告各校遵守,结果引发校长联名向澳督请愿。时任署理澳督马嘉龄于1929年4月13日颁布第262号札谕,第一条规定"凡华人私立学校无论系男校或女校均准兼收男生或女生但兼收之生以不过十二岁者为限",第二条即规定为"凡华人私立学校违背一九一四年第三百

---

① 冯汉树:《澳门华侨教育》,台北:海外出版社1960年版。
② 黎义明指出1976年以前在《政府宪报》颁布的教育法例,除了第9:277号札以外,几乎都是为葡文学校和中葡学校而设的。见氏著《对澳门地区教育立法的历史分析》,载单文经编《澳门人文社会科技研究文选·教育卷》,北京:社会科学文献出版社2009年版,第128—129页。属务部第9:277号札,葡萄牙共和政府通过澳门总督发布并执行1934年1月5日的第23:447号法令,其中第二章赋予澳门公共教育视察员监督私立学校的职责,因职务所需,可以施行巡视、考试、监督或其他监督措施,见《澳门宪报》1939年第39号(1939年9月20日),第531—538页(见附录21)。

号札谕第七款规定即一九一五年第一七二号札谕修正之条收过于十二岁之男生或女生者嗣后不准再行继续滥收"。澳督巴波沙再于1930年2月21日颁布第377号札谕,重申必须施行第262号札谕,并着令华视学会查察各校,不遵守者将被撤销学校准照,原文是中葡对照,故可见其重视程度①。

又1946年6月第937号立法条例中的《小学教育、幼儿教育及中葡教育组织章程》,第13章"检查和监督"中第114款,规定初级教育督学(Inspector do Ensino Primário)负责监督管理澳门的初级、幼稚教育,以及所有公立私立学校的工作②。抗战胜利以后,教育督导处曾执行私立学校教员登记和领证的制度,以保证教员资历符合标准。此外,澳葡政府有意在私立学校加设葡文班,但由于师资和某些缘故,效果不彰。另外,抗日战争爆发以后,有相当数量在教育厅或教育部立案的学校迁往澳门,这些学校依照国民政府教育法令办学,是理所当然的。至于在澳门的其他私立学校,由于毕业生有回国升学的需求,也就顺理成章,得依照《侨民学校立案规程》或《港澳侨民学校立案暂行标准》立案,如是者各校亦须按照法例呈交各式样的表册,接受规管。

---

① 《澳门宪报》1929年第15号(1929年4月13日),第265页;1930年第8号(1930年2月22日),第110页。
② 《澳门政府公报》1946年第28号(1946年6月11日),第439—459页。另参Aureliano Barata, *O ensino em Macau, 1572 – 1979*, pp. 93 – 94。

第五章　抗战时期教师与学生的救济

前言

抗战期间，大量人口涌入澳门，当时澳门的中小学校皆有人满之患，各校学生名额在数百以上，部分教师的收入亦可观①。这是澳门教育的一个黄金时期，而当时的经济也有不俗的发展，尤其是金融业务②。到太平洋战争爆发以后，粮食价格急涨，中下层民众的生活变得困难，靠外洋汇款生活的家庭也因澳门交通受阻而陷于困境③，加上死亡、失业和回乡等因素，澳门的学生人数随之大减。学生减少，学校只能裁员减薪甚至停办，教师也就失业。当时有部分学校，借增收学费以补收入，结果是在职者略为加薪，但更多的情况是教师失业。从报章在新学期开始前后

---

① 报道指1941年前后，中学教员月薪有40—60元不等，小学教员20—40元不等。见《为清苦教员们呼吁》，《西南日报》1945年6月28日。

② 张晓辉：《抗战前期澳门的经济社会（1937.7—1941.12）》，《民国档案》2005年第3期，第82—89页。即使在太平洋战争爆发后，澳门仍然是南中国金融贸易市场的枢纽，1942年中澳门就有150多家银号经营找换和汇兑，盛极一时。见《本澳银号日趋蓬勃业达百五十余家》，《华侨报》1942年6月4日。

③ 培英、培正、广大附中、越山、中联、广中和雨芬等七校，曾经联电美国三藩市中西日报刊登新闻，原电略谓"澳门安静，澳广东银行周转不灵，各级学校，则照常开课，华侨汇款来澳，可经由里斯本转澳门大西洋海外汇理银行"。见《七校联电美报俾明汇路俾得接济侨生》，《大众报》1942年2月24日。

刊登的特稿或短论，便可概见当时的情况。1942 年 9 月 1 日《华侨报》上一则新闻，标题为《华侨教育一个严重问题：本澳学生人数锐减，学校经费支绌教师情状惨苦，义学异常冷淡，免费亦无学生》，据报当时一般家长未能让子弟入学，学生人数减至平时之 20%—30%[①]。1943 年 1 月 31 日《大众报》记者雷学钦撰文，标题为《生活高压下，教育界一问题，学校在惨淡挣扎中》。1943 年 2 月 15 日《华侨报》的社论是《救师运动》。1943 年 9 月 16 日《华侨报》"读者园地"一篇署名谭枫的文章，题为《从教育说到澳门的教育事业与危机》，该文提出一些关于澳门学校财政、师资和训育的问题。1945 年 1 月 15 日《华侨报》上另一则新闻，题为《如何挽救此危机：教师既穷学生更穷，学费虽已增加教师仍难温饱，平常人家亦无法供子弟读书》。

一　教师的待遇

抗战时期，澳门大部分教员的待遇十分微薄，生活艰苦。根据 1941 年 9 月的一篇报道，记述当时小学教师有"专任"和"钟点"之分。钟点教员薪金，以每星期担任一小时计，最高的时薪是 1—1.5 元，低的就只有 3—5 角，更少的也有。至于专任教员，有待遇不薄的，级任月薪有四五十元，但为数极少，最常见的是 20 元以下。该报道的作者且举在新桥的小学校任职的专任教员为例，有些只有月薪 7 元[②]。一位署名谭枫的作者，在《华侨报》"青年园地"创刊号上，便表示自己是拥有一份"优缺"的小学

[①] 《华侨报》1942 年 9 月 1 日。另《华侨报》1942 年 11 月 17 日的"青年园地"，有一篇署名枕戈的文章，题为《急待救济的失业教师》，直指教育会于 8 月 27 日教师节当日提议，质疑并非救济失业教师的根本办法。

[②] 键：《本澳小学教师》，《华侨报》1941 年 9 月 3 日。

教师，月薪23元，每学期有五个月支薪①。培正小学应是待遇不薄的例子，"私立广州培正中学附属小学校"于当时已迁至澳门，校址在大堂街14号，该校于1941年9—11月间呈报广东教育厅的资料，显示该年度小学六级共915名，大部分级任老师，每周40节课，月薪大多为40元②。1942年初，某小学招请女教员，担任图工音算各科，广告注明每月国币100元，学校提供膳宿，以无家庭责任为合③。这个时期，有教师收入低至不能支持生活，有些则不得已多兼钟点，中学有每周教40—50小时，小学的甚至有每周数60—70小时④。此外，普通的学校在春假和暑期是不支薪的⑤。1943年8月27日，在中华教育会第21次会员大会上，余炽南曾动议澳门学校给教员加薪，直言澳门有不少学校，一年只支薪10个月，但学费则收足12个月，当时的大会主席朱伯英亦表示，广东省教育厅对于教员薪俸，明令规定支付12个月，故决议致函各校，请求向教师支付6个月的薪金⑥。

当时的教育事业尽管相当困难，但也有报道指某些学校因学生增加，教员获得加薪。1943年9月，总理纪念中学因新学期招收了240多名新生，教师获得加薪，报道指该校进行改革，校长戴恩赛将校中事务交事务主任赵伯驭负责，聘数学名师张兆驷、符俊，历史名师陈道根，以及黎藻鉴和区茂泮等；又岭分中学原为一所较为"贵族的学校"，该校收取的学费和杂费，较其他学校为高，学生人数也较为稳定，由于新学期学生人数增加70多名，除去退学的，该年度仍增加40多名，校长何鸿平除增

---

① 谭枫：《……留澳？回港？返乡？》，《华侨报》1942年11月4日。当时安乐园出售的盐面梳打饼干每磅双毫三元二毫。见广告，《华侨报》1942年11月21日。
② 《私立广州培正中学附属小学校二十九年度校务概况职教员一览册》，1940年9—11月。
③ 《聘请女教员》，《大众报》1942年3月20日。
④ 《教师运动》，《华侨报》1943年2月15日。
⑤ 键：《本澳小学教师》，《华侨报》1941年9月3日。
⑥ 《教育会议决函请中央救济本澳教职员》，《华侨报》1943年8月28日。

第五章　抗战时期教师与学生的救济　179

聘教师外，其他主任教员亦获加薪；又中德中学于1943年9月同样因为投考者众，教师获加"米津"①。

关于提高教员薪金一事，中华教育会于1944年6月14日，曾借用美国楼茶室召集各校代表联席会议，出席座谈会的包括佩文、灵芝、陶英、达明、崇德、励群、广中、圣罗撒、岭分、培英、孔教、启智、培正、青华、粤华、知行、协和、淑贤、望德、汉文、兰室、致用、蔡高、知用、濠江、崇实等各校代表，个人出席者有朱伯英和罗季昭两人②。当晚共有校长代表27人出席，会上通过于新学期开始，提高学杂费20%—30%，教职员薪酬借此可增加25%③。然而，当日的评论，对于增薪一事并不乐观④，而结果是学杂费增加，教职员加薪一事，却少有学校实行，澳督戴思乐和华务局长施多尼曾过问，表示希望各校切实执行中华教育会的决议⑤。然而，也有某些学校薪酬优裕的，私立广州培正中学的一份聘书，聘用期为1945年2月1日至8月31日，聘陈赞武为该校的"专任教员"，每月的薪金为65元，如不教夏令馆，则停送该月薪金⑥。报道指全澳学校于1945年9月，普通小学每学期的学费增加5元，中学则增加10元，旧生则按上学期原额收费，以作优待⑦。

---

① 《纪中教师加薪》，《大众报》1943年9月4日；《岭分教师加薪》，《大众报》1943年9月8日；《中德教员加薪学生数额突增》，《大众报》1943年9月11日。该校初中学杂各费63元，高级小学41元，初小三、四年级34元，一、二年级9元，寄宿生膳宿各费82元。《岭南附设第二中学暨小学部招生简章》，《港澳学校概览》戊篇，第30页。

② 《全澳侨校代表会议决提高教员待遇下学期学杂费亦增加》，《华侨报》1944年6月16日。

③ 《各校会议结果通过增加教员薪金》，《西南日报》1944年6月16日；《全澳侨校代表会议，决提高教员待遇，下学期学杂费亦增加》，《华侨报》1944年6月16日；《羊毛出自羊身上，老师加人工，学校增学费》，《大众报》1944年6月16日。

④ 雷学钦：《学校增费和教师加薪》，《大众报》1944年6月23日。

⑤ 《增加教职员薪水望各校善为处理》，《西南日报》1944年7月8日。

⑥ 《培正中学聘书》，见"百年树人——澳门百年教育文物史料展"展品。

⑦ 《全澳学校将增学费》，《西南日报》1945年7月31日。

二 教育会对教师的救济工作

太平洋战争爆发以后，粮食短缺，澳门政府"计口售粮"。1942年2月的"购买粮食凭券"，政府将全澳分为（1）大堂坊；（2）花王堂坊及进教围坊和（3）风顺堂坊，每坊设分派所分派，到3月份即改为分十处分派及换领，相关办法并于宪报及报章刊登。换领凭券，原初由民政厅办理，其后改于市政厅办理①，当时并设有"粮食统制委会员"②，时任警察厅督察长官耶曾任委员③，该会实际是设于警察厅内。粮证可能曾经是按季换取的④，也有检查登记手续⑤。每月的粮证须经政府签划，方可付款购买。大概因手续繁复，1942年2月13日，因某些教职员及其家属于领得2月份的粮食证后仍无法购米，故齐集于中华教育会，拟联合向当局请愿。当时即推举中华教育会主席梁彦明、无原罪工艺学校校长陈基慈神父，以及公教学校校长刘雅觉神父为代表，向当局陈情。最后，督察长官耶允许先予划准，并由中华教育会代表各校将粮食证汇转陈基慈神父，再呈当局核发⑥。中华教育会并通告各校，原文如下：

迳启者：关于各校请愿划买粮食，现由陈基慈神父将汇

---

① 《领取二月份购粮证，全澳划分三坊办理》，《华侨报》1942年1月28日；《三月份购粮凭券，由明日起开始换领》，《华侨报》1942年2月23日；《如有申辩或新领者改在市厅办理》，《华侨报》1942年3月4日。
② 《粮证继续发给》，《大众报》1942年9月4日。
③ 《望厦米站将恢复售米……督察长观耶昨对记者之谈话》，《大众报》1943年7月25日。报章上另有"官也"或"官耶"的译法。
④ 《市行政局布告秋季粮证七一发给》，《华侨报》1942年6月29日；《冬季购粮券换领办法》，《华侨报》1942年9月24日。
⑤ 《米站检查粮证今日开始办理》，《华侨报》1943年9月13日。
⑥ 《教育会通告各校教粮有着，促各校列表备案》，《华侨报》1942年2月18日。

集划妥之凭证交回,希即派员到会签收,并于廿一日下午五时以前,迅将贵校所有教职员家属大小人口总数,详报送会(凡上次因时间短促,未齐之粮食证人口亦可补入,但须与报华视学会之数相符),汇转当局备案,以为三月份划买之审查根据。过期恕不代转,希查照为要。

　　此致全澳各校校长

澳门教育会主席梁彦明
卅一年二月十八日①

当时的中华教育会,亦借此增加以学校为单位的团体会员,希望团结教育界的力量,该会何其伟和吴秋荣两理事更亲自到访各校,征求团体会员,并收集年费、学校印鉴和现任职教员名单②。据资料显示,1942年9月3日"商米"价格为"龙牙粘每担84元,暹粘安粘83元,新兴白82元,糙米78元,米碌76元"③,而政府所卖的"公米",据报道,以每担亏损15元计,一年即亏损500万元④。

中华教育会当时积极救济澳门的教师,如1942年8月27日的会员大会上,讨论的提案,即包括呈请教育主管机关设法拨款补助各校经费,以及减轻教粮公价以维持教师生活⑤。又1943年8月的会员大会上,议决的事情,即包括致函各学校为失业的会员介绍工作,要求学校划一上课时间,便利教员兼课⑥,又函请

---

① 《教育会通告各校教粮有着,促各校列表备案》,《华侨报》1942年2月18日。
② 《教粮换券》,《华侨报》1942年3月26日。
③ 《商米价格微涨》,《大众报》1942年9月4日。
④ 《政府公米廉价出售,一年内亏本五百万元》,《华侨报》1942年10月24日。
⑤ 《中华教育会祝教师节志盛》,《大众报》1942年8月28日。
⑥ 为求划一全澳学校上课时间,中华教育会曾派员赴各校调查,并规定每日上午上课时间为10时,下午上课时间为2时30分。参《教育会订定上课时间》,《大众报》1943年9月10日;《教育会划一澳校上课时间》,《华侨报》1943年9月10日。

澳门政府配给米粮，以及中央政府从速救济教员①。1943年7月，全澳华人学校请求政府配给米粮，由刘年佑、黄晓生、廖奉灵、余日森、赵恩赐、朱葆勤、罗致知、林耀坤8人为代表，向澳葡当局陈情，并由华人代表梁后源，以及华视学会会长施多尼引谒澳督戴思乐。其后，澳督承诺以西洋纸90元价格②，廉售26包米石与学校，并于8月24日经广中中学代领，再分发各校。当时统计全澳各校教职员618名，每人得米7斤4两③。1943年9月18日，中华教育会假美国楼三楼，召集全澳华人学校代表座谈，报告关于华人学校请求改善米粮配给问题，以及该会对筹划全澳教粮工作的经过，决议组织委员会，由赵恩赐、林耀坤、朱伯英、朱葆勤、苏无逸、刘年佑、吴秋荣、廖荣福、黄晓生、余日森、廖奉灵共11人负责一切事务，办理教粮及筹款救济事宜④。中华教育会根据该会议决案，成立"澳门中华教育会全澳教师粮食协助会"，全体委员于1943年12月30日谒见粮食互助会主席冯祝万，商讨教粮事宜⑤。前此，中华教育会实已致函当时的"澳门居民粮食互助会"，要求该会于配给时，能予以便利，此事于粮助会常务会议报告事项中亦见记录⑥。

---

① 《本澳教育会，并举行会员大会，讨论教员待遇及救济问题，函请各学校开设免费学额》，《大众报》1943年8月28日；《教育会议决函请中央救济本澳教职员》，《华侨报》1943年8月28日。

② 澳门当时流通白银，白银即由广州发行的"双毫"银币。澳门政府曾规定银号和钱台西洋纸和白银的伸算比率，买入西洋纸，每元须等于双毫七毫，卖出价格则为每银毫一元等于西洋纸一元四角，见《本澳政府规定西洋纸与双毫比率》，《华侨报》1942年3月27日。澳门政府于1944年2月26日公布第840号立法条例，禁止使用"中华银质货币"及"非大西洋海外汇理银行所发行之纸币"，《澳门政府公报》1944年2月26日，第96—98页。

③ 《澳督嘉惠教职员廉价售米廿六包》，《大众报》1943年8月26日；《教育界公米经已配给，六百一十八人，每得七斤四两》，《华侨报》1943年8月26日。《华侨报》的报道是25包。《澳督体恤教育界》，《华侨报》1943年8月24日。

④ 《教育会座谈会商讨教粮问题》，《大众报》1943年9月19日。

⑤ 《全澳教职员成立粮食协助会》，《华侨报》1943年12月31日。

⑥ 《粮助会工作已上轨道》，《华侨报》1943年8月24日。

由于生活艰难,澳门的侨校教员曾联合致函中华教育会,请求发动"捐米敬师运动",教育会于1945年1月4日即召集全澳侨校校长开会讨论,拟规定学生每月捐"敬师米"一斤。然而,由于澳门某些学校实为义学,学生皆为清贫子弟,要求全澳学校捐米,并不可行,故仅通过由各校自行负责办理,当时的教员代表陈道根其后去函该会,请求再想完善办法①。中华教育会于1945年1月14日召开第38次常务会议,其中一项重要议案即为"敬师米",认为各校当尽力提高各职教学员活为原则,议决通函各校于1944年度下学期除学费外,另增收敬师米代金,办法由各校自行办理②。其后又建议"敬师米献金运动",在校内设捐献箱,所得款项由该校购米分配予教师③,并致函各校学生会推举代表二名,于5月3日下午3时,齐集该会礼堂会议④。中华教育会于1945年5月12日致各校的通告及附录如下:

法字第五三一号。

迳启者:现因本澳粮食价涨,影响教师生活,曾由本会召集全澳华侨学校学生会代表开会,商讨促进敬师运动会议两次。兹谨将该会议结果摘要函达台端,希查照转知贵校学生,并请指导推行,无任盼祷。

此致
全澳中小学校校长台鉴。

澳门中华教育会理事会
民卅四年五月十二日

---

① 《教师力争"敬师米"》,《华侨报》1945年1月8日;《捐米赠师各行其是,望梅止渴,各为师者大感失望》,《市民日报》1945年1月8日。
② 《中华教育会昨开常会议决通函各校增收敬师米代金》,《市民日报》1945年1月15日;《中华教育会议决增收学生敬师米》,《西南日报》1945年1月15日。
③ 《中华教育会发起敬师米献金运动》,《西南日报》1945年4月28日。
④ 《中华教育会策动学生敬师运动》,《西南日报》1945年4月29日。

附录两次会议议决案摘要于左［按：原文直排］。（1）敬师运动由学生自动发起。（2）全体通过赞同敬师运动。（3）敬师运动办法分三项：（甲）精神方面，全体一致对教师生活之艰苦，致最崇高之敬意；（乙）推举中德、广大附中及培正等中学，负责推选同学，到播音台演讲，以唤起市民注意，使明了此次敬师运动之意义；（丙）物质方面，因各校情形不同，由各校代表回校召集学生开会，拟定以实物敬师办法。①

随后的活动有中华教育会的义演敬师②，圣罗撒女中于1945年6月8—10日亦举行学生敬师卖物会，该活动共得葡币1146元，除去开支378.1元，实得767.9元③。圣若瑟中学生亦响应敬师运动，举办话剧义演筹款。由该校学生自动购票及向亲戚朋友劝捐，得款悉数作该校教师补助费④。"敬师运动"的提倡，自是教师的生活实在太苦，处于半失业状态，而且出现教师子女失学的荒谬现象。也许当时有指责教师是养成学生"懒"的罪魁，教师承受着做事马虎和疏于管教的指摘，但这种指责是完全没考虑到教师的境况和待遇⑤。

关于学生捐"敬师米"一事，当时澳门侨校在新学期陆续

---

① 《敬师运动趋白热化》，《西南日报》1945年5月13日；《教育会敬师运动通告学生"自动"发起》，《华侨报》1945年5月14日；《教育会推行敬师运动定办法三项》，《市民日报》1945年5月14日。
② 《中华教育会筹备话剧义演敬师商请中流剧团演出》，《大众报》1945年5月21日。
③ 《圣罗撒女中敬师卖物会》，《华侨报》1945年6月16日。
④ 《圣若瑟学生响应敬师运动举办话剧义演筹款》，《华侨报》1945年6月22日。
⑤ 《"敬师运动"的意见》，《西南日报》1945年5月12日。

开课后，未见一致切实执行①，有学校则略为提高教师原薪金10%—20%以抵学生的"敬师米"②。雨芬、中德和望德三所学校，算是最先响应捐米敬师的③，如中德中学，校长郭秉琦拨出米石1300斤，由中小学部教职员自行分配，具体办法不详，但获配米者分三类：（1）职员不兼教员者；（2）职员兼教员者；（3）教员④。总理纪念中学代校长戴恩赛，也曾拨出米石十余包，津助学校的教职员⑤。

由于米价暴涨，澳督戴思乐曾拨出米石，以每担售价130元，救济教师，并邀请协和女中廖奉灵主持其事。由于此事涉及全澳教师福祉，廖奉灵又转介中华教育会朱伯英办理。该会于5月6日召开会议，出席各校包括陶英、励群、崇新、致用、濠江、启智、岭南、岭分、教忠、文英、雨芬、崇德、中德、达用、培贞、广大、力勉、粤华、行易、公进、孔教、尚志、镜湖、瑞云、崇实、培英、培正、纪中、和平、淑贤、兰室、协和、平民、达明、中华、知行、汉文、圣罗撒、佩文、青华等40校。会议宣布澳督的规定如下：教员家属不得超过10名，凡16岁以上可购米22斤，16岁以下者可购米11斤。会议即席选出廖奉灵、廖荣福与朱伯英，并邀请陈基慈神父于5月8日谒见澳督⑥。会后的定案是，16岁以上每名18斤，16岁以下9斤，米价定葡币130元，而赚价米只售予学校教职员，校役及宿生不能享有该权利。购米以每校为单位，由学校代教师申请，缴款

---

① 《各侨校启课敬师米未实现》，《西南日报》1945年2月8日。
② 《敬师米运动未实现，各校普增教员薪金》，《西南日报》1945年3月23日。
③ 《补助教师米津有数校已实行》，《大众报》1945年4月10日。
④ 《中德响应敬师米昨已分配》，《华侨报》1945年3月5日。
⑤ 雷学钦：《督宪关怀侨校教员，拨出廉价米售与各校》，《大众报》1945年5月7日。
⑥ 雷学钦：《督宪关怀侨校教员，拨出廉价米售与各校》，《大众报》1945年5月7日；《中华教育会昨召会，商讨配给廉价米办法》，《西南日报》1945年5月7日。

后，再由政府发给米证到指定米仓购买①。申请表格经由中华教育会呈报督宪府，再由华视学会查核，当时全澳教职员连家属（妻儿）人数共1600多名，领米20余担，以每担130元，该笔款项为3000多元②。关于6月份各校教员配售米粮一事，朱伯英和廖奉灵于6月5日晋谒澳督，结果是，政府存米不多，每担由130元增至160元，由当时的民政厅汇集全澳教职员之粮食证并代表向望厦米站一次过领取一个月的米粮③。当日澳督曾私人拨出谷米60担，售予澳门的教员，并承诺每月依期酌量补助，以减轻教员负担④。经中华教育会核定，该次共779人有领米权，每人可于缴款后领米7斤11两⑤。然而，7月份配给第二、三周教粮时，每担米价升至200元，而并非原定的160元⑥。顺笔一提，当时澳门政府为防疫症，要求领粮食证者必须接受防疫注射，由卫生局在粮食证上盖章证明，后来是申领粮食证时须同时提交防疫注射证明⑦。

三 侨委会对教师的救济工作

澳门学校停办一事，曾引起国民政府的关注，当局曾派员

---

① 钦：《教粮分配问题昨已圆满解决》，《大众报》1945年5月9日；《教师配给平米办法异常简单便利》，《华侨报》1945年5月9日；《教员廉价米，短期内配给》，《西南日报》1945年5月9日。
② 《领购"教师米"各项手续已办妥》，《华侨报》1945年5月16日。
③ 《各校教职员配米由望厦米站发给》，《华侨报》1945年6月6日。
④ 《澳督体恤教师准购廉米》，《市民日报》1945年6月9日；雷学钦：《六月份教粮总督优待补给》，《大众报》1945年6月9日。
⑤ 《本澳教职员今日起领配米每人得领七斤余》，《西南日报》1945年6月13日。
⑥ 《中华教育会昨讨论领购教粮问题》，《大众报》1945年7月22日。
⑦ 《为领粮食证而注射者手续可望改善》，《华侨报》1945年7月8日。

到澳门调查，并决定补助澳门的在职教师①。另有报道指某校主事者趁返国之便，向当局报告澳门学校的情况，并代各校教员请求补助生活费，其计划每月国币200—600元，而各校教职员闻讯后即纷纷前往填写申请书②，该主事者应为中德校长郭秉琦。

郭秉琦于1942年3月代行澳门学生救济委员会主席职权。学救会救济澳门各校的教员的方式，包括：（1）补助学校经费；（2）津贴各校教职员生活费；（3）津贴各校学生生活费。津贴教职员方面，曾拟定家有三人以下家庭津贴大洋400元，三人以上者600元，一人者200元。立案学校须将教员名单送该会审查，但一切须视乎教育部拨款多寡而定，钟点教员及中小学教职员，均一体待遇③。1942年11月，从曲江、汇出津贴补助费，接获汇款的包括崇实、蔡高、协和、培正、陶英等校④，一说是中学三所，小学和幼稚园各一所⑤。

查澳门当时的侨校，凡立案侨校，应可获得经费补助⑥。部分曾径自函请侨委会补助，尤其是香港沦陷以后。如私立广州大学附属第二中学，1941年度下学期的学生人数由360多人缩减至220多人，由于物价高涨，加之港币贬值，经费支绌，该校主任

---

① 《教育事业亟待援助，中枢将派员来澳调查》，《华侨报》1942年11月18日。
② 《教员生活凄苦有人拟代呼吁》，《华侨报》1942年11月19日。
③ 《学救会积极筹划津贴教员生活费，并拟办侨生考试奖学金》，《大众报》1942年11月19日。
④ 《侨委会汇款补助侨校》，《华侨报》1942年12月4日。
⑤ 《教部补助侨校第一批款汇到》，《大众报》1942年11月30日。
⑥ 尚志小学，从1935年12月开始，每月便获国币60元，到1936年7月，改每年补助国币600元。《澳门私立尚志初级中学概况》，见《港澳学校概览》戊篇，第15页。根据1936年9月公布的《侨务委员会补助侨民学校办法》，凡合符资格者，以国币计算，高级中学甲种每年1500元，乙种1200元，初级中学甲种每年1000元，乙种800元，小学及幼稚园，甲种每年600元，乙种400元。见《港澳学校概览》乙篇，第12页。

陈律平于 1942 年 11 月 1 日便曾致函教育部请求补助①。私立崇新小学校长张惠泉，也是因为学生人数锐减，入不敷支，于 1942 年 12 月致函侨委会请求补助，函件中并提及该校教员张衍日和李庆刚二人，日中教书晚上拉车做苦力以弥补生活②。私立崇实中学校长梁彦明和私立尚志中学校长郭作朋，二人也曾于 1942 年 11 月联函向侨委会请求接济，函件中提及当时已有 34 家学校停办，故希望侨委会发给 1941—1942 年度的补助费，以解燃眉之急③。另侨委会陈树人 1944 年 6 月 22 日致教育部公函中，抄录了中德、培正、岭大附中、培英西关分校和广大附中等六校联署向侨委会请求补助的函件④。

现存档案中，存一份关于"澳门工艺学校请求救济案"文件，为 1942—1943 年间的往来文书，文件显示中央核准于 1943 年度侨教救济费拨助 20000 元资助工艺学校⑤。1943 年底，报道教育部拨款大洋 20000 元，作为无原罪工艺学校的经费，另拨款大洋 20000 元，交中华教育会救济失业教员⑥。1944 年侨委会拨款救济澳门侨校教员，该笔 1943 年度下学期生活津贴共大洋 20 万元（扣除汇费后得 173854.4 元），在指定立案中小学校共 30 所之教职员总数平均分派。凡立案学校之教员即有资格领取，当

---

① 《澳门私立广州大学附属第二中学呈请补助的文书》，见《第二历史档案馆澳门地区档案史料选编》，275/1942.12/五/13343/35J-181/614-622。正校在广州的某些学校，在澳门的学校属分校，故不设校长，只设"校主任"。

② 《教育部关于核发澳门地区中小学校补助经费的函电》，见《第二历史档案馆澳门地区档案史料选编》，281/1940-1943/五/13345/35J-182/304。

③ 同上。

④ 私立中德中学校长郭秉琦，私立培正中学校长赵恩锡，私立协和中学校长廖奉灵，岭南大学附属中学校主任杨重光，私立培英中学西关分校主任余日森，私立广州大学附属中学第二中学校主任陈律平。《澳门私立中德中学概略及请予经费补助的文书》，见《第二历史档案馆澳门地区档案史料选编》，280/1939-1944/五/13343/35J-182/277。

⑤ 《教育部关于核发澳门地区中小学校补助经费的函电》，见《第二历史档案馆澳门地区档案史料选编》，281/1940-1943/五/13345/35J-182/304。

⑥ 《我国教育部拨款救济失业教员》，《华侨报》1943 年 12 月 14 日。

时共计教职员 513 名，每人可获 338.89 元①。详情如下：陶英 8 名、知行 7 名、行易 3 名、致用 10 名、孔教 21 名、蔡高 13 名、圣罗撒 14 名、励群 13 名、雨芬 11 名、培道 22 名、望德 9 名、教忠 17 名、知用 11 名、崇德 4 名、纪中 30 名、培正 81 名、濠江 9 名、中德 25 名、广中 10 名、岭南 6 名、岭分 15 名、广大 26 名、圣若瑟 11 名、尚志 5 名、鲍斯高 16 名、镜湖 10 名、崇实 13 名、培英 23 名、粤华 18 名、协和 52 名②。此外，尚有一份制于 1943 年初的"澳门各立案中小学教职员"名单（见附录 4），亦是备作救济当时澳门教职人员参考之用，显示澳门有 41 所立案学校，教员 478 名，职员 129 名，教职员共 607 名。后者所列立案学校较多，却遗漏了励群学校。

上述领取生活津贴的名单，间接提供了当日澳门立案学校教员的准确数字，亦可见出某些学校的规模，虽然某些学校也许会聘用钟点教员，但这份名单应至少反映立案侨校教员的数量。从一份全澳中小学校学生书法比赛的参赛学校名单（见表 5-1）可知，澳门在 1944 年底至少有 48 所学校（中学 17 所，小学 31 所）③。

表 5-1　全澳中小学校学生书法比赛（1944 年 12 月）参赛学校名单

中学	圣罗撒、教忠、岭分、鲍斯高、孔教、协和、濠江、广中、培正、望德、纪中、粤华、圣若瑟、崇实、知用、广大附中、培英
小学	文英、圣保罗、镜湖、协和、孔教、鲍斯高、岭分、康公庙义学、崇新、瑞云、汉文、教忠、崇实、雨芬、陶英、兰室、淑贤、蔡高、广中、培正、望德、行易、佩文、纪中、知行、达明、崇德、崇实、粤华、励群、广大附小

---

① 《侨委会发给本澳教职员津贴》，《大众报》1944 年 7 月 18 日。
② 钦：《我政府重视侨澳教师昨发给津贴费》，《大众报》1944 年 7 月 19 日。
③ 《全澳中小学校学生书法比赛》，《华侨报》1944 年 12 月 18 日。

其后，教育部又汇出国币 10 万元，由郭秉琦代收，再分给澳门 30 所已在侨委会立案的侨校。当日共 23 名校长出席在中德中学举行的会议，商讨分配办法，议决先请各校呈报教职员名册，然后派员调查，并于 12 月 12 日由委员会审查，确定无滥报或重复后再摊派①。审查的结果，表册共 618 名，赵恩赐和郑雨芬因离澳而不符资格。最后该款额由 616 人均分，各人实得国币 162.33 元②。

四　学救会对学生的救济工作

全国学生救济会始于上海，1938 年由基督教青年会创立，为世界学生救济会之组织团体。1946 年，该会在中国的分会有 28 处，而经费则来自中美英苏加澳等地的捐助③。"全国学生救济会澳门支会"在澳门的工作或始于 1940 年④，经费来源主要为社会人士之捐款，以及经由学校捐赠免费学额，但政府亦有捐助。自中山沦陷后，在澳门的许兆福神父和一些热心人士即发起组织"澳门学生救济会"，收容逃难抵澳的学生，提供住宿，该会并经澳门政府批准注册。由于援助需款甚殷，该会曾致函香港慈善团体及相关人士，请求捐助⑤，香港中华厂商联合会代表即曾亲赴澳门调查确定后，将所筹得款项交澳门华人代表梁后源，

---

① 雷学钦：《十万元教员津贴定十二日审查分派》，《大众报》1944 年 12 月 11 日。
② 《教职员津贴费昨审查完竣》，《大众报》1944 年 12 月 13 日。
③ 《学生救济会平分会展开工作》，《华侨报》1946 年 3 月 31 日。报道指从 1938 年 6 月至 1939 年 1 月，欧美各国学生汇至中国的捐款共有国币 90 万元，《欧美各国学生救济失学青年汇款来华达九十万》，《申报》（上海）1939 年 1 月 9 日。
④ 《留澳学生现状困苦学救会设法救济》，《华侨报》1942 年 1 月 26 日。
⑤ 《振联会昨开大会救济逃澳难民学生》，《大公报》（香港）1940 年 3 月 27 日。据该则报道，当天会议的各项议案，其中"澳门学生救济会函请协振中山逃澳学生"案，议决拨助港币 500 元，"中山县逃澳难民甚多，本会应如何救济"案，议决港币 1000 元交由澳门振灾会代为赈济。

该笔赈款共有港币1584元、国币39元,另毫券66元①。第一期救济于1940年7月完成,许兆福神父被调派往韶服务,会务即交托澳门女青会办理。其后,学救会曾召开临时会议,讨论是否继续办理,出席者包括周雍能、廖奉灵、梁后源、邓心泉、杨元勋(冼子照代表)、区茂泮、张瑞权、容希韫等,列席者有伍惠亚和郭嘉伦二人,会上议决,学救会当继续办理,会上并推周雍能、容希韫、廖奉灵、张瑞权四人为新委员,并计划将名单交学救会大会公决后聘任。又新委员会人数定为11名,并参照女青年会提出的组织大纲,酌量组织②。

关于该会的成员问题,1944年9月某次会议上,出席的委员有廖荣福、杨重光(岭南中学校长)、张兆驷、朱葆勤、廖奉灵(协和校长)、陈道根、陈律平(广大附中校长)、刘年佑(广中中学校长)、余日森(培英中学澳校主任)、盛光运、陈雪冬、麦季良代表(唐月明)等,杨国荃缺席③。1945年1月,学救会改选,主席杨重光,副主席刘年佑、文书余日森、司库陈律平;驻会干事:陈雪冬;经济组组员:朱葆勤、廖奉灵、廖荣福、林子丰、郭秉琦;审查组组员:刘年佑、张兆驷、廖荣福;宣传组组员:陈道根、朱伯英、盛光运④。除纪念中学、濠江中学、孔教中学及全澳各小学外,其他各侨校中学均为学救会委

---

① 《澳门学生救济委员会函请本港各界捐助》,《大公报》(香港)1940年4月3日。查香港中华厂商联合会,于1939年4月亦曾到澳门考察,该考察团颇具规模,由叶兰泉率领,行程共三日(1939年4月13—15日),共77人报名,随团记者4人,最后69人同行,相关报道见《港厂联会考察团今日赴澳门考察》,《申报》(香港)1939年4月13日;黄达才:《厂商考察团在澳门昨日视察氹仔与路环难民营中均慨解义囊》,《大公报》(香港)1939年4月15日;景南:《厂商考察团归港》,《申报》(香港)1939年4月16日。

② 《澳门学生救济会临时会议决定续办》,《大公报》(香港)1940年10月19日。

③ 《学救会讨论设大学问题》,《大众报》1944年9月25日。

④ 《学救会委员选出》,《华侨报》1945年1月26日;《学救会选定本年度职员》,《大众报》1945年1月26日。

员。据此而言，委员都是一批核心人物。杨重光正式接任后，第1次会议上，一致赞成学救会暂借广州女青年会驻澳分会为办事处①，即新马路1号J2楼②。1945年3月该会借用女青年会办事处召开第3次委员会会议，主席杨重光报告四名学生申请免费学额获审查组核准，报名申领清贫生生活津贴费者有14校共81名学生，正在审核③。

抗战胜利后，该会于1945年10月曾讨论应否继续存在的问题，议决至该年年底视情况再行定夺。又澳督戴思乐于1945年初认捐6000元④，尚余2000元，故1945年9月可能仍有清贫生生活费津贴。该会原借用广州女青会驻澳办事处为会址，因青年会迁返广州，故改借白马行5号广州大学附属第二中学作会址⑤。就结束会务一事，学救会曾于1945年底函请中华教育会接收其家私用具及代为保存文卷，中华教育会第18届理监事在第2届常务会议上，曾讨论并议决接纳⑥，梁惠霖其后在1947年2月9日第3次常务会议上报告接收学救会文件器具的情形⑦。因此，该会在澳门的活动于抗战胜利后便告结束。

学救会救济学生的方式，主要为补助生活费、回国旅费、学费等。香港沦陷后，外汇不通，须依靠家人从外地接济的寄宿学生，经济顿成问题，故待救济之学生较前增多。1942年，澳门

---

① 《澳门中华教育会新会长已决定》，《市民日报》1945年1月8日。原报纸标题将"学救会"误作"澳门中华教育会"。
② 《澳门学救会免费学额今日起开始申请》，《大众报》1945年2月5日；《学救会免费学额今日起开始申请》，《华侨报》1945年2月5日。
③ 《发给清贫生津贴，学救会开会报告结果》，《华侨报》1945年3月28日。
④ 澳督特拨6000元与学救会作救济学生经费，分三期拨给学救会，见《戴督热心教育拨款救济清贫生》，《大众报》1945年6月12日。
⑤ 《学生救济会续办生活津贴费》，《华侨报》1945年10月5日。广州大学附属第二中学，1946年9月，该校遵奉法令改名"广大中学"，见《广大筹备庆祝校庆》，《华侨报》1946年12月15日。
⑥ 《中华教育会将公布筹募图书馆基金数目》，《华侨报》1946年1月11日。
⑦ 《教育会筹组省港教育考察团》，《世界日报》1947年2月11日。

的华侨中学初中生，曾召开全澳卅年度毕业生联席会议，约13所学校出席，一致同意呈请学救会补助，如回国升学者，则补助其旅费，如留澳升学又无力负担者，则补助学费及生活费。然而，由于学救会章程不设救济初中学生，故学救会于当时也未能决定，而该会曾于1942年6月11日开会讨论①，而该会最终得到热心人士赞助，为初中生提供了回国升学的旅费津贴②。

学救会提供的清贫学生生活津贴费，定每学期发放5个月津贴，补助家境清贫但有志于学且品学优良的学生，甲种为每月大洋150元，乙种为100元③。查学救会每月发放的生活津贴，颇为慎重，每月均经调查，确定无停学或犯规后始获发放④。

1942年1月，该会曾设高中三年级及师范三年级学生生活费津贴⑤。1942年9月，有50多名学生经该会审核后获发津贴⑥。1944年3月，申请救济者有90多名，因经费有限，只核发甲种津贴17名，乙种津贴36名，共16校学生获津贴，包括中德、协和、知用、培正、培英、培道、教忠、粤华、圣若瑟、圣罗撒、广大附中、广中、鲍斯高职业学校、岭分、岭南、总理纪念中学⑦。1944年9月至1945年1月之津贴，经该会司库陈律平委员发放，地点为广大附中，共14校学生获津贴，包括培英、岭南、培正、圣若瑟、鲍斯高、纪中、教中、中德、协和、培道、知用、教忠、粤华、广大⑧。1945年5月，经该会审查合

---

① 《流离学生呼吁救济》，《华侨报》1942年5月10日；《卅年度初中生请学救会补助》，《华侨报》1942年5月22日；《学生救济会会商救济初中生》，《华侨报》1942年6月11日。
② 《学救会批准补助初中生回国旅费》，《华侨报》1942年7月2日；《学生救济会补助清贫学生》，《华侨报》1942年9月13日。
③ 《清贫学生津贴费》，《西南日报》1945年1月16日。
④ 《学救会定期发给学生津贴费》，《华侨报》1944年6月7日。
⑤ 《留澳学生现状困苦学救会设法救济》，《华侨报》1942年1月26日。
⑥ 《学救会定期发给生活津贴》，《华侨报》1942年11月10日。
⑦ 《学生救济会核定学生津贴》，《大众报》1944年3月8日。
⑧ 《清贫学生津贴费》，《西南日报》1945年1月16日。

格核准给予的有 15 校学生共 70 名额，分两期发给，第 1 期 2—4 月于 5 月发放，第 2 期 5—7 月于 6 月发放①，未知是否因澳督的额外拨款，学救会于该学期多发放一个月的津贴②。

澳门广东银行于 1942 年 2 月 23 日停业，学救会存于该行之存款曾被冻结，无法支付该年度的救济经费，刚巧该会主席司徒优因事离澳，导致会务停顿。副主席郭秉琦于 3 月 3 日召开全体委员特别会议，一致议决，在司徒优返澳以前，由郭秉琦代行主席职权，处理会务，并呼吁各界热心人士捐助③。而该会亦幸得平安戏院及艺联剧团帮助，于 4 月 16 日晚上义演"秦淮曲"筹款，郭秉琦于 20 日登报鸣谢④，而该学期的生活津贴，亦于 5 月开始发放⑤。

澳门的学校也会向学救会捐赠清贫生免费学额（见表 5 - 2），有志求学者，如经济困难，可向该会申请。

表 5 - 2　1942—1945 年澳门学校为学救会提供的免费学额

1942 年 2 月	中德中学高中各年级 10 名，初中各年级 5 名；鲍斯高中学自小学五年级至高中一年级各 10 名；濠江中学初中各年级 3 名⑥
1942 年 9 月	知用高、初中各 3 名；南海联中高、初中及师范班各 5 名；广大附中、高中各班及初中三年级，全免学费 2 名，半费各 2 名；中德高初中各 5 名；圣若瑟初中 5 名；雨芬初中三年级 2 名；濠江初中三年级 6 名，二年级 8 名；尚志初一、二年级各 10 名；教忠高中二、三年级各 2 名，半费各 2 名；崇实初中全免学费 4 名，半费 20 名⑦

---

①《学救会收到督宪拨捐款项》，《大众报》1945 年 5 月 8 日；《澳督拨款六千元津贴清贫学生》，《市民日报》1945 年 6 月 12 日。
②《清贫生津贴费暑假期内停发》，《市民日报》1945 年 6 月 9 日。
③《广东银行停业，学救会善款尽受冻结》，《华侨报》1942 年 3 月 5 日。
④《"学救会"义演销券成绩尚佳》，《华侨报》1942 年 4 月 16 日；《澳门学生救济委员会义演筹款鸣谢启事》，《华侨报》1942 年 4 月 21 日。从上列两则资料所见，是次筹得善款 2143 元，而光是中德中学经手代销戏票的款额已高达 1470 元。
⑤《学生救济会发给津贴费》，《华侨报》1942 年 5 月 5 日。
⑥《留澳学生现状困苦学救会设法救济》，《华侨报》1942 年 1 月 26 日。
⑦《清贫学生免费就学》，《华侨报》1942 年 9 月 22 日；《学救会继续救济》，《大众报》1942 年 9 月 13 日；《学生救济会补助清贫学生》，《华侨报》1942 年 9 月 13 日。

续表

1943年2月	广大附中、知用①、中德、教忠、孔教、圣若瑟、培英、尚志②
1943年9月	广大附中、岭大附中、协和、知用、中德、培英、教忠、濠江③
1944年2月	协和、中德、培英、教忠、知用、濠江④
1944年9月	圣罗撒、教忠、培英、中德、圣若瑟、岭分、广大附中、濠江（部分为半费）⑤
1945年2月	协和2名、鲍斯高45名、教忠12名、广大附中6名、中德4名、培英4名、岭南1名、岭分2名、圣罗撒6名。全免及半免学额共82名⑥

报道指由于学校已广设清贫学额，故清贫生可直接在原校申请，以省手续。1944年9月向学救会申请清贫学额就只有8名学生⑦。

除免费学额和生活津贴费外，该会为奖励清寒优秀学生，曾于1943年2月增设"慈善奖学金"，分全费半费各14名，广大附中、圣罗撒、协和、中联、中德、教忠、广中、崇实、培英、培正、圣若瑟、岭分、知用等校，提供全费半费名额各1名⑧，但其后的报道则显示2月21日考试后，共有44名获得奖学金⑨。有报道指该会拟设"全澳各校侨生考试奖学金"，由学救会举办

---

① 校董冯养捐出大洋500元，校长叶向荣决定充作下学期半费学额，见《教育消息》，《华侨报》1943年11月26日。
② 《八校捐出免费学额》，《大众报》1943年2月27日；《学救会续办生活津贴》，《华侨报》1943年2月27日。
③ 《学生救济会续办免费学额》，《华侨报》1943年9月4日。
④ 《本期学救会开始登记》，《大众报》1944年2月6日。
⑤ 《学救会学额今日开始申请》，《大众报》1944年8月22日。
⑥ 《澳门学救会免费学额今日起开始申请》，《大众报》1945年2月5日；《学救会免费学额今日起开始申请》，《华侨报》1945年2月5日。
⑦ 《清贫学校津贴费》，《市民日报》1944年9月25日。
⑧ 《学救会举办慈善奖学金》，《华侨报》1943年2月10日，原文只列13校名。
⑨ 《学救会公布［获］奖学生》，《大众报》1943年2月25日；《学生救济会举办慈善奖学金，成绩优异者四十余人获奖》，《华侨报》1943年2月25日。

统一考试，考生填报投考学校，成绩优良者，每名每月可获奖学金大洋 200—300 元，每校占奖励名额 2—3 名①。

五　澳门学校提供的半费、免费和清贫学额

中德中学于 1943 年 9 月的新学期，学生的总数由以往的 80 多人激增至 200 多名②，而据 9 月 11 日的报道，该校未计第 3 次投考的 42 名新生，原已录取并缴费的新生（中学 113 名，小学 93 名）及旧生到校缴费者（中学 82 名，小学 116 名）共有 404 名③，这个增幅相当厉害，个中原因，自是校长郭秉琦是学救会的主席，学校亦积极救济师生，包括免费学额，低廉的学杂费用，以及借米津提高教师的待遇。中德的免费学额并不设限，共分两类，一为"清贫生免费学额"，每学期有 10 名由学救会保送，另校内学生如家境确属清贫，成绩操行均优者，亦可获免费学额；二为"奖学优待免费学额"，新生投考，成绩优异者，可获全免或半免学费学额，旧生每学期成绩平均在 85 分以上，每科 70 分以上，操行甲等者，可获全免学费学额，其成绩平均在 80 分以上，每科 65 分以上，操行在乙等以上者，可获半免学费学额。查 1943—1944 年度下学期，该校旧生成绩符合优待标准，于新学期获得优待者，中小学部计有全免费 21 名，半免费 109 名④。

学校提供的半费、免费和清贫学额，受惠的对象是品学兼优的学生，纪中于 1943 年 8 月两次招考新生，共取录 107 名（中学 44 名，小学 63 名），凡考试成绩在 84 分以上者得免全费，77

---

① 《学救会积极筹划津贴教员生活费并拟办侨生考试奖学金》，《大众报》1942 年 11 月 19 日。
② 《中德学生人数激增》，《大众报》1943 年 9 月 8 日。
③ 《中德教员加薪学生数额突增》，《大众报》1943 年 9 月 11 日。
④ 《中德中学免费学额办法》，《大众报》1944 年 8 月 10 日。

分以上而未足 84 分者免半费①。

又如协和中学,该校向由校内经费拨出数千元充作免费学额,后因经费支绌,故该校女生于 1943 年 10 月 28 日上午举行誓师出发典礼,为清贫学生免费学额筹款。筹款共有三项方式,一为募捐纪念学额,凡捐 5000 元以上者为永久纪念学额,1000 元者为十年免费纪念学额,500 元者为五年免费纪念学额,50 元者为一年半费纪念学额,50 元以下为随意乐助;二为画展筹款,由该校美术科主任吴江冷(贻荪)捐出作品,于 11 月 12—14 日假商会举行个人画展暨学生美术成绩展览会;三为演剧筹款,于 11 月 26—27 日两天假平安戏院公演王尔德的成名作《玛嘉瑞的扇子》②。是次募捐得到社会热心人士赞助,该校并于 12 月 4 日 32 周年校庆当晚开祝捷会,报告已收和待收的捐款高达 30530 元,校董会议决分十年使用,每年可提供免费学额 50 名,不足之数再由校董会拨助③。1943—1944 年度该校提供 90 多个免费学额,后来更定于每一学期初公开招考各级免费生(可能仍要缴交其他杂费)共 50 名,另为鼓励优秀的学生,特设有奖学金 10 名,按成绩豁免全期或半期学费④。圣罗撒女中也是经济条件较好的学校,1942 年 9 月的新学期,该校也设法援助贫苦学生,廉收膳宿费用(每月西洋纸 30 元,含学费)⑤。1944 年 8 月招考新生,曾增设高中生清贫学额,而部分学额则经由学救会

---

① 《教育消息》,《华侨报》1943 年 9 月 3 日。
② 《协和中学募捐清贫生免费学额》,《大众报》1943 年 10 月 29 日;《协和中学画展揭幕》,《华侨报》1943 年 11 月 12 日;《协和女生义演为清贫学生学额筹款》,《华侨报》1943 年 11 月 24 日。
③ 《协和女中举行庆祝创校纪念,募捐祝捷会同时举行》,《华侨报》1943 年 12 月 6 日。
④ 《协和中学公开考取免费生》,《华侨报》1944 年 7 月 22 日;《救济失学青年清贫学额开始招考》,《西南日报》1944 年 7 月 22 日。
⑤ 《圣罗撒女中资助贫苦生》,《华侨报》1942 年 8 月 23 日。

派发①。

　　陶英小学校曾假座清平戏院举行游艺会，筹募清贫生学额善款，1944年8月13日考试，各级清贫生共取录30名（六年级2名，五年级3名，四年级2名，三年级4名，二年级4名，一年级15名），一切杂费俱免②。雨芬中学附小每学期亦例招清贫生20名，由郑雨芬校长从国内汇款资助，当时的社会名流如钟少卿、赵鉴持、郭秉琦、何西园等亦有捐助，教职员甚至以九折受薪的方式来补助③。1944年8月底该校第2次招考新生，六年级取录5名，五年级5名，四年级12名，三年级10名，二年级12名，一年级26名，幼稚生28名，当中有免半费者8名④。培正于1944年7月30日第1次招考，中学各级取录48名，小学16名⑤。培道女中于1944年8月初第1次招考各级清贫生，高中至小学各级共取录32名⑥。查清贫生免费学额，部分并非完全免费，因学校或收取其他杂费，故某些学校提供的"免费"学额曾受质疑⑦。

　　抗战期间，免费小学有平民小学和镜湖义学等校，但学费杂费全免的中学，应只有濠江初中，该校的招生广告中亦注明"免费中学"⑧。濠江于1942年9月开免费中学，先是举办书画展，筹得526元⑨，因远不足所需经费，再征求新日月星剧团9月6日于国华戏院义演一天，名伶廖侠怀、白玉堂、何芙莲、黄千岁

---

① 《圣罗撒女中考清贫学额》，《大众报》1944年8月26日。
② 《陶英免费学额揭榜》，《大众报》1944年8月17日。
③ 《雨芬中学无向外筹募经费》，《大众报》1945年7月21日。
④ 《雨芬中学九月四日上课》，《大众报》1944年8月26日。
⑤ 《培正清贫生及格各生揭晓》，《华侨报》1944年8月11日。
⑥ 《培道女中取录清贫生揭晓》，《华侨报》1944年8月14日。
⑦ 雷学钦：《从培正清贫免费学额说起为穷学生向教育界呼吁》，《大众报》1944年7月30日。
⑧ 招生广告，《大众报》1945年8月10日。
⑨ 《濠江中学救济失学仍在努力中》，《华侨报》1942年8月26日。

等演出《萝卜救母》①。学校筹款，一般以演剧、售花、售旗，又或义赛之类等方式，濠江于1942年8月11—15日曾举办书画展筹款，当年赞助展品的名家有方人定、尹廷廪、伍佩荣、何磊、沈仲强、李研山、李守真、高剑父、区小松、张谷雏、张纯初、冯湘碧、汤卓元、叶大章、杨善深、郑褧裳、慧因大师、龙思鹤、罗竹坪等②，而该校似乎也持续多年靠演戏或画展方式筹款维持，《华侨报》曾有专文嘉许濠江"有功于文化"。据该文所述，濠江免费中学的经费完全依靠募捐，截至1944年11月已办四个学期，有画展一次，募捐一次，演剧两晚，共筹得葡币4860余元，当时初中共三班③。该校于1943年度上学期的收入为1500余元，支出3000余元，下学期的收入为2900余元，但支出是3000余元④。由于经济拮据，教师支薪也有困难，1944年底，该校再次得到高剑父、郑耿裳、沈仲雅、方人定、杨善深、伍佩荣、罗竹坪、何磊等名家送出作品若干，于1945年2月2—6日再度举行画展筹款，三十多件展品获定购或认购，共筹得3500余元⑤。1946年1月12日晚，该校又曾邀得小龙剧团及何芙莲、郑碧影、徐秀芳、谭丽荷等名伶赞助，假清平戏院演

---

① 《新日月星义演筹款》，《大众报》1942年9月1日；《新日月星剧团为濠江中学筹款，以救济失学儿童》，《西南日报》1942年9月5日。

② 《画展兴学举行有期》，《华侨报》1942年8月6日；《濠江中学书画展览会》，《华侨报》1942年8月11日。

③ 《苦斗中的濠江免费中学》，《华侨报》1944年11月2日。查该校办理义学，于1943年曾获郑深湖、郑深铉和郑深广昆季联捐巨款，三人分别捐出国币5000元，双毫200元，港币500元，合其他人士的捐赠，共有国币8500元，双毫200元，港币1150元，葡币50元，见《各界捐助濠江中学校》，《大众报》1943年5月26日；《殷商捐助濠江义学》，《华侨报》1943年5月26日。

④ 《校况》，《濠江中学特刊》，见《朝报增刊》，1944年10月21日。见《双源惠泽，香远益清——澳门教育史展图集》，第86页。

⑤ 《濠江中学筹办画展筹募该校经费》，《华侨报》1944年11月13日；《濠江画展今日闭幕》，《市民日报》1945年2月6日；《濠江免费中学画展成绩》，《华侨报》1945年2月12日。

戏筹款①。

顺笔一提，濠江中学曾开设免费妇女夜校，前后三届，约有300人受惠，其后因失学儿童众多，遂于1942年3月将妇女夜校改为完全小学夜校，并兼收幼龄男生。课程方面，以该校小学所授学科为标准，每晚6时30分至9时30分为上课时间，学费豁免，旧生每月收堂费双毫三角②。

协和、濠江、培正、培道等校，是一些较有筹款能力的学校，曾有善款将及10万元葡币的纪录，时评指其他学校只能望洋兴叹③。由学校发动的募捐活动，就笔者所见，最具规模的应是"培正培道二校清贫学额募捐"，二校的清贫学额捐款于1944年6月16日核算的总数见表5-3。

表5-3　　　　　培正和培道二校的清贫学额捐款④

	葡币	国币	港币	储券	手票	毫银	毫券
培正	51086.4	354237	729	82439	2789	1193.3	5
培道	14109	21720	306	6765	267	217.4	/

两校的清贫学额募捐颁奖礼于1944年6月20日举行，当日为培正中学55周年纪念会暨培正中学第26届和培道中学第16届毕业典礼，出席嘉宾有澳督戴思乐、秘书长高士德、经济局长罗保、民政厅长华士贡些路、华视学会会长施多尼、督察长官耶，以及中外名流等⑤。

---

① 《濠江中学演戏筹款》，《华侨报》1946年1月6日。
② 《濠江中学开设免费夜班》，《华侨报》1942年3月18日。
③ 雷学钦：《学校增费和教师加薪》，《大众报》1944年6月23日。
④ 《培正培道二校清贫学额募捐征信录》（1944年6月20日），第2页。
⑤ 《培正成绩展览会澳督莅临参观》，《大众报》1944年6月21日。

小结

本章所整理的资料，是中华教育会和学救会这两个团体于1940—1945年间对澳门教师和学生的救济活动，以及澳门一些较有条件的学校对清贫生的救助。从1937年中日战争爆发开始，广东和中山等地的一些学校陆续迁到澳门办学，澳门侨校的数量随着外来人口上升而急增至100多所，但1941年底香港沦陷以后，澳门侨校的数量持续下降，从原来最高峰的100多所下降至1943年8月的50所（教会6所，义校9所，私校35所）。1944年底，澳门至少应有48所侨校（中学17所，小学31所）①。学校数量到1945年初始逐渐回升，华视学会统计当时中小学校共70所（不计入分校则为55所）。据一些间接资料的推断，1945年6月，澳门约有64所学校②，1945年9月，澳门约有67所学校③。至于教师方面，1943年7月，各侨校教员有618名④，1945年6月，人数增至779名⑤，以上两个数字均整理自中华教育会所核实的符合分配"教师米"的教师人数，应相当准确。1945年7月至9月，澳门教育当局曾为全澳教职员登记，共有822名，报道指较上学年700名为多⑥。通过资料的整理，可以让研究者了解澳门教师在这个时期的一点境况，在非常时期仍能

---

① 《全澳中小学校学生书法比赛》，《华侨报》1944年12月18日。
② 《认领六月份教粮最迟今日将款缴齐》，《大众报》1945年6月13日。
③ 中华教育会响应华侨庆祝大会献金运动，当时的电函下署"澳门中华教育会全体理监事暨六十七校校长"，见《全澳学校电委长致敬》，《华侨报》1945年9月11日。
④ 《澳督嘉惠教职员廉价售米廿六包》，《大众报》1943年8月26日；《教育界公米经已配给，六百一十八人，每得七斤四两》，《华侨报》1943年8月26日。《华侨报》的报道是25包。
⑤ 《本澳教职员今日起领配米每人得领七斤余》，《西南日报》1945年6月13日。
⑥ 《教员登记八百余人》，《大众报》1945年9月16日。

在澳门求学,固然是"幸福"①,但更多的情况是不幸,有报道指澳门于 1942 年 2 月,两日内 200 多人死于严寒天气②。教育是百年大业,在澳门兴学的前贤,即使在非常困难的时刻,并没有放弃对人才的培育,社会人士也乐于捐助,回溯这段历史,澳门中华教育会和澳门学生救济委员会这两个团体发挥了极大的作用,一方面固然是团结教育界的力量,另一方面是为侨校向澳葡政府和国民政府争得一点援助。

---

① 《廖荣福昨晚播音向侨澳同学和家长说几句话》,《华侨报》1944 年 4 月 24 日。
② 《天气严寒贫民凄苦》,《华侨报》1942 年 2 月 17 日。

第六章 中华教育会的文教事业

前言

澳门中华教育会有悠久的历史。在1940年代，这个团体关系着澳门教育事业的发展，不论是对教师和学童的救济，还是团结澳门的教育界，该会都有莫大的贡献，但由于资料的缺乏，关于该会在这个时期的事功，仍有待探究。本书特辟专章，从文教活动的角度整理该会的一些历史，至于该会的其他活动和事业，已分见于其他各章的叙述。

一 澳门中华教育会的沿革

澳门中华教育会创立于1920年，由梁爵卿、刘雅觉、刘紫垣、容循道、傅子光[①]、陈永康等热心人士倡议成立，旨在便利办理社会公益，推动教育文化事业。其时崇实校长梁彦明出席中山县七区区教育会，于是借鉴该会方式筹办，历时约半年，定名为"澳门华人教育会"。该会于创立时采用会长制，正会长为刘雅觉神父，副会长为曾次崔，而当选为评议员及各

[①] 《觉觉学校附设商业汉英文夜学招生简章》中，该校有三位汉文教员，一位英文教员，傅子光为其中一位汉文教员，并为该校主任。见"双源惠泽，香远益清——澳门教育史料展"展品。

部部长的有刘君卉、梁彦明、冯秋雪、刘斐烈、周静生、傅子光、赵连成、刘紫垣、容循道、梁爵卿、吴秋荣、陶瑞云、区建邦等人①。该会成立时，以遵照中华民国教育实施方针，以及研究教育事业和发展地方教育为宗旨。1923年7月16日，该会奉葡京核准立案，经澳门政府宪报公报及衙署登记，成为澳门的合法教育团体，每年依会章召开会员大会，并选举职员，分任会务②。1926年，因国内行政机关改为委员制，该会亦随之改制。1936年7月和1937年3月，该会先后将会务呈报侨委会立案③。1936年7月曾奉侨委会令组织理事会和监事会，职员为两年一任，并易名"澳门中华教育会"。华侨教育总会成立后，该会取得"华侨教育会澳门分会"地位，但沿用原有的名称④。

《中华教育会史志》记该会于1938年取得"华侨教育会澳门分会"的地位，但其中有点曲折。华侨教育总会筹备委员会曾函聘澳门中德等九校，负责在澳门筹备分会，梁彦明因此于1941年8月19日向教育部部长陈立夫呈请，要求撤销总会筹备澳门分会计划。查中华教育会在侨委会立案以后，在获复的指令中，曾提及该会所要求之补助经费，须待华侨教育总会成立后，将中华教育会改为分会，再行核办，梁彦明即以此作为理据，呈

---

① 杨珮欣主编：《光影回眸95载：澳门中华教育会》，澳门：澳门中华教育会，2015年，附录。

② 《第140号A札　批准澳门教育会章程》，见1923年第5号（1923年8月4日）的《澳门宪报》（Boletim Official do Govêrno da Província de Macau），第72—74页。

③ 《教育部关于澳门中华教育会呈设澳门分会案》，见《第二历史档案馆澳门地区档案史料选编》，282/1941/五/13453/35J - 182/398。

④ 本节内容参用下列资料：《中华教育会史志》，《大众报》1949年11月13日；《中华教育会昨举行廿届理监事就职礼》，《市民日报》1947年12月22日；《中华教育会昨举行理监事就职礼》，《华侨报》1947年12月22日；何翼云、黎子云编《澳门游览指南》（1939年5月），第55—56页。

请撤销该计划①。梁彦明另于 10 月致函当时身在重庆的林天予，直指"余俊贤拉拢私人包办，硬派中德校长郭秉琦为召集人，不照原定章程'凡有教育会之地方照原有名称及组织与总会联系取得分会地位'之规定"，林天予其后将信件转呈陈树人，并陈明利害②。澳门中华教育会终亦取得支会地位，属于"因环境特殊暂以其他名称及组织与总会联系取得支会地位"③。抗战胜利后，该会改选第 18 届职员以后，即向侨委会暨教育部备案，奉令批准，原文如下："三十四年十二月廿五日呈一件（按：报纸删'本月二月初八日到部'九字），呈报会务概况及现任职员名表请准备案由。呈件均悉，准予备查。件存。此令。部长朱家骅"④。抗战胜利后，侨委会曾通令侨团立案，并特由海外部电

---

① 《教育部关于澳门中华教育会呈设澳门分会案》，见《第二历史档案馆澳门地区档案史料选编》，282/1941/五/13453/35J－182/398。余俊贤于 1939 年夏出任侨务委员会常务委员兼侨民教育处处长，就报道所见，他曾于 1941 年 7 月 11 日由港赴澳，视察培英、培正、协和、粤华、崇实、中德和孔教等十多所侨校，中华教育会曾联同各校接待，席间曾谈及（1）侨校今后之行政及管理问题，（2）侨生升学祖国问题，（3）海外教育界联络办法，（4）侨校师资之充实与培植计划，（5）小学教材供应问题，（6）关于未立案学校之立案手续等，见《侨委会教育处长余俊贤由澳返港》，《国民日报》（香港）1941 年 7 月 15 日。

② 《教育部关于核发澳门地区中小学校补助经费的函电》，见《第二历史档案馆澳门地区档案史料选编》，281/1940－1943/五/13345/35J－182/304/。

③ 中华民国教育部编：《第二次中国教育年鉴》第 11 编，第 1261 页。华侨教育总会筹备委员会于 1937 年夏在南京成立，但会务因抗战停顿。教育部侨务委员会于 1939 年底改派曾养甫、余俊贤、顾树森等 15 人为筹备委员，第一次筹备会议于 1940 年 3 月 28 日举行，通过该会章则，并推定三名常委和秘书，却因日军狂炸重庆，会所被毁，工作未及展开。据 1941 年 6 月报道，该会重新觅定会所后，即加紧筹备工作，调查海外华侨教育社团概况，并拟具"组织海外支分会计划"及"海外支分会三十年度工作计划"等。见《我侨委会筹组华侨教育总会》，《国民日报》（香港）1941 年 6 月 28 日。《华侨教育会规程》于 1941 年 8 月 2 日公布，见《中华民国史档案资料汇编》（中国第二历史档案馆编，南京：江苏古籍出版社 1998 年版）第 5 辑第 2 编"政治"，第 575—577 页。

④ 《中华教育会教部批准立案侨委会嘉奖各侨校捐输》，《华侨报》1946 年 3 月 1 日。陈道根、罗致知和陈公善呈报的"第 18 届理监事名表"和"第 23 次会员大会会务报告书"，见《中华民国史档案资料汇编》第 5 辑第 3 编"教育"，第 448—451 页。

谕港澳及海外各有关机关通知各侨团，须呈请侨委会立案，在地未有领事或有关机关时，可直接向侨委会办理。立案侨团人数须至少30人，妇女团体可减半①。事实上，有相当多的侨团纷纷向国民党党部备案，争取侨团的合法地位，截至1946年5月，澳门共有30个合法的侨团②，截至1946年11月，共26家社团获港澳总支部批准立案，获澳支部发给证明书③。

二　中华教育会的组织和会址

中华教育会创会之初，由刘雅觉任会长，其后有十多年时间由梁彦明任会长，据刘紫垣所述，梁历任该会评议员、委员、会长、主席④。该会早期成员的资料，暂难追踪⑤，以下资料整理自早期的书刊及报章。第16届职员（1938年8月—1940年8月）见表6-1。

表6-1　　　澳门中华教育会第16届理监事职员⑥

常务理事	梁彦明（兼总务）、尹梓琴（兼文书）、吴秋荣（兼财务）
理事	孔宗周（兼民众义务教育）、陈公善（兼调查）、罗致知（兼编纂）、黄振伯、区瑞墀、钟荣阶

---

①《侨委会通令侨团立案》，《华侨报》1946年12月9日。
②《本澳合法侨团共有三十单位》，《市民日报》1946年5月20日。"国民党澳门支部"于1949年以前在澳门的活动情况，可参张中鹏《国民党澳门支部的组织与党务活动（1919—1949）》，《文化杂志》第81期（2011冬季号），第67—82页。
③《二十六家社团获批准立案》，《华侨报》1946年11月5日。
④《党支部教育会昨联合公祭梁烈士》，《市民日报》1946年12月30日。
⑤《澳门行政当局1927年年鉴》中列有"澳门教育会"（Associação de Educação de Macau）的会长、秘书和司库三人的葡文名字，分别是 Lao-ngá-cóc, Ung-quai-vá 和 Leong-mong，会长应是刘雅觉，秘书是吴桂华，另一名字暂无法确定（第253页）。
⑥ 何翼云、黎子云编：《澳门游览指南》，第55—56页。

续表

候补理事	郑雨芬、陈贞伯、陆望明
监事	李君达、关公博、张衍雄、何其伟、张剑秋
候补监事	缪雨生、梁民全

1940年8月27日，中华教育会召开第18次会员大会，推选第17届理监事，结果见表6-2。

表6-2　　澳门中华教育会第17届理监事①

理事	梁彦明、区瑞墀、吴秋荣、何其伟、罗致知、钟荣阶、尹梓琴、张志城、张瑞权
候补理事	郑雨芬、何鸿平、沈芷芳
监事	黄振伯、陈公善、孔宗周、金曾澄、李君达
候补监事	梁杰灵、廖奉灵

第17届理监事于1940年9月6日假座崇实中学礼堂举行交代就职礼②。1941年至1945年间为非常时期，该会理监事成员连续多届没有改选。实际上，澳门当时的立案团体，皆奉当局札谕不得改选。梁彦明于1942年8月23日曾通告各会员，原文如下③：

> 澳门中华教育会通告。会字四七一号。
> 迳启者：西历八月廿七日下午二时，本会假座崇实中学礼堂，举行庆祝　孔子圣诞暨教师节典礼，茶会后随开会员大会。凡我会员同人，务请依时出席，并敬约贵亲友贲临，

---

① 《澳门教育会改选理事，梁彦明等当选》，《大公报》（香港）1940年8月31日。
② 《澳教育会新理监事就职》，《大公报》（香港）1940年9月7日。
③ 《"八二七"中华教育会庆祝孔圣诞教师节》，《华侨报》1942年8月24日。

热烈参加，用申庆叙，幸勿吝玉为盼。又查照会章，是日并须改选第十八届理监事职员，接任会务。惟现值非常时期，奉当局扎谕，"本澳各立案团体现任职员，应继续负责办理，暂缓改选"等因，奉此，本会理监事亦须遵照。现查理事张瑞权，候补理事沈芷芳两君，因离澳辞职，由次票何鸿平君（岭分校长原任候补理事）、郭秉琦君（中德校长）、刘紫垣君（习成校长）挨次递补。监事金曾澄君离澳辞职，应由候补监事梁杰灵君递补。现梁杰灵君因公务繁忙函辞，改由次票陈律平君（广大附中主任）递补。日前候补监事廖奉灵女士来函辞职，由次票陈道根君（圣若瑟主任）补充。相应函达报告，尚希察照为荷。

此致

本会团体会员、学校校长、会员先生

理事会主席梁彦明

卅一·八·廿三

1942年8月27日该会召开第20次会员大会，即议决由前一届职员续任，会员包括：梁彦明、吴秋荣、罗致知、张志城、尹梓琴、钟荣阶、何其伟、区瑞墀、钟少卿、何鸿平、郭秉琦、刘紫垣、黄振伯、陈公善、孔宗周①、李君达、陈律平等人。梁彦明于1942年12月遇害，遗缺由教忠学校朱伯英继任，澳葡当局亦曾饬令该会于1943年暂不改选，由第17届理监事职员续任，名单见表6-3。

---

① 孔宗周于1948年3月7日逝世，享年58岁，育三子一女，长子宪成，次子宪章，女令仪，幼子宪文。《失足堕楼孔宗周昨晨逝世》，《大众报》1948年3月11日。

表 6-3　　　　　澳门中华教育会第 17 届理监事职员①

常务干事	朱伯英（兼总务）、罗致知（兼文书）、吴秋荣（兼财务）
理事	何鸿平（兼民众义务教育）、张志城（兼调查）、苏无逸（兼编纂）、何其伟、区瑞墀、钟荣阶
候补理事	钟少卿、罗季昭、区茂泮
监事	黄振伯（兼总务）、陈公善（兼文书）、孔宗周（兼财务）、陈律平、陈道根
候补监事	潘华石、欧植森

1944 年应该是中华教育会最艰难的时期，由于该会部分委员离开澳门，如区茂泮和欧植森②，而时任各理监事又联合请辞，主席朱伯英只好于 8 月 3 日谒见华视学会会长施多尼报告并请示。当日澳葡政府决定暂不改选，理监事须遵政府命令连任，空缺可物色其他会员继任③，该会于 8 月 8 日召开特别会议，会上共八项决议，一为尊重政府意思，全体理监事继续负责职务，一为缺额理监事于 8 月 27 日全体会员大会上遴选，当天与会者包括朱伯英、吴秋荣、张志城、陈道根、罗致知、何其伟、梁惠霖、孔宗周、陈律平、罗季昭等④。8 月 27 日的第 22 次会员大会只有数十人出席，不像从前有 100 多人出席大会，而当天补选 4 名理事，包括廖荣福、盛熊运、杨重光和潘学增，监事 4 名，包括罗作祥、龙文焯、林耀坤和姜文达⑤。就资料显示，截至 1945 年 11 月改选前，该会的理监事有：孔宗周、罗致知、吴秋荣、廖荣福、陈道

---

① 《本澳教育会理监事任期满，澳督谕暂缓改选》，《大众报》1943 年 8 月 10 日。
② 《中华教育会积极发展会务》，《西南日报》1944 年 8 月 8 日。
③ 《教育会日间召开会员大会》，《华侨报》1944 年 8 月 4 日。
④ 《教育会今日开会积极征求会员》，《大众报》1944 年 8 月 8 日；《教育会特别会决议要案》，《大众报》1944 年 8 月 10 日。
⑤ 《教育会庆祝教师节同时举行会员大会》，《大众报》1944 年 8 月 29 日；《中华教育会积极筹设华侨图书馆，并拟设立学校救济失学儿童》，《西南日报》1944 年 8 月 29 日。

根、陈公善、何其伟、罗作祥、张志城、钟少卿、梁惠霖①。

1945年第23次会员大会，该会改选第18届职员，到会者有中小学校代表37名，会员109名。该届常务理事由3名改为5名，并分总务、文书、财政等，以常务兼总务为该会对外之代表人②。从第23—27次会员大会选出第18—22届各届职员，见表6-4。

表6-4 中华教育会第18—22届理监事职员

会员大会	第23次③	第24次④	第25次⑤	第26次⑥	第27次⑦
日期	1945年11月12日	1946年11月12日	1947年11月12日	1948年11月12日	1949年11月13日
宣誓就职	1946年1月14日	1946年12月1日	1947年12月20日	1948年11月28日	1949年11月30日

---

① 《中华教育会常会商讨改选事宜》，《华侨报》1945年11月2日。
② 《教育会本届理监事日间举行座谈会，对互选职员交换意见》，《市民日报》1945年11月17日。
③ 会员大会上选出理事9名，监事5名。会上有两项临时动议，一项为理事名额应否增加，议决维持；另一项为增加常务理事，议决增加2人，参《中华教育会选出新任理监事》，《华侨报》1945年11月13日。《中华教育会互选职员》，《大众报》1945年12月2日。五名常务理事名称，见《中华教育会发动全澳侨校捐振难胞》，《华侨报》1946年4月24日。这份名单另据《陈道根等就澳门中华教育会改选情况与教育部往来呈令（1945年12月—1946年2月）》补充，见《中华民国史档案资料汇编》第5辑第3编"教育"，第448—451页。《教育会补行宣誓就职》，《华侨报》1946年1月15日。
④ 《中华教育会昨午举行会员大会》，《华侨报》1946年11月13日；《中华教育会理事互选，朱葆勤等为常务》，《华侨报》1946年11月23日；《教育会监事互选结果》，《大众报》1946年11月30日。
⑤ 《澳门中华教育会昨改选理监事》，《市民日报》1947年11月13日；《中华教育会昨举行廿届理监事就职礼》，《市民日报》1947年12月21日。
⑥ 《中华教育会本届理监事今日宣誓就职》，《华侨报》1948年11月28日。
⑦ 《教育会会员大会讨论提案八件》，《大众报》1949年11月14日。关于第22届的理监事名单，《世界日报》在当天的报上，已预先公布，而且相当准确，预报和当选的15名理事，只差何心源上榜，孙锡昆屈居候补，至于7名监事，跟预报的名单完全一致，见《今天教育会选举理监事记者预得天机先报当选名单》，《世界日报》1949年11月13日。

第六章　中华教育会的文教事业

续表

会员大会		第23次	第24次	第25次	第26次	第27次
日期		1945年11月12日	1946年11月12日	1947年11月12日	1948年11月12日	1949年11月13日
任期		18届(1946)	19届(1947)	20届(1948)	21届(1949)	22届(1950)
理事	常务	陈道根 罗致知 林耀坤 何其伟 陈公善	朱葆勤 陈道根 罗致知 罗作祥 吴秋荣	何心源 罗致知 陈道根 罗作祥 朱葆勤	何心源 陈道根 罗致知 罗作祥 陈玉堂	陈道根 黄煜棠 罗致知 杜岚 郭信坚
		吴秋荣 陈律平 张志城 郭辉堂	陈公善 梁惠霖 张铁军 孔宗周 何其伟 林耀坤 区朗汉 张志城 钟荣阶 郭辉堂	朱伯英 廖荣福 陈公善 盛熊运 吴秋荣 张铁军 何其伟 李仲明 梁惠霖 张志城	李仲明 吴秋荣 陈公善 何其伟 张志城 张铁军 郭辉堂 朱葆勤 罗灿坤 余艳梅	罗作祥 郭辉堂 李瑞仪 林虎文 吴秋荣 何心源 邝秉仁 林德章 黄瑞焜 彭雪松
理事	候补	廖荣福 梁惠霖 朱伯英	黄景韶 陈律平 余倩娴 朱伯英	叶向荣 黄耀枢 陈仿林	陈德和 沈瑞裕 梁碧霞	孙锡昆 李仲明 陈玉堂 陈德和	何其伟① 陈律平 罗灿坤 张铁军 陈公善 余艳梅
监事		张铁军 何曼公 蔡克庭 杨国荃 孔宗周	何贤 余艳梅 何心源 冯百砺 何曼公 盛熊运 吴寄梦	何贤 孔宗周 余倩娴 廖奉洁 赵璧兰 张衍日 李瑞仪	郎励章 杨敬安 何贤 张衍日 颜俨若 孔宪成 柯麟	何贤 柯麟 赵璧兰 毕漪汶 欧关雄 黄锡琨 郑汉鱼
监事	候补	廖奉灵* 罗作祥	蔡文轩* 黎潮舒 李仲渔	何曼公 陈律平 黄景韶	刘振鹏 余倩娴	马万祺 吴寄梦

① 以下六人据另一则报道补充,依票数顺序排列,见《教育会年会很热闹,政治问题引起剧烈争辩》,《华侨报》1949年11月14日。

续表

会员大会	第23次	第24次	第25次	第26次	第27次
日期	1945年11月12日	1946年11月12日	1947年11月12日	1948年11月12日	1949年11月13日
总务股	陈道根 蔡克庭	何心源 朱葆勤	何心源 张衍日①	何心源 郎励章	陈道根
文书股	罗致知 张铁军	余艳梅 陈道根	陈道根 余倩娴②	陈道根 杨敬安	黄煜棠
审核股	孔宗周	何贤	何贤③	何贤	
财务	陈律平	罗致知	罗致知	罗致知	罗致知
侨民教育	陈公善	罗作祥	罗作祥	罗作祥	杜岚
编纂	吴秋荣	陈公善	李仲明	李仲明	彭雪松
调查	何其伟	吴秋荣	吴秋荣	吴秋荣	吴秋荣

注：＊于任内离职。

检视中华教育会1938—1950年的理监事名单，梁彦明、罗致知、何其伟、陈公善、吴秋荣、张志城、孔宗周、陈道根、罗作祥、钟荣阶、黄振伯、区瑞墀等，都是该会的骨干，何贤、何心源、郭辉堂、张铁军等人则属于后来的主力。当时各人春秋正盛，以第18届的名单为例，51岁或以上的有5人，41—50岁的有8人，31—40岁的有5人，梁惠霖继承父（梁彦明）志，只有28岁，最为年轻。

中华教育会按例于8月27日庆祝孔圣诞暨教师节，然后举行会员大会，1944年8月第22次会员大会上，该会建议改于11月12日的总理诞辰纪念日举行会员大会，以利会员参加④，

---

① 《教育会定期召开校长会》，《大众报》1948年1月12日；《教育会昨第二次常会纪录》，《市民日报》1948年1月12日。
② 《教育会昨第二次常会纪录》，《市民日报》1948年1月12日。
③ 同上。
④ 《中华教育会积极筹设华侨图书馆并拟设立学校救济失学儿童》，《西南日报》1944年8月29日。

故翌年第 23 次大会即改于是日召开会员大会。至于原来的祝孔圣诞及教师节，也许适值抗战胜利，故该会特于当天假座平安戏院庆祝，华务局长白达利亦应邀出席致辞，另有国术表演和粤剧演出等活动，各校学生到会者 1000 多人①。关于教师节的缘起，1931 年北京和上海的教育界人士邰爽秋、谢循初、程其保、张忠道、汪懋祖、张士一、彭百川、张耀翔、杨振先、王书林、许恪士、夏承枫、胡昌士、李清悚、朱定钧等 200 多名，拟定 6 月 6 日为教师节，并假南京中央大学致知堂开第一次大会，发表宣言。其运动的目标，主要为改善教师的待遇，保障教师的地位，以及提高教师的专业修养②。1939 年 8 月，教育部向行政院呈请，始定孔子诞辰为教师节，1939 年 8 月 27 日便成为当时官方的第一个教师节③。中华人民共和国成立以后，澳门的教师节又改为 6 月 6 日。中华教育会于 5 月 23 日及 30 日召集各侨校代表商讨如何庆祝，议定教师节当日中小学校一律放假休息，并召开庆祝大会，晚间 8 时在东亚酒家 8 楼聚餐（餐券 3 元），并发动全澳各学校及社会教育人士捐赠教师礼物运动④。

中华教育会于 1946 年 10 月 20 日召开的第 10 次理监事常务会议中，曾报告向侨委会呈请核准职员任期改为一年⑤。1946 年奉侨委会核准指令，从 19 届改选开始，理监事任期改为一年，

---

① 《中华教育会昨日祝孔》，《大众报》1945 年 8 月 28 日；《中华教育会庆祝教师节》，《华侨报》1945 年 8 月 28 日。

② 编者：《教师节五周年感言》，《现代教育》周刊第 6 期，见《益世报》（天津）1936 年 6 月 8 日；邰爽秋：《教师节的回顾与前瞻》，《现代教育》周刊第 6 期，见《益世报》1936 年 6 月 8 日。

③ 《行政院会议定孔子诞辰为教师节》，《大公报》（香港）1939 年 8 月 16 日；《教部订颁教师节纪念办法》，《申报》（上海）1939 年 8 月 27 日。

④ 《筹祝教师节今日再会议》，《大众报》1950 年 5 月 23 日；《六六教师节决扩大庆祝，教育会函各界发捐赠教师礼物运动》，《大众报》1950 年 5 月 30 日。

⑤ 《教育会原有会员多离埠从新整理会员会籍》，《大众报》1946 年 10 月 22 日。

理事名额增至 15 名，监事名额增至 7 名①。

中华教育会的会员分团体和个人两种，1945 年开始，例于每年 11 月 12 日国父诞辰前征求新会员。据中华教育会 1943 年 9 月的会务报告，该年度的会员，团体会员 49 个单位，个人会员 280 名，但当年离澳回国服务的会员共 134 名，1945 年，会员有 200 多名②。1947 年 11 月 12 日的会员大会，到会者 177 名，人数相当多，据当时的资料，新旧会员共 300 多名，团体会员分中学和小学两类，中学 15 所，小学 37 所，共 52 所③。1949 年 11 月，该会的团体会员共 41 个单位，个人会员 323 名，但报道中指出有相当多属新近加入（团体 7 个，个人 142 名）。当日出席团体会员 40 名，个人会员 175 名；1 团体会员缺席，148 名个人会员缺席④。

又该会会员须缴付会费，据 1949 年的资料，中学每学期缴纳会费 6 元，小学 3 元，个人全年缴纳 1 元，另基金 1 元，过期未到会缴交，按会章第 21 条作退会论，自行放弃会员资格⑤，但欠缴的情况是存在的，因该会曾议决在报章刊登广告，催收会费⑥。

从中华教育会创会时的会章所见，该会会址暂设于天神巷 37 号，据刘羡冰所述，也就是崇实中学租用的宋氏大屋。由于是借用崇实学校，所以刘羡冰曾用"崇实学校内"五个字概括

---

① 《中华教育会今午假座商会举行第廿四次会员大会》，《华侨报》1946 年 11 月 12 日。
② 《教育会本年度会务报告停办学校共有二十五间》，《华侨报》1943 年 9 月 1 日；《中华教育会签发会员证》，《西南日报》1945 年 4 月 27 日。
③ 《澳门中华教育会定期开会员大会，同时改选第二十届理监事》，《市民日报》1947 年 11 月 10 日。当日团体和会员选票共有 313 张，见《澳门中华教育会昨改选理监事》，《市民日报》1947 年 11 月 13 日。
④ 《中华教育会昨日选举情形》，《大众报》1949 年 11 月 14 日。
⑤ 《教育会征求新会员》，《市民日报》1949 年 10 月 25 日。
⑥ 该会曾议决于 1948 年 10 月 21 日在澳门的五家报纸刊登广告，催收会费，见《中华教育会总理诞辰改选》，《华侨报》1948 年 10 月 21 日。

该会早期的会址①。关于崇实学校,在梁彦明遇害前,全盛时期曾有学生 700 多名,1942 年 6 月底,中小两部毕业生便有 100 多名②。梁彦武接任校长,曾聘得容启贤出任学校的教务主任。梁彦武于 2 月 8 日开学礼时接受记者访问,提出日后施教的四大纲要:(1)实践纯粹教育为宗旨,绝不旁骛;(2)实事求是,注重学科施教;(3)注重德育,对于学生修养,严加注意;(4)整饬学风,注重学校纪律。除此以外,并提及谢绝梁彦明在世时所担任的社会工作,专心于教育事业③。从报道所见,中华教育会的一些文教活动,如书法和论文比赛等仍然在崇实中学举行④。1945 年 11 月第 23 次会员大会,该会曾议决函请中国国民党澳门支部联同发起召集侨团组织追悼梁彦明先生大会,并筹集款项,拨充崇实学校基金⑤。

1946 年 2 月,侨委会周尚处长到访澳门,周尚于欢迎宴开始前与校长及中华教育会理事座谈,除于会前向梁彦明烈士默哀,座谈结束前又推举陈律平、陈道根、朱葆勤、苏无逸、余艳梅等五人为设计委员,定期与该校校董会和校长召开会议,期能复兴崇实⑥。报道指 1946 年春,该校得钟荣阶资助,并代为主理,学生人数由 70 多名增至 200 多名,到 1948 年初学生有 400 多名⑦。

据 1939 年 5 月出版的《澳门游览指南》的介绍,该会设在

---

① 刘羡冰:《澳门教育史》,第 283 页。"澳门教育会章程"的中译本,见《澳门教育史》,第 274—278 页。
② 《崇实中学毕业志盛》,《华侨报》1942 年 7 月 1 日。
③ 《崇实中学大加改进增聘富有教育经验教师》,《华侨报》1943 年 2 月 2 日;《积极改进之崇实学校》,《华侨报》1943 年 2 月 10 日。
④ 《中华教育会举办全澳侨校书法比赛》,《大众报》1944 年 12 月 10 日;《中学论文比赛昨假崇实中学举行》,《大众报》1945 年 5 月 14 日。
⑤ 《中华教育会选出新任理监事》,《华侨报》1945 年 11 月 13 日。
⑥ 《中华教育会联合侨校欢迎周处长》,《市民日报》1946 年 2 月 28 日。
⑦ 《教育消息》,《华侨报》1946 年 8 月 12 日;《崇实员生纪念革命先烈》,《市民日报》1948 年 3 月 30 日。

"南湾巴掌斜路六号"崇实中学校内。然而，1946年5月的一份纪录上，中华教育会的会址是"南湾巴掌斜巷二号"，负责人是陈道根①。其后，崇实学校因日久失修致后座全座倒塌，1947年8月10日的第9次常务会议，改于国民餐室三楼举行，讨论事项即包括择地迁移会所，当时议决暂迁教忠中学内，至于筹建永久会所的问题，则议决由张铁军、朱葆勤（教忠中学校长）、陈道根、郭辉堂、吴秋荣五理事为设计委员，并由朱葆勤召集，于下次常会提出讨论②。

关于筹建会址一事，该会于1948年5月16日第5次常务会议中曾作讨论，并议决由陈公善和何其伟二人先物色合用公地，再向政府请求拨地③。并计划于会所成立以后，增设教职员图书阅读室，并搜集各年级程度教材及参考书籍，供全澳侨校教员阅读④。该会其后于监牢斜巷（按：即今"东方斜巷"）觅得一处空地，澳督柯维纳和经济局长罗保答允捐助建筑费用，可惜与业权人洽商不果⑤。该会其后借用风顺堂圣若瑟中学作为临时会址⑥。

圣若瑟中学于1948年底购得南湾101—103号，并于1949年3月18日全部迁入，是否继续借用该校作会址一事，该会于

---

① 《本澳合法侨团共有三十单位》，《市民日报》1946年5月20日。
② 《巴掌围崇实学校后座倒塌幸无伤人》，《市民日报》1947年8月9日；《教育会筹备庆祝孔圣诞及教师节》，《华侨报》1947年8月12日。该校租用龙嵩街77号作校舍，见《崇实学校租得校舍，秋季开课不致受影响》，《市民日报》1947年8月10日。
③ 《中华教育会请示侨委会私立学校增办师范科》，《华侨报》1948年5月17日；《教育会呈请侨委会准澳侨校增设师范科，请澳政府拨地段建会址》，《市民日报》1948年5月17日。
④ 《中华教育会筹建会址开始寻觅地点》，《华侨报》1948年5月23日。
⑤ 《筹建教育会会所柯督罗保允助建费》，《市民日报》1948年5月29日；《教师节教育会筹备庆祝》，《华侨报》1948年8月16日。
⑥ 《澳门中华教育会史略》一文标题下端，注明会址在"澳门风顺堂街圣若瑟中学内"，见《澳门今日之侨运》，澳门：澳门世界出版社1948年版，第19页。

1949年4月1日第2次理监事联席会议上曾作讨论,议决去函仍旧借用。据3月17日的报道,实已预告中华教育会会址将附设于新址内①,现存一张照片,"澳门中华教育会"六个直排大字,就挂在南湾101—103号新校大门的左侧②。

三　澳门中华教育会的工作方针

中华教育会自成立以后,即从事社会公益事业,积极推动文化教育的工作,从该会的一些会议纪录和报告可以反映出来。1940—1950年间澳门中华教育会的工作,可以以抗战胜利前后粗略地分作前后两个时期。前期的工作,主要集中在澳门教师和学生的救济。根据1939年8月出版的《港澳学校概览》,澳门当时除了17所"一般义学"外,中华教育会亦主办6所难童义学,分别设于崇实中学、陶英小学、越山中学、知用中学、孔教学校和知行小学校内③。1940年8月27日第18次会员大会,讨论的提案有多宗,较重要者有两项:一项为呈请教育部明令,各级学校课程须多量采及孔子圣训为补充教材,以端士习;另一项为促进图书馆以宏大地方文化④。1943年8月27日中华教育会于孔圣诞日举行第21次会员大会,有数十人出席,由朱伯英主席,陈道根记录。该会报告计划处理的工作共四项,包括:(1)调查

---

① 《教育会迁址后昨开联席会议》,《大众报》1949年4月2日;《圣若瑟中学十八周年校庆本月十九日在新址举行》,《大众报》1949年3月17日。

② 澳门教育出版委员会:《澳门中华教育会八十五周年会庆特刊1920—2005》,澳门:澳门中华教育会,2006年,第52页。原址为陈席儒遗业,当时由国民党澳支部租用,圣若瑟中学于1948年11月间,以13万元向业主陈永举购得,见《圣若瑟中学今日庆祝校庆》,《大众报》1949年3月19日;《圣若瑟中学开始迁新址》,《大众报》1949年3月15日;《圣若瑟中学斥资购党部现址屋宇》,《大众报》1948年11月29日。

③ 吕家伟、赵世铭编《港澳学校概览》已篇,第6页。

④ 《澳门教育会改选理事梁彦明等当选》,《大公报》(香港)1940年8月31日。

会员生活状况，以便分别请求拨款救济和配给米粮；（2）催促失业教员登记，以便介绍工作；（3）为学校划一上课时间①，以便教员兼课；（4）征求会员，以增强该会力量②（见附录5）。1945年1月初，新学期将要开始，教育会便曾举行失业教师登记，以便介绍工作，报道有20多人登记③。

根据《澳门中华教育会第23次会员大会会务报告书》，可以大致了解该会于1945年的整体工作。该报告列出经办的重要事项共五大类：第一类为"执行第22次会员大会交办决议案件"7项，当中包括呈请教育部侨务委员会救济澳门教职员生活和通函各校切实执行改善教职员的待遇；第二类为"办理教育部侨务委员会驻三埠督导员饬转本澳各侨校公文摘要报告"5项；第三类为"办理各学校转呈教育部侨务委员会督导员公文事项"5项；第四类为"办理代澳门政府及各侨团转知各学校事项"18项；第五类为"关于本会办理事项"40项。举其大要，有会员职业介绍、征求新会员、聘请中西医师为卫生顾问保护会员健康、向华视学会交涉代各侨校请免增授葡文、举办全澳侨校中小学生书法比赛、请各侨校增收教职员敬师米代金、办理民众识字班、办理国语师资班、向澳门政府交涉教粮公米平粜给本澳教职员、调查澳门侨校教职员生活状况、编印1945年度澳门学校校历等。该文件另记录学校团体和个人会员该年份缴纳会费共648.7元，教育部补助该会经费国币10000元，伸算得葡币235元。该年份团体会员共53校，个人会员128人，

---

① 教育会其后派员到各校调查后，规定每日上午上课时间为10时，下午上课时间为2时30分，并分函各校依照划一时间上课。见《教育会订定上课时间》，《大众报》1943年9月10日。

② 《庆祝孔圣诞暨教师节本澳教育会并举行会员大会》，《大众报》1943年8月28日。《教育会会务近况》，《华侨报》1943年9月4日；《中华教育会调查会员生活》，《大众报》1943年9月4日。

③ 《失业教师本年突增加教育会向社会呼吁救济》，《西南日报》1945年1月30日。

38人离澳，4人仙游；又已立案中学有20校，立案小学13校，专修科7校①。

抗战胜利后，为慰劳荣誉军人，澳门有义演、义赛、义舞等筹款活动。为响应华侨庆祝大会献金运动，中华教育会曾于9月6日召开全澳校长会议，议决参加庆祝，并通函各校鼓励学生献金。该会向国民政府蒋介石致敬的电文，下款为"澳门中华教育会全体理监事暨六十七校校长同叩"，亦即澳门当时至少有67所侨校②。据侨委会的嘉许电，献金共2767951元③。

中华教育会第19届全体理监事于1946年12月1日宣誓就职，朱葆勤主席代表全体理监事致辞，即定下三项方针：

（1）加紧与侨委会之联系，并协助未立案之学校与侨委会建立联系；

（2）团结澳门教育界同仁，共同解决教育上的种种困难；

（3）联络澳门各界，发表对澳门教育事务的意见，以及发展会务④。

事实上，抗战胜利以后，国民党对于澳门的侨民教育甚为关注，这些都是国民政府在侨务政策方面的具体表现，目的就是团结侨胞，宣扬三民主义⑤。中华教育会曾奉命调查服务侨教卓著的人员，五名常委联名于1946年8月14日向全澳中小

---

① 《陈道根等就澳门中华教育会改选情况与教育部往来呈令》，《中华民国史档案资料汇编》第5辑第3编"教育"，第448—451页。

② 《全澳教育商讨献金办法》，《大众报》1945年9月6日；《全澳学校电委长致敬》，《华侨报》1945年9月11日。

③ 《中华教育会教部批准立案侨委会嘉奖各侨校捐输》，《华侨报》1946年3月1日。

④ 《中华教育会十九届理监事昨日宣誓就职》，《世界日报》1946年12月2日；《教育会理监事昨行宣誓就职礼》，《大众报》1946年12月2日。

⑤ 国民党支部设立的社会服务处曾主办"播音教育"，逢星期三下午6时30分至7时在澳门播音台举行，由地方名流担任播音演讲，当中并会加插三民主义演讲10分钟，见《社会服务处播音教育》，《世界日报》1946年12月4日。

学校发出"侨教人员战时服务成绩调查表"①。国民政府亦曾设法奖励长期服务侨校的教员（见附录9），有报道指澳门当日符合领取特种或甲种奖状者，有林虎文、孔宗周、吴桂华、区朗汉、陈公善、罗致知、吴寄梦、区瑞墀等，而符合乙种奖状的人甚多②。

侨委会侨民教育处处长周尚于1946年2月23日到访澳门，中华教育会理监事于24日即往谒见，请示日后的侨教问题③。26日上午，在国民党澳支部执委陈律平、粤华中学校长廖荣福，以及教育会陈道根等人陪同下，周尚前往视察侨校④。2月27日下午，中华教育会联合各侨校假座东亚八楼欢迎周尚处长莅澳视察教育，到会者有许伟民专员、党部委员陈律平、工程师周滋泛、苏无逸、教育会理监事陈道根、孔宗周、罗致知、林耀坤、何其伟、张铁军、梁惠霖等，以及广大、协英、中德、崇实、教忠、培正、岭分、纪中、协和、培道、和平、知行、汉文、达明、公进、镜湖、启智、蔡高、建国等20余所小学校。在欢宴前的座谈会上，周尚便提及"立案"和"呈报"均须切实遵依手续，并表示会尽力协助，又提出对于"师资"和提倡"国语"，亦须加意实施，以便普及教育⑤。又侨团和学校曾奉命于3月1日下午到党部开会，商讨侨民教育⑥。

以第19届理监事的工作为例，在1947年11月的会员大会上，主席朱葆勤报告期内收到公文364件，发出公文2204件，侨委会交办文件35件，当中多为关于侨民教育兴利，或指导立

---

① 《教育会奉令调查，服务侨教卓著成绩人员，表报侨委会奖励》，《世界日报》1946年8月15日。《中华教育会启事》，《华侨报》1946年8月20日。
② 《侨务委员会奖励海外教育从业员，本澳符合甲种奖者多人》，《大众报》1948年1月24日。
③ 《中华教育会准备欢迎周尚》，《华侨报》1946年2月25日。
④ 《周处长昨日视察侨校》，《华侨报》1946年2月27日。
⑤ 《中华教育会联合侨校欢迎周处长》，《市民日报》1946年2月28日。
⑥ 《全澳中小学校今日欢迎周处长》，《市民日报》1946年3月1日。

案问题，以及一些社会公益和学术比赛等事情①。

及至新中国成立以后，政治顿成敏感议题，1949年11月13日当天其中一个议案，即为中华教育会应"脱离国民党关系，成为无党无派之自由团体"，当日议决，是"该会宗旨向无党无派，认为无庸再议"②。据报道，中华教育会历届改选，向例只邀请侨委会或中华总商会派员监选，均无邀请"澳支部"派员监选③，以第21届理监事的选举为例，就报道所见，选举（1948年11月12日）和宣誓就职（1948年11月28日），均由广东侨务处周炎荔监誓④，第20届（由刘伯盈作代表）和19届改选同样由侨务处长张天爵监选⑤。中华教育会于1949年11月30日假座镜湖医院礼堂，庆祝中华人民共和国诞生暨第22届理监事就职典礼，并发表《为庆祝中华人民共和国诞生敬告全澳教育工作同人书》（见附录11）⑥。中华教育会于1950年4月16日下午5时，假座圣若瑟中学二楼，举行理监事联席会议。议决：

（1）4月17日至23日期间，由常务理事陈道根、罗致知、杜岚、黄煜棠、郭信坚等五人会同调查股主任吴秋荣，访问全澳侨校。

---

① 《澳门中华教育会昨改选理监事，刘柏盈代张处长莅会监选》，《市民日报》1947年11月13日。

② 《教育会会员大会讨论提案八件》，《大众报》1949年11月14日。

③ 《中华教育会昨日选举情形》，《大众报》1949年11月14日。

④ 《中华教育会选出下届理监事》，《市民日报》1948年11月13日；《中华教育会第廿一届理监事昨日行就职礼》，《世界日报》1948年11月29日。

⑤ 《教育会今开会员大会改选第二十届理监事》，《市民日报》1947年11月12日。就职礼由党支部派员监誓，见《中华教育会昨举行廿届理监事就职礼》，《市民日报》1947年12月22日。

⑥ 宣言全文见《华侨报》1949年12月1日。查国民党澳支部宣告结束后，澳门除陆续出现新的团体外，原有的侨团亦相继改组，其中最快的要算是"澳门中华海员工会"，改组成立为"北平中华海员总工会澳分会"，该会并聘请柯麟、潘福如、蔡绍诚、戴恩赛、刘行之、王洁明六人为顾问，并发表《敬告全体工友书》，见《旧的下去新的抬头，海员工会首倡向北京看齐》，《华侨报》1949年11月12日。

(2) 由教育会印特刊一本,名《澳门新教育》,以广宣传。由郭信坚、黄煜棠、郭辉堂、林虎文四人任出版委员,负责编纂工作。

(3) 依照广东省人民政府文教厅所定本省各中小学校第二学期暂行校历,其放假日期,与上学期有所改变者,该校历业经印送多校遵照办理,惟有等学校因循以往习惯,不少对新校历之放假日期有所遗忘,兹为提高警惕,决定于所定放假日之十天或一周以前,由会发函通知,以便划一办理①。

在新的形势下,中华教育会仍然秉持着推动教育工作,配合祖国的教育发展。

四　推动华侨教育

中华教育会团结本地的教师和学校,会务涉及政府、各侨团和侨务委员会等机关,而在推动华侨教育方面,更是肩负着重要的角色。调查澳门的侨校状况②,办理侨校立案手续,均由中华教育会审查存案,而侨校每学期呈报表册,概由中华教育会审核转呈,未有依期办妥者,亦经中华教育会催促③。至如国民政府教育部的法令,如"补习学校"立案的规程等,也是经由中华教育会在报上刊发的④。

抗战时期,中华教育会积极联合澳门的侨团,策动救国工作,包括推销公债,献金义卖和募捐等。据梁彦明所述,中华教

---

① 《中华教育会理监事联席会议决定今后侨教工作》,《华侨报》1950年4月17日。
② 《侨委会电教育会调查侨校状况》,《世界日报》1946年12月14日。
③ 《侨澳中小学校学期报告表侨委会函促造复》,《华侨报》1948年3月7日。
④ 《中华教育会颁布补习学校立案法》,《大众报》1948年5月15日。

育会曾经承办由国民政府委办的活动，包括推进国语运动、选举国大代表，以及选派参加南洋侨校教职员讲学会等①。又梁彦明遇害前，曾要求政府廉价配米给全澳教师，也是中华教育会的莫大功绩（见第五章）。

（一）推行国语运动

中华教育会于 1941 年曾举办过四期师范班，据档案名册整理的数字，当时有 270 名学生参加，学员来自 44 所学校；又之后或曾增开两班。师范班是由时任教育部专员周尚委托办理，该会于 1941 年 2 月 23 日通函各学校，并附章程及报名表格。1942 年该会续办师资班，4 月 6 日开班，借崇实中学为校舍，聘李瘦芝任教授。1945 年亦曾办理师资班。1947 年 3 月，该会又曾举办第 4 届国语师资班，地点借同善堂三楼义学课室，教师为陈日华和黄耀枢（见第七章）。

（二）从民众识字班到民众学校

1945 年 6 月中华教育会曾筹办"民众识字班"，分东西两区开设校舍，一设在下环街达明学校，另一设在望德堂的公教学校。凡年龄在 16 岁以上，即可报名入学，费用全免，每日下午 6 时至 7 时上课。当时每校约有学生 40 名，为求更积极扫除文盲，曾计划在"新街市"增设校舍②。民众识字班只设黑板教授，每学期定为三个月，因第一期成绩理想，故第二期于 9 月续办③。

1946 年 8 月 2 日，国民党港澳总支部主任委员李大超抵澳，4 日下午在党支部召开座谈会。在训词中，李大超提出教育问

---

① 《教育部关于澳门中华教育会呈设澳门分会案》，见《第二历史档案馆澳门地区档案史料选编》，282/1941/五/13453/35J-182/398。
② 《中华教育会主办国语国术识字班》，《大众报》1945 年 6 月 9 日；《积极扫除文盲分子，民众识字班增设校舍》，《西南日报》1945 年 6 月 17 日。
③ 《民众识字班继续招生》，《市民日报》1945 年 8 月 6 日。

题，分"学校教育"和"社会教育"两个方面，在"学校教育"方面，应促进各级学校的健全发展，让适龄学童接受教育，在"社会教育"方面，民众不但知识有限，且大多不识字，故据他的观察，澳门有从速组织"民众教育馆"的必要①（见附录15）。

关于民众学校，中华教育会曾奉侨委会令筹办，但此事最终也许没成事。事缘侨委会鉴于海外各地华侨文化低落，为求普及教育，计划建立华侨民众学校30所，免费教授失学青年，澳门则定设立一所②。然而，澳门侨校碍于环境，致法令未能执行，其后曾尝试征求一中学办理。查该会第20届理监事于1948年10月19日召开第10次常务会议，即讨论奉侨委会来电，着即选择优良侨校一所，附设民众学校，以救济文盲事宜③。中华教育会第21届理监事于1948年11月12日选出，即议定就职后商办"民众学校"事宜④。11月21日理监事会议上，讨论侨委会训令着就地筹措经费举办民众学校一事，认为事属救济文盲善举，拟向澳门公共救济总会方面请求拨款资助⑤。然而，办理民众学校一事进展缓慢，侨委会拨款购置的百多本教材于1949年初经南京世界书局寄达，该校仍未成立，侨委会曾饬令中华教育会迅速办理⑥，中华教育会其后择定中正中学作为校址⑦。中正中学于1948年秋季成立，教忠中学校长朱葆勤将学校结束后，校舍及

---

① 《本澳各界侨胞欢宴李主委大超盛况》，《世界日报》1946年8月5日；《党部座谈会李主委训词原文（续完）》，《华侨报》1946年8月6日。
② 《中华教育会办民众学校》，《大众报》1949年2月13日。
③ 《教育会征求校址筹办民众学校》，《世界日报》1948年10月21日。
④ 《中华教育会筹办民众义校，新职员上场再行设办法》，《华侨报》1948年11月14日。
⑤ 《教育会商讨筹办民众夜学》，《华侨报》1948年11月22日。
⑥ 《中华教育会拟于最近成立民众学校，侨委会寄来书籍百本》，《世界日报》1949年2月4日。
⑦ 《中正附设民众学校》，《大众报》1949年2月17日。

用具全部让予中正中学,而他本人亦获聘为校长①,但该校于1949年初曾卷入校址的租务纠纷,其中即涉及承租人未经业主同意下将物业分租②,1949年9月9日开学礼当日,中正中学校长突然宣布学校停办,而停办的原因是业主收回校址③。

(三) 筹办侨立图书馆

前文已提及,中华教育会于1940年8月27日的会员大会上,已提及筹建图书馆的事情。1942年秋在庆祝孔圣诞大会中,范朗西倡议建立公共图书馆,由中华教育会负责筹备。当时,范朗西是圣罗撒中学的教员④,筹设图书馆的提案,在1944年8月的第22次会员大会上,亦曾讨论,该会于9月即发函邀约20多位社会贤达共同协助办理,当时全澳校长均愿响应捐书运动。查澳门当时只有设在市政厅内之贾梅士图书馆,并无供华人阅读的公共图书馆⑤。民政局辖下的这个公共图书馆,位于市政厅二楼左边的一个房间,书籍以英法文居多,中文书寥寥无几,前往借书须有一殷实人做保,并须每册缴交葡币一毫,借阅期限为一星期,可续借。该馆原设主任一名,不受薪,1945年11月才设立图书馆长,受薪及享有公务员待遇⑥。

---

① 《为祝蒋总统寿辰而设中正中学已成立聘请朱葆勤任校长》,《市民日报》1948年9月6日;《中正学校校董会议聘请朱葆勤任校长》,《华侨报》1948年9月6日。
② 《中正中学校长禀呈法院存租》,《大众报》1949年2月13日。
③ 《中正中学停办原因校董会亦未有所闻,闻业主方面拟进行收回业权》,《市民日报》1949年9月13日。
④ 《有人倡议建公共图书馆中华教育会宜负筹备之责》,《华侨报》1942年8月29日。
⑤ 《中华教育会积极筹设华侨图书馆并拟设立学校救济失学儿童》,《西南日报》1944年8月29日;《教育会聘请顾问聘函今日发出》,《西南日报》1944年9月28日;《筹建图书馆捐书运动,各侨校均愿响应》,《西南日报》1944年12月15日。
⑥ 《民政总局招考图书管理员,以葡籍人民为合格》,《大众报》1945年8月2日;《政府图书馆改馆长制》,《华侨报》1945年12月25日。

1945年12月7日，中华教育会第18届理监事召开特别联席会议，商议筹备建筑阖澳华侨图书馆事宜，决定举办元旦售花和港澳乒乓球埠际赛，以筹募经费。该会并以第18届理监事为筹备委员，邀请全澳校长及社会名流，报界记者为顾问。筹备会分七组办理：总务组蔡克庭、陈道根，文书组罗致知、何其伟，财务组陈律平、林耀坤，筹募组陈公善、张铁军，宣传组何曼公、吴秋荣，交际组郭辉堂、张志城，稽核组杨国荃、孔宗周①。该会于12月16日假新马路"美国楼大餐室"三楼招待新闻界，简介筹建图馆旨在促进文化事业，鼓励阅读，至于馆址及图书等需经费约80000元。会上，报界的陈大白建议"全澳学生捐一元运动"，以及"捐书运动"等办法②。

乒乓球联欢赛于1945年12月25—27日晚假利宵健身室举行，门券分一元和五毫两种，售票处设于营地大街中山书局及白马行街合众文化服务社，另有名誉券供社会名流购买③。至于元旦卖花筹款的安排，因"阖澳华侨庆祝中华民国开国纪念暨三十五年元旦筹备委员会"也定于元旦卖花慰劳有功将士而延期④，故改于1946年2月25日童军创始纪念日举行。中华教育会曾函请各校校长选派两小队童军参加卖花，并以比赛形式进行，评定等第⑤。参加的中小学校童军，有来自纪念中学、濠江中学、中德中学、望德女中、陶英小学、圣若瑟中学、培正中学、知行小学、广大附中九校的童军，每校两小队，合共18队⑥。卖花所得

---

① 《教育会筹建图书馆举出筹备委员》，《市民日报》1945年12月11日。
② 《教育会理监事昨招待新闻界》，《市民日报》1945年12月17日。
③ 《港澳乒乓联欢赛南中点将录为华侨图书馆筹募基金》，《市民日报》1945年12月15日，《乒乓义赛今晚举行》，《华侨报》1945年12月25日；《筹募图书馆基金，乒乓赛依期举行》，《华侨报》1945年12月23日。
④ 《教育会卖花改期举行》，《华侨报》1945年12月25日；《中华教育会卖花筹款展期举行》，《华侨报》1946年1月1日。
⑤ 《中华教育会定童军节卖花筹款》，《华侨报》1946年2月22日。
⑥ 《中华教育会昨卖花》，《华侨报》1946年2月26日。

折合葡币1683.6元,扣除支出后,实得葡币1411.6元。冠军队为中德中学,亚军队为濠江中学,季军队为圣若瑟中学,殿军队为广大附中①。又于民族复兴节举行的乒乓球义赛得葡币858.5元②,故前后筹得基金共葡币2270.1元。

筹建华侨图书馆一事,其后扩大,由中国国民党支部召集各社团各学校代表商讨,联合各侨团筹建纪念林卓夫梁彦明两烈士图书馆,并推定23人负责起草章程,见表6-5③。此事其后于中华教育会1946年3月第4次理监事常务会议上议决追认,见附录6④。

表6-5　　　　　　侨立图书馆筹建委员会章程草案⑤

第一条	由澳门各界为谋提高本澳文化水准,设立图书馆起见,特组织"澳门侨立图书馆筹建委员会"以下简称本会。专任筹建之责。
第二条	本会设委员二十三人,就本澳侨团学校单位中推举充任之(均为义务职),前项当选委员应以侨团学校单位之负责人为当然出席代表,如负责人不便出席时,得派全权代表出席。
第三条	本会设常务委员五人,并分设下列六组,每组设委员若干人(就中推定一人为召集人)均由各委员互选充任之。一总务组,办理关于本会文书事务会计及不属其他各组事宜。二设计组,办理关于图书馆馆址之购买(或借用),建筑,布置及图书之选购等设计事宜。三劝募组,办理关于图书馆建筑基金及图书用具购置费等之征集劝募事宜。四保管组,办理关于本会募得基金之保管收付一切事宜。五宣传组,办理关于本会一切宣传事宜。六稽核组,办理关于本会一切收支审查稽核事宜。
第四条	本会委员会议每月举行一次,由总务责召集,开会时由常务委员互推一人为主席,如有特别事故,仍得召集临时会议。
第五条	各组会议不定期举行,各组召集人认为必要时,均得随时召集,但议决各案均须提请本会通过,方得执行。

---

① 《中华教育会卖花成绩尚好共得千六百余元》,《华侨报》1946年3月1日;《教育会售花中德成绩冠军》,《市民日报》1946年3月1日。
② 《中华教育会图书馆基金储西洋银行》,《华侨报》1946年1月31日。
③ 《华侨图书馆扩大组织联合侨团进行筹建》,《市民日报》1946年3月2日。
④ 《教育会理监事开第四次常会》,《华侨报》1946年3月14日。
⑤ 《澳门侨立图书馆筹建委员会章程草案》,《华侨报》1946年3月17日。

续表

第六条	本会对外对内一切行文，均以常务委员名义行之，但至少须有常务委员过半数之署名，方得有效。
第七条	本会所有募得款项，均应存储于本会指定之银行银号，提款时须经本会之通过及有常务委员暨保管组委员过半数之共同签名，方生效力。
第八条	本会就事实之须要时，得约请社会名流及专家为名誉顾问，由本会议决通过延聘之。
第九条	本会日常所需之办公费，由本会各委员负担之。
第十条	本会会址暂设国民党澳门支部，办事处。
第十一条	本章程自本会决议通过后施行，并呈主管机关备案，如有未尽事宜，得由本会修正之。

澳门侨立图书馆筹建委员会于1946年3月26日召开第2次会议，决定图书馆筹建会常务委员及各组委员名单，见表6-6。

表6-6　　　　筹建会常务委员及各组委员名单①

常务组委员	国民党澳门支部（召集人）、青年团、教育会、澳门商会、纪念中学
总务组委员	国民党澳门支部（召集人）、镜湖医院、广大附中
设计组委员	中华教育会（召集人）、中山同乡会、中德中学、印刷公会、岭分中学、粤华中学、蔡高小学
筹募组委员	国民党澳门支部、澳门商会、妇女会（召集人）、培正小学、协和小学、圣罗撒中学、鲜咸鱼行、东莞同乡会、培道中学
保管组委员	银业公会（召集人）、同善堂、中山同乡会
宣传组委员	青年团、记者公会（召集人）、教育会
稽核组委员	纪念中学、镜湖医院（召集人）、教育会

会上并议决，所募得的款项存放广东银行，并定每月第二周星期六下午3时开会，定三个月为筹委会的工作期限②。中华教育会

---

① 《图书馆筹建会推定职员并聘请顾问》，《华侨报》1946年3月27日。
② 同上。

常务理事陈道根、林耀坤、监事孔宗周等，于 1946 年 6 月 17 日将全部基金（葡币 2271.1 元）拨交广东银行①。筹建图书馆最终或未有成事，筹委会于 1946 年 12 月 9 日在党部会议厅召开第 8 次会议，报告现存捐款为葡币 2298.1 元，因向各界洽借地方成立小规模图书馆未果，自行筹建亦难，故建议将捐款存放于广记银号，开立一年定期存款户口生息，日后再商办理②。该笔捐款其后也许仍存放于广东省银行，筹委会于 1948 年 1 月 9 日召开第 9 次会议，认为馆址设立问题，应从速果断，并推党澳支部、青年团、商会、教育会、妇女会等负责洽商③。

（四）各类全澳中小学校比赛

1944—1948 年间，中华教育会按年为全澳的中小学校举办过书法、图画和写作比赛等。

1944 年 12 月 17 日于崇实中学校内举办全澳中小学生书法比赛，参赛者须缮写草楷及小楷各若干，共有来自 17 所中学的 50 名学生以及 31 所小学的 102 名学生参加，作品由高剑父、冯康侯、钱二南和张学华任评阅④。颁奖礼于 1945 年 1 月 21 日举行，初中组第一至四名分别为教忠、培英、濠江和濠江的学生；小学组第一至十名分别为瑞云、文英、励群、汉文、汉文、粤华、培正、教忠、教忠和淑贤的学生⑤。1947 年 6 月 1 日再举办的小学

---

① 《教育会乒乓售花款项拨送图书馆筹委会保管组》，《华侨报》1946 年 6 月 18 日。
② 《图书馆暂时办不成，且把存款孳生利息》，《市民日报》1946 年 12 月 10 日；《筹建侨立图书馆暂难实现，议决将捐款孳生利息》，《华侨报》1946 年 12 月 10 日。
③ 《侨立图书馆筹委会议决从速成立小规模图书馆》，《华侨报》1948 年 1 月 10 日。
④ 《中华教育会澳门分会举行书法比赛今日开始》，《市民日报》1944 年 12 月 17 日；《全澳中小学校学生书法比赛》，《华侨报》1944 年 12 月 18 日。
⑤ 《中华教育会昨举行颁奖礼》，《大众报》1945 年 1 月 22 日。

书法比赛，简章见表6-7。

表6-7　　　　　　　　书法比赛简章①

一、定名	全澳华侨小学书法比赛
二、宗旨	宣扬国有学术，提倡祖国书法
三、时间	卅六年六月一日，上午十时至十二时
四、地点	崇实学校
五、办法	（甲）参加者以本澳华侨设立之正式小学为限 （乙）比赛分高小组及初小组两组 （丙）比赛以学校为单位，每校每组得选派学生三名参加 （丁）凡参加比赛之学生，均须由学校具函开列该生姓名年龄籍贯学级等项证明 （戊）比赛时自备笔墨（笔用寸楷及小楷） （己）比赛卷由会弥封发给
六、报名	由五月廿一日起至五月廿八日止
七、评阅	比赛卷送钱二南、何仲恭、黄漱庵、李供林四位先生评阅
八、奖励	除每组成绩最优者，十名各给奖品，凡参加之学生一律颁发纪念品

比赛如期于6月1日举行，高小组写大字32个（"我中华民国得贤明蒋公之领导抗战八年获胜利宪法现经成立宜协力建设也"），初小组大字36个（"天日月星辰风云雷雨地山水沙石江河湖海井田村舍时年春夏秋冬寒暑冷热花木桃李"）；小字方面，两组均写国父遗嘱全文。参加比赛共33校，高小组76名，初小组88名，结果于6月19日的报章上公布，两组各15名，高小组首奖为教忠小六生吴玉书，初小组奖为励群小四生吴俊明，颁奖典礼于22日假商会二楼礼堂举行②。

1945年5月13日，教育会曾举办全澳华侨学校高中各级学

---

① 《中华教育会举办小学书法比赛》，《华侨报》1947年5月15日。
② 《昨如期举行书法比赛》，《市民日报》1947年6月2日；《书法比赛成绩表》，《华侨报》1947年6月19日；《中华教育会主办之小学书法比赛昨日颁奖》，《华侨报》1947年6月23日。

生论文比赛，比赛章则见表6-8。

表6-8　　　　　　　　　论文比赛简章①

一、定名	全澳华侨学校高中各级学生论文比赛
二、宗旨	发扬祖国学术提高学生学习国文兴趣
三、时间	五月十三日（星期日）上午十时至十二时半
四、地点	崇实中学校
五、办法	（甲）参加者以华侨学校高中生为限 （乙）比赛以校为单位，每校得派学生三名参加 （丙）凡参加比赛之学生，均须由学校具函证明以便预备文卷及编号 （丁）比赛时自携笔墨 （戊）比赛用折角记名
六、报名	五月二日至五月十日止
七、命题	陈樾先生
八、评阅	由冯百砺、陈樾、何仲恭、徐佩之四位先生担任
九、奖励	成绩最优之一、二、三、四、五名由中华教育会征集奖品颁发以资奖励
十、评阅标准	分三项（甲）命意40/100，（乙）结构30/100，（丙）修辞30/100

是次论文比赛共有十二校参加，论文的题目为"百年来吾国政治文化变迁甚大，应时而生之人物亦甚伙，诸生读书论世，最景仰者为何人，尽举而言之"②，比赛结果，第一至五名分别为协和、教忠、中德、粤华和广大附中五校学生③。

教育会于1948年亦举办高中初中小学作文比赛。1948年4月18日，该会在理监事会常务会议上议决各项办法：（1）高中

---

① 《中华教育会通告侨校派学生参加论文比赛》，《西南日报》1945年5月2日。
② 《中学论文比赛昨假崇实中学举行》，《大众报》1945年5月14日。
③ 《教育会主办论文比赛揭晓》，《大众报》1945年6月6日。

初中文言语体任作，小学以语体为限；（2）预推五位先生（以非现任教职员为限）任评判；（3）题目由评判拟定，临时混合抽取决定，以示大公；（4）每组每校派三人参加；（5）高中组奖三名，初中组奖五名，小学组奖十名；（6）日期及时间暂定5月16日上午9时30分，地点假圣若瑟中学举行①。比赛其后延至5月23日举行，高中组题目为"建国似应从人心上建起说"，六人参加，初中组题目为"立宪国民当遵守法律，尤不可不重视道德说"，11人参加，1人缺席，小学组题目为"行宪首任总统就职澳侨热烈庆祝记"，44人参加，3人缺席②。比赛结果，高中组第一至三名依次为仿林、圣若瑟和圣若瑟，初中组第一至五名依次为中德、仿林、中德、中德和圣若瑟，小学组第一至十名依次为励群、汉文、汉文及励群（同名次）、陶英、兴华、兴华及镜湖（同名次）、平民、仿林、中德、陶英③。教育会在筹办是次作文比赛活动期间，侨委会亦举办侨中小学学生国文写作比赛，比赛办法及文卷式样，教育会奉令翻印分送各侨校，当时规定未立案的侨校也得参加。比赛的目的，开宗明义，"为明了海外侨民中小学生国文写作能力，及增加学生写作兴趣"；比赛分中等学校组和小学组，中等学校组题目为"青年与建国"和"建国与戡乱"，任择一题，字数500—1500字，小学组题目为"建设新中国"和"新中国的儿童"，任择其一，字数200—600字；各校先在校内举行初赛，再选择优良作品于6月15日寄中华教育会；各校参加人数不少于2名，至多不得超过5名④。

又1946年6月9日，该会举办全澳中等学校学生图画比赛，分高初中两组，每校每组可派学生三名参加，设高中组成绩最优

---

① 《中华教育会举办中小学生作文比赛》，《大众报》1948年4月20日。
② 《昨全澳学生举行文赛》，《世界日报》1948年5月24日。
③ 《高初中小学作文比赛成绩揭晓》，《市民日报》1948年6月11日。
④ 《侨委会举办侨民中小学生国文比赛办法》，《大众报》1948年5月10日。

三名，初中组五名。高中组共 15 人参加，初中组 24 人参加，作品由高剑父负责评阅①。比赛结果，高中组第一至三名分别为纪中、粤华和粤华的学生，初中一至五名分别为濠江、纪中、广大、纪中和纪中的学生②。

（五）推动澳门的师范教育

澳门的师范教育，笔者暂见 1929 年有一所中文师范学校，之后就是抗战时期从广州迁澳的执信、洁芳、协和、南海联中等校。中华教育会鉴于澳门侨校师资缺乏，1948 年 5 月 16 日第 5 次常务会议曾作讨论，议决向侨委会请求准许私立学校增办小学师范科，造就师范人才③。设置师范科的呈请获侨委会核准。中华教育会于 1948 年 7 月 7 日收到侨委会教导字第 729 号代电，内容如下：

> 六月十三日呈发字第五零号呈悉。查该会为就地造就辖区国民教育师资起见，拟就区内中学添设特别师范科，或开简易师范科，用意良佳，应予照准。兹就有关事项列后：（一）附设各该科之中学，应为该区立案中学中规模较大，设备充实，师资健全之中学为宜，并应将附设之中学名称，及设科计划报会备查。（二）教育系专业性质，于招收新生时，除应对入学资格加以注意外，并宜以志愿从事国民教育工作者为合格。（三）关于各该科教学科目及主持人，应分别遵照特别师范科，或简易师范科暂行办法规定斟酌办理之。以上各点，仰遵照办理，并具报为要。

---

① 《中华教育会举办高初中图画比赛》，《市民日报》1946 年 6 月 10 日。
② 《中学生图画比赛》，《市民日报》1946 年 7 月 6 日；《学生图画比赛》，《世界日报》1946 年 6 月 25 日。
③ 《中华教育会请示侨委会私立学校增办师范科》，《华侨报》1948 年 5 月 17 日。

中华教育会理事会并于7月20日通函各校①。这是一项相当重要的举措，澳门圣若瑟中学就是接到中华教育会的通知，遵令添招"简易师范科"②，该校的师范课程延续至今，为澳门培育不少教师。

小结

澳门中华教育会对本地的教育贡献良多，但该会早年的资料，保存下来的并不多。刘羡冰曾表示该会于1945年以前的档案已告散失③，故本章尝试从1940年代的中文报章，钩这个时期与该会相关的各种资料，并以档案资料补充，希望能够展示这个团体的面貌。国难时期，该会与本地的师生共同经历厄困，其救济学生和教师的工作，见本书第五章，本章的重点在于该会在澳门推动文教活动和发展教育事业。刘紫垣在抗战胜利后的第一次教师节的特刊上，曾撰文对澳门中华教育会寄予厚望，其中提及该会：

> 自成立以来历二十余载，关于社会公益慈善事业与及过去救国工作，固已表现相当成绩，惟当此我国胜利，从事建设之伟大时期，澳门教育会之工作，发展教育，研究科学，发明新智，以应需要，则其贡献于社会国家尤为重大……澳

---

① 《侨委会复函教育会准中学附设师范科，设立者须呈教育会汇报》，《市民日报》1948年7月23日；《侨委会准澳侨校设特别简易师范科》，《大众报》1948年7月23日。
② 《本校增设师范科的经过》，转引自《七十五年雅歌声：校史述析》，澳门：澳门圣若瑟教区中学，2006年，第52页。
③ 刘羡冰：《澳门教育史》，第270页。除了《澳门教育史》有专章讨论该会的事功，另陈志峰亦有专文讨论该会的领袖人物，见《乐育菁莪，杀身成仁——为澳门教育界争光的中华教育会》，郑振伟主编《澳门教育史论文集》第二辑。

门教育会会所之筹建,澳门图书馆之筹立,平民义学与工读夜学之筹设,与夫各种社会教育之筹□,久已苦心孤诣,积极筹划,其所以当未见诸实行者,盖关于经济问题未能解决耳。自今而后,惟有群策群力,急起直追,负艰巨之责任,尽最大之努力,以求实现计划而达成功之目的,不但澳门教育会之光,实则澳门华侨之荣也。[①]

刘紫垣是中华教育会其中一位创办人,这段文字大概综述了该会的重大贡献,但某些于当时仍然是待办的工作,最根本的还是经济的原因。中华教育会成立于民国时期,属民间社团,其工作纯为义务性质。该会担当桥梁的角色,团结澳门的教育界,承办国民政府的文教活动,包括推动国语运动和社会教育等,而澳门师范教育的发展,亦溯源于该会的倡议。借着该会于1940—1950年间活动的具体细节,当可彰显该会在澳门教育发展上的特殊贡献。

---

① 刘紫垣:《对于澳门教育会发展之意见》,《市民日报》1946年8月27日。原文无标点。

第七章　1940年代国语运动的推展

前言

　　1942年1月19日，澳门《华侨报》上有一则"重庆十八日电"的报道，明确以注音识字为彻底扫除文盲的有效办法，通令实施①。办法分"（甲）由教部办理者"，"（乙）部辖各级学校及社教机关办理者"和"（丙）各省市教育厅局长办理者"三类。当中的乙类的办法包括：（1）发动注音识字运动；（2）今后出版民众及儿童读物，应尽量用注音国字印刷；（3）各级师范及国民教育师资训练班，均应设国语课程；（4）新制标语等件，均应加注音符号②。查民国时期的国语运动是从统一文字读音开始的，所以一开始就是"读音统一会筹备处"的成立。该会的成果包括审定6000多汉字的读音，归并出27个声母和15个韵母，并选定39个注音字母。1916年召开的"中华民国国语研究会"，促使北京政府公布注音字母，以及改革学校"国文"科为"国语"科。第一个推行国语的机构"国语统一筹备会"于1919年

---

　　① 国民党曾于1941年4月第5届八中全会通过了两份提案，一为"大量编印注音汉字之通俗书报及刊物以供学成注音符号之民众阅读发挥宣传及训练之功效案"，一为"积极推行注音字运动期于五年内普及注音识字彻底扫除文盲以宣扬三民主义促进抗战必胜建国必成案"。见浙江省中共党史学会编《中国国民党历次会议宣言决议案汇编》第3分册，杭州：浙江省中共党史学会，1986年，第193—197页。

　　② 《教部通令实施注音识字订定要点》，《华侨报》1942年1月19日。

4月成立，后改"国语统一会"，1928年改称"国语统一筹备委员会"，该会的成果包括重印国音字母表、改良注音符号、修订国音标准、铸造注音汉字字模，以及编纂《国语辞典》等。"国语统一筹备委员会"因中央经费紧缩而于1935年6月结束，经吴敬恒等人呼吁，教育部于同年8月成立"国语推行委员会"①。抗日战争爆发以后至新中国成立前国语运动在澳门推动的情况，是本章探索的重点②。

一 澳门学校的"国文"和"国语"科

民国元年（1912）教育部颁布的《小学校令》和《中学校令》，小学和中学一律废除"读经讲经"，改设"国文"科。1920年1月24日教育部训令全国各国民学校一、二年级的国文改为语体文，并修正国民学校令中"国文"为"国语"，往后小学各年级改设"国语"科。然而澳门有部分小学，"国语"和"国文"这两个学科仍然是并存的。如崇实学校1923年的招生简章中的科目，高等小学的学科即见"经学"、"国文"和"国语"，国民学校则只有"国文"和"国语"。以1929年的四份招生简章为例③，齐民学校分高级（二年）和初级（四年）小学，简章中所列的学科如下：

高级小学　公民　国文（经学　诗词　作文　古文　信札

---

① 以上资料摘用《国语运动百年史略》（世界语文教育会编，台北：国语日报社2012年版）第一、二章两章的内容。
② 研究澳门国语运动历史的文章，笔者暂见刘羡冰女士一篇关于澳门普通话教育发展史的文章，该文其后收入氏著《澳门教育史》，第243—252页。
③ 《齐民学校招男女生简章》、《习成高初两等小学招生简章》、《民国十八年己巳澳门汉文学校正校分校扩充学额招生简章》、《陶英学校简章》，以及《澳门崇实学校简章》，见"双源惠泽，香远益清——澳门教育史料展"展品。

书法） 国语（注音字母） 自然 历史 英文 地理 笔算 珠算 音乐 体操 童子军学识 形象艺术 工用艺术 （女生加授）女红

初级小学 常识 国文（论说 作文 信札 习字） 国语（注音字母） 笔算 珠算 音乐 童子军学识 工用艺术 形象艺术 体操 （女生加授）女红

上引文中加括的内容，在原件中为夹注。又汉文学校的科目，也包括"国文"和"国语"两科，"国文"科下端夹注"普通文字之作法讲读默写训诂书札诗词古今文体统此"；又习成小学的招生简章，二年制的高级小学列出 13 个学科，其中"文学科"这个类别就包括"国文"、"作文"和"国语"，简章的附记中注明加授"经学"，女生加授"女红"。然而，陶英学校的简章中只有"国文"，并夹注"古文 信札 作文 孟子 书法 诗词"。各校的具体教学内容已无法考究，但从相关的夹注可推知，澳门有部分小学校的课程中实已开始教授"国语"，但当时也许只限于"注音字母"的教授。"注音字母"于 1930 年 4 月以后改称"注音符号"①。此外，濠江中学附属小学于 1937 年向教育部呈请立案，立案用表第九所列的国语课本，第一至四学年用叶绍钧的《开明国语课本》，第五至六学年用的是丁毂音和赵欲仁编的《复兴国语教科书》（商务印书馆）第 2 册和第 4 册。此外，该校的公民、历史、地理和自然等科目，用的也是商务的"复兴"教科书②，这

---

① 中国国民党中央执行委员会第 88 次常务会通过吴敬恒"改定注名字母名称，改称注音符号，以免歧误而利推行"案，国民政府于 4 月 29 日以第 240 号训令，令行政院及各直辖机关，改注音字母名称为注音符号；5 月 19 日又以第 483 号训令，令各级教育机关改注音字母为注音符号。参台湾师范大学国音教材编辑委员会编《国音学》，台北：正中书局 2008 年版，第 42 页。

② 《侨务委员会转报澳门濠江中学附属小学立案表册及教育部的复函》，见澳门历史档案馆藏，《第二历史档案馆澳门地区档案史料选编》，254/1937.6－7/五/13310/35J－180/478。

批课本的正文都用注音符号标注读音。虽然未能确知当时各学科的教学实况，但至少用的已是新教材①。

上述五校属澳门本地的学校，但抗战时期有相当数量的学校迁澳，这些学校的情况也许可以培正中学附小为例。培正先从广州迁鹤山，1938年再迁澳门。该校的高小和初小均设有"国音"科，1939年度上学期，高小部"国音"科教员为关玉书，初小部"国音"科教员为关玉书和王菊如②。关玉书的籍贯为直隶或北平，培正1929年于广州出版的《四十周年纪念特刊》已见他的名字③，1937—1938年和1938—1939年这两个年度澳门职教员的名单亦见他的名字④。又据该校于1940年9月呈报广东教育厅的职教员一览表，关玉书的学历为"北京国语师范学校、北京注音字母学校毕业"，经历为"全国国语教育促进会、广东省立民教馆、广东省教育会等国语讲习所导师及兴华、岭分等校教员"，时年37岁，1931年9月到校任教；王菊如，籍贯为河北，北洋女子师范毕业，1932年2月开始于该校任教，时年45岁⑤。1945—1946年度，小学部下学期

---

① 从一些澳门学校向华视学会呈报的资料，文华男子小学（1934年1月）、翰华小学（1935年12月）、始基学校（1935年1月）和宏中男子小学（1935年2月）已使用商务印馆出版复兴教科书，见澳门历史档案馆，档号：MO/AH/EDU/CP/06/0134，0144，0146，0149。

② 《二十八年度上学期全校职教员一览表》，《培正校刊》第11卷第3期（1939年11月15日），第4页。

③ 《培正初级小学职教员姓名录》，《培正学校四十周年纪念特刊》，私立培正学校四十周年纪念筹备会，1929年10月20日，第72—73页。

④ 《二十六年度第二学期澳门分校职教员一览表》，《培正校刊》第9卷第2期（1938年6月12日），第9页；《二十七年度第一学期职教员一览表》，《培正校刊》（迁澳第二号）第10卷第2期（1938年11月5日），第6页。

⑤ 《私立广州培正中学附属小学校二十九年度校务概况职教员一览册》（1940年9月），叶2；叶5。又广东省立民众教育馆曾于1936年12月26日邀请广州市内从事国语教育工作同人，举行国语教育座谈会，关玉书是代表之一。在代表的机关一栏，关玉书代表"私立标准国语讲习所"和"兴华中学"，见《出席代表一览表》，《广东民教》第2卷第1期（1937），第3页。

亦有"国音"科，教师为陈玉文①；1947—1948年度的职教人员表，陈玉文是"兼职"教员②。由此可见，国音是该校的课程，而该校也曾有规定，"凡讲授国文科者，不论班次，均用国语讲解"③。又中德中学于1938年创办之时，首年也是按教育部明文规定国语讲授。该校教师多为久居广东的北方人，又或曾久居北方的广东人，能操国语和粤语，故"各级授课酌用国语，同时以粤语解释"④。此外，广大附属中学于1938年12月在澳门复课后，从报道所见，曾连续两年在校内举行"国语演讲比赛"，作为学生的课外活动⑤。

二 "国语师资讲习班"和"民众国语讲习班"

教育部国语推行委员会成立以后，提出促进注音汉字推行办法，又规定加强训练和考核注音符号的师资，而广东教育厅于1936年奉教育部《促进广东各校国语教育办法》，以促进国语教育，包括：规定各级学校教员一律采用国语教学；师范及中小学现任教员不能用国语教授者限期学习，期满后予以检定；在适中地点之学校设立国语传习所，令各级学校不能用国语教授之教员分期学习；师范会考科从1937年度起加入"国语口

---

① 《澳门小学职教员一览》，《培正校刊》第14卷第2期（1946年7月1日），第9页。
② 《澳门培正中学卅六年度上学期职教员人名表》，《培正校刊》第16卷第1期（1946年10月10日），第20页。
③ 《全澳国语演讲比赛捷告》，《培正校刊》第16卷第5期（1948年5月25日），第17页。
④ 《私立澳门中德中学校概况及廿八年度招生章程》，《港澳学校概览》戊篇，第1页。
⑤ 《广大附中学艺赛今日颁奖》，《华侨报》1940年1月29日；《广大附中举行颁奖典礼》，《大众报》1941年7月3日。

语"及"注音符号"科目;并于1938年度列作检定小学教员的科目等①。但抗战爆发,广东的教育遭受重创,这些规定应已无法执行。

在港澳方面,抗战时期有《港九澳推行国语办法》,该"办法"由教育部驻香港专员周尚呈国语推行委员会核签,当中有"创设港、九、澳中小学教员国语师资讲习班"和"创设港、九、澳民众国语讲习班";前者之主旨为"以师资推动注音汉字之教读,以便普及国语教育,彻底扫除文盲而达国语统一目标",后者之主旨则为"扫除文盲,统一国语"②。国难时期,国民政府教育部在港澳推行国语运动,团结侨胞的目标是明显的。据报道,在港澳开办的讲习班将分设师生、民众和商店三组,期一年后学界能完全用国语,五年后全港澳侨胞均能说国语。民众班以50人为一班,由当局派员负责,分日夜上课;中学教师学生班以100人为一班;至于商店班,是指各大商店公司银行等可要求当局派员前赴教授。各组分高初两级,高级班40小时,初级班80小时;课程有教学法、会话、注音符号和国语原理等③。教育部于1941年派员到澳门举办民众国语班和国语师资班,而现存的档案见"教育部港九澳国语讲习班",由中国文化协进会主办④。据《港九澳国语学校名册》(1941年7月)所见,三地私立国语学校共18所,而澳门只有一家"达用国语讲习所",主持人是关玉书,教员有张德良和

---

① 《广东教厅促进国语教育》,《广州民国日报》1936年12月1日,转引自《教育杂志》(上海)第27卷第1号(1937年),第279页。
② 《周尚呈拟港九澳国语推行办法及训练师资事项与教育部》,见《第二历史档案馆澳门地区档案史料选编》,248/19 - -/五/12307/35J - 180/297。
③ 《我教育当局在港推广国语运动》,《国民日报》(香港)1941年2月15日。
④ 《周尚呈报办理港九澳国语讲习班情形请聘用李瘦芝顾卡白二人视察指导及教育部的签令》,见《第二历史档案馆澳门地区档案史料选编》,244/1941.4 - 6/五/12307/35J - 180/198。

苏无逸，学员57名①。查该所于1938年3月成立，校址设于荷兰园进教围望德女子中学校内，奉广东省政府教育厅1939年12月19日字第429号指令准予立案，及后于1940年4月15日再向教育部呈请备案②。该所开办初期或曾改称"澳门私立中华国语讲习所"，第二期学员于1938年7月31日结业③，讲习所于1939年8月曾举行宣传国语运动公开演讲，1940年1月15日又举办全澳公开国语演讲比赛等④。查该比赛分成人及幼童两组，参加者共21人，由关玉书主席，何仲恭和徐佩芝（之）任评判长，刘耀真、赵荣光、张德良、陈日华、区瑞墀和黄振伯等任评判员，成人组冠军和季军为广中中学学生，亚军为上海复旦学生，幼童组冠军为风中附小学生，亚季军皆为崇实中学学生⑤。截至1945年9月，该所共举办过41届国语班⑥。私立达用国语讲习所主持的第2次全澳公开国语比赛，于1945年9月2日在圣若瑟中学礼堂举行，分幼童组（15岁以下）、成人组（16岁以上）和注音组。幼童组演讲5分钟，题目为"怎样推行国语"；成人组10分钟，题目为"普及教育

---

① 《周尚呈请拨补国语讲习班经费及教育部的复函指令》，见《第二历史档案馆澳门地区档案史料选编》，246/1941.7－12/五/12307/35J－180/226。查澳门陶英小学的1939年的招生章程，亦见设有"国语讲习所"，但具体不详。见《港澳学校概览》戊篇，第31页。

② 《为呈请准本所备案俾利进行由》，见中国第二历史档案馆《教育部办理广东、港澳推行国语教育的有关文书》，全宗号五/案卷号12307（2）/1940.3－1942.11/262，第197页。

③ 《中华国语讲习所第二期学员定本星期日举行毕业典礼》，《民生日报》1938年7月28日。

④ 《澳门达用国语讲习班呈请维持所务及教育部查询核议的往来函》，见《第二历史档案馆澳门地区档案史料选编》，247/1941.3－9/五/12307/35J－180/280；另据《周尚呈请拨补国语讲习班经费及教育部的复函指令（附港九澳国语讲习班学员名册）》（246/1941.7－12/五/12307/35J－180/226）其中一片纸笺，该校分研究班、普通班和暑期班。

⑤ 《澳门教育界举办国语比赛》，《大公报》（香港）1939年1月17日。

⑥ 招生广告，《华侨报》1945年8月29日。

和国语关系";注音组比赛"注音符号与汉字互译"。结果于9月17日公布①。澳门华视学会秘书罗比路先生应邀为评判长,廖荣福、郭秉琦、刘年佑、王业成、苏觉济、黄浩然、黄耀枢、王菊如、唐慎之等为评判员②,当时社会各界人士送出不少奖品③。

国语师资班由周尚委托澳门中华教育会办理,该会于1941年2月23日通函各学校,并附上章程及报名表格。据周尚其后的报告,师资班共计四班,于1941年3月2日正式上课,又报告所附《澳门师资班名册》,甲乙两班分别有144名和126名;由于资料另附有保送学员的校长名字,经整理后,甲组学员来自33所学校,乙组学员来自24所学校,排除重复的校长名字,270名学员来自澳门44所学校④。档案中的章程见表7-1。

表7-1　　　澳门中华教育会设立国语讲习班章程

1	澳门教育会为推行国语起见,特聘请优通国语教师,教授下列课程:(一)国语教育之真义;(二)注音符号之训练;(三)国语发音及会话之练习;(四)国语教学法之讲习。
2	国语班分甲乙两组,凡稍具国语基础者入甲组,未尝研究国语者入乙组。
3	凡现任澳门中、小、学校教员,有校长公函保送者,均得入班,免收学费杂费。
4	教学时间,每日下午七时至九时,甲组在每星期(一)二、四;(二)一、三晚,乙组在星期五、六晚,及星期日全日上午九时始下午四时止。
5	地点:在南湾巴掌斜路崇实中学。

① 《达用举办国语比赛》,《大众报》1945年8月9日;《公开国语比赛成绩公布》,《大众报》1945年9月17日。
② 无标题,《大众报》1945年8月22日。
③ 《国语比赛会各界送出奖品》,《大众报》1945年8月24日。
④ 《周尚呈报办理港九澳国语讲习班情形请聘用李瘦芝顾卡白二人视察指导及教育部的签令》,见《第二历史档案馆澳门地区档案史料选编》,244/1941.4-6/五/12307/35J-180/198。

续表

6	修业期限,甲组四十小时,乙组八十小时,修业期满口试笔试及格者,呈请教育部发给证书,其缺席时数至教学总时数四分之一以上者,不得参与考试。
7	国语班分两期举办,先教授现任本澳各校教师,完成后再教授当地成年的华人。
8	即日开始报名,至国历二月廿八日止,第一期教师班由国历三月二日开课。
9	每校保送学者,报名不限人数,惟编班讲习先后,由教者调整支配,以各校能普遍参加为主旨。
10	现聘定第一期教员如左:[按:原文直排] 班主任　刘大雄 北平朝阳大学政治系毕业,曾任北平平民大学政治学及语言文学教授。 教授　李瘦芝 曾任北平燕京大学国音速记科讲师,广州市校教职员国语训练班教员。

中华民国三十年二月廿日。

国语师资班结束后,关玉书于 1941 年 11 月 2 日曾致函教育部,投诉刘大雄在澳门假中华教育会主办的国语师资班收取讲义费和证书费,而且教学内容只有注音符号和会话两科,所用书籍未经教育部审订,讲义又讹误百出[①]。从档案中往还的书信所见,刘大雄是问题人物,周尚于国语班开办一月后上呈的报告(4月12日),已指刘大雄"对国语向无研究,根本上无法可为良师",倒是李瘦芝"有著作,为人忠厚,颇受学员欢迎"[②]。又翌年有报道指中华教育会所办的四期师范班,中小学教师共 400 多名参加,数字与上引报告略有出入。又部分学员于毕业后更曾组织同学会,举办国语比赛。1942 年中华教育会续办师资班,4

---

① 《私立通达国语讲习所呈报刘大雄调查本所经过及澳门国语师资班开办情形》,见《第二历史档案馆澳门地区档案史料选编》,240/1941.10-11/五/12307/35J-180/178。

② 《周尚呈报办理港九澳国语讲习班情形请聘用李瘦芝顾卡白二人视察指导及教育部的签令》,见《第二历史档案馆澳门地区档案史料选编》,244/1941.4-6/五/12307/35J-180/198。

月6日开班,借崇实中学为校舍,聘李瘦芝任教授,学员须缴交讲义费1元,以补助印刷费用,而完成者可获发毕业证书①。至于在澳门举办民众国语班,似乎相当困难,就上引周尚的报告所见,1941年4月曾开六班,教师则以国语师资班甲组中的优良学员充任,来学者须交费五毛,津贴教师车资,讲义费和租屋水电费每班港币35元则由教育部经费津贴②。

又1945年6月,教育会曾为会员开设国语班,由关玉书和唐慎之任教,每星期三次,晚上8时30分至10时30分上课③。

三 澳门中华国语运动协进会

抗战胜利以后,澳门的国语运动进入另一阶段,尽管当时在澳门能说正确国语的人并不多④。澳门的国语界于1946年11月3日曾召开座谈会,开宗明义"为协助我国政府推行国语运动"。当日应邀出席的包括外交部专员代表李剑锋、党部委员张衍日,以及廖荣福、黄漱庵、张铁军、陈玉文、黎潮舒、陈日华、黄耀枢等数十名,会上并公推张铁军、黄耀枢、陈日华、李涛、廖荣福、徐曼、黎潮舒、钟康潮、陈玉文九人为筹备委员,进行起草章程等事宜⑤。黄耀枢是大会的召集人,会上的报告显示廖荣福曾拜会外交部专员郭则范,张铁军拜会党部,黎潮舒拜会青年团。经过三轮筹备会议后,"中华国语运动协进会"第1届会员大会于1946年12月8日假白马行街32号颖川小学召开,并选

---

① 《教育会续办国语师资班》,《华侨报》1942年4月3日。
② 《周尚呈报办理港九澳国语讲习班情形请聘用李瘦芝顾卡白二人视察指导及教育部的签令》,见《第二历史档案馆澳门地区档案史料选编》,244/1941.4-6/五/12307/35J-180/198。
③ 《中华教育会主办国语国术识字班》,《大众报》1945年6月9日。
④ 《市民日报》上的一则短文指当时在澳门能够正确说国语的人不过二三十人。见《同学们:努力学习国语吧!》,《市民日报》1948年3月26日。
⑤ 《国语界拟组语运协会昨复举行座谈》,《华侨报》1946年11月5日。

举理监事①。1947年1月4日第1届理监事宣誓就职暨成立典礼,并发表宣言。宣言中提及该会的四项工作:(1)宣传国语;(2)培养国语师资;(3)扶助民众研究国语;(4)出版国语刊物书籍②。这四项工作亦写入该会章程第四章"会务及议会"中的第十五条③。截至1947年2月,该会约有200名会员④。1948年1月3日举行第2届会员大会,1948年12月举行第3届会员大会。该会首三届理监事的名录见表7-2。

表7-2 协进会第1—3届理监事名录

	第1届理监事⑤	第2届理监事⑥	第3届理监事⑦
理事	黄耀枢(总务)/张铁军(文书)/徐曼(财务)/陈日华(教育)/陈玉文(研究)/廖荣福(宣传)/黎潮舒(编纂)/李涛(组织)/陈德和(交际)	黄耀枢/陈日华/廖荣福/张铁军陈德和/陈玉文/李涛/黄炳泉叶向荣	黄耀枢/张铁军陈德和陈玉文叶向荣/李涛/陈日华/黄炳泉叶兆忠
候补理事	李仲予/钟康潮/陈文光	陈文光/梁惠霖/林益谦	廖荣福/谭继全/刘润屏
监事	陈道根(常务)/黄漱庵(文书)/陈律平(稽核)/张衍日/何舜文	张衍日/陈律平/陈道根何舜文/黄漱庵	黄漱庵/陈律平/朱葆勤陈道根/张衍日
候补监事	黎剑心/区瑞墀	区瑞墀/卢任予	何舜文/陈文光

第1届理事、监事会的任期届满后,报告全年的重要工作共七项,包括:(1)开设民众免费国语研究班共两期,入班学习者

---

① 《中华国语运动协会定期开会员大会》,《华侨报》1946年12月4日。
② 《中华国语运动协会发表成立宣言》,《华侨报》1947年1月7日。
③ 《国语协进会广征会员》,《市民日报》1948年12月10日。
④ 《国语协会举办国语研究班》,《华侨报》1947年2月5日。
⑤ 《国语协进会选出理监事》,《市民日报》1946年12月9日;《国语协进互选结果》,《大众报》1946年12月16日。
⑥ 《中华国语协会选出新理监事》,《大众报》1948年1月4日。
⑦ 《国语协会职员选出》,《华侨报》1948年12月27日。

100名；（2）举办国语运动周；（3）公演国语话剧；（4）广播国语教授两期，由何仲恭和黄漱庵二人主持；（5）出版特刊；（6）义演国语话剧筹赈两广水灾，共筹2854元；（7）协助各社团开设国语研究班①。以下简述该会于成立后所举办的部分活动的详情。

（一）国语研究班

协进会的国语班主要为民众而设，费用全免，但非会员须缴付保证金，导师是义务讲授。第1期于1947年3月5日开课，国语班的简章见表7-3。

表7-3　　中华国语运动协进会第1期国语班简章②

1. 宗旨：	本班以协助我国推进国语运动，扶助民众研究国语为宗旨
2. 地址：	白马行街三十二号本会会址（颖川小学）
3. 学额：	暂招学员五十名（本会会员优先取录）
4. 课程：	注音符号、拼音、会话等
5. 开课及上课时间：	三月五日开课，全期三个月毕业，逢星期一、三、五下午九时至十时上课
6. 费用：	学费全免。全期堂费一元。书籍自备。如非会员须缴保证金一元（此款毕业时发还，如中途退学，或缺席超过全期上课时数三分一者，恕不发还。该保证金拨作本班经费）
7. 毕业：	学习期满试验成绩及格，发给毕业证书
8. 班主任：	陈日华
9. 教员：	黄耀枢、张铁军、陈玉文、区瑞珲、李作斋、徐曼、黄炳泉等
10. 报名：	每日下午二时至四时，到会址报名，不收报名费

第2期民众国语研究班于1947年7月4日晚上开课，仍由陈日

---

① 《中华国语协会选出新理监事》，《大众报》1948年1月4日。
② 《中华国语运动协进会国语研究班二十日开始报名》，《华侨报》1947年2月13日。

华为班主任，黄耀枢、徐曼和黄炳泉等继续义务任教①。第 3 期于 1948 年 5 月 24 日晚举行开学礼，26 日晚正式上课，逢星期一、三、五晚上 9 时 30 分至 10 时 30 分上课，全期三个月，同样堂费 1 元，名额 50 人，由该会理事陈日华、陈玉文、黄炳泉义务担任教授②。

（二）国语演讲比赛

协进会于 1947 年 4 月 19—20 日假商会举办第 1 次全澳公开国语演讲比赛，但私立达用国语讲习所前已办过两届"国语比赛"。该比赛小学组共 11 个单位，26 人；中学组 6 个单位，14 人；社会组 24 人。大会规定各人演讲的时间不得超过 10 分钟，会场上有专人负责司仪、司钟、计分、核分、核稿、评判、摄影、招待、奖品管理和纠察等工作③，且当场宣布结果和颁奖。是次比赛结果见表 7 - 4。

表 7 - 4　　　　　　　协进会国语比赛结果

	小学组	中学组④	社会组⑤
第 1 名	许德成（培正附小）	任宽萍 （中华英文书院⑥）	林福铨（兴中国语学校） 周志新（金业行）

---

①　《国语协会续办民众国语班》，《市民日报》1947 年 6 月 21 日；第 2 届和第 1 届的章程差不多，但增加了奖励一项，凡学员"（1）全期不缺席不迟到者；（2）成绩优异者给予名誉奖"，另外就是保证金增至三元，见《民众国语研究班第二届班开始招生》，《市民日报》1947 年 6 月 25 日。

②　《民众国语班昨行开学式》，《华侨报》1948 年 5 月 25 日。

③　《小学中学组国语演讲比赛今午在商会举行》，《华侨报》1947 年 4 月 19 日。

④　《全澳公开国语演讲比赛》，《市民日报》1947 年 4 月 20 日。

⑤　《国语演讲比赛功德完满》，《世界日报》1947 年 4 月 21 日。

⑥　中华英文书院，校长姜文远，课程由第八班至第四班，据该校向私立学校教育督导处所呈交的资料，教员只有两名，1951 年 7 月呈报上学人数为 57 名，1952 年 4 月呈报该学期学生人数为 117 名。参《私立学校督导表（1950 年 11 月 13 日—1952 年 5 月 7 日）》，见澳门历史档案馆，档号：MO/AH/EDU/CP/08/0019，第 243、245、437 页。

续表

	小学组	中学组	社会组
第2名	梁标玲（孔教学校）	黄世雅（圣若瑟中学）	黄敏慧（兴中国语学校） 邱露安（镜湖医院）
第3名	陈思忠（培正附小）	萧树东（粤华中学）	区景灏（兴中国语学校）
第4名	杨可儿（陶英小学）	谭继全（中德中学）	傅自由（兴中国语学校）
第5名	李汉彬（中德附小） 黄坤元（培正附小）	苏秀珍（广大中学）	雷银玲（兴中国语学校） 刘润屏（兴中国语学校）

第2届全澳公开演讲比赛于1948年4月3日假商会举行，参加小学组比赛的学生来自镜湖、中德、纪小、培正、孔教、颖川、陶英、培道、兴华、淑贤、励群和宏汉等校，共计31名，中学组15名，社会组17名①。由于参赛人数过多，中学组和社会组改于翌日举行②。是届培正的成绩极好，小学五年级的学生囊括了三甲，中学组获第四名。第3届全澳公开国语演讲比赛于1949年5月14—15日举行，假商会二楼礼堂举行③，分少年组和成年组，分别有45名和32名参加者。是次比赛的评判，除了邀请前届评判郭则范、何仲恭、徐佩之、黄漱庵、陈德和等人外，还另邀请了北平华语学院教授张德仁、刘继增，以及徐家汇天主堂杨福绵、徐巨昌两位修士为评判。比赛期间，由广大中学和中德中学派出童军到场维持秩序，并委专人分别计分和核分，规划周全④。其后的颁奖典礼于5月29日假岗顶戏院举行⑤。

---

① 《第二届公开国语演讲比赛抽签结果》，《市民日报》1948年4月1日。
② 《国语演讲比赛今午开始举行》，《华侨报》1948年4月3日。
③ 《商会理事会昨开第十三次常会》，《世界日报》1949年4月8日；《国语演讲赛》，《大众报》1949年5月14日。
④ 《国语演讲赛今日下午举行增聘北平修士任评判》，《大众报》1949年5月14日。
⑤ 《社团消息》，《市民日报》1949年5月29日。

(三) 国语运动周

"中华国语运动协进会"按广东省教育厅规定,将1947年3月19—25日定为"国语运动周",各中小学应自行举办或参加当地的集体活动。澳门当年有六项活动,包括:(1)国语运动协进会国语剧艺组于23日假座粤华中学剧场演出由陈玉文导演的"生财有道",全剧国语对白;(2)周内每晚6时30分至6时45分假澳门广播台作国语广播演讲;(3)由陈道根和李仲予负责编辑特刊,定21日在《华侨报》上刊登;(4)由协会制定标语于影院插映及于市街张贴;(5)各书局于周内七折发售国语书籍;(6)4月19日举行国语演讲比赛[①]。

1948年3月19—25日为第2次国语运动周,同样有广播、标语、电影、特刊、廉售国语书籍、公演国语话剧和举办国语演讲比赛。广播方面,廖荣福(粤华中学校长)讲"一年来本澳中华国语运动的精神",黄漱庵讲"怎样推行国语",陈瑞华(中山大学教授)讲"国语的重要和学习方法",内容并于报上刊载。国语演讲比赛方面,小学组的讲题为"我们为什么要庆祝儿童节",中学组的讲题为"怎样做一个现代青年",社会组的讲题为"科学建国"。宣传标语方面,共十条:(1)统一国语是建国的重要工作;(2)国语是团结民族的武器;(3)统一国语是普及教育的先锋;(4)要普及教育先统一国语;(5)中国人应懂中国国语;(6)不懂国语是聋子;(7)不懂国语是哑巴;(8)国语是治聋哑的良药;(9)飞机大炮原子弹都不怕,最怕中国人不懂中国话;(10)学习国语是国民应有的责任[②]。

[①]《国语运动周由今日起至廿五日止》,《市民日报》1947年3月19日。
[②]《协会积极推进国语运动周》,《大众报》1948年3月20日;《国语演讲比赛报名月底止截》,《市民日报》1948年3月21日,该版面为"澳门中华国语运动协进会国语运动周特刊"。

澳门部分学校亦响应运动周的活动。以中德中学为例，该校的中学生自治会于3月27日在校内举行级际国语演讲比赛，并邀请国语运动协进会的何仲恭、黄耀枢、黄漱庵和张铁军等理监事为评判员①。该校教务主任崔元举和训育主任张铁军也应邀任评判，是日有100多人旁听，除同学外，还包括商会国语班学员，以及兴华学校的学生。该校并拟选派代表参加全澳第2次公开国语演讲比赛②。1949年3月，该校于国语运动周内（19日至25日）也举行级际国语演讲比赛，由何仲恭和黄耀枢担任评判；初一至高二各年级均派代表参加，讲题为"中学生应否谈政治"及"中学生应否谈恋爱"，任择其一③。

（四）国语广播教授

"播授国语"是在播音台广播，内容则刊于当天的《华侨报》和《市民日报》，民众可以听取收音机或到播音台前听习，依照报上的内容诵读。第1期由何仲恭担任④，从1947年5月13日开始至8月19日结束，逢星期二和星期四下午6时30分至7时⑤；先讲注音符号，然后是20篇课文。第2期由黄漱庵

---

① 《中德举行国语比赛》，《大众报》1948年3月28日。
② 《中德学生自治会举办国语演讲比赛》，《华侨报》1948年3月30日。
③ 《中德中学举行级际国语演讲比赛》，《华侨报》1949年3月21日。
④ 何仲恭为北平人，曾攻读广东省随宦学堂、法政专门学堂和高等警官学堂，历掌省会警政要职，现任本澳民政局华务书记官，对于国语及注音符号研究深湛，并著有《国语教学心得》。见《广播教授国语》，《市民日报》1947年5月10日。又何仲恭曾忆述于1925年移居澳门，当时正值国语运动，就在澳门担任十多家学校的国语教席，十二年有余。1940年曾辞去所有教席，直至1945年暑期才应郭秉琦校长邀请，出任该校初中三班国音的教席。见何仲恭《我到中德中学任教的观感》，《市民日报》1949年7月1日。《澳门宪报》1927年第28号（1927年7月9日）曾刊登澳门政府第149号札《委任华务局汉文文案何肃兼任华视学会委员》（第532页），何肃即何仲恭。
⑤ 《广播教授国语由下次起更改时间》，《市民日报》1947年5月14日。

担任①，从10月7日开始至12月30日结束，逢星期二、六下午7时至7时30分②。第一次为简单的开场，之后合共有24课"国语会话"，课题有闲谈、偶遇、借书、访友、电话、听戏、拜年等等。第3期再由何仲恭担任，从1948年3月4日开始至6月1日结束，教材类别主要为生词、会话和课文等，合共有九个练习③。

四 抗战胜利后数年间澳门的国语教学

在澳门教授国语的专科学校，除上文提及的私立达用国语讲习所，另有一所兴中国语学校，1944年开校，校长王业成，主任黄耀枢④。抗战胜利以后，澳门另有一所由黄炳泉主持的"尚实国语讲习所"⑤，该所第1届学生于1946年8月13日毕业⑥。又如崇德学校，也曾设国语专修夜班，由黄炳泉教授，第1届于1946年6月7日开始上课，至10月开办第3届⑦。中德中学于1946年9月的新学年，也曾在中学部增设"国语"科，导师即黄耀枢⑧。澳门各界，似乎纷纷开办国语班，如金业公会⑨、中

---

① 黄漱庵，名寿泉，毕业于京师国立法政专门学校及两广优级师范，于清末曾参加中华国语统一会参订注音符号。历任广州公立国语传习所所长、中山县国音研究社主任，复历任清远县教育局局长、中山教育局督学、五区区长，澳门望德中学教务主任，中德中学训育主任。见《国语协会续办二届国语播授》，《市民日报》1947年9月29日。

② 《国语协会续办二届国语播授》，《市民日报》1947年9月29日。

③ 《三期播授国语今晚期满》，《市民日报》1948年6月1日。

④ 《教育消息》，《华侨报》1946年4月9日。

⑤ 黄炳泉参加私立达用国语讲习所主办的第2次全澳公开国语比赛，在成人组得第二名，见《公开国语比赛成绩公布》，《大众报》1945年9月17日。

⑥ 《教育消息》，《华侨报》1946年8月16日。

⑦ 《教育消息》，《华侨报》1946年6月6日；《学校消息》，《华侨报》1946年10月21日。

⑧ 《教育消息》，《华侨报》1946年8月16日。

⑨ 截至1946年11月，该会已有四班学员毕业，见《金业公会国语班毕业仪式》，《华侨报》1946年11月17日。

华妇女会①、华商总会等,各班的导师都是黄耀枢。又当时的镜湖医院也曾为职员提供国语班②。众多国语班以商会持续为会员开设的国语初班和高级研究班的发展最为理想,日后更发展为商训夜中学。

(一) 国语化小学

澳门立案的中小学校于1946年8月曾接中央侨委会训令,须即遵照政府规定,实行以国语教授,一切集会应采用国语行之。然而,由于习惯和师资问题,未能实行,当时全澳教育界曾会商,并请求侨委会核示③。然而,这时期的"兴华学校"曾率先采用国语教学,校长黄耀枢在校内增设"国语化"小学,提倡国语教学④。《市民日报》的记者曾走访该校,黄氏明确表示统一语言为建国的重要工作⑤。查黄耀枢本人在中华教育会第24次会员大会(1946年11月12日)上,就曾提出拟请各校应切实推行国

---

① 澳门中华妇女会对于妇孺教育事业亦非常积极,先后办过妇孺识字班、露天教育讲习班等,至于国语班,1946年至少办过两次。第一次于1946年7月1日开班,为期两月,共分两班,逢周一、三、五或周二、四、六,上午10时30分至12时上课,每月收葡币一元,不论是否会员均可参加。见《教育消息》,《华侨报》1946年7月4日。第二次于1946年9月15日开课,简章如下:(1)班址:附设于板樟堂巷八号中华妇女内;(2)学额:五十名;(3)入学资格:凡文理通顺,品行端正,有志向学者,均可报名入学;(4)课程:注音符号、发音、拼音、会话、演讲;(5)上课时间:全期三个月,由九月十五日起至十二月十五日止,每逢星期二、四、六下午五时至六时为上课时间;(6)报名:每日上午十时至十二时,下午二时至四时在本会报名随即缴交学费,不另收报名费;(7)学费:全期酌收回学费四元;(8)毕业:学习期期满考查成绩及格,由本会发给毕业证书,以资证明。见《中华妇女会设国语班》,《大众报》1946年9月11日。

② 镜湖医院将礼堂改作教室,为职员提供英语、国语和常识班,从1946年11月中开始。办法是逢周一、三、五学习英语(王伟成任教),周四、六学习国语(孟宪民任教),周二学常识(院内医师轮流任教)。见《镜湖医院学识班下周开始》,《华侨报》1946年11月9日。

③ 《侨委会训令侨校采用国语教授》,《华侨报》1946年9月26日。

④ 《教育消息》,《华侨报》1947年9月14日。

⑤ 《黄耀枢谈办国语化小学缘起》,《市民日报》1947年8月13日。

语教学,并由下届理监事(即第19届)办理,议决获通过①。1947年8月,兴华小学第1次入学试,各级学生共取录34名,第2次入学试于28日举行,取录人数未详;而首届学生于翌年7月毕业②。从资料显示,该校得到侨委会极大的帮助,侨务委员陈伯旋免费借出南湾水坑尾八号屋全座作为该校的校址③,校舍计有课室三间共可容纳60人④。该校于7月31日的广告标示"兴华小学(国语教授)",至8月1日的广告则改为"(特点)小学以国语教学为主,兼用粤语"⑤。在推广国语方面,该校于1947年11月5日曾假澳门广播台用国语做话剧广播,由该校五、六年级学生负责,剧本为熊佛西的《偶像》⑥。12月11日,再由该校六年级学生广播话剧,剧名为《两个患难的朋友》⑦。

"兴华学校"原是专科学校,该校设有国语、国文、英文、数学、珠算、打字六科,分日夜班教授,校长黄耀枢担任国语科,其他教员有陈日华、李仲予、区朗汉、叶伟明、陈惠生、陈暨沾、陈绍曾、俞炽南、李尘侠。1946年底呈准督学处立案,第1届各班于2月15日开课,5月14日结束⑧。原校址在板樟堂1号D2楼,获借用水坑尾8号屋作校址后,即增设小学部;1948年2月新学期,更将板樟堂街所设的专修夜校国语,中英

---

① 《教育会廿四次会员大会选出十九届理监事》,《市民日报》1946年11月13日。
② 《教育消息》,《华侨报》1947年8月21日;《兴华小学校首届毕业礼》,《大众报》1948年7月21日。
③ 《国语消息》,《华侨报》1947年7月31日。
④ 澳门历史档案馆,档号:MO/AH/EDU/CP/06/0191,第8页。
⑤ 招生广告,《华侨报》1947年7月31日;《华侨报》1947年8月1日。
⑥ 《兴华小学国语话剧广播》,《市民日报》1947年11月5日;《兴华小学昨晚话剧广播》,《华侨报》1947年11月7日。
⑦ 《兴华小学今晚话剧广播》,《华侨报》1947年12月11日。
⑧ 澳门历史档案馆,档号:MO/AH/EDU/CP/06/0191,第5页;《教育消息》,《市民日报》1947年1月29日;《教育消息》,《市民日报》1947年5月9日。

数各班一并迁入水坑尾的校址①。兴华小学更开设夏令国语专修班，分初级、高级和研究三班，每班修业期为两月②。该校与兴中学校为姊妹校，就广告所见，兴华校址在板樟堂，兴中校址在新马路，校长同为黄耀枢③。

"兴中国语学校"于1944年设立。校址在新马路16号2楼淑贤学校内，该校除设有国语夜班外，1945年7月聘黄耀枢教授"赵雅庭国音速记术"④。就报道所见，该校开办国语初班、高级班和研究班，但研究班属非经常开设，均由黄耀枢教授，两个月毕业。学习国语的需求在当时似乎颇大，第10届于1946年9月初开课，报道指选用赵元任灌录的《新国语留声片》（1935）⑤；第11届于11月19日开课⑥；第14届为暑期班，初级班于1947年7月15日开课，每周授课6小时⑦。第15届初学班于9月15日开课，该届从注音符号教起，并重新编订教材，注重会话演讲，又应历届毕业生的要求，同期开设深造研究班⑧；初级班上课时间为每晚7时至8时，深造班则为星期一、三、五晚9时至10时，如非该校毕业，入学时需试验，范围包括注音符号、会话、诵读、简短演讲等⑨。第16届高初级班于11月15日开课，该期并加设国语速记术⑩；第17届于1948年1月15日上课，共设初班、高级和研究三班⑪。又1946年3月底，

---

① 《兴华学校两址合并》，《市民日报》1948年2月26日。
② 《兴华小学设国语班》，《大众报》1948年7月6日。
③ 招生广告，《华侨报》1947年1月29日。
④ 《教育消息》，《华侨报》1945年7月18日。
⑤ 《教育消息》，《华侨报》1946年9月6日。
⑥ 《兴中国语学校故事演讲比赛》，《华侨报》1946年11月20日。
⑦ 《国语消息》，《华侨报》1947年7月2日；《国语消息》，《市民日报》1947年7月18日。
⑧ 《学校消息》，《华侨报》1947年9月2日。
⑨ 《教育消息》，《华侨报》1947年9月14日。
⑩ 《兴中国语学校设速记班》，《华侨报》1947年11月6日。
⑪ 《国语消息》，《华侨报》1948年1月7日。

该校曾联合金业行国语班假商会举行国语演讲比赛，12月1日举行故事国语演讲比赛，报载有40人参加①。

（二）国语师资班

中华教育会于1947年举办第4届师资班，定名为"澳门中华教育会国语师资班"，以"协助我国政府推进国语运动，训练国语师资，促进国语教学为宗旨"。是届名额50人，在职教师均由校长保送入读，1947年3月3日开课，每周授课6小时，逢周一、三、五下午7时30分至9时上课，地点借同善堂三楼义学课室。全期3个月毕业，成绩及格者可获毕业证书，由中华教育会呈请侨委会验印后发给，中途退学又或缺席超过全期授课时数五分之一者，不得参与考试。全期学费葡币3元，讲义费5角，书籍自备，教师为陈日华和黄耀枢②。

（三）商会国语班

1947年1月底商会值理会，姚景槐于会上提议举办国语班，便利会员研究，以期统一方言，议决通过，并推举邓晴隆和姚景槐负责草拟办法③。商会国语班的章程见表7-5。

表7-5 商会国语班章程④

1. 宗旨：本班以协助本国推进国语运动，训练商人能操国语为宗旨。
2. 资格：凡已入本会店号之商人，如有志研究国语，不拘性别，年龄在十六岁以上，得该店负责人介绍者，均可入班研究。
3. 名额：本届暂招学员五十名。

---

① 《国语演讲赛月底可实现》，《华侨报》1946年3月8日；《兴中国语学校故事演讲比赛》，《华侨报》1946年11月20日。
② 《中华教育会举办国语师资班》，《市民日报》1947年2月22日。
③ 《商会议决推行国语运动设国语训练班》，《世界日报》1947年1月31日。
④ 《商会国语研究班业已开始报名》，《世界日报》1947年2月11日。

续表

4. 时期	全期三个月，逢星期二四六下午八时至九时半上课。
5. 开课日期	三月一日。
6. 结业	学习期满，试验成绩及格者，由本会发给结业证书。
7. 奖励	（一）全期不缺席不迟到者；（二）成绩优异者，由本会给与名誉奖、实物奖，并通告各会员店号以资表扬。
8. 教授	聘请黄耀枢先生（履历如下）　广东省立广雅中学毕业，南海县立联合中学师范科毕业，广东省立勤勤大学教育学院师范科修业，教育部第一届国语师资训练班毕业，国语速记训练班毕业，历充澳门中德中学、圣若瑟中学、汉文学校、兴中国语学校教员、兴华国语学校校长、金业同业公会国语班、妇女会国语班、国民党第六分部暨陈族联谊会国语班主任教员、中华国语运动协进会常务理事兼总务股主任①。
9. 报名	（一）由本会印备报名表，分发各会员店号，依式由该店号负责签署介绍；（二）每会员店号，暂限介绍学员二名，先报先收，额满拨入下届新班；（三）报名时，每名缴交保证金葡币五元，如中途退学，或缺席超过上课总时数三分之一者，所缴保证金恕不发还，拨作本班经费，能结业者，该保证金如数发还；（四）如学员无力缴交保证金，得取具殷实店号担保；（五）不收学费，讲义及书籍自备；（六）已报名学员，由本会审查认可后发给上课凭证，以便上课。

商会为推展会员练习国语，第1届国语研究初级班于1947年5月底结业后，除续办第2届，并为初级班学员开办高级班。初级班招收学员50名，高级班学员5名②。第1届初级班缺席三分之一及中途退学者16人③，至于成绩及格者可免试升读高级班。投考高级班者，须考核注音符号、拼音、国语变音和国语普通常识④。第1届高级班和第2届初级班于1947年6月14日晚上8时在商会三楼举行开学礼⑤。第2届高级班和第3届初级班

---

①　黄耀枢曾在包公庙义学开办"黄耀枢升高中数学速成夜班"，全期共22周，并有每周课程进度表，学生可按补习需要，依进度表所定日期到校补习，见《教育消息》，《华侨报》1943年2月9日。
②　《商会国语研究班开始招生》，《华侨报》1947年5月21日。
③　《商会国语班成绩优异者获奖》，《市民日报》1947年6月6日。
④　《商会国语班奖勉成绩优异学员》，《市民日报》1947年6月1日。
⑤　《商会国语研究班今颁结业证书》，《华侨报》1947年6月14日。

于 1947 年 10 月 2 日举行开学礼①。1948 年 2 月，高级研究班已办两届，初级班已办三届，毕业生共 300 多名，而第 3 届高级班和第 4 届初级班于 1948 年 3 月 2 日开课，6 月 1 日结业②。第 5 届高级班暨第 6 届初级班于 1948 年 9 月 16 日开学，12 月 16 日举行结业试，并定 12 月 28 日晚上 8 时在会内举行毕业典礼③。在毕业典礼上，有高级班学员作演讲比赛，这大概是要借此显示学员的水平。1949 年初，商会成立商业训练班，分设"国语科"（高级及初级两组）、"簿记科"和"尺牍珠算科"，凡属该会会员子弟或店员，性别不拘，16 岁以上即可报考，各组名额 60 人，国语科主任即为黄耀枢，簿记科主任为黄智民，尺牍珠算科主任为何桂邦，另李尘侠为助教④。商训班同学会于 1949 年 4 月 17 日举行成立暨第 1 届干事就职典礼，第 2 次会员大会暨选举干事会于 1950 年 1 月 12 日举行⑤。

又商会为推进国语，从 1948 年 8 月开始，议定每逢周三晚上均邀请文化名流到该会礼堂举行国语演讲⑥，如 1949 年 2 月 17 日曾邀请伍泽霖演讲"怎样令人喜欢你而增加你的收入"，3 月 5 日邀请周炎荔讲"怎样演讲"，之后又再请廖荣福讲"原子弹之秘密"⑦。

---

① 《商会国语班第三届招生》，《市民日报》1947 年 9 月 29 日。
② 《学校消息》，《华侨报》1948 年 2 月 26 日；《下届商会国语班定期八日开课》，《市民日报》1948 年 6 月 6 日。
③ 《商会国语班今晚开课毕业生举行演讲比赛》，《市民日报》1948 年 9 月 16 日；《商会国语班今晚演讲比赛》，《市民日报》1948 年 12 月 28 日。
④ 《商业训练班开始招生》，《市民日报》1949 年 1 月 28 日；《商会商业训练班今晚举行开学礼》，《市民日报》1949 年 2 月 7 日。
⑤ 《商训班同学会组织成立》，《世界日报》1949 年 4 月 21 日；《商训班同学会选出干事》，《华侨报》1950 年 1 月 14 日。
⑥ 《商会致函各界邀作学术演讲借资推进国语运动》，《世界日报》1948 年 8 月 24 日。
⑦ 《商会举办"人生演讲"第一期定本月十七晚举行》，《市民日报》1949 年 2 月 15 日；《周炎荔昨晚演讲》，《大众报》1949 年 3 月 6 日。

（四）党部国语班

中国国民党澳门支部和三民主义青年团澳门分团，也曾合作举办国语训练班，以提倡国语运动。1947年12月15日开始上课，分初级和高级两班。党部国语的章程见表7-6。

表7-6　　　　　党部国语班章程①

1. 宗旨：普遍推行国语统一运动
2. 学员：凡志愿学习国语不分性别均得报名参加
3. 开课日期：12月15日
4. 时间：每晚八时至十时
5. 地点：南湾国民党澳门支部
6. 级别：分高初级两班
7. 课程：初级班，①注音符号，②拼音，③声调，④会话；高级班，①纠正发音，②会话，③演讲
8. 授课期间：初级两个月，高级两个月
9. 学额：初级班三十名，高级班二十名
10. 费用：不收学费，只收津贴教师车马费□次过贰元
11. 教师：许谟谆
12. 报名处：南湾澳支部，柯高马路青年团

党支部在1948年暑假期间，更曾在励群和宏汉两学校增设暑期速成班，教师为许谟谆②。党部国语班同学会于1948年12月12日成立，成立地点即淑贤学校③。党部派刘紫垣委员监誓，而与会者包括中华国语运动协进会黄耀枢，商会国语班同学会叶兆

---

① 《党部与青年团举办国语训练班》，《华侨报》1947年12月6日。
② 《党部国语班增办暑期速成班定本月十五日开课》，《市民日报》1948年7月7日。
③ 《党部国语班同学会定十二日成立》，《市民日报》1948年12月10日。

忠，兴中国语同学会梁衡□等①。

小结

1940年代在澳门出现的国语运动，现在能看到的文献资料，可能就是报章的报道和档案资料②。本章征引多篇相关的报道，再辅以档案资料和早期的一些学校刊物，约略整理出1940年代从抗战到复员后数年间国语运动在澳门推行的一些脉络。民国时期澳门私立中文学校，同样经历从私塾到学校的转变，部分学校亦已将注音字母列入课程，濠江中学附小和其他一些学校已选用有注音符号的课本作教材。

普及教育、扫除文盲、统一国语，这些都是国民政府在抗战时期在港澳地区推行国语运动的目的。语言统一是民族团结的象征，国语运动在澳门推行，很大程度也是团结同胞的侨务工作。国难时期，教育部曾支持澳门举办国语师资讲习班和民众国语讲习班，一方面是教育民众，另一方面是培养师资。1941年初由教育部支持的国语师资班，来自四十多家学校200多名教师接受过简单的课程，加上1938—1945年间达用国语讲习所办了40多届国语班，情况已算不俗。政治环境和经济条件始终是无法逾越的限制。广州沦陷以后，部分中小学校迁到澳门，有分量的师资亦随之而至，如黄漱庵和关玉书等。黄漱庵在战后更与何仲恭在澳门广播电台主持广播国语教学，对象是全体民众，播音教育突破了传统教学的限制。又关玉书也是一个极好的例子，他创办的达用国语讲习所是澳门当时唯一推动国语运动的社教机关，尽管

---

① 《党部国语班同学会前晚成立礼盛况》，《市民日报》1948年12月14日。
② 广东省档案馆存一份《澳门健中国语研究社社章》（1946年4月21日），从内容看来，应属国语班同学会一类组织的章程。见《广东澳门档案史料选编》，第391—392页。

该所初期因教育部的免费国语师资班而导致经营困难。

抗战胜利以后,澳门的国语运动是另一景象。"澳门中华国语运动协进会"的成立,对推进国语运动有积极的作用,它跟国民党澳门支部的关系应相当密切。该会成立的宗旨明确,章程中所列的会务都能落实办理,先后举办过国语研究班、国语演讲比赛、国语运动周等活动,成绩理想。部分学校亦相当配合,让学生以国语学习作为课外活动,积极参予。从学校教育来推广国语,这是正确的方向。当时更出现一所以国语教学的兴华小学,学校的规模不大,但得到侨委会的极大帮助,也许有示范作用。黄耀枢在这个时期非常活跃,除了是成立协进会的召集人,他至少是首三届的理事,也担任中德中学、圣若瑟中学、兴中学校、金业行、南湾露天夜校、党部社会服务处等机构或社团的国语班导师。当时澳门社会各界对于国语学习的需求也甚殷,在协助国家推进国语运动的大宗旨下,教育会为会员开办师资班,妇女会为妇孺开办国语班,金业公会为会员开办国语班,党支部也陆续为民众开办国语班,尤其是商会为会员所开办的国语班最受欢迎,初高级班接续多年开办,这跟商业需要不无关系。这些课程大多是晚间授课,一般为期三月,每周三晚授课,也相当密集。至于在澳门侨校全面推行国语教学一事,当时仍然未有足够的条件。

结　　语

20世纪初期，澳门的华人教育主要由华人或教会办理，私立学校的数量占极大的比重，私立学校受澳门政府的规管，但同时又深受民国以来中国教育制度变革的影响。澳门的华视学会于1914年成立，负责监督和视察私立学校，私立学校必须经由华视学会向政府立案后才能合法办学，学校于各学期须依时向华视学会呈报学生和教师的资料表册，而华视学会亦会派员巡查学校。1939年9月刊宪的《私立学校规程》，更是澳葡政府规管私立学校的重要法例，相关的条文对于私立学校的教育活动和一些办学条件都有严格的要求。1945年华视学会会长白达利履新后，更开始要求私立学校教师登记，办领证件。华视学会于1946年撤销以后，监督和视察的工作改由教育行政委员会的教育督导处负责。然而，政府对于私立学校的课程似未有任何具体规定，而对于私立学校所使用的教科书也不干涉，至于要求教师登记，所用的标准其实也是当时中国教育部所规定的教员标准。对于国民政府而言，澳门的私立学校教育属于侨民教育，相关的规管工作从最初的教育部到后来转移到侨务委员会。凡于教育部、侨委会，又或广东教育厅立案的侨校，自必遵奉教育部所颁布的各项法令，以国民政府的学制和课程为标准；抗战胜利以后，侨委会更是积极推动澳门侨校的立案工作。除了由华人办理的学校外，鲍斯高、圣若瑟、望德、圣罗撒等天主教学校，早于30年代已向侨委会或广东省教育厅立案，至于蔡高这所基督教学校则是40年代初期才向侨委会立案。然而未有立案的侨校，大抵也是依照当时国民政府的学制办理。至于各校所选用的教科书也多是来自内地，所以自从上海和香港沦陷以后，澳门教科书的供应曾受影响①。

1940年代是个动荡的年代。抗日战争爆发，大量难民涌入，某些原在广州的学校亦陆续迁到澳门，现在的培正、中德、广大、岭南、培道等校，就是这个时期在澳门扎根。澳门人口急增，教育需求增加，本地学校也因着时势得以蓬勃发展，只是好景不长。以崇新小学为例，正校和分校的学生曾经超过600人，到1943年的时候只剩下70多名学生。1943年8月停办或倒闭的30多所学校，大都是澳门本地的学校，该校能够继续维持已属幸运。1948年6月，该校在大兴街增设分校，但当时学生人数仍不及300名。

由于报章、档案和校刊类的资料有待发掘，1940年代澳门本地和外来学校的发展情况，现阶段只能勾勒出大致的轮廓。澳门本地的学校，从广州迁到澳门的学校，以及这个时期新办的学校，有不同的发展，但体现的都是为澳门教育的努力。尤其当年的义学和免费学校，曾为不少贫困家庭的儿童提供接受教育的机会，绅商名流对于演剧、售花、售旗、义赛、书画义卖等筹募经费活动的支持，更是民族团结互助精神的传承。镜湖医院、同善堂，以及有宗教背景的学校，又或同乡会、行业社团等，都曾设法为贫童或难童提供教育。澳门的学校、庙宇、教堂、同乡会、慈善组织和社团会址，曾经是举办义学的重要场所，而某些社团办理的义学也颇具规模，如镜湖和平民两所义学，最后更合并而发展成为今天的镜平学校。国民政府于抗战时期，对于立案侨校

---

① 《教科书货疏价昂有钱难读书无钱更不易》，《华侨报》1942年9月22日。

曾有拨款补助，但毕竟额度有限，而澳葡政府对于贫困儿童的教育虽非撒手不管，却是杯水车薪。且以无原罪工艺学院为例，该校所获资助根本无法应付所需支出，1943—1945年间鲍斯高工艺院所收容的贫童从800多名减至600多名后再减至300多名[①]。

于抗战期间迁到澳门的学校，对澳门教育质量的整体提升，无疑有积极的作用。据华视学会于1945年3月所做的调查，在课程、设备、卫生，以及管理方面，中学以培正为最佳，其次为协和、鲍斯高、中德、纪中、教忠、粤华、圣罗撒、孔教、望德、广中等11校，计入粤华共有7所来自广州。小学方面，则以汉文、蔡高、雨芬、励群、培英、智用、平民义学、同善堂义学、镜湖义学、青年会平民义学10校为最佳，虽然当中只有培英来自广州，但1939—1940年度迁澳的18所学校，只有4所小学，而培英原来也在14所中学之列。从这个角度来看，外来的学校、教师和学生提高了澳门教育的整体水平，尤以初中和高中的教育最为显著。更重要的一点，是这批学校在澳门教育事业低谷的时候，仍然坚持办学，延续了澳门的教育事业。1943年初，当时设有小学和初高中的立案学校，除了圣罗撒以外，大概就只有培正、协和、纪中、培英、广大、广中、培道、中德、教忠和粤华等校，全都来自广州；小学部有200名学生以上的立案学校，只有蔡高、镜湖、协和、培正、雨芬、圣若瑟和纪中7校，当中只有3所属于本地的学校；另汉文和励群两校应具相当规模，但具体情况不详。抗战胜利以后，虽然部分迁澳的学校复员，但诸如培正、培道、协和、培英等校，仍然在澳门保留小学，聘用"校主任"主理校务，谋求发展，而当中部分为澳门作育英才已逾四分之三个世纪。此外，由于迁澳的学校有相当数量的高中毕业生，故曾有在澳门设立大学的建议，培正中学率先

---

① 《鲍斯高工艺院》，《西南日报》1945年8月5日。

办理临时文理学院,又岭南大学亦计划在澳门设立分教处①,后因战事结束才搁置计划。直至1949年政权易手前后,某些内地的大学才陆续迁到澳门。

澳门中华教育会是澳门历史最悠久的教育社团,该会与澳门的教育界休戚与共。根据笔者整理出来的资料,教育会那些年在教育界的事功无出其右。侨民的教育会是国民政府承认的组织,该会也就成为澳门侨校的代表,居中处理来自教育部、侨委会又或广州教育厅的事务;该会也是澳门政府承认的组织,也就理所当然地代表教育界向政府表达意见。该会成立的宗旨,本就是为着便利办理社会公益和推动教育文化事业,在抗战时期更是肩负团结教育界的重任,联合各侨团策动救国工作,尤其太平洋战争爆发以后,该会为教师向政府争取平粜教粮,促请社会各界关注和救助教师和学生,呈请中央救济侨校教员和学生等。当然,该会在推动澳门教育发展方面,亦多有贡献。

"国民党澳门支部"于1927年9月在澳门正式成立,但1931年5月曾奉中央令停止活动,到1936年再从香港迁回澳门活动,但抗战胜利以前,国民党在澳门的活动应受一定的限制,崇实中学校长梁彦明和国民党澳门支部主任林卓夫更不幸遇害。中德中学原是国民党在澳门活动的一个根据地,该校校长郭秉琦于1942年3月代行学救会主席的职权,而教育部对于澳门立案侨校教员的救济工作,曾经由郭秉琦居中协调。1941年侨委会设立驻港澳侨民教育视导专员,在推进侨教之余,自然也是要在国难时期团结港澳侨胞抗日。据国民党驻港澳总支部1943年11月27日函,广州伪教厅长曾派伪主任督学凌锡濂会同澳门视学

---

① 岭南大学前身为岭南学堂,1904年从澳门迁回广州,查岭南学堂原为格致书院,1888年由美国长老会创立,于1893年脱离该会另组董事局,1900年迁往澳门,1903年改名岭南学堂。

韦某巡视各侨校①。抗战胜利后，国民党澳门支部于8月19日即假商会召开筹备庆祝世界和平大会②。侨教工作在战后是一项重要的党务，周尚曾提出一些修补侨教"疮疤"的办法，当中包括计划复员、拨款补助、褒奖忠贞、救济侨生、指导升学，以及补助侨校等项③，从澳门报章所整理出来的资料，都能看到一些具体的工作，包括视察侨校、为林卓夫和梁彦明两烈士举行纪念会、奖励战时于侨校服务的教员等，另外就是督促侨校的立案，而侨委会更为此简化立案所要求的文件。

陈树人提及战后侨教复员一事，指"澳门各侨校教师，常用当地方言教学，与推行国语教学之旨不符，当经予以指导，着令于上课时，及在公共集会时，一律改用国语"④。澳门的侨校约于1946年9月接到侨委会的训令，上课时须改用国语教授，一切集会须采用国语。尽管抗战期间在澳门曾经举办过一些国语师资讲习班和民众国语讲习班，但效果并不显著；抗战胜利以后，社会各界曾积极推动和努力学习国语，但谕令澳门中小学校全面改用国语授课，似乎是未有了解澳门各侨校的实况。

"盖今日之报章，即异日之史料"⑤，本书就是以澳门早期在报章上一些关于学校的报道，再配上档案和早期的文献，从多个面向把1940年代澳门教育发展的一些面貌呈现出来，涓埃之力，或有助往后澳门教育史的研究工作。

---

① 蒋梅选辑：《国民政府教育部等办理战时港澳地区侨民教育相关史料》，《民国研究》2008年第3期，第21页。
② 《中国国民党澳门支部领导组织澳侨庆祝和平大会》，《大众报》1945年8月20日。
③ 周尚：《战后两年来的中国侨民教育》，《中华教育界》（上海）复刊第2卷第1期（1948年1月15日），第56—57页；全文，第53—59页。
④ 陈树人：《侨务十五年》，侨务委员会编印，1947年4月，第19页。
⑤ 唐才常：《史学略论》，谭国清主编：《晚清文选》下册，北京：西苑出版社2009年版，第133页。

附　录

1. 1939 年澳门公私立学校[①]

中级学校

名称	地址	校长
葡国立殷皇子中学（利霄中学校）	塔石	嘉士道
复旦中学	白马行 1 号	吴孟炎
粤华中学	得胜马路	廖奉基
圣罗撒女子中学	家辣堂街	雷淑英
无原罪工艺学校	十六柱	陈基慈
兰室女子职业学校	水坑尾	甄似兰
圣若瑟中学	三巴仔	欧华士
崇实中学	南湾巴掌围斜巷	梁彦明
尚志中学	南湾	郭杓
濠江中学	天神巷 15 号	黄晓生
望德女子中学	疯堂前地	严绍渔
养正中学	得胜路	陈受廷
英文蒙学校	圣味基街	李德
伯多禄商业学校	岗顶前地	贾华路
志权中英算专科学校	卖草地	梁志权

内地迁澳中学

名称	地址	校长
总理故乡纪念中学	白头马路	戴恩赛
总理故乡纪念中学附属小学	南湾	
广中中学	南湾	刘年佑
广中中学分校	高楼街	

[①] 何翼云、黎子云编：《澳门游览指南》，第 62—66 页。

续表

名称	地址	校长
协和中学	高楼下巷	廖奉灵
协和中学附属小学	风顺堂上街	
执信中学	南湾	杨道义
执信中学附属小学	天神巷	
培正中学	贾伯乐提督街	黄启明
培正中学附属小学	南环	
中德中学	司呀口	李奏平
中德中学分校	妈阁街	郭秉琦
岭南分校	白头马路	何洪年
培英中学	俾利喇街	区茂泮
越山中学	白鸽巢前地	司徒优
洁芳中学	龙头左巷	姚学修
知用中学	青洲	张瑞权
教忠中学	妈阁街	沈芷芳
思思中学	南湾	李震
广州大学附中	白马行	陈炳权

初级学校

名称	地址	校长
民主学校	风顺堂街	
议事公局男校	大庙顶	罗沙
议事公局女校	风顺堂街	保拉
陶英学校	司呀口	陈公善
习成学校	大三巴街	刘紫垣
崇德学校	关前后街	陈达明
崇本学校	柯利维喇街	刘遇奇
崇新学校	石街	张惠泉
培育学校	望厦	林晋康

续表

名称	地址	校长
培智学校	贾伯乐提督街	杨心慈
智朴学校	新埗头街	鲍慧修
达人学校	惠爱街	何达志
达明学校	凤仙围	何其伟
瑞云学校	河边新街	陶瑞云
新民学校	罗利老马路	陈启鸿
汉文学校	板樟堂街	孔宗周
实用学校	恋爱巷	郑文钊
蔡高纪念学校	马大臣街	余美德
德常学校	柯利维喇街	关德常
锦云学校	旺厦	郑云端
翰华学校	连胜马路	黄沛［霈］功
树人学校	水坑尾	黄洁文
乙奎学校	木桥横街	张乙奎
颐伯学校	肥利喇亚美打街	郑颐伯
大同学校	渡船街	鲍仁常
子裴学校	红窗门	林景文
公教学校	疯堂新街	刘雅觉
孔教学校	大炮台街	华侨公立
中山学校	连胜马路	张剑秋
中华学校	板樟堂街	姜文远
中德学校	果栏街	苏宋文
正明学校	鹅眉横街	何甘棠
立德学校	板樟堂街	严仙根
行易学校	镜湖马路	廖埏鬻
成裕学校	连胜马路	缪雨生
宏汉学校	大井头	郑毅诒
致用学校	柯利维喇街	叶伯元
尚实学校	镜湖马路	陈逸余

续表

名称	地址	校长
尚贤学校	果栏街	宋荫棠
佩文学校	红窗门	冯秋雪
育德学校	木桥横街	李卓安
周樵学校	高楼里	周樵
知行学校	下环街	罗致知
东方学校	凤顺堂街	刘耀星
英才学校	庇山耶街	何善志
淑贤学校	亚美打利卑卢马路	赵淑贞
真原学校	巴波沙坊	芒德露神父

女子中学

名称	地址	校长
又进学校	高楼街	黎中岳
孔教学校	大炮台斜巷	澳门孔教会/学务委员会
中山学校	罗利老马路	欧植森
尚志学校	南湾街	郭杓
和平学校	卖草地	陈贞伯
真原学校	巴波沙坊	芒德露神父
进育学校	连胜街	高卓贞
启智学校	志里	陆望明
尊德学校	镜湖马路	钟志坚
新华学校	高楼街	钟福佑
汉文学校	板樟堂巷	孔宗周
励群学校	工匠街	吴寄梦
青华学校	肥利喇亚美打马路	关德贞
陶英学校	陈乐里	陈公善
义正附小女校	沙嘉都喇贾罢丽街	陈受廷

义学

名称	地址	校长
平民第一义学	打缆地	华侨公立
平民第二义学	打缆地	华侨公立
平民第三义学	鹅眉横街	华侨公立
平民第五义学	石街	华侨公立
同善堂义学	炉石堂	华侨公立
际唐义学	近西街	李际唐
沙梨头义学	麻子街	苏汉卿
莲峰庙义学	关闸马路	何宝岩
漳泉义学	妈阁	漳泉董事会
镜湖义学	连胜街	镜湖学校董事会
镜湖义学二校	下环	董事会
孔教义学	大炮台斜巷	澳门孔教会
包公庙义学	连胜马路	刘华
康公庙义学	木桥横街	姚满
平民第六女子夜校	白灰街	华侨公立
永存义学	罅些喇提督马路	刘瑞堂
平民第七女子夜校	麻子街	华侨公立
宝觉女子义学	龙嵩正街	何张莲觉

内地迁澳小学

名称	地址	校长
觉民小学	东望洋街	李贞纯
维德小学	厚望街	陈丽贞
德基女子小学	亚利鸦架街	黄秀芹

2. 1939—1940 年度澳门华视学会立案私立中文学校及其教员并学生人数①

内地迁移来的

	中学（暨小学）	教员	男生	女生
执信	南湾街 33 号	68	223	761
知用	青洲	33	368	78
中德	妈阁街 15 号	19	61	15
协和	高楼街 12 号	58	155	637
教忠	妈阁街 4 号	36	565	229
洁芳	龙头左巷	17	72	217
故乡	白头马路	33	472	131
广中	顺风上街 2 号	29	352	152
广大	白马行 5 号	28	210	83
岭南	白头马路	20	219	28
培英	啤利喇街	41	556	185
培正	贾伯乐提督街	86	1420	237
思思	南湾街 63 号	18	204	198
越山	白鸽巢前地 1—3 号	34	383	147
	小学	教员	男生	女生
德基	雅廉访大马路	7	34	60

澳门原来的

	中学（暨小学）	教员	男生	女生
复旦	白马行 1 号	20	245	76
濠江	天神巷 16 号	28	287	143

---

① 《1940—1941 年澳门年鉴》，第 381—384 页。原学校名称均为葡文拼音，校名不是全写，其中一校拼音未能辨别，照录原文。

续表

	中学（暨小学）	教员	男生	女生
养正	得胜马路5号	7	68	29
鲍斯高	慈幼会	30	516	／
圣若瑟	风顺堂上街（圣若瑟中学）	25	333	／
圣罗撒	圣罗撒女子中学	12	／	221
实用	恋爱巷	15	161	60
尚志	三巴仔街6号	21	134	94
崇实	南湾巴掌围斜巷6号	21	231	98
粤华	得胜马路18号	20	196	119
	小学	教员	男生	女生
习成	大三巴街28A	7	90	30
周樵	高楼里8号	2	62	21
正明	鹅眉横街15号	2	33	12
青华学校	亚卑寮奴你士街11号	4	46	29
漳泉	妈阁庙	1	48	／
知行	下环街45号	8	231	114
致用	柯利维喇街49号	14	124	58
智朴	新垤街14号	8	99	23
子裳	高楼街1号	6	46	12
蔡高	马大臣街7号	16	147	181
进育	镜湖马路145号	8	44	22
中山	罗利老马路25号	7	151	108
中德	人和里2号	12	79	41
中华	板樟堂街16号	3	81	／
尊德	镜湖马路131号	2	10	15
行易	镜湖马路85A	24	245	122
汉文	板樟堂巷14号	11	406	124
翰华	连胜马路37号	8	73	34
孔教	大炮台斜巷4号	22	498	296
又进	亚卑寮奴你士街27号	1	3	4

续表

	小学	教员	男生	女生
英才	庇山耶街10号	6	62	19
颐伯	肥利喇亚美打街46号	1	7	5
育德	木桥横街5号	9	111	48
启智	志里23号	11	123	78
锦云	美副将大马路	7	114	21
公教	疯堂新街1号	5	96	/
觉民	和隆街54号	4	15	7
励群	工匠街7号	10	75	114
兰室	仁安里7号	9	13	126
莲峰	莲峰庙	6	275	186
望德	疯堂前地	12	85	255
培智	贾伯乐提督街13号	9	86	53
培育	望厦（庙）	4	47	10
佩文	红窗门街1号	6	92	68
培德	柯利维喇街44号	8	87	42
新民	罗利老马路27号	6	186	88①
成裕	连胜马路27号	7	62	22
尚贤	果栏街61号	5	33	28
尚实	镜湖马路（莲溪庙）	7	119	57
淑贤	亚美打利卑卢马路16号	8	97	94
瑞云	河边新街（土地庙）	6	97	18
崇新	石街18号	7	108	24
崇德	关前后街18号	15	111	38
树人	水坑尾巷2号	11	176	117
大同	渡船街41号	3	54	22
Tâk Seóng	水坑尾街10号	6	36	20

① 新民小学曾开设"女子免费夜班"，见《陈启鸿致华视学会施多尼函（1939年10月2日）》，见澳门历史档案馆，档号：MO/AH/EDU/CP/06/0121，第16页。

续表

达人	惠爱街24号	3	71	10
达明	凤仙围1号	7	80	17
东方	风顺堂街5号	7	44	24
陶英	司咧口17号	27	290	145
乙奎	木桥横街19号	3	68	9
宏汉	水坑尾街9号	17	184	67
和平	卖草地街19号	4	51	33
	专科学校			
专科	雅廉访大马路	3	74	25
其昌	水坑尾街10号	4	118	29
蒙学	圣味基街27号	1	72	/
达用	望德学校	3	80	48
新亚	亚美打利卑卢马路7号	5	50	/

义学

际唐	近西街21号	4	66	/
漳泉	妈阁庙	1	48	/
康公庙	木桥横街4号	3	163	/
镜湖	镜湖医院	10	536	29
包公庙	连胜马路75号	2	86	/
平民第一	打缆前地（莲溪庙）	2	66	/
平民第二	打缆前地（莲溪庙）	2	55	51
平民第三	鹅眉横街	2	60	60
平民第五	石街（土地庙）	2	54	60
平民第六	白灰街41号	2	60	50
平民第七	麻子街（土地庙）	2	56	60
宝觉	龙崇正街	10	64	236
沙梨头	土地庙	2	116	4
永存	罅些喇提督大马路141号	4	81	43
		1212	15041	7804

3. 1952年《澳门华商年鉴》学校一览[①]

私立大学

名称	校址	校长
华南大学	亚利鸦架街16号	王冠英
越海大学	司打口1—5号	祝秀侠
华侨大学	高园街13号	王淑陶
中山教育学院	妈阁街26号	吴兆棠

私立中学

名称	校址	校长
孔教中学	大炮台斜巷4号	李仲明
中山中学	南湾街113号	陈德和
岭华中学	高地乌街15—17号	罗作祥
蔡高中学	马大臣街1号	余艳梅
德明中学	贾伯乐提督街2号 分校近西街28号	李雪英
濠江中学	镜湖马路73号	杜岚
广大中学	白马行5号 分校水坑尾街9号	陈律平
岭南中学	东望洋山顶 分校得胜马路8号	司徒卫 李冬青
协和学校	南湾街73号	廖奉洁
培正中学	贾伯乐提督街1号	李炎玲
仿林中学	天神巷24号	周炎荔
中德中学	妈阁街15号	郭秉琦
望德中学	疯堂前地望德堂内	李仲渔

---

① 黄浩然编:《澳门华商年鉴》第一回,中卷,第105—108页。

续表

名称	校址	校长
培道中学	白马巷街9号	李瑞仪
广中中学	亚利鸦架街	刘年佑
圣若瑟中学	南湾街101号 分校龙嵩正街79号	何心源
粤华中学	得胜马路18号 分校消防队巷9号	邬德厚司铎

私立小学

名称	校址	校长
行易小学	渡船街1号	盛若翰
宏汉小学	近西街19号	郑彦陶
吴灵芝小学	第一校舍连胜街65号 第二校舍柯利维喇街38号	吴灵芝
佩文小学	红窗门街1号	周静生
知行小学	下环街53号 分校马博士巷4号	罗致知
周樵小学	高楼里8号	周樵
瑞云小学	河边新街土地庙	陶伯衮
汉文小学	板樟堂巷14—16号	孔宪成
致用小学	雅廉访马路68号	叶向荣
崇新小学	新桥大兴街9号	张惠泉
崇实小学	龙嵩街77号	梁彦武
淑贤小学	新马路16号二楼	赵淑贞
崇德小学	关前后街18号	钟联玑
达明小学	下环凤仙围1号	何其伟
智朴小学	新埗头街14号	鲍慧修
启智小学	志里25号	陆望明
励群小学	白鸽巢前地3号 分校工匠街7号 分校沙梨头口巷2号	吴寄梦

续表

名称	校址	校长
东南小学	消防队巷 2 号	毕漪文
育全小学	水坑尾巷 12 号	余倩娴
宣道实用小学	连胜马路 28 号	许瑞鏊
陶英小学	风顺堂街 1 号	陈公善
惠娥学校	路环	张惠娥
盘根学校	路环	李盘根
真原小学	巴沙坊天主教堂	谢奕清

公立学校

名称	校址	校长
殷皇子中学		施利华、罗巴度
官立初级学校（男校）	新花园	江世生
官立初级学校（女校）	新花园	沙维度
官立中葡小学（男校）	新花园	巴拿里士
官立中葡小学（女校）	新花园	嘉文女士
官立幼稚园	二龙喉花园	巴度沙女修士

教会学校

名称	校址	校长
圣罗撒女校	南湾花园	耶玛利女修士
圣心女子英文书院	雅廉访马路	李诸尼、华尔
无原罪工艺学校 鲍斯高职业学校	风顺堂街 16 号	温普仁司铎
培贞英文书院	白鸽巢前地	郭宗谦
鲍公学校	氹仔	颜神父
公教学校	氹仔	颜神父
路环学校	路环	方安多尼

免费学校

名称	校址	校长
同善堂小学	庇山耶街65号	黄仲良
沙梨头坊立小学	麻子街21号	钟瑞芝
康公庙小学	木桥横街4号	姚满
东莞同乡会小学	医院横街4号	叶向荣
航业公会小学	大街51号二楼	黄结
银业公会学校	大街94号	何贤
莲峰小学	关闸马路莲峰庙	沈丽生
漳泉小学	妈阁街天后庙	沈丽生
镜湖平民小学	俾利喇街	何贤
民主妇女会小学	俾利喇马忌士街69号	李妙□
海员工会小学	火船头街49号二楼	容光
中华妇女会小学	水坑尾巷12号	
劳工子弟学校	火船头街岐关公司五楼	谭其康
商会商业训练班	中华商会内	何贤

专科学校

名称	校址	校长
一铭国文专科学校	新马路108号三楼	吴文英
式庚英文专科学校	荷兰园正街42号二楼	彭式庚
中华英文书院	板樟堂街16号三楼	姜文远
寄萍英文专科学校	新马路16号三楼	刘寄萍
成德书院	雅廉访马路71号	黄敦涵
王宝光美术专科学校	板樟堂街15号	王宝光
工余女子夜学	道咩卑利士街23号	罗绣文
伯多禄商业学校	夜母斜巷	施利华
金海俄文学校	近西街28号	霍金海
陈既沽数学专门学校	卖草地17号三楼	陈既沽
圣若翰书院	飞能便度街34号	戴诗成

续表

名称	校址	校长
慈惠国文专科学校	大炮台街2号	蔡德诚
黎威林英算专科学校	白马行16号	黎威林
胜家缝纫学校	草堆街95号	岑亮
镜湖高级护士学校	镜湖医院内	柯麟

4. 1943年澳门立案学校学生及教职员人数统计表

作者说明：下表是根据档案资料中的（1）"澳门各立案中小学教职员及其家属人数统计表"和（2）"澳门各立案学校学生人数一览表"整理的①，笔者将两份数据合并，依第（1）表学校顺序，并略去第（2）表中的家属人数。另须作说明的是：两份资料所示立案学校数量并不一致，表（1）为29校，当中注明广大附中和崇新小学正在立案，表（2）共计44校；蔡高小学只见于表（1）；在表（2）中，协和、培正、纪中三校（设高初中和小学）中小学的教职员人数是分列的，雨芬、孔教、崇实（设初中和小学）的人数则并为一列，其他同时设有中小学的学校，只见中学的教职员人数，也许是当中的小学并未立案。

学校名称	小学生	初中生	高中生	教员人数	职员人数
蔡高	205	/	/	/	/
崇德	78	/	/	6	0
陶英	169	/	/	9	3
崇新	73	/	/	5	1

---

① 《教育部关于核发澳门地区中小学校补助经费的函电》，见《第二历史档案馆澳门地区档案史料选编》，281/1940－1943/五/13345/35J－182/304。

续表

学校名称	小学生	初中生	高中生	教员人数	职员人数
镜湖	396	/	/	10	0
行易	70	/	/	4	0
濠江	176	70	/	(8)	(1)
岭分	73	103	/	(19)	(1)
粤华	74	63	34	(5)	(1)
广中	141	38	24	(15)	(0)
协和	418	/	/	25	14
	/	168	163	15	4
尚志	98	34	/	(6)	(1)
培正	850	/	/	30	25
	/	351	234	25	10
广大附中	138	122	78	(20)	(4)
崇实	85	50	/	8	2
培道	88	87	46	(11)	(2)
知用	/	66	103	14	3
岭南	/	/	74	6	1
鲍斯高	/	137	/	17	4
雨芬	259	37	/	20	5
教忠	199	212	80	(23)	(4)
圣若瑟	208	65	/	(14)	(5)
纪念中学	238	/	/	9	5
	/	139	67	8	0
中山联中	/	62	89	13	6
中德	79	26	28	(20)	(3)
致用	102	/	/	11	3
圣罗撒	146	82	24	(10)	(2)
培英	186	154	86	(19)	(5)
洁芳	80	/	/	9	5
复旦中学	未详	未详	未详	8	0

续表

学校名称	小学生	初中生	高中生	教员人数	职员人数
华侨中学	未详	未详	未详	4	1
孔教中小学	未详	未详	未详	17	2
宏汉小学	未详	未详	未详	3	0
越山附小	未详	未详	未详	5	1
知行小学	未详	未详	未详	7	2
树人小学	未详	未详	未详	5	0
南海联中	未详	未详	未详	4	1
孔教义学	未详	未详	未详	2	1
望德小学	未详	未详	未详	9	1
合计	4629	2066	1130	478	129

注：表格中加括号的数字为该校中学教职人员人数。

5. 中华教育会1943年8月27日会务报告[①]

	（甲）关于收发事项
（一）	本年共收入文件共七百四十二件，发出文件共三百四十二件。
	（乙）关于会议事项
（一）	本届开常务会议廿八次，特别会议三次。
	（丙）关于办理经过重要事项
（一）	执行第二十次会员大会交办决议案。
（甲）	通电向　蒋委座致敬。
（乙）	略。
（丙）	呈请教育部推广职业学校及救济失业教员。
（丁）	再请当地政府核减谷粮公价。
（戊）	通告确定本会团体会员选举票，每团体会员二张。
（己）	呈请教育部广设国语民众班。

---

① 《教育会本年度会务报告停办学校共有二十五间》，《华侨报》1943年9月1日。

续表

（庚）	派员前赴各校请增设课外义教班。
（辛）	分呈当地政府及祖国侨委会教育等机关多给各校补助费。
（壬）	略。
（二）	办理当局饬转各校公文事项。
一	通告各立案学校本学期应注意办理事项。
二	略。
三	发还及转呈本澳各立案学校毕业证书及新生入学证件。
四	组织中小学各科教学研究会。
（三）	召集各校童军主任商定中国童子军参加葡国青年团庆祝（十二月一日）复国纪念典礼观礼公约仪式。
（四）	办理卅二年双十节及元旦各纪念日等庆祝开会纪念办法事项。
（五）	略。
（六）	呈报侨委会及华侨教育总会最近会务状况及职员名表。
（七）	发起联合各社团机关学校开会追悼本会故主席梁彦明先生及吊祭执绋事经过。
（八）	派员参加本澳各机关团体各学校开会典礼及致颂词。
（九）	编纂下年度中小学校历表转各校查照。
（十）	商讨呈请中枢拨款救济侨校失业及失学员生工作。
（十一）	略。
（十二）	办理转送批答各立案中小学公文一百五十六件。
（十三）	函谢广东省教育会在韶联合各界开会追悼本会故主席梁彦明先生。
（十四）	略。
（十五）	发给本澳各学校学生回国升学证明书共一百四十五张，教职员回国服务证明书共卅二纸。
（十六）	电唁林主席家属及通告会员遵照国府文官处规定仪式志哀。
（十七）	办理筹备会员大会及庆祝圣诞纪念大会事项。
（十八）	办理会员职业介绍事项。
（十九）	呈请教育部多给补助本澳各学校经费。
（二十）	略。

续表

	（丁）关于会员进退事项
（一）	本年份团体会员共四十九校，个人会员二百八十合共现有会员三百廿九人。
（二）	本年份离澳回国服务会员共一百三十四人。
（三）	本年份仙游会员一人。
（四）	本年份停办学校计有廿五校。
	（戊）关于财务收支数目
（一）	进本年份学校团体会员个人会员会费共一百三十七元八角七分，支出共一百二十四元四角三分，存十三元四角四分。

6. 中华教育会 1946 年 3 月理监事第四次常务会议纪录①

中华教育会召开第四次理监事会议，出席者：林耀坤、张铁军、蔡克庭、陈道根、何其伟、吴秋荣、罗致知、梁惠霖、何曼公，主席陈道根，记录罗致知。

甲	报告事项
一	奉侨教委会教育部准予本会员报告会务概况及现任理监事履历职员名表即备案由。
二	奉侨委会教育部嘉许发动侨校胜利献金由。
三	常务理事陈道根报告代表本会出席镜湖医院慈善会依照新章选举董事情形。
四	题送记者公会开幕纪念条幅乙轴由。
五	参加童军分会召开二二五童军创始纪念会。
六	参加闽澳侨团欢迎孙院长莅澳大会情形。

---

① 《教育会理监事开第四次常会侨校文件径呈侨委会》，《华侨报》1946 年 3 月 14 日。

续表

七	发起联合各侨校校长，欢迎侨委会侨民教育处周处长莅澳，及今后侨教发展问题，并公谦情形。
八	参加中国外交部驻澳公署专员开幕典礼。
九	参加中华妇女会三八妇女节纪念会。
十	常务理事陈道根报告本会于二二五童军节买花筹募华侨图书馆基金所得款项计共折合葡币一千四百一十元六角，经本席联合财务林耀坤，监事孔宗周，依照宣言原有办法，三人联署活期免息寄储本澳西洋银行，连同去年民族复兴节乒乓球义资之八百五十八元五角共计存基金葡币一千二百七十一元零一角。
十一	常务理事罗致知报告，奉周处长谕各立案侨校三十四年度上学期应呈报文件表册，由各校自行寄呈侨委会，至前交本会转呈各件经送回各校查照办理由。
十二	界木公会成立、银业公会理监事就职，柬请观礼，经由理事林耀坤、何其伟、代表参加由。
十三	瑞云学校校长陶伯衮函谢本会认明身份由。
十四	常委林耀坤报告财务收支情形，及日前孔宗周监事垫支良友公司印刷费。
十五	罗致知理事等垫支众社纸花款均经清还出。
十六	监事张铁军关于童军协助卖花，成绩冠、亚、季殿军胜奖品，经制备送童军分会颁发由。
十七	函请候补理事廖荣福莅会，递补理事缺，共策会务由。
乙	讨论事项
一	关于本日前组织筹募华侨图书馆基金委员会，本月一日承周处长莅澳视导，特请代为召集各侨团照本会原有宣言办法，联合扩大组织，当经公推本会，党支部商会，记者公会等廿三侨团为筹侨立图书馆委员会□急移交，以冀早日完成，请追认案，决议，追认。
二	关于本月召集各项会议应请全体理事照依特□□□法工作案，决议□□。
三	关于会员大会，议案早经印就，惟校对各有所误，应推何人更正，以便送发会员案。决议，公推何其伟理事负责办理。
四	关于筹建侨立图书馆应否函请党部早日召集各委员办理接交案。决议，均由本会约请记者公会、妇女会，讨论章程草案成，再提交党部召集。
五	关于会员大会议决修改会章，请早日办妥付印，以便征求新会员案。决议，通过。
六	关于本会财务收支情形应将每月常会提会报告案，决议，通过。

		续表
七	关于党支部发起各界于本月廿九日追悼梁彦明、林卓夫两烈士应否致送挽联案。决议,致送。	
八	关于联合各校校长欢宴周处长后余款如何办理案。决议,公推财务林耀坤送回各校。	
九	关于会员何麟书逝世,应否通告各同业致敬送赙仪案。决议,待何君家属处报本会后交常务办理。	
丙	毕会	

7. 澳门孔教会重修会所纪德碑①

澳门之有孔教会导源于北京孔教总会,当前清末叶僦小屋一楹设立孔教会,附设孔教学校于其间,再数年会员稍众,于是合力筹划此厦为会所,供奉圣像,并移设小学于斯。在前贤经始开基,积小加大,至此为之一慰,不意沿办至今,中间二十余年,成住坏空,迭经几劫,前贤缔造之功,付诸流水,识者恫之。岁辛巳,澳督戴思乐将军锐意整顿华人慈善机关,而于孔教会孔教学校尤再三致意,召文轩可宁等人入节署,谕令整顿会务,委文轩等九人为委员。命受之日,联往视察会所,则剥蚀雕残,隐伏栋折榱倾之患,爰鸠工庀材,从事修葺。时值四方多难,道途梗塞,物价增涨数倍,可宁谓无论如何必澈底修筑,縻款虽巨,愿肩半数。及竣工而支出七千余金,同人又议改办中学,附设小学,购校具图书仪器亦费千金,而会中毫无经费,委员等正商议分任,督宪闻之,慨然曰:此举由本人命诸君兴办,不应使诸君解囊,愿一人担任全数,遂捐捌千金交本会支销。夫此时烽火漫天,难民数万,环集求哺,督宪出财出力,苦心焦思,日不暇

---

① 《孔教会昨庆祝圣诞》,《华侨报》1942年10月7日。原文另见《澳门侨立孔教中学三周年事略》(澳门侨立孔教中学出版股编,1944年9月),第13页。承麦霖先生借阅,谨此致意。

给，他人处此宁复措意于教育事业！督宪乃推尊我国孔教，一视同仁，实力扶翼，使校务会务蔚然中兴，此岂俗吏所可企望乎？因纪其始末，勒诸贞珉，用志弗谖。且喜前贤功业不隳，更欲使异时出任会务校务者仰体贤长官维持匡助之苦心，有以率循而光大之，毋令本会本校又罹浩劫也。

澳门孔教会委员会委员高可宁、蔡文轩、黄豫樵、沈香林、梁后源、黄叔平、崔六、梁鸿勋、黄家驹敬撰泐石

中华民国三十年年孟秋谷旦

8. 孔教中学 1948 年校务报告

作者说明：孔教学校于 1947 年聘邓又同为校长，因邓又同不常驻校，校务或由李仲明代行①。李仲明于 1948 年 2 月正式获聘为校长，他在 1949 年 1 月曾作校务报告，十分详细，笔者根据四份报道互校整理②。

鄙人由本年二月一日奉董事会聘任接长本校，当即呈报南京，旋于初夏接奉侨务委员会侨教导字第 45321 号邮电批覆，核准校长资历，准予备案。本校一切行政机构，均照旧岁规制办理，设教导主任一人，事务主任一人，图书室管理员一人，训育、书记、会计、庶务职员共六人。中学三班，小学十班，各设级主任一人，体育、童军教练、唱游各一人，此为专任，其他担任杂科钟点数人，统计职教员约三十人，分任职责。至学费之收

---

① 《孔教会议决津贴工友子弟送入孔教中学肄业》，《华侨报》1947 年 2 月 4 日。

② 《孔教会会员大会李仲明报告孔教学校一年状况》，《华侨报》1949 年 1 月 10 日；《孔教会昨日大会选举下届会董》，《市民日报》1949 年 1 月 10 日；《侨立孔教中学一年来之校务，李仲明在会员大会报告》，《大众报》1949 年 1 月 10 日；《李仲明报告中小校务》，《世界日报》1949 年 1 月 10 日。

入，皆由董事会汇收统计，按月发给支用，此一项已由董事会财务股分别报告了。

至于今年暑假期间，关于（一）校舍之修建，（二）校具之添置，（三）图书仪器之增购，皆由董事会诸公之筹款整顿，得以焕然一新，利便教学。其他关于教授、管理、训练，只有加强督促，冀臻完善耳。惟本校学生家庭环境，多属中下阶层职业，因秉承董事会意旨，及体念一般学户困难起见，故学费之征收，皆比他校为轻微。又为各义学（如镜湖小学、中山同乡会、致用小学等）之高小毕业学生，使其有进升初中学阶之机会起见，更特别减收，以恤贫穷学子，因此全校学费之收入总数，对于支出，实未能平衡，亦则有赖于董事会之筹措补助者也。

关于学生人数，三十六年度下学期（即上半年）学生分十四班，初中三班，小学十一班（当时有春季始业一年级一班），共计学生五百四十六人，三十七年度上学期（即暑假后）学生分十三班，初中三班，小学十班（无春一班），共计学生四百七十人。七月时有初中毕业生一班，计六人，高小毕业生一班，计五十人。

每一学期当中，除段考期考外，各班分别作班际或个人的"书法"、"作文"、"英文"、"算术"、"清洁"、"体育"等各种比赛，以引起其竞优胜之心。十一月中旬曾举行全校童军总检阅，大露营于黑沙湾，曾蒙各长官、侨团领袖、教育先进等指导，并举行童军技术各种比赛，以引起其研究童训学术之兴趣。当时蒙各长官及各位董监事，捐助费用，及赐给奖品甚多，至每次年终考试完毕，行散学礼时，又蒙各董监事捐助奖品，借以鼓励学子努力向学。本人应代表全体学生，表示感谢。统计一年当中，各董监事先生，出咁多财，出咁多力，以维护本校，使中下级社会之学子，得以有机会读书，诚不负会员诸君之委任。鄙人亦会员一分子，值得报告全体会员，表示万分感谢。

至于学生对外比赛成绩：（一）四月时儿童节，全澳中小学国语比赛，林英志参加，幸列第五名；（二）六月时，大超杯全澳校际篮球比赛，幸获季军奖；（三）全国侨生作文比赛，曾向中小学生各选文卷五份，汇寄南京侨务委员会评阅，未获奉还。

至于童军对外服务曾有数次：（一）一月一日全澳庆祝元旦大会时，曾派童军售旗，汇去慰劳将士；（二）三月时，中山育幼院足球义赛筹款，曾派童军守岗；（三）双十节为中正学校筹募基金，曾派童军沿街售旗；（四）十月三日为商会热心人士施派白米，派童军维持秩序；（五）国父诞辰，为慰劳戡乱将士，曾派童军协助售旗；（六）十二月廿四日为妇女会托儿所筹募经费，请港澳男女球员在培正球场作篮球慈善赛，曾派童军守岗。

现在学期亦将结束，大约在一月二十号以前，举行学期试验完毕，廿三四号可以行结业礼。总之，鄙人在此接长一年当中，并不见得有若何成绩，实属惭愧。至若此后应该如何增益或改进办法，此则有待于下届董事会及新校长之茇筹硕划矣。今仅就一年来校务设施大概情形，作一简单之报告，希大会主席暨各位会员先生指教指教。

9. 侨民学校教员服务奖励办法[①]

案奉 侨务委员会侨教导字第 39013 号代电内开，"澳门中华教育会览，查本会为奖励海外各级侨民学校教员长期服务侨民教育起见，特制定侨民学校教员服务奖励办法一种，除公布外，合行检发上项办法，及申请表各二份仰知照，并转饬辖区侨校依照申请为要，侨务委员会亥佳印"，等因，奉此，除呈复及分行外，相应检同上项办法及申请表式样右一份，函送贵校，即希查

---

① 《侨务委员会奖励侨校教员服务办法》，《大众报》1948 年 1 月 16 日；《侨委会制定办法奖励侨校教员》，《华侨报》1948 年 1 月 16 日。

照办理为荷，此致　学校。附侨民学校教员服务奖励办法及申请表式样各二份，澳门中华教育会理事会。

侨民学校教员服务奖励办法

第一条	侨务委员会为奖励海外各级侨民学校教员长期服务侨民教育起见，特订定本办法。
第二条	凡中华民国人民，或外籍人才，连续在海外立案侨民学校服务十年以上，成绩优良，有事实可资证明，经查明属实者，由本会分别给予教员服务奖状。
第三条	教员服务奖状之给予种类如左：一、在侨民学校继续服务满十年者，给予丙种奖状。二、在侨民学校继续服务满十五年者，给予乙种奖状。三、在侨民学校继续服务满二十年者，给予甲种奖状。四、对于侨民学校行政教学有专门研究或有特殊贡献，经查明属实者，得斟酌情形给予奖状。
第四条	在侨民学校继续服务二十年以上，成绩优良，有特殊贡献者，由侨务委员会给予特种奖状。
第五条	教员服务年资之计算标准如左：一、教员服务年资以自到职日起计算，在办法公布前，或在学校立案前之服务年资，得照追算。二、曾在海外立案侨民教育机关服务者，其年资得合并计算。三、连续在海外立案侨民学校，或侨民教育机关服务十年以上，间因重大事故，年资中断，不满一学年，而持有确实证件者，得准继续计算。四、南洋陷敌期间其服务年资，不予计算，但有特殊情形者，得呈准侨务委员会核办。五、国内服务年资不予计算。
第六条	申请给予服务奖状之教员以在职者为限。
第七条	申请给予服务奖状之教员，须填写申请表，连同各项证件及最近二寸半身相片两张，送由现在任职学校转呈当地领事馆，汇呈侨务委员会核办，如无领事馆，得由当地华侨教育分会汇呈侨务委员会核办。
第八条	各驻外领事馆，或华侨教育分会，应于每年学期开始前，将教员申请表，及各项证件查明后，汇呈侨务委员会核办。
第九条	凡应给予服务奖状之教员，除由侨务委员会分别给予外，并登报宣传之。
第十条	教员服务奖状及申请表式样另订之。
第十一条	本办法自公布之日施行。

10. 中正中学1948年9月校董会第二次会议纪录①

阖澳侨胞于年前为献校祝蒋寿辰办之中正中学，业经于本月中旬启课。该校校董会，为推进校务，昨（廿一）下午三时，召开第二次会议。出席者：李秉硕、郭则范（李秉硕代）、何贤、刘柏盈（樊公甫代）、冯祝万（朱葆勤代）、马君豪、区家英、屈仁则（谭毓麟代）、黄渭霖（何贤代）、陈律平。主席：李秉硕。纪录：马君豪。是次会议议程如下：

甲、报告事项

（1）报告上次决议案。（2）本校经定期九月十五日成立及举行开学礼。（3）接伍校董宜孙来函以身弱多病，难膺烦剧，请予辞职等情，经本会函复慰留。（4）关于本校备案手续。经于本月十日专案呈报侨委会核办，又为利便行文，亦经由本会权劾钤记先行启用。（5）朱校长报告学校行政概况。

乙、讨论事项

（1）关于本会章程草案应如何修正通过案。决议：修正通过。（2）关于本会理财、文牍、会计、稽核，各部人选应如何推定案。决议：推区家英校董负责理财，马君豪负责文牍，陈律平校董负责会计，黄渭霖、伍宜孙校董负责稽核。（3）关于本校前售旗筹得之款，与庆祝总统就职大会拨款，应如何保管案。决议：由本会函请澳门银业公会，将该两批存款提存广东省银行设立专户保管。（4）关于本会提存广东省银行校款手续，应如何规定案。决议：由本会董事长、副董事长及常务校董五人备具

---

① 《中正中学校董会加聘名誉董事》，《世界日报》1948年9月23日；《中正中学校董会昨举行第二次校董会》，《大众报》1948年9月23日。会议的最后一项只见于《世界日报》。

印鉴，缴存省行，嗣后提款，除会计一员必须签盖外，仍须有上开校董七人中之三人以上，联合签盖，方得提款。（5）准朱校长函送本校本学期收支预算书，应如何办理案。决议：通过。（6）伍校董宜孙函请辞职，经已函复慰留，请追认案。决议：追认。（7）关于本校名誉校董，应如何聘定案。决议：聘请刘叙堂、傅德荫、高可宁、蔡文轩、叶子如、余达洪、李君达、邓晴隆、吴鸣、崔瑞琛、莫培樾、区万胜、缪云初、李荣贵、黄杰源、陈伯埔、区子球、周介眉、钟子光、梁后源、周赐达、姚景槐、阮维尧、沈香林、李宽、韦颂、傅厚丞、黄豫樵、李宝书、李璞山、李如楷、戴文渭、朱洽、谢保明、黎卓彬、黄汉兴、崔德祺、陈茂枝、冼碧珊、崔养、李际唐、何心源、陈道根、黄文凯、赵碧兰、陈德和、黄凤岐、梁学馨、杨咏生、杨若云、黄浩然、何曼公、陈立民、杨子和、徐保仲、霍宝荫、周有、吴伟佳、刘紫垣、陆耀、陈兰芳、何舜文、黄涉川、林春庭、谭可平、张汉、曾锡祺。（8）关于本会办公地点应设在何处案。决议：暂设南湾澳门支部二楼。（9）关于本校应否设立民众免费夜校，收容贫苦学生案。决议：①设立一、二、三、四年级各乙班，其中乙班为成年补习班，侧重珠算、信札、及普通商场常识之教授。②夜校经费预算，交由朱校长拟定，提交下次会议讨论。③夜校经费全部由某善长报效。（10）关于本校接受教忠中学校董会，让与租用校址校具图书等件，前准该校校董会要求补回葡币一千元，应如何办理案。决议：照办。

11. 中华教育会为庆祝中华人民共和国诞生敬告全澳教育工作同人书[①]

中华人民共和国的诞生，结束了封建主义、帝国主义、官僚

---

① 宣言全文见《华侨报》1949年12月1日第4版。

资本主义三位一体的血腥统治，宣布了中华人民的新生。我们教育工作同人也不例外地从封建的法西斯的思想毒流中，生活的重担下，反动的、不合理的教育制度里解放出来，由此循着政治民主，经济繁荣的轨道，朝向民族的、科学的、大众的、新文化方向迈进。挣脱重重的枷锁，中国人民站起来了，我们教育工作者也站起来了，这就是我们庆祝的首一个意义。

身在海外，心怀祖国的澳门侨胞，和祖国的关系是气脉相承的，祖国的每一呼吸，都予澳门以甚大的影响。今天，中华人民共和国诞生了，中央人民政府成立了，国土快要完全解放了。中华人民这一大翻身，有如旭日初升，他的光芒，他的温暖，正透过海洋，透过高山，透过一切障碍，投射到每一位澳侨的身上。我们怎能不欢呼、鼓舞，来迎接这一光芒和温暖呢？这是今天庆祝的又一意义。

新的形势，恢复了我们新的气息新的旗帜，领导着我们前进。人民政协共同纲领第五章同时也庄严地交付予我们一个："提高人民文化水平，培养国家建设人才，肃清封建的，买办的，法西斯主义的思想，发展为人民服务的思想"的任务。因此，本会要在今天这一热烈而又庄严的庆祝会中，提供一点刍尧之见，来和全澳教育工作同人共商共勉：

我们要完成这一光荣而又艰巨的任务，首先就得改造自己，使自己对新形势，新任务认识清楚，使自己的思想弄通，使自己的意识正确，使自己的人民立场站稳，才能胜任愉快。改造自己固然不是随随便便，一朝一夕的事。但也不是大不了得，绝无可能的事。我们只要放弃成见，正视现实，大公无私，处处为大众设想；老老实实地做人，勤勤奋奋地学习，把旧的丢掉，把新的接受，将学习与工作结合起来。依据主客观的实际条件，按部就班地提高，正如我们教育小孩子一样的平凡而又伟大。我们不怕提出改造自己的口号，因为人类自来就是在不断改造自己中而进化的。不知进取，不合潮流，一定要落在历史的后头。"优胜劣败"达尔文早就警惕着我们了。要胜就要优，要优就要改造，这是铁定不移的真理，我们大家都要循着这一真理前进。

我们要完成这一光荣而又艰巨的任务，就得要以民主的精神来团结广大的群众，共同积极地参加工作。今后我们在展开新教育的过程中，一定是采取耐心的态度，以坦白宽阔的胸怀，遇事大家协商，找得合情合理的办法，务使和衷共济，步调一致，以求工作的顺利进行。

我们要完成这一光荣而又艰巨的任务，就得有实事求是的作风。依据实际的情况，找出正确方法，脚踏实地地走向成功之路，就是我们实事求是的科学精神。解放大业是在科学的原则指导下而成功的，以后的建设事业也是在科学的原则指导下而成功的。我们教育工作者，对于今后的教育原则、教育制度、教育方针、教育内容和教育方法，当然是根据新中国的实际需要，社会的具体情况……而定，才能达到为国家育才，为人民服务的至善境域。

同寅们！苦难的中国，已经解放了，中华人民站起来了。我们有中央人民政府作我们的领导，有数百万解放大军作我们的前锋，有四万万七千万同胞作我们的同伴，反动势力是永远被镇压下去了。我们应该毫无怀疑地肩起新任务，一心一意地并肩携手而前进。最后，让我们高呼：拥护人民政协共同纲领！全澳教育工作者大团结起来，为展开新教育而奋斗！毛主席万岁！中华人民国内共和国万岁！

澳门中华教育会　公元一九四九年十一月三十日

12. 中华教育会告教育同寅及青年学生书[①]

中华教育会，于本月八日举行全澳校长座谈会时，曾决定今

---

① 《告教育同寅及青年学生书》，《华侨报》1950年2月27日。

后，采用新课本及实施新校历与学校新行政组织等，各情业志报端。关于新校历及学校新行政组织等项，最近已由该会搜集资料送与各校参考办理，同时，并发出"为推行新教育告本澳教育工作同寅及青年学生书"。全文如下：

  正当祖国的解放战争快告胜利结束，祖国的建设事业快要大力展开之际；正当澳门同胞空前觉悟，猛烈展开劳军购债的爱国运动之际，推行澳门新教育这一任务，就显得非常重要而且急迫了。"中华人民共和国的文化教育为新民主主义的、科学的、大众的文化教育。人民政府的文化教育工作，应该以提高人民文化水准，培养国家建设人才，肃清封建的、买办的、法西斯主义的思想，发展为人民服务的思想为主要任务。"（共同纲领第四十一条）"随着经济建设的高潮的到来，不可避免地将要出现一个文化建设高潮。"（毛主席在政协的开幕词）这一明确而又庄严的指示，就交付我们知识分子以一艰巨而又光荣的任务。"为了提高澳门同胞对新祖国的认识以加强其爱国观念，为了对一下代负责和维护会员的权益……推行新教育，使之适应祖国的需要。"（二月八日本澳各侨校校长座谈会的结论）这一适时而又合理的举措，是澳门教育的新纪元。澳门中华教育会是中华人民共和国的人民所组成的，时刻不能脱离祖国的关系；澳门中华教育会是产生在澳门这个地方的，时刻不能放弃对澳门同胞的所负的责任，因此，把澳门和祖国结合起来，把教育和社会结合起来，就是我们在此时此地推行新教育的基本意义。

  这本来是常识范围以内的事了。可是由于阶级意识的限制，有些知识分子在这一承前启后的重大转变中，表现得摇摆不定，犹豫不前，这就大大妨碍了新教育的推进。为此，请以一点活生生的事实见告：曾经举起文化教育工作者的招牌的胡适、傅斯年之辈，几十年来，死心塌地为帝国主义及四大家族服务，其结果是溜到台湾，等待着人民的裁判；曾经自命以教育为终生事业的许多教育前辈，几十年来，莫名其妙地埋头苦干，结果是踏入了"千古伤心文化人"的悲惨命运。这一条反动的或者没有前途的道路，难道还不能作自己的殷鉴吗？另一方面，看看鲁迅、邹韬奋和陶行知这三位文化巨人吧！他们英勇不屈，忠心耿耿地为人民服务，虽在短短的寿命中就建立了光辉的事业，不可磨灭的历史功绩，受着千百万群众的拥戴和歌颂。这一条革命的而又有希望的光明大道，难道我们还不应该选择吗？姚宝猷之四次上书入南大，并不是偶然的。放弃胡适的道路，走鲁迅先生的道路，难道还不明白吗？

同事们！同学们！今天的形势已定，是非已明，正是我们当机立断，齐下决心，放下旧包袱，负上新任务的时候了。在本澳此次推行新教育运动中，站稳中华人民共和国的人民立场，拥护校长座谈会的决议，师生一致，尽一切可能教新书，读新书，做新主人的权利，使我们的心血，栽成美丽的花，甜蜜的果，盛开澳门教育的新页吧！

13. 晨访致用小学[①]

寒冬的清晨，我们走到柯高马路的当儿，突然听到嘹亮的喇叭声，一阵阵的送进耳鼓里。这是致用小学全体员生在行着升旗礼啊！

当我们到了致用小学的门前，只见我中华的国旗，随着清爽

[①] 《晨访致用小学》，《大众报》1948年2月8日。

喇叭声，渐渐地升高，继而雄壮的歌声，很有节奏的唱着，学生受着童军训练的，都穿制服，队伍很整齐，当升旗仪式既毕，各级学生即依次到操场早操，个个精神奕奕，很有秩序。早操毕，继由值日教师训话。这时候，叶校长瞥见我们，立即招呼。据说该校升旗早操，十数年如一日，未曾间断，借以养成儿童爱国的心理。跟着他又引导我们参观校内一周，见有军、政、党、名流题词很多，而童军器材和用具，体育器械，各科标本挂图、仪器等亦颇完备。

该校四周有园□之盛，校舍是新式洋房，环境优雅，空气清新，极适宜修学。

该校教导概况如下：

甲	教务方针
一	编制及课程：悉照教育部定章，并授学生以适应环境之学科，加强学生生活基础，教师均聘富有学识及经验者充当。
二	教学方法：多采自学辅导法，各科施教程序，由该科教师预定计划，按步实施。
三	习作指导：学生每日均有家课，使之□家修习，并为使学生互相研究，而有竞争精神起见，每学期内，均举行各科学术比赛。
四	学生成绩之考查：依照教部所定办法，每五星期举行段考一次，每学期期考一次。
乙	训育方面
一	宗旨：以发□我国民族固有道德，并□取其他各民族之美德以训练儿童，使养成为健全之公民。
二	训育实施方法：对学生从严管理，设有训育委员会，编订训育中心周，按周实施训练。
三	考勤：学生如有要事，必须告假，不得任意旷课。
四	家庭访问：为使学校教育与家庭教育互相联络，以收管教功效起见，故每学期均有发出学生家庭调查表。
五	自治指导：以各级为单位组成自治乡，采取保甲制度，一方面教以保甲常识，一方面使学生有自治能力。

六	社会服务：历次慈善赈灾筹款，如卖花、售旗、维持秩序等工作，无不尽力参加。
七	课外研究与活动：（一）设有图书室，置备书报、杂志，以供学生课外阅读之用。（二）每学期举行野餐，露营远足等活动。

又闻该校为百年树人大计，今后计划，订定组织筹募建校基金委员会筹款购地，筑一理想校舍，以资发展侨教。

按致用小学得有今日之成就，社会人士之好评，皆由叶校长向荣能刻苦自励，努力教育，十数年始终不懈之精神所致，叶氏如能一本以往之精神，致用前途当无可限量。

14. 培正同学林咏讽呼吁抢救难童希望全澳学生起而响应[①]

培正中学学生林咏讽君昨函本报，并付《向全澳学生们呼吁》一稿，要求刊报。林君对难童的抢救，眼光独到，诚足敬佩，兹将来函及原稿录后，希望全澳学校与学生界起而响应，难童幸甚！国家幸甚！

编者先生：

难童的抢救，是最重要的问题，试想几千无依的儿童，奄奄待毙，□国如何重大损失，故欲来一个响应抢救难童的运动。吾等学生界，在社会上地位很重，但因习染港澳奢华，致成懦弱，终日沉迷于娱乐中，此实因风气之所致，故欲由学生界负起一任务，为国家尽点微力，组织一"难童抢救会"。向社会人士请求

---

① 《培正同学林咏讽呼吁抢救难童希望全澳学生起而响应》，《华侨报》1943年9月27日。

帮助，相信无有不赞同者，成立后更由同学们灌输彼等智识，以挽救此国家之柱石，此事相信必可实行，因全澳之中小学生，不下一万，这会的后台当然是全澳学生响应组织。学生智识界，当然明白儿童之重要，故这会的实力一定能雄厚，而现在所乏者仅倡办一人耳，以先生之能，于社会之地位，希高竖旗帜，即学界领导，领导吾等文化界人，做一点神圣的工作，吾等以万分热诚请求先生作吾等之首倡人，向社会呼吁，敬候台安。

学生林咏讽手上

咏讽先生：

难童的抢救，确是一个极其急切的问题，阁下有此锐利的目光与热情，诚使我们万分感佩！

不过，这种工作是相当的艰巨，第一要有计划，第二要干，第三要有耐性，如阁下有此决心，我们自当尽力帮忙。为今之计，最好由贵校学生会分函全澳各校，派出学生派出代表，约期在一个地点举行筹备会议，计划施行。诚如阁下估计，全澳学生不下一万人，平均每人每月缴纳五角至一元的善款，就有五千至一万元之数。有了钱，什么都比较易干，尊意以为如何？祝你成功。

编者

向全澳学生们呼吁

全澳的学生们！谁都知道，自战事开始后，我们有的从广州到澳门，而更有从广州遭难到香港而再到澳门，虽然时代是那么艰险，但可幸地我们仍有机会过活着在这远离炮火线上的乐窝，这是多么可幸的事。现在世界每一角落，何处无火药气味，何处无战事足迹，我们是多么幸运，在战争五年中，只受到少少的刺激，何尝有像内地同胞的受苦，且现在处于世界艰巨中，我们仍然安然地学习着，过着学生的生活。朋友们，想想吧！这是多么的幸运，全世界的地方，有哪几处是像这里的乐土，有几许同胞能过着我们一样的生活，虽然我们并不是怎样的舒适，富有，但能支持生活，且有机会求学。这真是在今日中国侨胞中万中无一了。

当然谁都知道，战事开始后，这里人口的骤增，难民的聚积，种种流离悲苦，实目不忍视，且饿殍满途，触目皆是，尤其是难童，啼乞途中，虽经本澳人士抢救，而究竟不是彻底方法，只能济一时之急。同学们，难童究竟是亲爱的同胞，是未来中国的主人，是国家之柱石，国家将来正需要此辈人才，我们岂能坐视在奄奄中之无数难童，束手待毙，而无抢救。同学们！你我都是幸运者，我希望大家想想这种情形，我们目睹这几年国家良才，流离飘荡，□□□想，虽然，这里学生运动，学生服务，□是罕见。同学们，回忆从前我们在广州的□务，学生运动，勿轻视学生无能，勿轻视自己！同学们！奋起□吧！在澳门的学生，已享惯舒适的生活，甚至有忘记学生的地位，起来吧！干一点神圣的工作，为国家尽一点力，做一件值得做的事情，吾等为知识界，当能明了儿童对国家之重要，严冬将至，那几千无可依附的难童，将受到无限痛苦，我希望学生们□这事尽点能力，显示我们的精神，你知道吗？港澳学生，近年来为社会人士所看轻了，他道我们只知享乐，而毫无振作精神，我们简□含冤□□，趁这机会吧！我们觉得社会人士的同情，当得社会热心人士帮助，我们先要有一个"难童抢救会"的设立，全澳中小学生人数不下一万，我们人力多么雄厚，也许将我们的零用和基金，再向社会热烈推行，必得到莫大帮助。我们这一万余众，只管尽点力，让人敢看轻我们——学生。

来了！特先向全澳学生呼吁，假如不承认是无能懦弱的话，来！响应这个抢救难童的运动，来一个切实的进行。

培正同学林咏讽谨上

15. 1946 年 8 月全澳党务人员座谈会李大超发表演词[①]

各位同志,今天兄弟得到这良好的机会到澳门,同时和各位重要的工作同志见面,觉得非常之高兴和兴奋。

我们经过八年多的艰苦奋斗,而达到抗战胜利,在胜利后,兄弟奉中央命令来主持港澳党务,觉得非常重要。为了时间的关系,在港事务较多,所以现在才能抽身来澳,在这第一次与澳门侨胞,特别是工商业和文化教育事业有关的诸位重要的同志相叙,觉得非常欣慰,并且很热诚的希望各位能从事业上把工作一天天建立起来。

在我国抗战时期的澳门,它有特殊的政治关系,侨胞对于抗战工作,未能与内地一样的自由发展,然而澳门侨胞仍能在艰苦的情况下,于军事政治文化教育各方面上来协助祖国抗战,这样精神是足以表现我们工作者之刻苦努力和贡献。今年四月初兄弟奉委主理港澳总支部以后,时时都想来澳门和我们这一群努力工作者见见面。中间为了许多事牵阻,直到今天才能实现,以后为着党务的发展,很希望能多见多谈,多交换意见,共同努力。

澳门原是中山的一部分,现在为葡国统治,但是在经济政治文化教育各方面都与我国有绝大关系,同时在革命历史上更具有极光荣的历史。我们翻阅本党革命奋斗史,总理在革命初期是常住在澳门的。国父所领导的三民主义的国民革命,把中华民国组织起来,造成一个民主国家,其中之思想行动是很多与澳门的地方有影响。伟大的革命事业也有很多在澳门孕育长成的,澳门既经是总理领导革命宝贵有关的地方,我们各位同志今日站在这个

[①] 《党部座谈会中李主委训词原文》,《华侨报》1946 年 8 月 5—6 日;《全澳党务人员座谈会,李大超发表演词全文》,《世界日报》1946 年 8 月 5—6 日。

宝贵革命有关的地方便要光大总理首创的三民主义，达到建国的成功。这项历史的使命和责任，是我们每一个同志不能轻易放弃的。

同时，我们抗战九个年头，为求我们国家的独立自由平等，以达世界永久和平的战争，我们牺牲之大，损失之重，是举世所知的。在抗战过程中，我们无论如何艰难险阻，仍然一往无前，结果达到抗战胜利，和欧美各民主国家获得反侵略战争的共同胜利，当然是全世界人士所共同承认的，我们为什么要这样做法，这就是为了使我们要实行三民主义，求得最终目的世界大同的实现，所以我们便须要这样刻苦的做去。三民主义是求国家独立自由平等以达于世界大同，我们三民主义的奉行者，在我们伟大的使命下，我们是不畏艰辛的。自"九一八"事件以后，我们在推行三民主义的原则之下，安内攘外，直至"七七"开始奋起全面的反侵略战争，这个战争在人类幸运世界和平是具有极大的贡献。

以前澳门据说有十万侨胞，战时增到四十余万，现在调查说是十二万。我民主战争得来的圣果，是不容易获致的，我们在胜利后仍须要继续努力，以达到世界永久和平，要贯彻三民主义世界大同的目的。至于我们怎样能完成这伟大使命，那就要我们自己爱护自己，努力于争取我们事业的成就，社会的地位，要自尊自重，以争取民主国家独立自由的地位。我们怎样方能达到这个目的，这便要有坚强之组织，因为有组织才有力量，有力量才能发挥我们的一切。如果没有组织，万众万心，一盘散沙那样的散漫，结果什么事做不来。我们要下一番修养功夫，要养成一个守秩序的良好德性，待人接物要具和蔼可亲的态度，无论对人对事，对党内同志，或党外同胞，凡事未责人先责己，则这点正气便可以克服一切了。

澳门人口中，百分之九十五为中国人，尤其是广东人。我们拥有大量人口，从历史沿革上，在政治经济各项关系上，我们事业基础已否确定，希望各位同志，不论从事何项职业，大商人也好大工业家也好，甚而至于小贩小商也好，我们都在地位上组织上努力，尽量的贡献，自然争取到我们应有的地位。

澳门是一个都市，侨居这里的侨胞特别要注意于经济发展问题，以达到国民经济安定，建立社会经济基础。比方澳门渔业是有发展可能的，我们就在渔业方面努力。还记得民八九年林故主席曾写信给兄弟，嘱代买中山之蚝油虾酱和□□，可见这类海产是远近知名，也可证明渔业很好，可以发达。希望各同志在这方面努力，以求发展。

文化是社会国家的基础，如果文化不发展，其损失异常之重，所以希望各同志在教育方面要特别努力。教育大致分为两方面，即学校教育和社会教育，学校方面，我们促进各级学□基础健全，使适龄学童人人有受教育机会，勿以为教育问题而忽略各人要从教育方面争取组织，努力完成教育使命。其次社会教育方面，尤应特别注意，因为社会教育就是广大民众教育。民众的智识是有限的，何况还有很多不识字的人，如无正确教育知识灌输，很容易影响于思想。以兄弟今天考察，澳门实有从速组立民众教育馆之必要，民众教育馆是促进社会文化之一最大机构，各同志应以教育为工作中心，以工作发展教育。

关于党的工作方面，首先我们注意党员数量，从人口上来推算，澳门是十二万人口之市镇，我们党员应该有百分之十，即要吸收一万个党员，望各位同志努力增进新血轮，吸收优秀分子，在三个月内达到这个百分之十目的。其次建立党基，港澳总支部已发动筹建中山堂，我们这个建立党基的运动，是至神圣的，所以在香港发动的时候，无论反对党也好，都无法破坏的。香港的筹建会名义是港九澳，已包含澳门，筹建费是港币三百万至五百万，澳门也应该起来努力。须知党基金的建立，是使我们的党有了基础，有了基础一切事业也容易从而拓大建立了。再其次我们党员要扩大社会服务运动，因为社会生活工作与我们的党是不能离开的，我们为求党的发展，就要增强社会服务工作。在广大群众中，事无大小，我们都要忠诚地来和群众服务，服务部要扩大到任何一方面。民众对于我们这项忠诚服务，当然有感激同情心，那么我们便能完成了争取民众的□大使命。现在国内还有一部叛乱分子捣乱，如何可使内战平复，如何使国家走上真正民主途径，还要靠我们的努力，要靠我们的斗争，反转来说，就是看我们对民众组织怎样。至于我们组织民众的技术方面，我们要坚定宗旨，沉着努力，无论什么事情要寻求真理，不可以讹传讹，在什么时候，都坚决不变信赖我们层峰。

今天和各位工作同志见面，提出上面几点，大家共同研究，今后如有若何问题，请多多提出讨论。我们是革命工作同志，我们自己一家人，有什么事要说的便说，废除一切手续，文字也要简单，总能表达意思便是，不必咬文嚼字，更不可有衙门化，因为繁难手续和衙门化是阻时间而且腐化的，各同志随时可用写信式通知要说的话，开一点出来便是。今后革命事业和国家前途，有待于我们各位同志之努力，今天只提要简单来说说，各位工作同志健康。

16. 鲍斯高教给我们的训育方法[①]

我们粤华中学教育的对象是我中华民国的华裔青年，故所有教育宗旨课程编制和实施方针，自属悉遵我中国国民政府教育部所颁布的，但本校是慈幼会主办的，慈幼会的创设人鲍斯高既早被世界教育家公认为近代最伟大的教育家之一，慈幼会学校已设

---

① 廖荣福：《鲍斯高教给我们的训育方法》，《华侨报》1948年1月31日。

立于世界各国的亦已不下千余间，因此在我们教育之下，训育方法，不无特异之点，兹略述如下：

教育之所以称为"教育"，教育中训育为重，不言可喻，因为根据许慎《说文解字》，"育养子使作善也"，我国自古就是注重道德教育。据《舜典》，虞舜曾设置九官，其中二官是关于教育的，"帝曰，契，百姓不亲，五品不逊，汝作司徒，敬敷五教……"又"帝曰，夔，命汝典乐，教胄子……"所谓五教就是五伦之教，教人父子有亲，君臣有义，夫妇有别，长幼有序，朋友有信，至于乐中有旋律，有节奏，可以启发人类的灵感，陶冶人类的性情，养成人类高尚的意志，使人类达到超物欲的境界。《乐记》上说，"钟声铿，铿以立号，号以立横，横以立武，君子听钟声，则思武臣。石声磬，磬以立辨，辨以致死，君子听磬声，则思死封疆之臣。丝声哀，哀以立廉，廉以立志，君子听琴瑟之声，则思志义之臣。竹声滥，滥以立会，会以聚众，君子听竽笙箫管之声，则思蓄聚之臣。鼓鼙之声讙，讙以立动，动以进众，君子听鼓鼙之声，则思将帅之臣。君子之听音非听其铿锵而已也，彼亦有所合之也"。非乐对于人类有这么大的作用，所以孔子又说"成于乐"。

此后历代的教育仍莫不以道德为前提，就是到了民国，国体虽已变更而教育宗旨和实施方针，亦还一样以德育□旨是为重。民国元年九月教育部所颁布的教育，注重道德教育，更以美感教育完成其道德。民国四年元月总统颁布的教育纲要，有"道德教育为经……以道德……教育为体……"的规定。民八年四月教育调查会，在北京开第一次会议时，又议决以"养成健全人格……"为教育宗旨。到了民十八年五月南京国民政府教育部，颁布以"三民主义教育"为教育宗旨，在实施方针中规定"陶融儿童青年忠孝仁爱信义和平之国民道德"，可见我国教育全以德育为重。

教育中重视训育，原因是非常简单的，教育最终的目的是养成学生将来能在社会上独立谋生，同时还能去努力增进人类社会的幸福。要想达到这个目的，单教给学生充分的学识是不够的，试看中外古今那些为人类社会大害的分子，有哪个是目不识丁者呢，我国在抗战期中出了不少的大汉奸，他们不是有很丰富的学识吗？反过来说，他们正因为有很多的学问才有当那大汉奸的资格啊！所以学问不是造福社会的唯一要素，还要有健全的德性才行。

我们教育对象是十六七岁以下的青年，当这年龄中的青年求知心固然很强，而可塑性亦大，学问进步甚速，习惯形成亦快，这时期教育者一给他们良好的教导，使善良习惯□公民道德培育完好，那末他们的前途必不堪设想的。

然而要养成学生健全的德性，不是空言理论所能奏效的，历来教育家所创立的教育学说很多，然而实行起来所获得的价值怎样确是一个很大的疑问。真正的训育，不必是只去张贴几句古人的格言，或演讲一些道德空论，多少教育者只以维持肃静无反抗力为学生优良的标准，社会人士，亦多以形式整齐为学校优良的唯一条件。为达到这肃静和整齐的目的，学校对于学生的行动，每每不惜采用积极的压制和消极的惩罚，在这压制式训育下之课室内，随时可以听到学生可怜的哭声，学生对于师长，只有畏惧，毫无感情，这样虽亦可以得到外形的肃静和整齐，但学生这种屈服，不是甘心的，无怪乎他们一离开师长便乱行无忌了。这样的训育它的价值何在呢，可是又有不少的教育者，对于学生的行动，抱着完全放任主义，丝毫不加约束，这更无所谓训育了。人类有私欲，有偏情，这些都能导人向坏的方面走，像水有往下流的倾向一样，不加约束是无向善的可能的。

根本有效的训育，只是能深刻影响到学生内心的训育，惟有从内心悦乐表现出来的服从和纪律才能保持长久,而这种服从和纪律绝非外力压制所能得到的,所以教育者对于强施严酷手段,只图训养学生使屈服就范应当完全避免。学生真正的服从和纪律,惟有从教师的人格感化之下才能得到,古语有说:"师道立,则善人多。"教育者以身作则,不要使学生受到不良的影响,随时随地皆要先自检束,互相砥砺,去作学生模范。《白虎通·辟雍》篇"古者教民,里中有师,里中之老,有道德者为里之右师,其次为左师"。《春秋公羊传·宣十五年》何休注"一里八十户……中里为校室,选其耆老有高德者,名曰父老……十月事讫,父老教于校室",可见我国自古当教师的就该先有良好的德性才行,所以学校对于聘请职教员,不能只求他们有丰富的学识和经验就行,对于他们的人格品性还得慎重加以考虑,唯有品学兼优的教师,才能施行人格感化,才能得到学生的信仰。有了信仰,训育自然有力量,然而还要学生对师长有情感,训育的功效才大,这种学生的情感,又必自教师所加于他们的感情上所引起的。昔日希腊大哲学家苏格拉底的一位学生说,"他不爱我,我跟他学什么",可见没有情感,便没有教育,所以教育者应以父母对子女一般的态度去对待学生,学生就自然会反应出一种纯洁的感情,鲍思高圣人所创□我们,命我们去遵行的,便是这"爱的教育"。我们的训育,就是以爱情为原则而用预防方法去实施。

什么是我们预防的方法呢,就是在管教上,使学生不知不觉时时都受着师长的管教,使犯规作恶的机会,无形消灭,而渐渐养成良好的品性。教师务须使学生保存其天真,教导他们,劝诫他们,鼓励他们,改造他们,使他们自发地去[循]规蹈矩,学生在学校内的一切活动,学长或生活指导员都要去参加,非犯规的活动,绝不禁止,扶助他们自由去发展各人个别的才能,坚强他们正当的意志,找寻创作的机会,变成有品格的人,更提创和鼓励学生团体的课外活动,调节他们课室内的呆板生活,使增加学生的乐趣和□气,使他们感觉到学校如家庭,师长如父兄一样,互相亲爱,如此用不着师长处罚,学生亦能自治改善了。

17. [望德中学附小]校庆当中谈谈我们的教导①

一	学级编制……遵照侨校现行小学编制,分为陆级,另幼稚园贰级,分甲乙两班,全校一共八班。
二	课程……本校依照贰拾九年,教育部侨校课程办理。
三	教学方法……本校各级小学,及各种学科,采取启发式,务令小学生有自动发生其自然思想,而得自动学习的精神,而每周在星期五下课后,各级主任必开谈话会一次,将该级学生功课之优劣,操行的良莠,提出讨论,在下周注意其功课及行动,俾得收预定相符的效果。
四	成绩考查……本校每学期举行定期考试四次外,对于平日成绩及家课之复习极为重视,随时检阅学生之练习簿等,实行已三学期,颇收成效。
五	课外补习……学生间有勉强升级,而有一贰科不及格者,务要其每日在最后一堂下课后,留校补习,至每周星期五谈话会时,由该科教员提出,补习到如何程度,教务处认为满意时,将其不及格之学科考试,而及格者给予成绩。
六	训育……本校以"勤朴仁信"肆字为校训,而按照每周现行训育纲目办理,务使小学生一切生活,得中心规律。
七	家庭探访……学校与家庭联络,对于小学生成绩和操行收效极宏,而在每段考完毕举行一次,优良学生则不必探访其家长,如段考有贰科不及格者,则级主任□探访其家长,注意其在家庭中之礼貌、交友、玩好□及家□诸点,详记册中,施以个性训练,行之三学期见效殊多。
八	注意癖性学生……(一)愚钝者。对此学生,常默察其嗜好及所向之趣味,因而诱导之,启发其鲁钝。(二)放心者。即注意力散乱之儿童,处置方法,屏绝其一切诱惑之外缘,减少其放心,一面力诱其自觉自动□心□不良处。(三)粗忽者。作事多错误,欲矫其弊,首在范以规律之行动,异以有次序之思虑,有渐而造成细致的习惯,而养成其忍耐性。(四)怠惰者。小学生之怠惰,大率因兴味缺乏之故,本校救正此种癖性学生,常用赏罚手段,以督责之、鼓舞之,务要养成其有勤学勤劳之习惯性。

---

① 郭辉堂:《校庆当中谈谈我们的教导》,《大众报》1949年5月29日。该版面为《大众报》附刊"澳门私立望德中学附小十六周年校庆纪念特刊"。

18. 目前教育遭遇的困难 ①

处特殊环境下之教育事业，不能以平时的措施应之，应以适应环境所急切需求，而运用新的手腕和方法而达其目标，完成适应时代的伟大任务。现在这里的环境，教育状况已发生重大的困难，就是维持本来的现状亦有所不能。本澳学校多是私立，除了少数收费特昂，经济因以充裕者外，大多数竭蹶万分，勉强支持。当天广州战事发生后，迁澳居住者骤为增加，而中小学亦因此多至三百余所的设立，继以太平洋事变，社会经济日陷堕落，学生家长多有不能负担子弟学费，而学校多内迁，学生或至于失学，且不久学校相继停办，迄今仅得数十所而已。这又可以说明，靠学费收入的学校看学生的多少而决定学校的发展与存在，那自然，私立学校的困难，完全由客观形势所做成，不独不能谈到教育的扩充，即维持原有现状亦遭遇许多困难问题：

私立学校，本来补助公立学校之不足，因文化事业，足以影响社会国家很大，公家财力有所未逮，而不能遍设公立学校，有心人乃办理私立以补助之，意义与责任至为重大，近年来办私立者，常因经费困难，维持无法，迫得把学校停办者不少，文化前途，煞足寒心，因此学校形成集中在有经济背景者之手，大多数平民，遂无接受教育的机会，人民知识，大有江河日下之势，有心人所以亟抱杞忧。

其次师资亦成很大问题，生活程度高，待遇微，仅能维持个人生活犹或不足，故教师多数转为别业，有经验的师资，日渐缺乏，即在职教的教员，多因生活的威迫，不安于教学，心系于

---

① 黄晓生：《目前教育遭遇的困难》，《朝报》1944年10月21日，"朝报增刊""濠江中学特刊"，第1版。原件见《双源惠泽，香远益清——澳门教育史料展图集》，第86页。

外，自然减少教学的积极性，也是教育上的最大损失。

再其次学生方面有些因生活威胁，营养不足，健康大差，使学生不安于求学，在教育上也是一个很大影响。

目前教育上所遭遇困难，实在不少，但在此特殊环境中，应以精神战胜环境，提高奋斗精神，克服一切困难，教育者应抱起为训练青年男女，负改做新中国伟大任务，刻苦努力，为有意义的工作而工作，虽怎样艰苦，亦有其意义功绩存在。不因环境困难而受影响，还要相反地在教育上发挥其积极性。

教育当局应体察侨校的困难，加以扶助，补助各校的设备，而当地富翁应以维持文化为怀，为爱护国家社会，尽力帮助有意义最重要的教育事业，捐款或助物质与各校，俾助其缺之，则造福于青年和国家社会不浅！

救济失学青年也是目前最重要的工作，富翁与教育者应出钱出力，尽可能多设免费学校，或各校附设免费夜校，广收失学青年男女，则收效更大。

学生家长应体察教师生活困难，应同情学校教师的艰苦，有可能出而捐助一切！

故目前教育上虽遭遇不少困难，但教育当局能积极领导和扶助，富翁应以教育为最慈善的事业，积极同情和帮助，教师们提起精神负起神圣任务，那自然打破目前一切困难！

19. 教育上的生长观念[①]

各位先生，兄弟今晚得着这个机会，和这里的教育工作同志相见，心里觉得十分愉快。各位都是儿童教育的实际工作者，而兄弟是担任儿童教育出版的一人，应同各位请教，以求出版与需

---

① 《教育上的生长观念——曾昭森博士在澳门侨校联谊会讲词》，《华侨报》1948年11月19日。

要相吻合。今日兄弟却成为发言的人，颇有点倒转过来的感想，但希望兄弟在说得语焉不详，和思想有偏倚的地方，仍得请列位先生补充补充和多多指正。

在我们的国家正在多事之秋，而同胞都在颠沛流离之中，教育人员都在朝不保夕的艰苦生活里度日，我们在侨居的地方，能够不受饥寒的威胁，战鼓的惊扰，能够安居乐业，能够脱离一般解决金融和粮食的生存的问题之考虑，来安闲地讨论教育事业上的和学术上的问题，这不能不使我们珍贵我们今天的机会，我们就应当珍贵我们有的全国不可多得的环境，教学相安的环境，把我们的教育工作弄得精彩，使它能为国家培植多点有用的人才和为教育奠定良好的风范。

今天想提出一个重要的而每每给人们忽略的一个教育的观念——生长的观念。

〔一、〕我们应从有机的事物的现象去认识教育过程，从消极方面来说，我们若想从无机的事物的现象去认识教育的过程，是错误的。所谓有机的事物，是指树木、昆虫、飞禽、走兽之类，所谓无机是指砖瓦、沙石、风雨、水火之类，前者是有生机的，有生长的，后者是没有生机的，没有生长的。

有些人用水流来比喻教育，如"学问有如逆水行舟，不进则退"，无论这比喻的用意是怎样深厚，但是用水流来比喻学习是不相及的，比方一个小学生读完六年级之后，不求进步，难道六年之后他的学识会退回到幼稚园的程度么？这就是从无机物体的现象去体验教育的过程不贴切的地方。

又有些人以建造房子打基础来比喻小学教育，以为小学最重要的事是打基础，打基础是怎样一回事呢？比方在一井的地方打五十枝桩就稳了，但若想基础更稳，就打至一百枝，倘若白天开工的十天可以完成，若在日夜都开工的五天就可完成了，这种过程完全是无机物体的现象，与教育过程不相同的。采用这种比喻的人的毛病，就是对于教育的认识缺乏了生长的观念。

所谓从有机事物去认识教育的过程，最低限度，我们应要从植物的生长过程去领会。比方一花一树的生长，固然要泥土、肥料、空气、水分、阳光、热力等等，但我们不能把一棵树在十年内所需要的肥料、水分等等，缩短在一年之内供给，而求它能成为一棵速成的树。我们必要假以时日，使它能吸收变化，改造以及不断的新陈代谢，我们若从植物的生长的□质去认识教育，就庶几接近教育过程的真理了。倘若我们能以动物的生长，如小□、小猫、小狗、小牛的生长，它们且有活动本能与感情的反应等等，那就实在比较用植物的生长来比喻教育更为贴切了。

二、我们认定缺乏生长的观念，是一切注入式的教育的病源。从前我见过一幅关于希腊古代教育的图画，画里有一个学生坐着，他的头盖骨是揭开了的，在他的后面是一个教师，持着一瓶油在他的头上把油灌入，这是一幅注入式教育的代表画。在我们的中国，过去的教育，强逼的背诵，不求甚解的念四书五经，又何尝不然。其实我们今日所说新式的学校教育，无论在课程上和方法上，何尝不是保留着传统的气味呢。

所谓注入式的教育，就是以为教育是一种积聚，教材的积聚。比如博物馆的古物和标本的搜集，施教的人的工作就是把各种各类的知识分门别类的，条条理理整理起来编排起来，像药丸一般给孩子们吞服，有时或蛮□些强制吞下，有时或人道些改用糖衣政策，但无论如何，不是从学习的人的生长上的需要、兴趣、志向、感情、能力，与经验出□。

注入式的教育的谬误观念，莫有比提倡缩短学年制更为明显了，在他们的心目中，教育就是知识的搜集，编排好了的课程的内容的吸进，在他们的认识里，教育就即是教材二而一的，如果教育是生长的话，五年的生长，又怎能和六年的生长一样呢？我们在这里，并不是想为六三三制辩护，也无意展开六三三制的是非得失的讨论，我们不过想指出缺乏生长的观念而想去领导教育，必是毛病百出的。

三、生物学与教育学，应有更密切的关系。在一切都落后的中国，物理的科学和机械的科学，当然是应占一个很重要的地位，但是我们当提防对于物理科学的万能的迷信。物体的处理和人事的处理所要顾及的事情是有根本不同的，我们若以为会处理数学和物理科学的人，就会处理属于［人事］范围的事件，那就会把事情弄到错误而至于滑稽的程度了。我们中国的教育在数十年来都是受这种错误的观念的支配，主持教育的人，多年来都是所谓地质学家和矿物学家，无怪乎在教育上生长的观念始终不见抬头了。

在自然科学中除了物理的科学，还有生物的科学。生物学的研究，近年来开始发达了，我们可庆幸的就是在师范教育的课程里，生物学比其他的自然科学占了更重要的地位，这是一个好现象。

心理学是生物学的一个部门，它对于教育有着一个特殊的贡献。心理学是注意到生物的生长的现象，生物对环境的反应与生长的整体性互相关联，个体的兴趣、能力、感情、原动力经验的如何改造等等，心理学虽然是在幼稚时期，但已经指出一条光明的道路了。

我们若果崇拜自然科学，我们当记得生物学都是自然科学教育所要借重的自然科学，是生物科学的，而不是物理的科学。

四、我们试重申生长的观念在教育上的应用吧。

第一，我们应当注意对于学习的人的认识，我们应当明了学习的人的能力、兴趣、情感、经验等等。在班级教学的制度下，我们应当提防我们对于个性的蔑视，和对于个别发展的忽略，我们得要提防把能力不同的学生作残酷的比较，须知迟钝的学生的进步只要和他以前进步了就是，断不能要他的进步，能与聪明的学生并驾齐驱的，忘记这一点，我们又是回复到缺乏生长的观念的错误了。

第二，我们应当注意到学习的人的反应，问题就是，我们不应只问我们是否清清楚楚的教了，而更应问他们是否学到了，所以学生对于我们所教的有没有反应，有什么反应，局部的反应怎样，整个的反应又怎样。试拿教他们一首唐诗来说吧，假如我们教他们那首《回乡偶书》的七言诗——少小离家老大回……我们若果不顾到学生的反应，只一味用强制的方法执行，结果，学生或学识了念这首诗，但他却可以养成了憎恶唐诗的态度。对唐诗的爱好，发生反感，对于教育发生不良的态度，那么，我们因为没有充分注意到学生的反应问题，就因为想□到小的目标，而把更大的目标损害了。

教学上的根本问题，不是教师的活动，而是学习的人内心的活动，一切的教学过程，若果不在学生的经验里发生了改造，根本就没有学习的一回事，我们教学的目的是要能获得我们认为儿童应付出的反应。

第三，我们应注意学习的人继续的生长，应要使到这一个生长能够引进到更进一步的生长和别的生长，深度的生长和广度的生长，一切的学习都能要能发生引进的作用。试再拿教唐诗为例，我们应当使学生由对唐诗的兴趣，而至词的兴趣，而至一切韵文的兴趣，而至新诗的兴趣，而至对西洋诗的兴趣，或一切艺文的兴趣。由阅读的兴趣，而至创作的兴趣，由爱好文艺，而至爱好环境的观察，和表情的□切等等。这就是说由兴趣引进到更大的兴趣，由活动引进到较深的活动，由生长引进到更有意义的生长。

从消极方面来说，我们应当提防在教学的程序中引起了妨碍以后的学习，和伤害了继续的生长的生机（认字可能妨碍阅读是一例，教单位可能妨碍加法又是一例）。

第四，生长若要成为完整的，就不能只是对个人有意义，而且是对社会有意义的。因此生长就不只对于某地之能力更为熟练，或更为技巧的问题，而是整体的发展。比方一个扒手可能在盗窃时，技术上日渐熟练，但因为这种进步是妨碍了他社会性的生长，这种破坏了完整的生长的技术上的进步，我们在教育上就不认为是生长的。

五、我们提出在教育上的生长的观念，恰巧地是适合现代的两种社会势力的要求，第一是工业革命，第二是民主运动。自从工业革命开始以来，人类的生活起了重大的变化，以前的固定的生活不变的现象，现在都不存在了。人类的制度，衣食住行的生活，都不只起了变化，而且在不断的变化中，知识日新月异，方法时移势易，所以教育的内容与方法，都不能墨守成法，而要能适应变迁，故惟有求教育不断的生长，经验不断的改造，才能适应今日的"动"的文化。

所谓民主是要给个人以发展的自由与机会，生长的观念在教育上的运用，就正能给予个人的能力兴趣，以适当的注意。从个人的利益说来，他得了解放和享受着一种较为人道与合理的教育，从社会的利益来说，各个人能以个人的所能，献给社会。

我们可以肯定的说，教育上的生长的观念，是有它的现代的要求和时代的使命，它是有着工业、文化和民主生活做基础的。

最后，我想提及名哲学家杜威教授"教育即生活"的名目，所谓"教育即生活"，是提醒我们，教育的性质，是生活的，而不是板的，是有生机的，而不是无生机的。我们在这里所提出的"生长的观念"可说是和"教育即生活"是出源于同一的哲学思想系统的。

20. 第947号立法条例 [①]

一	凡设立学校，须得依修订规例呈请教育督导处参阅，再转呈澳督核准后，方可设立。
二	凡设立学校之校长，须依下列条款，呈请教育督导处秘书处。 甲、须将该校设立地址、校名、筹设学程、男校或女校、学生人数、校长姓名及地址，列表具报。 乙、将全部教员资历，所教科目，以及学校设备□明清楚。
三	教育督导处于接到该项呈文后，须于三日后派员视察，担任观察者乃督学处长、工务局长或其代表人、教育医官一人，及由督学处派出职员一名随同前往担任书记之职，纪录调查经过，由该等视察员组立委员会研究一切。 甲、该委员会认为校址尚无不合，方准设立，如有不满意之处，应向校方声明。 乙、调查结果，须通知校方。
四	凡开设学校，须向教育督导处备文呈请，该处接到呈文后，五日内即行批覆。
五	凡开设学校，须即备文呈请教育督导处，如认为有不合水准时，得准暂时开办，限期更改。
六	凡在本澳设立私立学校，教授外人，教师应须将证件呈教育督导处转呈澳督审查。
	甲、教师学历证明书。 乙、由警探部调查曾否犯法，出具证明书。 丙、由医师检验体格，并无疾病，出具证明书。 丁、以上证件，应呈教育督导处审查，再呈澳督批示。
七	各校校长须将各教员文凭呈教育督导处。
八	凡各校教员未依上项条文办理，得加以处罚，并取消教员资格，校长得由澳督处罚。

[①] 1946 年 7 月 27 日《澳门政府公报》第 30 号公布，译文见《督学处重申前令开办学校条例》，《大众报》1949 年 8 月 16 日。

续表

九	凡开设学校或教员呈验证件，应缴下列检验费。 小学校检验费十元。 中学校检验费廿五元。 开设每教室五元。 暂时开设学校，仍一律依例缴交［按：原葡文"依缴费表中百分之五十"］。 初级教师检验费十元［按：原葡文作一元］。 中学及其高级教师费十五元。 其他各项证件三元。
十	教育督导处将据第九四六号立法证书于各华人学校文件归档存储。
十一	一九二〇年七月十六号第二五〇号立法证书作废。①

21.《私立学校规程》(1939年9月第9:277号札)②

私立学校规程

根据葡萄牙殖民帝国组织章程第91条，葡萄牙共和政府通过海外省部长命令，在澳门殖民地发布并执行的1934年1月5日第23:447号命令（即私立学校规程），根据上述规程的具体原则，相关总督有权针对不同级别和教育领域的非官方机构提供的私立学校的监查和具体执行预先做好准备。

第一章 总则

第1条

除了教育对象为公众学生，或是以教授知识、培养技能以让学生获得的文凭或是其他证书为目的的教学，所有其他教育不必接受国家监查。

---

① 原葡文及中译文均作250号，但1920年7月16日第230号立法证书即"修正澳门视学委员会之组织规程"，见《澳门宪报》1920年第29号（1920年7月17日），第542页。

② 《澳门宪报》1939年第39号（1939年9月30日），第531—538页。

第 2 条

根据前款规定，教育活动的施行根据本命令的法律约束，接受政府部门检查监管。

第 3 条

政府部门监查是为了确保：

a) 教育岗位上的老师在生理、道德以及职业水准上都符合相应的要求。

b) 如向公众学生提供教育服务，教育岗位须由符合相关卫生及教育规定的人选担当。

第 4 条

根据 1926 年 6 月 15 号第 11:887 号命令第 17 条的规定，允许在澳门私立教育机构里提供宗教教育。

附款 – 尽管面向的是公众学生，宗教教育并不包含在本法令规定的政府监查范围中。

第 5 条

严格禁止与国家独立与领土完整之原则相背离的思想教育，教育方针政策必须与葡萄牙国家传统、国家安全与社会道德的价值观相一致。

附款 – 教育机构如果违反本条款的规定，除了法律规定的刑事责任外，将被关闭。

第 6 条

批准本法令附件中关于取得学位证书、相关技能认证及相关附注的印花税价格表。

附款－与慈善组织、行政管理创立的机构以及公益机构可豁免相关税费。

第 7 条

任何公共或私人实体单位，无论是个人还是集体组织，在履行法律手续后，都允许开设学院、中小学或是其他任何以传播文化知识或是职业技能教育为目的的各种级别和领域的教育教学机构。

第二章　关于私立教育的监管

第 8 条

公共教育视察员有权实施本法令设立的监管权，并每年对总督提交一份职务工作报告。

附款－为了完成本条所规定的目标，可以施行巡视、考试、监督或其他监督措施，这些措施应当由公共教育视察员负责实施，也可以指派任意合适职员协助其完成该工作，该人事任免无须澳门总督的批示加以确认。

第 9 条

公共教育视察员的年度报告须在每学年结束后三个月内呈交澳门总督，该报告必须包含以下内容：

1. 一份该年度颁发的教师文凭证书的数目及种类的说明；

2. 一份针对教育单位合法开设进行的验收说明，分别汇总验收通过的学校和不通过的学校，并指出拒绝的理由；

3. 一份接受检查和验收的教育机构清单，从设施、服务组织和教师收入状况等方面的考察情况，详细指出值得单独推荐和获得国家特别推荐资格的机构；

4. 一份澳门现有各级教育机构的统计表，并根据视察员所获信息，指出新开办和已关闭的教育机构；

5. 一份接受私立教育或家庭教育的受教育人群动向的统计报表；

6. 一份关于私立教育学生官方测试结果汇总的统计表，并指出造成该结果的原因。

第10条

当校方提出申请时或视察员自己认为必要时，视察员有责任向校方提供有关本法令条款的相关信息。

附款一　视察员所给出的信息或意见涉及需要政府发布的公文，比如传阅的通告，需要以副本形式通知其他有关部门。

附款二　视察员通过邮件或电报的方式与所有校方直接沟通。

附款三　所有想要获取咨询，寄送申请书、文件或相关票据的人都可以与视察员直接通信，只要以挂号信的形式寄出；如需回复，须写明回信地址，并按寄出的形式付足回信邮资。

附款四　所有向视察员提出的咨询都必须写在官方公文纸〔译按：原文为 papel selado〕或是贴有50仙邮票的普通纸上。

第11条

视察员为履行其职责向官方机构提出要求，官方机构有责任向其提供合作帮助。

第12条

除已规定的职责外，公共教育督导委员会秘书还应当：

1. 负责执行督导委员会的所有公文事务；

2. 负责登记所有私立教育机构以及各个教育机构中的领导及老师；

3. 负责组织澳门所有私立教育的数据统计。

附款－该秘书每月薪资为 50 澳门元。

第 13 条

私立教育机构学生参加在任何官方教育机构举行的考试，公共教育视察员有权参与该考试评委团的所有行动，视察员在评委团的席位视其级别而定。

附款－视察员无权介入评委关于考试测验的讨论和评判，当评判行为存在明显不合规定或采取决议显失公平时，视察员应当根据其职责对评委团的决议向主管机构提起上诉。

第三章　校外学生的教育及注册

第 14 条

除在官方教育机构之外，可获得以下级别的教育或课程的具有同等效力的完全或部分学历：

a）小学；

b）中学。

附款一　相较于官方学校，校外学生在完成其课程取得学历受到本条款的保护。

附款二　关于各级别的教育和课程、能力测验和考试，以及任何在非官方机构取得但得到官方承认的学历规定于各自相关法规中。

第 15 条

校外学生的教育必须遵守国立教育机构相应的规程。

第 16 条

校外学生的教育分家庭教育以及私立教育。

第 17 条

被认定为家庭教育需符合以下条件：

a）是个人的；

b）面向兄弟姊妹或居住在同一住所的，非住校或旅馆寄宿的学生。

附款一　家庭教育由以下人员进行教授：

a）学生的任何直系亲属中的长辈，或第一级旁系亲属；

b）与学生共同居住的任何第二级旁系长辈；

c）学生的法定监护人。

附款二　中学课程的家庭教育须分科教授，每个科目要由单独考试来检验，只有当上款中指定的个人具有该科目的教育能力，或根据视察员的意见并由总督证明其具备同等能力，方可进行教授。

第 18 条

所有不符上条规定的校外学生教育被视为私立教育，只有获得法定许可的教育机构才可以施教。

附款一　如果以每年全科的形式教授，中学课程的私立教育则只能在获得法律许可的教学机构进行。

附款二　如果以分科的形式教授，则该课程可以由有相应文凭的合格老师在自己或学生的家中教授，并一直以个人的形式，除非是在教学机构中进行。

第 19 条

除第 17 条附款一所述情况，禁止从小学到高等教育的公立学校教师对校外学生进行其专业科目的教学活动，无论是以个人形式教学，还是在以通过其在公立中学教授科目考试为目的的私立教学机构。

附录　323

附款－允许公立小学教师给工作学校所属教区以外的校外学生教课，也允许在其家长或监护人的家中给同教区学生教课。老师们应当在相应学区的监督下，利用这许可帮助核查每位学生的姓名、家庭关系和住所。

第20条

校外学生应当在公立小学或中学注册。注册期限应当与公立小学或中学的本校学生规定的注册时间一致。如果有经过证明的特殊情况，可以在学年期间注册。

附款一　没有按本条规定注册的学生不能参加官方学历考试或测验。

附款二　居住在国外的学生应当在居住地的领事馆登记注册；该登记通过证明书证明。

附款三　如果学生所在的年级和专业有要求，则在注册同时，应当免费进行学生手册［译按：原文为 caderno escolar］的登记和复查。

附款四　接受私立教育的［测试］成绩应当记录在校外学生所注册学校的手册上，只有这些纪录才可以转写到替换的手册上。

附款五　本条不适用于年龄超过18岁的小学学生。同样，在其他年级中，年龄超过21岁，或不受考试要求日期限制，以及在国外完成中学学业或任何特别课程的学生也不受本条款限制。

第21条

校外学生不缴纳注册费，但是要以印花税的形式，缴纳以下相应的登记费：

a）小学教育缴纳1澳门币；

b）其他课程或级别的教育，无论是注册某个年级，还是某年级或多个年级的多门科目，缴纳 2 澳门币。

第 22 条

慈善机构、公共事业的行政机构或团体所经营学校的学生、战争致残者的子女无须缴纳上一条所规定的费用。

附款一　本条所规定的慈善机构不仅包括根据法令设立的机构，还包括在监察下以适当方式建立的具有公共性并完全免费的机构。

附款二　慈善机构身份的认定须经总督批示并由相应机构发放许可证。

附款三　本条正文所涉及的机构许可证中还应登记经政府批示授予的有关填写、证明和核实其学生注册表方法的特权。

附款四　按前款规定豁免缴纳注册费用的教学机构，不论以任何方式，不符合相应的豁免条件时，必须全额赔偿给国家未缴纳的费用，并缴纳从核实第一次违反规定后的所有注册学生的费用。

第 23 条

若私立教育的学生未在中学、小学或监察处注册处登记，或视情况，得到为其授课的老师的许可、就读教育机构的许可或相应负责人的许可，则注册不获批准。

第 24 条

若经总督批准，则在第 20 条所规定的期限之后仍然可以进行校外生的官方注册，但是除缴纳正常注册费用外，还须为每个迟缴年份缴纳相当于该费用 2 倍的罚款。

第 25 条

任何一个就读于官方教育机构的学生不可以在该机构作为某个级别或课程的校外生注册。

第 26 条

注册登记应当包括：

a）每个学生的名字及其他身份信息；

b）如果是家庭教育，要确定为其教课的个人；

c）如果是私立教育，要确定老师或就读的机构；

d）注册的级别、年份和学科。

附款一 如果在学年期间学生想要更换老师、转学、由私立教育转为家庭教育或由家庭教育转为私立教育，则应在注册后15天以内完成，费用全免。

附款二 校外学生的注册要符合法律针对相应的官方教育机构规定的教育程度和年级的最小入学年龄的条件。

附款三 法定最小年龄的免除规定适用于走读学生的注册。

附款四 基础小学的校外学生可在同一学年注册两个级别，只要其年龄符合第二级别的注册要求并且到二月之前一直上学。

附款五 第二次注册所交费用参照第 21 条 a 款之规定。

附款六 第 22 条所涉及的机构学生为了完成注册，其所需的任何民事纪录文件和公证文件的一切费用都是免费或予以免除。

第 27 条

中学学生在实行上条规定时，应当填写由国家印务局所制定和发售的注册表格模板，该模板包括在本政令里。

附款一 第 21 和第 24 条中所提到的印花税不在表格中使用。

附款二 以下材料要与注册表一起出具：

a) 注册 1 年级的科目需要有初等教育 2 级的考试证明或同等或更高学历证明；

b) 注册 4 年级的科目需要有第一阶的考试证明；

c) 注册 7 年级的科目需要有第二阶的考试证明；

d) 对于注册 2、3、5、6 年级的学生，需要提交文件证明报名学生在公立或私立学校就读过前一年级的大部分科目并取得较好的成绩，详见 1936 年 10 月 14 日第 27:084 号政令第 40 条正文最后部分的规定。

附款三 除上述文件，在第一次注册时还要提交年龄和接种疫苗证明。

附款四 学生所注册的中学、学校或监察处已经有的文件以及其他所有在这些机构办理的文件都无须再次递交，需要由注册处处长负责进行核实。

附款五 只要申请者递交本条附款二中 d 款所规定的证明，则无论学生来自公立学校还是私立学校，都无须向重新注册的另一所学校递交注册所交的文件。

第 28 条

允许学生从公立学校转向私立学校或家庭教育，或者从私立学校的一个专业转到其他专业，只要满足法律规定的同级公立教育机构之间的转学条件。

附款一 如果转学到私立学校或者家教的学生在同一所学校内进行，或者在 8 天期限以内在不同机构的进行，应当按照本命令第 21 条规定在转学时做相应的登记。后一种情况应当提交所就读公立学校的就读证明。

附款二 对于不论以任何原因未通过当年课程的公立学校学生，在确定这一事实 15 天之内，且不晚于学校第三学期或者第三阶段中学课程的第二学期的第一个工作日，可以转学到个人私立学校或家庭教育。如果转学登记晚于规定的 15 日期限，则所交费用根据过期的时间（30 天、60 天、90 天）相应提高到（10 澳门币、15 澳门币、20 澳门币）。

附款三　利用了上一段所述安排转学的学生，只有当其公立学校和私立学校取得分数总和的平均分达到公立学校学生通过的最低分数要求时，才可以参与考试并通过相应学科。

第 29 条

用家庭教育冒充私立教育的谎报行为都要作为对公共政府谎报受法律惩罚，此外还要取消该学生的注册资格，同时承担第 20 条附款一规定的后果。

第 30 条

在确认相应的条件符合规定后，由校长负责处理校外读生的注册，并且适时地向公共教育视察员报告每个注册月份内每一学科注册学生的数目。

第四章　关于私立教育的教师

第 31 条

私立教育教师指的是在公立教学机构以外从事教学工作的人。

第 32 条

不得同时兼任私立教育教师与公立教育教师，第 19 条附款与第 89 条所规定的情况除外。

第 33 条

在没有获得相应资格证书的情况下不得行使私立学校教师的职能，无论在自己或学生的家中，还是在私立教育设施、教室或学校寄宿处。

附款－触犯本条规定的个人将负刑事责任，相应的教育机构一经查实将给予关闭。

第 34 条

私立教育教师资格证书由视察员结合其监察过程中教师能力的考察批准通过。

第 35 条

若申请私立教育教师资格证书，除申请之外还需附带以下文件：

1. 年龄不低于 18 岁的证明书；
2. 申请者没有足以影响教课的传染病、畸形或身体缺陷的医生体检证明；
3. 由市政官员开具的文明意识及道德表现良好之证明；
4. 无犯罪纪录证明；
5. 所授级别或专业领域的学历资格证明。

附款－本条所述的学历资格证明包括：

a）欲教授海岛市政府基础小学的，提交同一教育第 2 级的考试证明或同等学历的证明；

b）欲教授澳门市政府基础小学的，提交小学补充课程或已不存在的高级初等小学、中学二年级、教会预科课程或任何特别课程的证明；

c）欲教授中学文科或理科课程的，分别需要有文学系和理工系的本科学位，国家教育部颁发的私立教学证明，或能够在公

立学校同一级或更高级别担任教师的资格证明,或官方授予的等同于其想要教授级别的证明;

d）要教授初级师范学校的,需有1931年8月25日第20:254号政令第3条所规定的资格证明;

e）要在职业技术学校任教的,视具体情况而定,须完成中级或高级的工科或商科课程,或美术学校课程,或取得文学学士学位;

f）要教授绘画、雕刻和建筑等艺术课程的,需有美术学校的文凭;

g）要教授女性手工劳动的,需有任意职业技术学校的相应学科考试证书;

h）要在国立音乐学院任教的,需有1901年10月24日政令第46条第4款所要求的学历资格;

i）要在初级师范课程附属小学任教的,需有初级师范的全国考试或同等级考试的证书;

j）要在中学或技术学校教授体育课程的,需有相应的国家考试证书或完成任何国内外体育教育的官方课程。

第36条

采纳本条中没有规定的学历证书,或提交足够证明其教学能力的原创性工作成果,可由视察员提案,由公共教育督导委员会听证,并由总督批准任何在前一条中所涉及的证书。

第37条

私立教育的指导教师可受以下处罚制裁:

a）警告;

b）3个月至两年的停职;

c）最终停职。

附款－通过纪律诉讼，被告经过指控听证并提交书面辩护，澳督可以做出以上处罚。

第 38 条

纪律委员会就是公共教育督导委员会。

附款－诉讼应由澳督指派的一名委员会成员提出，委员会的秘书担任记录员。

第五章　有关私立教育机构校长

第 39 条

为了行使私立教育机构、课室校长和寄宿学校校长的职能，必须拥有相应的资格证书，该证书根据第 35 条规定的学历要求，由督导委员会颁发。

第 40 条

私立教育机构的校长资格证书还可以通过国家考试获得，该成绩可适当调整。

第 41 条

当一所私立教育机构更换校长时，学校所有者应通知视察员，告之新校长的名字，以便进行相应的办学许可证的注册工作。

第 42 条

当一所教育机构中进行多个等级的教育活动时，校长只需获得其中一个最高等级证书。

第六章 有关私立教育机构

第43条

根据本法令规定,任何单位以营利或非营利为目的面向大众学生组织的教学团体,只要是为了服务公众、公司或特定组织机构,都被认为是私立教育机构。

附款－私立教育机构还包括由行政机构创建、持有和资助但没有写入官方政府法令的教育机构,以及由外国人持有的学校,但只面向外国学生的学校不在此列。

第44条

除本法令第64条中的情形外,任何一所私立教育机构的开办都要经过澳督的授权,并获得公共教育督导委员会的同意。

附款－不遵守本条款规定的行为会导致学校的停办并依法构成犯罪。

第45条

各私立教育机构所有者负责办学授权许可证的申请。

第46条

许可证包括机构所有权的证明,证明中应附带转让注册纪录,须提交存于民事行政中央厅的档案中的相关文件用以证明该转让纪录。

附款－1918年2月22日第3:856号法令第6条涉及的教育机构的建立仍然不受限制,国家方面对这些教育机构所选择使用的教科书和教师的学历不加干涉。

第 47 条

为了得到第 44 条中提到的授权批准，教育机构所有者须提交相应的申请书，该申请书可由督导委员会确定免除缴纳印花税 10 澳门币，还应如实提供以下说明，包括必要的公证书：

1. 所开机构的名称；
2. 教学目标和相应的教学计划和大纲的说明；
3. 将于机构内部实行的规章制度的复印本；
4. 第 76 条中规定的担保存款的证明文件；
5. 机构所在建筑和其他设施的平面图或标注尺寸的草图，附有相应的描述以及现用教材的清单；
6. 有关校长的任命；
7. 教育机构所面向学生的性别；
8. 所能承受最大学生数量，寄宿生与校外生要区分开。

附款－现存的学校也要遵守本条规定，并在本法令于《政府公报》上发布后 70 天内提交符合本规定标准的证明。

第 48 条

在民事行政中央厅收到并登记申请教育机构许可授权的申请书后，视察员和一名来自卫生司的医生应当在 30 天内对学校进行审查，如特殊情况要向澳督证实。

附款－按本条款进行审查的公务员从每所接受审查的机构收取 5 澳门币。

第 49 条

对经过前款规定审查后证实不完全符合要求，但是有能力在 90 天内通过捐助或补建工程补正其缺陷的教育机构，只要利益人按照得到的指示完成工作，视察员可以颁发临时授权使其在这段时间内运营。

第 50 条

上一条中提到的授权须有视察员签名并记录在许可证书。

第 51 条

临时授权到期后，由视察员或其代表进行再次审查，如捐助或工程完成，或者完成了要求的内容，将提议澳督依照本法令规定批准最终授权。

附款－如果审查证实指定捐款或工程没能完成，该机构达不到办学的条件，将立刻停办，经证实的不可抗力因素除外。

第 52 条

对任何私立教育机构授权开办前的审查工作由督导委员会进行指导，委员会应组织适当的问卷调查并指出工作实施的规则。

第 53 条

在提议授权私人教育机构开办之前，视察员应提交有关该机构的详细信息，这些信息建立在从该机构所有设施和部门收回的调查问卷的答案之基础上，这些问卷连同信息和视察员的建议共同构成澳督签发授权文件或拒绝签发的依据。

第 54 条

私立教育机构若想开设办学许可证授权之外的新课程，或者改变办学许可证中的条件时，需要按照第 47 条中各项许可的标准向澳督申请，经视察员审查证实条件符合其办学目的和本法令的规定，澳督可批准其申请。

附款－不遵守本条规定的行为可导致学校的停办和对其校长一年的停职。

第 55 条

上一条中提到的授权将记录在办学许可证中并在民政司中央办公室、生效的学校内登记。

第 56 条

教育机构要从一栋建筑搬到另一栋之前应进行第 48 条中规定的审查，颁发新的许可证或在旧的许可证中作记录。

第 57 条

任何私立教育机构的命名不能和官方教育机构或该地区已有的私立教育机构的名称造成混淆。

第 58 条

每一间机构可以用作开办一种或多种级别或领域的教育。

第 59 条

私立教育机构可以：

1. 使用自己的教学计划和大纲；

2. 使用与官方教育机构相同的或法律规定的教学计划和大纲；

3. 实行混合制，即一部分与官方一致，另一部分使用自己的教学计划和大纲。

第 60 条

私立教育机构的校长应将工作单位发表与管理相关的任何刊物、计划和通告的一份样本寄给督导委员会，该样本应当在发表后 8 日内寄出并标注发表的日期。

附款一 初次违反本规定将记录在该机构的许可证中；第

二次违反就立即开始纪律程序，受到第 37 条 c 项中规定的处罚。

附款二　由民政司中央办公室负责核查所寄刊物内容的准确性，如发现虚假或欺骗内容，相关机构受到 100 澳门币的罚款，再犯或不交罚金将导致学校停办。

第 61 条

私立教育机构若设施缺乏、设施使用不当，以及缺少教学材料，将被督导委员会视为缺少履行相关许可证中规定职能所必需的捐助、重组或必要内容，该教育机构必须按指定期限完成视察员指定的工程或者获得足够的教学材料，否则将遭到停办的处罚。

附款一　对于视察员决定，可允许在通告下达 10 日内，向澳督进行申诉，即使该决定已经寄出。澳督将任命一个由 3 名督导委员会成员组成的小型委员会对相关教育机构进行审查并提供他们的意见。

附款二　申诉单位应缴纳印花税 25 澳门币，该税费可由上诉调查委员会主席在提交委员会意见予以免除。

第七章　有关走读小学

第 62 条

在澳门市区开设只致力于小学教育的教育机构应按照本法令第 47 条规定向澳督申请。

附款－申请书中应包括标注尺寸的学校所在建筑的图纸、教学材料和教材清单以及可容纳学生的最大人数。

第 63 条

上一条中提到的小学教育机构还必须具备：

a）足够的教室数量，以使平均每名学生占有 3∶500 立方分米的可流通新鲜空气和最少 1 平方米面积。

b）按照官方小学教学计划和大纲要求所必需的教学材料和教材；

c）男女卫生间或学校学生性别的卫生间，必须符合学校当地实施的公共卫生标准；

d）文体娱乐室或文体场地的面积不得低于教室面积之和的两倍，且需适合进行有氧体操。

第 64 条

批准授权开办第 63 条所说小学教育机构的程序应遵循第 48 条及之后条款中的法律程序。

附款 – 第 49 条中提到的临时许可证中，由视察员签字，可免除印花税 1 澳门币。

第 65 条

在获得授权许可证的小学教育机构里，如果拥有多于 1 名的教师，由学校所有者指定一名校长来行使相关职责，该被指定人必须拥有相应资格。

第 66 条

在澳门市区进行校外的私人小学教育，无论是否以家教的形式，都必须是单独的，任何老师都无权接收超过 3 名学生。

第 67 条

在海岛市开办小学教育机构不受条件限制，但须提前至少 10 天通告公共教育视察员。

附款一　通告内容中应包括建筑图纸、教材清单和教师拥有证书的数量。

附款二　如经查明学校之运行损害学生健康或者由不符合法定资格的人员从教，公共教育视察员将提议关闭该机构。

第八章　有关其他走读机构

第 68 条

从高等级教育到小学教育的走读私人教育机构都必须拥有以下条件：

a）符合班级和课程数量的教室，每间教室必须满足一名学生可拥有 4 立方米可流通新鲜空气和至少 1.25 平方米面积，每名学生 25 ［译按：原数字后无单位］；

b）如果教育机构采用官方或混合的教学计划，则必须拥有符合官方学校教学计划和大纲所必需的教学教材；

c）提供体育教育，需要适宜于进行同专业或同等级官方学校采用的体育教育设施；

d）文体娱乐室或文体娱乐场地的面积不得低于教室面积之和的两倍；

e）有合适学校学生性别的男女卫生间，且必须符合公共卫生标准；女卫生间便池数量需满足女生总数的 1/15，男卫生间便池数量满足男生总数的 1/20，男生小便池（男生学校）的数量满足男生总数的 1/25；

f）单人或双人课桌的数量要满足学生数量，其课桌的规格应适合适龄学生的平均标准。

附款－学校设施条件与本条要求不同的，如有督导委员会的同意可以运行。

第 69 条

教室的照明面积至少是教室总面积的六分之一，采用左边照明；如采用双边照明，应有明显的区分。

附款－学校设施条件与本条要求不同的，如有督导委员会的同意可以运行。

第 70 条
任何私立教育机构不得设在有酒店、赌场或有其他妨害教学场所（如制造噪音的工业机构等）的建筑内。
附款－学校设施条件与本条要求不同的，如有督导委员会的同意可以运行。

第九章　有关寄宿机构

第 71 条
任何等级的接收寄宿学生（50 人以上）的教育机构必须拥有走读学校所拥有的设施、服务以及以下条件：

1. 宿舍数量足够 30 个学生一个宿舍，每名学生可拥有最少 20 立方米可流通新鲜空气，照明面积至少是道路面积的十分之一；

2. 浴室的数量和条件满足所有寄宿学生最长 30 分钟的沐浴时间；

3. 宿舍、食堂内设洗手池，数量保证学生需要；

4. 自来水过滤装置；

5. 紧急医疗救护站；

6. 尽量与教学楼分开的医务室，能接纳学生总数的十分之一，每名病人拥有 40 立方米可流通新鲜空气，附带一到两个同等大小的隔离室，一个门诊室和医护人员休息的地方；

7. 在发生失火或生病的情况下保障学生与夜间警卫迅速取得联系的装置；

8. 餐具碗碟消毒装置；

9. 在学生学习时不伤视力的人工照明装置，如果是电灯，应使用不透明光源，强度至少达到每立方米三根蜡烛的亮度；

10. 一个小型体检站；

11. 文体娱乐室或带顶棚的文体娱乐场地，其总面积可供每名寄宿学生拥有12平方米的娱乐、遮蔽的地方；一个操场，在教学楼内或与之分开，面积最少是娱乐室和娱乐场总面积和的两倍。

附款－由外国人在本澳建立的寄宿学校也须满足本条规定。

第72条

寄宿学校应在其规划方案中指明向学生提供的用餐的数量和膳食种类以便视察员核查，视察员核查不会事先通知，将检查学校提供餐饮是否保量和清洁。

第73条

寄宿学生人数少于50人的寄宿学校机构，不论是国内或国外的，可以不受第6、8、71条规定约束，但是必须配备可以提供热水的便捷装置供学生清洗杯子，还须配有饭厅和一间病人隔离室。

第74条

所有私立教育机构都必须在每个学年末统计准确的学生就读人数与其学生在官方学校和自己学校组织的所有考试中的成绩，并将统计结果上报给公共教育视察员，如有违反，处以30澳门元的罚款，并在学校许可证中计入同价值的印花税。

第75条

所有普通教育机构里必须教授葡萄牙语和葡萄牙历史。

第 76 条

为保证对寄宿生应尽的责任，所有本国教育机构（就读人数超过 10 人）需在邮政储蓄所里存入以下金额：

a）就读人数少于 50 人的教育机构 250 澳门币；

b）就读人数超过 50 人的教育机构 500 澳门币。

附款一　存款由视察员监管，但各账户的利息归存款单位。

附款二　寄宿教育机构所有人可以将该存款替换为银行担保，抵押担保或将担保责任转交给任何一家官方授权该职能的保险公司；但是如果不按期缴纳保险金或取消保险，须在公共教育视察员获得相关情况通知后 8 日内存入 a）和 b）项中规定的相应存款，否则视情况予以立即停办处罚。

第十章　有关学习室［译按：课室］

第 77 条

学习室设施构成一个专门的类别。

第 78 条

这些学习室可在具有相关特别授权许可证的私立教育场所中运营，或在专门为该目标服务的教育组织里运作。

第 79 条

开设任何专门用于官方或私人学校学生的学习场所都需获得澳督授权，并获得公共教育督导委员会的同意。

附款 - 任何不遵守该条款规定的行为会导致相关场所的关闭并依照法律构成违法犯罪。

第 80 条

为了取得上一条提到场所的授权，场所所有者应提交相应申

请书并附交下列声明,该申请书可向监察员确定免除缴纳印花税5澳门币:

1. 开办设施的命名;
2. 欲实施的工作计划说明及相关规则;
3. 设施面向学生的性别和数量;
4. 对教学设施所在建筑和拥有的教材的描述;
5. 主任的任命。

附款－课室和寄宿学校不可以使用中学或高中的名称,只能使用课室、寄宿学校或自己选择的名称。

第81条

授权的颁布取决于本法令第48条和第52条规定的程序和效率。

第82条

学习室必须拥有:

a) 满足第69条和第71条第9点规定的教室数量、面积大小和有关的照明及通风条件;

b) 公共教育督导委员会指定的卫生设施和教学材料。

第83条

课室的主任应在学期末将所有在课室就读学生的名字提供给各学生就读官方教育机构的主任或校长,写明年级和班级。

第84条

官方教育机构的校长或主任若没有收到上一条规定中的准确信息的话,应依职责向公共教育视察员通知事实情况,由视察员提出纪律程序。

第十一章　有关寄宿学校

第 85 条

寄宿学校是带有公共性质的接收官方或私立教育的学生的机构，它的职责是给学生提供住所和对其教育和教学。

第 86 条

寄宿学校的开办需要得到澳督的授权，并获得公共教育督导委员会的同意。

附款－任何不遵守该条款规定的行为都会导致机构的关闭并依法构成违法犯罪。

第 87 条

要获得上一条所述的授权，申请单位须提交申请书，并包括本政令第 80 条所要求的声明。

第 88 条

寄宿学校的校长应遵守第 83 条规定，如有违反将按第 37 及第 38 条规定受到处罚。

第 89 条

任何类别的官方教育机构的工作人员禁止在学习室或寄宿学校内对自己工作机构所对应的学生进行教学。

第十二章　过渡规定

第 90 条

无论是否在学区和监察范围内，现存所有的小学教育机构需在该法令于澳门市区发布后，在本澳政府规定的时间内申请相关许可证。

附款一 经过审查和在学校监察纪录中有登记的机构只需在许可证申请书中附上登记证明以及教师的资料。授权许可证需付印花税 2 澳门币。

附款二 未登记的机构须按本政令第 62 条规定申请许可证，其学生才可以注册和参加考试。

各种许可证，文凭，许可证和文凭的注册、证明及文凭登记印花税表

开办小学教育机构许可证 ………………………… 10 元
开办小学以上级别教育机构许可证 ……………… 50 元
开办寄宿学校或学习室许可证 …………………… 30 元
开办机构临时许可证 ……………………………… 15 元
小学教育机构许可证注册 ………………………… 1 元
小学以上级别教育机构许可证注册 ……………… 15 元
小学教育机构许可证罚款登记 …………………… 5 元
小学以上级别教育机构许可证罚款登记 ………… 30 元
小学教育机构许可证证明 ………………………… 3 元
小学以上级别教育机构许可证证明 ……………… 10 元
小学教育机构校长文凭（资格证书）…………… 2 元
小学以上级别教育机构校长文凭（资格证书）……… 40 元

教师文凭（资格证书）：

高等教育 …………………………………………… 25 元
中等教育 …………………………………………… 25 元
技术教育 …………………………………………… 25 元
音乐美术教育 ……………………………………… 15 元
雕塑，女工及手工劳动 …………………………… 15 元

体育 …………………………………………… 15 元
师范学校 ………………………………………… 25 元
小学教育 ………………………………………… 1 元
证书登记 ………………………………………… 5 元
小学教育证书证明 ……………………………… 1 元
小学以上级别教育证书证明 …………………… 10 元
以前颁发之证书的登记 ………………………… 5 元

于澳门殖民地《政府公报》发表
海外领土部，1939 年 8 月 3 日
代理部长，小马努埃尔，罗德里格斯
(《政府日报》1939 年 8 月 3 日第 180 期第 1 版)

(本译稿由张晓非主笔，李杰校读。译稿仅供参考，内容以葡文本为准。)

22. 中葡文名称对照表

(1) 人物名称

山度士	Joaquim Augusto dos Santos
马安瑟	Rodrigues S. J.
马葵士	António Lopes Marques
文雅利士/文理明	Remígio Bañares
巴波沙	Artur Tamagnini de Sousa Barbosa
白达利	António Ferreira Batalha
白安民	António Maria Alves S. J.
亚丰素	Domingos Diogo Afonso
毕士达	José dos Santos Baptista
华士贡些路	Antonio João Teles Pereira de Vasconcelos

续表

江世生	António Maria da Conceição
江德廉	Adelino Barbosa da Conceição
麦甸士	João Faria Martins
苏冠明	Michael Suppo
李必禄	Aires Pinto Ribeiro
李达	Jorge Grave Leite
余佩麒	Tiberi Ercole
沙华度	Áurea Maria Salvado
陈基慈	Mario Acquistapace
欧维士	Luíz da Camara Meneses Alves
罗沙	Júlio César da Rosa
罗保	Pedro José Lobo
罗秘士	Joas J. Lopes
罗理基	Augusto Castro Rodrigues
金以义	Vincent Bernardini
官耶/官也	Alberto Ribeiro da Cunha
柯理华	Domingo Correa Delgado
柯维纳	Albano Rodrigues de Oliveira
施多尼	António Maria da Silva
施利华	Alberto Garcia da Silva
施洛德/施乐德	António Emílio Maria Rodrigues da Silva
美的路	Manuel Metelo Raposo de Liz Teixeira
高士德	José Joaquim da Silva Costa
高美士	Luís Gonzaga Gomes
郭宗谦	Josefina Chiocca
萨嘉度	Acácio Allino Salgado
喜莲娜	Maria Helena
温普仁	John Guarona
雷淑英	Marie Louis-Agnès
鲍立德	Luís Augusto de Matos Paletti
嘉曼	Maria de Lurdes Cármen

颜俨若	António André Ngan
潘日明	Benjamin António Videira Pires
戴思乐	Gabriel Maurício Teixeira

（2）机构、学校及其他行政单位名称

仁慈堂	Irmandade da Santa Casa de Misericórdia
伯多禄商业学校	Escola Comercial "Pedro Nolasco"
何东爵士女小学校	Escola Primária Oficial Luso-Chinesa "Sir Robert Hó Tung" do Sexo Feminino
何东爵士男小学校	Escola Primária Oficial Luso-Chinesa "Sir Robert Hó Tung" do Sexo Masculino
华务专理局	Repartição Técnica do Expediente Sínico
华务局	Repartição do Expediente Sínico
华务科	Secção do Expediente Sínico
华视学会	Junta de Inspecção das Escolas Chinesas
嘉诺撒仁爱会	Casa de Beneficência（Instituto Canossiano）
国立伯多禄小学校	Escola Primária Oficial "Pedro Nolasco da Silva"
国立葡华女子小学校	Escola Primária Oficial Luso-Chinesa do Sexo Feminino
国立葡华男子小学校	Escola Primária Oficial Luso-Chinesa do Sexo Masculino
圣心学校	Colégio Canossiano（Sacred Heart School）
圣心学校	Colégio de Sagrado Coração de Jesus
圣罗撒女学校	Colégio de Santa Rosa de Lima
圣若瑟中学	Colégio de S. José
圣若瑟中葡学校	Colégio Luso-Chinês de S. José
圣若瑟书院	Colégio do Seminário S. José
市立伯多禄小学校	Escola Primária Municipal "Pedro Nolasco da Silva"
慈幼会学校	Escola de Salesianos
教育督导处	Conselho da Instrução Pública
教育科	Secção de Ensino
教育行政科	Inspecção do Ensino Primário e Particular

续表

无原罪工艺学校	Orfanato da Imaculada Conceição (Salesianos)
殷皇子中学	Liceu Nacional Infante D. Henrique
民事行政中央厅/民政总局	Repartição Central dos Serviços de Administração Civil
澳门市议事公局	Leal Senado da Camara de Macau
老人院	Asilo dos Inválidos
育婴堂	Asilo de Santa Infancia
葡光职业学校	Colégio D. Bosco de Artes Ofícios
高若瑟幼稚园/鲁主教幼稚园	Escola Infantil D. José da Costa Nunes
鲍斯高学校附属孤儿院	Colégio D. Bosco (Asilo dos Orfãos)

文献资料

甲　原始资料

1. 报纸

（上海）《申报》。
（天津）《益世报》。
（台湾）《商工日报》。
（香港）《大公报》。
（香港）《国民日报》。
（澳门）《大众报》。
（澳门）《世界日报》。
（澳门）《市民日报》。
（澳门）《华侨报》。
（澳门）《西南日报》。
（澳门）《知新报》（澳门基金会、上海社会科学院出版社1997影印）。

2. 学校及社团刊物

（1）定期刊物

《广大知识》，广州：广州大学大学教育推广部。
《广州大学校刊》，广州：广州大学。

《母校铎声》,澳门:鲍斯高旧学员会中华总支会。

《兴华》,上海:华美书局。

《明我》,澳门:澳门无原罪学校明我社。

《培正校刊》,澳门:私立广州培正中学。

《培道校刊》,广州:广州市私立培道中学校。

《越山学生》(复刊),广州:越山中学学生自治会。

（2）专刊

《七十五年雅歌声:校史述析》,澳门:澳门圣若瑟教区中学,2006年。

《广大十年》,澳门:澳门广大中学,1948年12月16日。

《中华基督教会澳门志道堂金禧特刊》,彭少豪、伍明乐编,澳门:志道堂,1956年8月20日。

《中华基督教会志道堂一百周年纪念特刊》,郑祖基编,澳门:志道堂,2009年。

《圣罗撒女子中学 1933—1963》,澳门:圣罗撒女子中学,1963年。

《圣罗撒学生》,澳门:澳门圣罗撒女子中学学生自治会,1948年。

《抗战期间的岭南》,广州:岭南大学,约1946年。

《我们的园地》(培道中学六十周年),澳门:澳门培道女子中学学生自治会,第1期,1948年。

《私立广州培正中学附属小学校二十九年度校务概况职教员一览册》,1940年9—11月。非出版物。

《都哉圣若瑟:澳门圣若瑟教区中学六十周年纪念刊1931—1991》,澳门:澳门圣若瑟教区中学,1991年3月。

《培正学校四十周年纪念特刊》,私立培正学校四十周年纪念筹备会,1929年10月20日。

《培正培道二校清贫学额募捐征信录》,1944年6月20日。非出版物。

《培英青年自治会纪念特刊》，澳门：广州培英中学校，1943年5月29日。

《越山中学校送毕业同学特刊》，澳门：越山中学学生自治会学术股，1941年6月20日。

《粤华中学八十周年特刊（1925—2005）》，伍助志、莫日从、邓妙姿主编，澳门：粤华中学，2006年。

《粤华中学建校六十周年纪念特刊》，澳门：粤华中学，1985年。

《慈幼中学百周年校刊1906—2006》，陈炳权主编，澳门：慈幼中学，2007年。

《嘉诺撒圣心女子中学纪念特刊》，澳门，嘉诺撒圣心女子中学，1994年。

《澳门中华教育会八十五周年会庆特刊1920—2005》，澳门：澳门中华教育会，2006年。

《澳门中华教育会成立七十五周年会庆特刊》，澳门：澳门中华教育会，1995年。

《澳门中德中学建校十周年校庆特刊》，澳门：澳门中德中学，1948年7月1日。

《澳门华侨学校联合会成立纪念特刊》，澳门：澳门华侨学校联合会，1962年。

《澳门侨立孔教中学三周年事略》，澳门：澳门侨立孔教中学出版股，1944年9月。

《澳门难胞义务中学创校十四周年纪念特刊》，澳门：澳门难胞义务中学，1964年10月10日。

《澳门望德学校新校舍落成纪念刊》，澳门：澳门私立望德学校，1950年。

3. 档案、史料汇编

广东省档案馆编：《广东澳门档案史料选编》，北京：中国档案出版社，1999年。

中国第二历史档案馆编：《中华民国史档案资料汇编》第5辑，南京：江苏古籍出版社，1994年。

中国第二历史档案馆编：《第二历史档案馆澳门地区档案史料选编》，2002年摄制，微缩品。

阮华国编：《教育法规》，上海：大东书局1947年，第2版。

林亚杰主编：《广东文史资料存稿选编》，广州：广东人民出版社，2005年。

林家骏：《澳门教区历史掌故文摘》（一），澳门：天主教教务行政处，1989年。

徐百齐编：《中华民国法规大全》，上海：商务印书馆，1936年。

浙江省中共党史学会编：《中国国民党历次会议宣言决议案汇编》，杭州：浙江省中共党史学会，1986年。

萧国健：《澳门碑刻录初集》，香港：显朝书室，1989年3月，自印本。

蒋梅选辑：《国民政府教育部等办理战时港澳地区侨民教育相关史料》，《民国研究》2008年第3期，第10—21页。

澳门大众报编：《澳门法例》，澳门：澳门大众报，1949年（芝加哥大学远东图书馆藏）。

澳门历史档案馆档案：MO/AH/EDU/CP；MO/AH/EDU/JIECM。

4. 年鉴及宪报

Edição dos Serviços Económicos – Secção de Propaganda e Turismo, *Anuário de Macau, 1950*（1950年澳门年鉴）. Macau: Imprensa Nacional, 1950.

Govêrno da Província, *Anuário de Macau – Ano de 1927*（澳门行政当局1927年年鉴）. Macau: Imprensa Nacional de Macau. Rpt.

Macau. Kazum-bi Multimedia, 2000.

Repartição Central dos Serviços Económicos, *Anuário de Macau, 1938*（1938 年澳门年鉴）. Macau：Imprensa Nacional, 1938.

Repartição Central dos Serviços Económicos, *Anuário de Macau, 1939*（1939 年澳门年鉴）. Macau：Imprensa Nacional, 1939.

Repartição Central dos Serviços Económicos, *Anuário de Macau, 1940 - 1941*（1940—1941 年澳门年鉴）. Macau：Imprensa Nacional, 1941.

Repartição Central dos Serviços Económicos, *Anuário de Macau, 1951 - 1952*（1951—1952 年澳门年鉴）. Macau：Imprensa Nacional, 1952.

广州市市政府统计股：《广州市市政府统计年鉴》第一回，1929 年。

广州年鉴编纂委员会编：《广州年鉴》，广州：广州年鉴编纂委员会，1935 年 12 月。

中华民国教育部编：《第二次中国教育年鉴》，上海：商务印书馆，1948 年（文海出版社 1986 年影印）。

"教育部"教育年鉴编纂委员会：《第三次中国教育年鉴》，台北：正中书局，1957 年（文海出版社 1986 年影印）。

黄浩然编：《澳门华商年鉴》，澳门：精华报，1952 年 4 月。

澳门历史档案馆：《澳门宪报》，网址 http://www.archives.gov.mo/cn/bo/。

5. 期刊

《人海灯》（潮州：岭东佛学院）。

《广东民教》（广州：广东省立民众教育馆）。

《中华教育界》（上海：中华教育界杂志社）。

《孔教会杂志》（上海：孔教会杂志社）。

《世界华侨月刊》（南京：世界华侨月刊社）。
《时事月报》（南京：时事月报社）。
《佛学半月刊》（上海：佛学半月刊社）。
《岭南大学校报》（广州：私立岭南大学）。
《侨民教育季刊》（重庆：侨民教育季刊社）。
《教育杂志》（上海：上商印书馆）。
《新教育》（上海：新教育杂志社）。
《镜湖医药》（镜湖医药社编，澳门：澳门镜湖医院慈善会）。

6. 其他

吕家伟、赵世铭编：《港澳学校概览》，香港：中华时报，1939年。

刘万章：《澳门考略》，广州：广州省私立女子中学图书馆，1929年。

何大章、缪鸿基：《澳门地理》，广州：广东省文理学院，1946年。

何翼云、黎子云编：《澳门游览指南》，澳门（无出版社），1939年5月（哈佛燕京大学图书馆藏本）。

教育杂志社编：《新学制的讨论》，上海：商务印书馆，1925年7月。

澳门世界出版社编：《澳门今日之侨运》，澳门：澳门世界出版社，1948年5月。

7. 展品

"双源惠泽，香远益清——澳门教育史料展"，澳门中华教育会主办，2010年9月10—30日。

"百年树人——澳门百年教育文物史料展"，澳门怀旧收藏学会主办，2007年12月5—10日。

"我们有若干人口?"展品,澳门历史档案馆主办,2011年6月11日—8月14日。网址 http://www.archives.gov.mo/events/exhibition2011/default.aspx

乙 今人著述

1. 专著

Barata, Aureliano. *O ensino em Macau, 1572 – 1979: Contributos para a sua História.* Macau: Direcção dos Serviços de Educação e Juventude, 1999.

Silva, Albina dos Santos. *Documentos para a História da Educação em Macau.* Macau: Direcção dos Serviços de Educação e Juventude, 1996 – 1998, 3 Volumes.

Silva, Henrique Rola da. *A Imprensa Chinesa de Macau: Envolvimento Histórico.* Macau: Gabinete de Comunicação Social, 1991.

Teixeira, Manuel. *A Educação em Macau.* Macau: Direcção dos Serviços de Educação e Cultura, 1982.

世界语文教育会编:《国语运动百年史略》,台北:国语日报社,2012年。

冯汉树:《澳门华侨教育》,台北:海外出版社,1960年。

冯增俊:《澳门教育概论》,广州:广东教育出版社,1999年。

台湾师范大学国音教材编辑委员会编:《国音学》,台北:正中书局,2008年4月,第8版。

刘羡冰:《世纪留痕——二十世纪澳门教育大事志》,澳门:澳门出版协会,2010年8月,增订版。

刘羡冰:《澳门教育史》,北京:人民教育出版社,1999年11月。

杨珮欣主编:《光影回眸95载:澳门中华教育会》,澳门:澳门中华教育会，2015年。

吴伦霓霞主编：《联合书院四十年》，香港：香港中文大学联合书院，1996年10月。

吴志良、汤开建、金国平主编：《澳门编年史》，广州：广东人民出版社，2009年12月。

吴志良、金国平、汤开建编：《澳门史新编》，澳门：澳门基金会，2008年11月。

吴润生主编：《澳门镜湖医院慈善会会史》，澳门：澳门镜湖院慈善会，2001年10月。

何伟杰：《澳门：赌城以外的文化内涵》，香港：香港城市大学出版社，2011年。

张伟保主编：《澳门教育史论文集》第一辑，北京：中国社会科学出版社，2009年6月。

陈志峰编：《双源惠泽，香远益清——澳门教育史料展图集》，澳门：澳门中华教育会，2010年。

周雍能：《周雍能先生访问纪录》（沈云龙访问，陈三井、陈存恭记录），台北："中研院"近代史研究所，1984年。

郑振伟编：《邝秉仁先生与澳门教育》，北京：中国社会科学出版社，2009年9月。

郑振伟主编：《澳门教育史论文集》第二辑，北京：中国社会科学出版社，2012年7月。

单文经编：《澳门人文社会科技研究文选·教育卷》，北京：社会科学文献出版社，2009年。

黄雁鸿：《同善堂与澳门华人社会》，北京：商务印书馆，2012年4月。

傅玉兰主编：《抗战时期的澳门》，澳门：文化局暨澳门博物馆，2001年。

2. 译著

杰费里·冈恩（Gunn, Geoffrey）:《澳门史 1557—1999》（*Encountering Macau: A Portuguese City-State on the Periphery of China, 1557-1999*），秦传安译，北京：中央编译出版社，2009年3月。

施白蒂（Silva, Beatriz Basto da）:《澳门编年史：20世纪（1900—1949）》（*Cronologia da História da Macau Século XX (1900-1949)*），金国平译，澳门：澳门基金会，1999年4月。

潘日明（Pires, Benjamin António Videira）:《殊途同归——澳门的文化交融》（*Os Extremos Conciliam-se*），苏勤译，澳门：澳门文化司署，1992年。

3. 论文

汤开建：《明清之际澳门与中国内地天主教传播之关系》，《汉学研究》第20卷第2期（2002年12月），第29—56页。

巫澄志：《解放前的广州人口——1932年广州人口调查评介》，《广州研究》1984年第6期，第37—40页。

张中鹏：《国民党澳门支部的组织与党务活动（1919—1949）》，《文化杂志》第81期（2011冬季号），第67—82页。

张晓辉：《抗战前期澳门的经济社会（1937.7—1941.12）》，《民国档案》2005年第3期，第82—89页。

金国平、吴志良：《抗战时期澳门未沦陷之谜》，《澳门公共行政杂志》第51期（2001年3月），第27—58页。

周佳荣：《澳门报刊的历史和现状》，《历史教育论坛》第13期，2008年，第1—5页。电子本。

查灿长：《抗日战争时期的澳门报业》，《贵州社会科学》2003年5月，总第183期，第102—106页。

谭学超：《论民国初期澳门中式教育历史上平民化进程的特色——兼论澳门校史研究上的时间计算问题》，《澳门历史研究》第 10 期（2011 年 11 月），第 58—67 页。

黎义明：《对澳门地区教育立法的历史分析》，《澳门人文社会科技研究文选·教育卷》（单文经编，北京：社会科学文献出版社，2009 年），第 126—143 页。

跋

  从事澳门教育史的研究工作，弹指间快十年了。2006年初，在前院长单文经教授和前副院长杨秀玲教授的鼓励下，我把访问澳门培正中学前校长邝秉仁先生的工作承担下来，其后再与同仁共同筹划澳门教育史资料的展览工作。为配合展览活动，学院于2007年初更召开首届两岸四地教育史研究论坛；之后同仁在大学研究经费的支持下，澳门教育史的研究工作也就正式展开，同仁也就各展所长。论坛的设立，自是鼓励同仁多作交流和发表；论坛由六家大学轮流主办，迄今已办九届，这本小书也就是这样点滴地累积下来。

  在澳门教育史研究的整项计划中，我挑选了整理澳门早期报刊资料的工作，那是因为从前的研究也曾涉及文献资料的整理，但我得承认个人未受历史研究的训练。原以为文史本不分家，研究的能力或可转移，也就斗胆硬闯教育史这个陌生领域。但十年下来，总是不断地摸索，总是有许多搞不懂的问题，殊不轻松。书稿两度送审，自己也反复修改多遍，幸诸位隐名审评人提出许多宝贵的意见，这本小书才能顺利出版，我是非常感谢的。至于这本小书原应涵盖更多的面向，运用更多原始的文献和史料，那只能待日后增修了。

  澳门大学近十年的发展，让人生羡，新校园的落成不在话下，大学在研究方面也投入大量资源。澳门教育史这个项目得以展开，大学研究经费的支持至为关键，学生助理的钟点费用，出席研讨会议的经费，走访图书馆和档案馆的旅费，复印档案资料的支出，等等，耗费不少，谨此致以十二万分谢意。

第九届的教育史研究论坛刚在台北市立大学落幕，犹记得去年此际，同仁在范息涛院长的策划下，在教育暨青年局的资助下，正全力办理第八届论坛的会前事务，而明年拟在浙江大学举办的第十届论坛，看似又是转瞬间的事情！

拙著辱承刘羡冰校长和单文经教授二位厚爱，惠赐序文，本人深感荣幸。羡冰校长是澳门教育史研究的巨擘，中英文版的《澳门教育史》早已是经典之作；文经教授于2005—2010年间出长澳门大学教育学院，继往开来，更是澳门教育史研究的总舵。文经教授于序中多有溢美之词，不胜汗颜，又岂敢领导教育史研究团队！个人研磨，如能裨补于万一，庶不负当初同仁之热诚。

在资料整理的过程中，有不少学生助理接力帮忙，也得到友好襄助借用资料，恕不一一具名。拙著完稿后又获澳门大学出版中心出版委员会推荐外审，部分篇章亦蒙诸位编辑厚爱，惠刊于《教育史研究》、《民国档案》、《教育学报》和《浙江大学学报》等，又得澳门大学提供出版经费，谨在此一并申谢。

本人所翻阅的史料仍十分有限，也碍于识力，故拙著未免纰漏。引玉之砖，亟盼专家学者不吝赐教。现阶段所能呈现的点滴，也许有助于后续研究，日后如蒙学校和收藏家借用珍藏，以资深入探索，则是所至盼。是为跋。

郑振伟
澳门大学教育学院 E33 楼
2015 年 11 月 16 日